W0299987

Hans Börnsen Die Prophetie der Edda

HANS BÖRNSEN

Die Prophetie der Edda

MYTHOS UND WISSENSCHAFT

Gesammelte Vorträge, Aufsätze und Übersetzungen

Aus dem Nachlaß herausgegeben von
Rolf Speckner

Philosophisch-Anthroposophischer
VERLAG AM GOETHEANUM

Frontispiz: Hans Börnsen um 1960

Einbandgestaltung: Marianne Klement-Speckner

© Copyright 1989 by Bau-Verein Hamburger Anthroposophen, Hamburg.
Alle Rechte vorbehalten.

Satz: Allprint AG, Zürich
Herstellung: Konkordia Druck GmbH, D-7580 Bühl

ISBN 3-7235-0461-2

Inhalt

Vorbemerkung

Das Thema dieses Buches umreißt Dr. Hans Börnsen selbst mit folgenden Worten:

«In den Sagen und Mythen, wie sie uns durch Überlieferung bekannt geworden sind, ist ein tiefer Weisheitsgehalt beschlossen. Wir haben immer mehr und mehr verlernt, die Ausdrucksformen, in welche er einstmals gegossen wurde, zu verstehen. Diese Ausdrucksformen entsprachen einem andersartigen, traumhafteren Bewußtsein, als dasjenige ist, mit dem wir ihnen heute wieder entgegentreten.

Unser Bewußtsein – das sogenannte moderne Bewußtsein – ist im Grunde erst durch die Naturwissenschaft und an der Naturwissenschaft zu der klaren Wachheit erwachsen, die ihm heute eignet. Auch die Philosophie bewegt sich seit langem im Schlepptau der Naturwissenschaft, wenn auch die Existential-Philosophie sich dagegen zu verwahren versucht. Sie sucht die Existenz, das Sein, das die Naturwissenschaft und alle an ihr ausgerichtete Wissenschaft überhaupt verloren hat. Aber Verstandesbegriffe – gerade *wenn* sie exakt und klar sind – können kein Sein, keine Wirklichkeit enthalten.

Den Mythen jedoch spüren wir zum mindesten an, daß sie von einer erlebten Wirklichkeit künden wollen, wenn auch auf eine für uns fremdartige und geheimnisvolle Weise. Und es gibt eine Möglichkeit, vernehmen und verstehen zu lernen, was durch diese Mythen und Sagen hindurch zu uns sprechen will und, so seltsam es klingen mag, gerade durch sie Kunde zu erhalten von den eigentlichen Aufgaben, vor die sich der Mensch unserer unmittelbaren Gegenwart gestellt sehen muß.

Weitreichende Aufschlüsse über die Zeitbedürfnisse und Zeitforderungen gerade in unserer gegenwärtigen Menschheitssituation können uns durch sie zuteil werden. Man kann erfahren, daß die Entwicklung der Wissenschaft selbst sich als Bestätigung der Weisheit der Mythen zu zeigen beginnt und daß die Ehrfurcht vor dieser Weisheit der Mythen und Sagen zu einem Quell der Erneuerung des wissenschaftlichen und kulturellen Lebens der Zukunft werden kann.»

Mit diesen Worten, die dem Tagungsprogramm entnommen sind, umriß Hans Börnsen die Absicht, der seine im Hauptteil des Buches abgedruckten acht Vorträge über ‹*Mythos und Wissenschaft*› an der Jahreswende 1959/60 dienen sollten. Doch zeigen auch die anderen ausgewählten Vorträge und Aufsätze, wie das geschehen kann. Der Vortrag über *Abraham* läßt, indem er neben der Edda an die Sagen der Juden anknüpft, deutlich werden, daß es Hans Börnsen nicht um die Verbrämung irgendeiner Rasse oder eines Volkstums geht. Die besondere Wertschätzung der nordischen Mythologie beruht nicht auf solchen Untergründen, und sie geht einher mit der Liebe zu den Sagen der Juden und zu der griechisch-römischen Mythologie.

Als Früchte der jahrzehntelangen Beschäftigung mit den Mythen und eigener Ausfahrten auf dem Ozean des Seelenlebens konnten auch neue Übersetzungen aus der Edda entstehen, die diese Zeugnisse vergangener Weltalter der Gegenwart nahebringen können. Sie wurden, wie auch einige andere Lieder in der Übersetzung Simrocks, den einführenden Vorträgen vorangesetzt.

Der Herausgeber möchte Herrn Hans Themann (Bremen) an dieser Stelle seinen ganz herzlichen Dank aussprechen für Nachschriften von Tonbandaufzeichnungen der Vorträge Hans Börnsens. Durch ihn wurde es möglich, den Vortrag über *Odins Runenlied* mit in diesen Band aufzunehmen. Der sich an mit seiner Denkweise vertraute Hörer richtende Ton dieses Vortrages machte jedoch eine umfangreiche Bearbeitung seines Textes notwendig. Alle anderen Vorträge wurden nach im Nachlaß aufgefundenen Manuskripten beziehungsweise Nachschriften, die Hans Börnsen selbst korrigiert hatte, abgedruckt. Kleinere stilistische Korrekturen waren auch hier unumgänglich. An drei Stellen konnten größere Abschnitte sinngemäß ergänzt werden, die durch [eckige Klammern] gekennzeichnet sind.

Herzlich danken möchte ich ferner Frau Elsa Börnsen, Frau Dr. Silvia Weidner, Herrn Gottfried Schürer und allen anderen, die mir bei der umfangreichen Suche nach den Quellen der Zitate geholfen haben. Meiner Frau, Marianne Klement-Speckner, danke ich für die Zeichnungen, die sehr zur einheitlichen Gestaltung dieses Buches beitragen.

Hamburg, den 28. August 1987 *Rolf Speckner*

Abraham und der Sinn des Kali Yuga

Des Menschen Leiblichkeit ist der Tempel der Seele. Paulus schreibt an die Korinther: «Wisset ihr nicht, daß ihr Gottes Tempel seid und der Geist Gottes in euch wohnt?» (I, 3, 16)

Die Größe eines solchen Wortes beginnt man doch erst recht zu empfinden, wenn man durch die Geisteswissenschaft erfährt, was wahre Baukunst vermag und was die Tempelbaukunst einmal war. Sie wußte physischer Wirklichkeit solche *Formen* zu geben, daß Götter in diesen Formen anwesend waren; höhere Wesenheiten, die keinen physischen Leib brauchen, *begegneten* dennoch in diesen *Formen* der physischen Welt mit ihren bildenden Tätigkeiten, das heißt mit ihren Ätherleibern.

«Solche Gelegenheiten für geistige Wesenheiten», sagt Rudolf Steiner einmal, «um sich unter den Menschen aufzuhalten, sind zum Beispiel die Tempel der griechischen Baukunst, sind die gotischen Dome. Wenn wir jene *Formen* physischer Wirklichkeit mit ihren *Linien und Kräfte*verhältnissen, wie sie ein Tempel hat, auch wie sie ein plastisches Werk der Bildhauerkunst hat, in unsere irdische Sphäre hineinstellen, dann bilden *sie* eine Gelegenheit, daß nach diesen Kräfteverhältnissen sich die ätherischen Leiber dieser Wesenheiten nach allen Seiten *anschmiegen* und *einschmiegen* können in diese von uns aufgerichteten Kunstwerke.»[1]

Wenn so nun auch der *Leib* des Menschen ein *Tempel ist* und eben *deshalb* der Geist Gottes in ihm anwesend sein kann, so kann sich die Frage erheben: Wer hat diesen Tempel gebaut? Wer hat *seine* Formen ausgestaltet? Und wir werden unsere Aufmerksamkeit darauf richten, daß durch Äonen der Erdenentwicklung an seiner Aufrichtung, Ausformung und Ausgestaltung gearbeitet worden ist, *damit* der Geist Gottes in ihm wohnen könne.

Wir wissen, daß er in Christus in den Leib des Jesus eingezogen ist. In der Leiblichkeit des Jesus war der Tempel auferbaut. Und dieser Tempel wurde vollendet und ausgestaltet, ausgeformt durch das althebräische Volk.

Der Stammvater des hebräischen Volkes ist Abraham. Vor Abraham gab es das hebräische Volk nicht. Abraham selbst stammt aus dem Volke

1 Die Verheißung des Abraham

der Chaldäer, aus Ur in Chaldäa. Daher führt das Evangelium des Matthäus den Stammbaum des Jesus bis auf Abraham zurück. Es beginnt mit den Worten: «Dies ist das Buch von der Geburt Jesu Christi, der da ist ein Sohn Davids, des Sohns Abrahams.» Und dann folgt die Aufzählung von 42 Generationen.

Abraham lebte um die Zeit um 2000 vor Christus, etwa in der Mitte der ägyptisch-chaldäischen Kulturperiode. Die Kultur dieser Zeit ist die erste große Kultur, die in das *Kali Yuga,* das «finstere Zeitalter» hineinfällt, das nach indischer Überlieferung im Jahre 3101 vor Christus beginnt und 5000 Jahre dauert, das heißt also bis zum Jahre 1899.

In diesem «finsteren Zeitalter» wird das menschliche Bewußtsein völlig abgeschnitten von jeder unmittelbaren Verbindung mit der übersinnlichen Welt. Es ist die Zeit des tiefsten Heruntersteigens des Menschen in die physisch-sinnliche Welt. Vorher hatte er in einem traumhaft hellseherischen Bewußtsein die übersinnliche Umwelt in innerlicher Weise wahrgenommen, aber so, daß er noch *wie im Schoße* dieser übersinnlichen Umwelt *geborgen* lebte. Das Verglimmen dieser alten hellseherischen Fähigkeit empfand er wie eine Verdunkelung, wie ein Vertrieben-Werden aus jener lichten Welt, die er vorher schauen konnte. Den Sinn dieses Vertrieben-Werdens konnte er zunächst *nicht begreifen,* – und zwar deswegen nicht, *weil er das, was wir «Begreifen» nennen, damals überhaupt noch nicht konnte*[2]. Das war gerade der Sinn des Kali Yuga, daß der Mensch in ihm *das «Begreifen» lernen* sollte. So heißt es in zwei lapidaren Sätzen in der ‹Geheimwissenschaft› Rudolf Steiners: «Was die Seele in alten Zeiten von höheren Welten wußte, war in ihr nicht durchdrungen von ihrer *eigenen* Verstandes- und Gefühlskraft. Sie wußte es als *Eingebung.* In der Zukunft wird sie nicht bloß Eingebungen haben, sondern *diese begreifen* und als dasjenige empfinden, was Wesen von ihrem eigenen Wesen ist.»[3] Dazwischen liegt das Kali Yuga.

In der Verborgenheit der Mysterien jener Zeit wurde jedoch das Wissen um die Notwendigkeit des *Begreifen-Lernens* in einem «finsteren Zeitalter» gepflegt, und nicht umsonst spielt in der Bildersprache der Mysterien damals das Instrument des «Begreifens», die *Hand,* eine so große Rolle. Auf ägyptischen Reliefs (Abb. 2) werden die Sonnenstrahlen wie mit *Händen* greifend dargestellt. Hermes-Toth, der Inaugurator der ägyptischen Kultur, wird genannt: die *Hand* des Osiris. Das Wort Toth heißt *Hand,* sein Symbolum ist eine *Hand,* die eine Sichel trägt. An den phönizischen Tem-

2 Lichtdurchfluteter Gartenpavillon

3 Phönizischer Votivstein aus Karthago

peln ist eine große *Hand* über dem Eingangstor ausgemeißelt. Auf einem Votivstein (Abb. 3) aus Karthago, der Tanit-Pene-Baal und dem Baal Hammon errichtet, ist ein Engel dargestellt, eine Frucht in einer Mondenschale tragend – darunter zwischen zwei Vögeln, wie man sagt, das ägyptische Zeichen für «Leben», – darüber das Himmelsgewölbe, und hoch über dem Himmelsgewölbe aufragend erscheint eine große *Hand*[4]. – Noch im fünften nachchristlichen Jahrhundert wird in Syrien auf einem gemalten Bilde «die Verheißung des Abraham» so dargestellt (Abb. 1): im Vordergrund Abraham in demütiger Haltung stehend, mit vorgestreckten Händen, die aber vom Gewande völlig verhüllt sind, dahinter Wüste und darüber dunkelblaues Himmelsgewölbe mit Sternen besät, gemalt wie ein faltig zugezogener Vorhang aus Tuch, aus dem nur die *Hand* Gottes herausragt. In einer talmudischen Legende wird erzählt, daß *Abraham*, der als Kind in einer Höhle verborgen auferzogen wird, drei Jahre hindurch Milch saugt durch Gottes Gnade aus seinem eigenen Finger der rechten *Hand*. –

Wenn auch das alte Hellsehen immer mehr abdämmerte und erlosch, so war doch die *Kraft*, die in ihm gewaltet hatte, nicht unwirksam geworden. Wenn man die Frage so stellt: Was sich im und für das äußere hellseherische Anschauen immer mehr verbarg – *wohin* verbarg es sich? –, so kann man sagen: ganz in das Innere der menschlichen Leiblichkeit, wo es nunmehr Organ-bildend und Leib-gestaltend wirkte, und zwar ganz besonders an der Ausarbeitung und Ausgestaltung des physischen Gehirns, das erst geeignet gemacht werden mußte zum *Begreifen*, zum verstandesmäßigen Begreifen der rein durch die *Sinne* wahrzunehmenden physischen Außenwelt. *Heute* ist das die *hauptsächlichste Fähigkeit* des Menschen, *damals* war sie noch *nicht* vorhanden, und wir können kaum erahnen, welch gewaltiger Umschwung einsetzte mit dem Aufkeimen dieser neuen Fähigkeit, die sich *anstelle* des verschwindenden Hellsehens geltend machte, – und zwar aus einer inneren Veränderung der *Leiblichkeit* heraus, die durch das Blut hindurch bewirkt wurde. Die *Ordnung der sinnlichen Außenwelt nach Maß, Zahl und Gewicht zu betrachten und zu erfassen,* das war es, wozu in der Leiblichkeit das geeignete Werkzeug erst erbildet werden mußte.

Abraham war diejenige Individualität, durch die hindurch sich dieser ungeheure Umschwung vollzog. Und von ihm als seinem Stammvater aus fand sich das hebräische Volk, wie Rudolf Steiner einmal sagt: «durchdrungen, imprägniert mit dem Gott, der im Raum ausgebreitet war, und es wußte, daß dieser Gott *in seinem Innern in der Pulsation seines Blutes lebt.»*[5]

Das Bild des babylonischen Turmbaus ist ein Ausdruck für das Bestreben, sich in der *alten* Weise den Göttern nähern zu wollen, ja, nach den jüdischen Sagen geradezu für eine Auflehnung gegen das Hereinbrechen des finsteren Zeitalters. Sie erzählen, daß der Turm dazu dienen sollte, die Menschen mit den Himmelsbewohnern in nahe Berührung zu bringen.

«Als der Bau die Höhe von 27 Milen – 1 Mil = 1480 Meter – erreicht hatte, da glaubten die Thoren schon nahe genug dem Himmel zu sein und schossen mehrere Pfeile gegen denselben, und um sie in ihrem törichten Wahn zu erhalten, ließ Jehowa die Pfeile blutig gefärbt in den Turm zurückfallen, so daß die jauchzende Menge des festen Glaubens war, sie habe bereits irgend einen Himmelsbewohner verwundet oder getötet.» Weiter heißt es dann, daß nach der eingetretenen Sprachverwirrung außerdem die Turmbauer je nach Verschiedenheit ihrer Gesinnungen und Absichten einer verschiedenen Strafe unterworfen wurden. «Die einen hatten die Absicht, ihre Götzen in den Himmel aufzustellen; diese wurden in Affen und allerlei Dämonen und böse Geister verwandelt. Die andern wollten die Himmelsbewohner bekämpfen und sich unterwerfen, diese führten unter einander blutige Kriege und rieben sich auf. Eine dritte Klasse endlich *wollte einfach im Himmel ihre bleibende Wohnung aufschlagen,* diese wurde nach allen Gegenden der Erde zerstreut.»[6]

Nach Ausgrabungen der letzten Jahrzehnte ist in Mesopotamien, in der Zeit, in der Abraham lebte, eine große Anzahl von gewaltigen turmartigen Tempelpyramiden errichtet worden, sogenannten Zikkuraten, Götterburgen. In diesem Lande und in dieser Zeit des himmelstürmenden Turmbaus wird Abraham geboren. Davon berichten die Sagen der Juden:

Tarah, oder Terach, der Vater Abrahams, war der oberste Feldherr am Hofe des Königs Nimrod. Die Geburt Abrahams wird durch das Erscheinen eines hellstrahlenden Sternes angekündigt, der vier andere verschlingt. Die Sterndeuter sagen dem König Nimrod: der jetzt geboren würde, würde viele Könige stürzen. Nimrod läßt einen gewaltigen Kindermord durchführen. Aber Tarah gelingt es, sein Weib in einer *Felsenhöhle* unter der Erde zu verbergen. Und als der Sohn geboren wurde, so heißt es: «Da wurde auf einmal die ganze Höhle hell wie vom *Sonnenschein,* denn also *leuchtete* das Angesicht des Knaben.»[7]

Damit ist in wunderbarer Weise auf jenen gewaltigen Umschwung zur *Verinnerlichung* hingedeutet, der sich durch Abraham vollzieht.

Es wird weiter erzählt, daß er 10 Jahre hindurch in der Höhle verborgen blieb und dort schon als Knabe den lebhaften Drang zeigte, zu wissen, wer eigentlich seine ganze *Umgebung* gemacht habe und sie zu erhalten wisse. «Da stieg die *Sonne* in ihrem blendenden Glanze empor, beleuchtete, erwärmte und belebte alles. ‹Das ist gewiß aller Dinge Herr, den ich verehren muß›, sprach Abraham; aber der Abend kam, die Sonne verschwand, und der *Mond* mit den Sternen erschien. ‹Jener Verdrängte kann der Herr nicht sein›, dachte Abraham, ‹vielmehr ist es dieser mit seiner zahlreichen glänzenden Begleitung.› Des Morgens erschien wieder die Sonne und Abraham dachte: ‹*Beide* haben gewiß einen gemeinschaftlichen Herrn, der ihre Bewegungen anordnet.› Ebenso bemerkte er, wie jede sonstige Naturerscheinung wieder von einer andern verdrängt wurde, und er gewann die Überzeugung, es müsse irgend ein mächtiges, unsichtbares, namenloses Wesen geben, dem alle Dinge Entstehung und Fortdauer verdanken, eine Überzeugung, die tief in seinem Innern verankert war.»[8] Auch das ist ein wunderbarer Ausdruck für den *Umschwung,* der in *Abraham* eingeleitet wurde und der sich dann in der Entwicklung des hebräischen Volkes immer mehr auslebte, den Rudolf Steiner einmal mit den Worten charakterisierte: «*Das Äußere war innerlich geworden:* es wurde *erlebt*, nicht mehr *geschaut,* und es wurde nicht mehr mit einzelnen verschiedenen Namen bezeichnet, sondern mit einem Einzelnamen, mit dem: *Ich bin, der Ich bin!*»[9]

Auf das beginnende Ringen um das *Erfassen des Göttlichen,* das im Innern *erlebt* wurde, *mit dem Gedanken* wird uns in jener Erzählung gedeutet. Zu dieser gedanklichen Erfassung des Göttlichen bedurfte es aber eines in ganz besonderer Weise ausgebildeten *physischen Gehirns,* so, wie es bis dahin noch nirgends *ausgeformt* gewesen war. Die physische Veranlagung zu dieser Ausgestaltung und Ausformung des physischen *Werkzeugs* des Denkens trat zuerst bei Abraham auf und vererbte und entwickelte sich dann von Generation zu Generation weiter im hebräischen Volke. Darin liegt seine welthistorische Mission der Vollendung des Tempels der Leiblichkeit.

Auch im ältesten Buch der Kabbalah, dem Buch Jezirah, ist von dieser «*Ausmeißelung, Auskristallisierung*» des physischen Werkzeugs des Denkens die Rede. Dieses Buch schließt mit den wunderbaren Worten: «Und als gekommen war Abraham, unser Vater – Friede sei mit ihm –, da war *er* es, der mit sehenden Augen beobachtete und betrachtete, grübelte und einsah, meißelte und eingrub, verband und *formte*; und als ihm dies gelungen war, da offenbarte sich ihm der Heilige Gebenedeite, setzte ihn auf seinen Schoß, küßte ihn auf sein Haupt, nannte ihn Abraham, seinen Freund, und schloß ein Bündnis mit ihm und seinem Samen, so wie geschrieben steht. Und *Abraham* glaubte an Gott. Und dies wurde ihm zur Gerechtigkeit gerechnet. Und er schloß mit ihm ein Bündnis durch ein Zeichen, das da steht zwischen ihm und den zehn Fingern seiner Hände, dies ist die Zunge; und zwischen ihm und den zehn Zehen seiner Füße, das ist die Beschneidung. Und er band ihm die 22 Buchstaben an seine Zunge und offenbarte ihm ihr Geheimnis. Er zog sie hinein ins Wasser, glühte sie im Feuer, ließ sie rauschen in der Luft, ließ sie erstrahlen in den sieben Planeten und führte sie einher in den zwölf Tierkreisbildern.»[10]

In den Erzählungen von Abrahams Kampf gegen den Götzendienst ist immer wieder vor allem seine Ausbildung nüchternster Sinnesbeobachtung und sachlichen Nachdenkens besonders hervorgehoben. In einer nur in der altslowenischen Literatur erhaltenen Schrift zum Beispiel, der sogenannten ‹Apokalypse Abrahams›, wird geschildert, daß Abrahams Vater Terach selber Götterbilder herstellte, wobei Abraham helfen mußte und zum Opferdienste vor diesen Götterbildern angehalten wurde. Da heißt es:

> «Am Tag, wo ich an meines Vaters Terach Göttern hobelte
> und an den Göttern Nachors, seines Bruders,
> da forschte ich,
> wer denn der starke Gott in Wahrheit sei,
> ich, Abraham, zu jener Zeit, wo es mein Los gewesen,
> daß ich die Opferdienste meines Vaters Terach
> an seinen hölzernen und steinernen
> und goldenen und silbernen
> und ehernen und eisernen Göttern wohl verrichtete.»[11]

Es wird geschildert, wie ein Götterbild im Tempel umfällt und zerbricht, der Vater fertigt ein neues an, dem er aber den alten Kopf wieder aufsetzt. Abraham fragt sich:

«Wie kann denn meines Vaters Götze Merumat
wohl einen Menschen retten
oder eines Menschen Bittgebet erhören
oder ihn belohnen,
da er doch eines fremden Steines Kopf besitzt
und selbst aus einem andern Stein gefertigt ist?»

Noch eine Reihe ähnlicher Erlebnisse wird beschrieben, bis er schließlich zu seinem Vater spricht:

«Fürwahr, verehrungswürdiger
als die Gebilde alle ist das *Feuer;*
denn manches, was sonst niemand unterworfen ist,
fällt ihm anheim,
und alle Dinge, leicht verderblich,
sie dienen seinen Flammen zum Gespött.
Jedoch verehrungswürdiger ist noch das *Wasser*,
weil es das Feuer überwindet
und auch den Durst der Erde stillt.
Ich heiss' auch dies nicht Gott;
es ist der Erde unterworfen,
worunter sich das Wasser neigt.
Die *Erde* nenne ich verehrungswürdiger,
dieweil sie die Natur des Wassers überwindet.
Ich heiß auch sie nicht Gott,
dieweil sie durch die *Sonne* ausgetrocknet wird
und auch den Menschen zum Bebauen dient.
Verehrungswürdiger noch als die Erde nenne ich die *Sonne;*
das ganze Weltall macht sie hell mit ihren Strahlen.
Auch diese nenne ich nicht Gott,
dieweil ihr Lauf durch Nacht und Wolken wird verdunkelt.
Doch auch den *Mond* und die Gestirne
nenne ich nicht Gott,
weil sie zu ihrer Zeit durch Nacht ihr Licht verdunkeln.
Hör dies, mein Vater Terach,
daß ich dir kundtue den Gott, der alles schuf,

nicht die, die wir für Götter halten!
Wo ist er denn?
Was ist er doch?
Wer rötete den Himmel,
vergoldete die Sonne
und machte hell den Mond und die Gestirne?
Wer trocknete die Erde aus
inmitten vieler Wasser?
Wer setzte dich selbst in die Welt?
Wer suchte mich in der Verwirrung meines Sinnes?
Möcht Gott sich durch *sich selbst* uns offenbaren!» –

Und dann heißt es weiter:

«Und als ich dies zu meinem Vater Terach sprach
im Hofe meines Hauses,
da fiel die Stimme eines Starken von dem Himmel
in einem Feuerwolkenbruch und rief:
Abraham! Abraham!
Ich sagte: Hier bin ich.
Er sprach:
Du suchst den Gott der Götter,
den Schöpfer
in deines Herzens Sinn.
Ich bin es.» –

Als die erste Verheißung an Abraham erging, wohnte er mit seinem Vater in *Haran,* einer der ältesten Städte der Menschheit. Nach den Überlieferungen der Juden wohnte er drei Jahre dort und ist auch später von Palästina aus noch einmal auf eine Reihe von Jahren nach Haran zurückgekehrt, bevor er endgültig Babylonien verließ. Nach Emil Bock galt Haran zu allen Zeiten als die Heimat der *Mond-Mysterien* und die Stätte des höchsten Tempels der *Mond*-Gottheit. Emil Bock gibt den bedeutsamen Hinweis, daß das Weilen Abrahams in Haran besonders geeignet gewesen sein muß, Abraham zur Selbstfindung zu verhelfen, ist doch – wie er schreibt – «das *Gehirn* ein mikrokosmischer Spiegelapparat für das *Geistige* in demselben Sinne, wie der *Mond* im Makrokosmos ein Spiegelapparat für das *Sonnenlicht* ist.»[12]

– Als Abraham dann aus Haran auszog, wurde er nach der Genesis zuerst schicksalsmäßig nach *Ägypten* geführt, bevor er schließlich in das Land Kanaan einzog. Die Legenden deuten an, daß er auch zu den Mysterien Ägyptens in Beziehung getreten ist. Sie erzählen: «Abraham kam aus Ägypten reich an Vieh, Gold und Silber; aber auch um vieles Wissen wurde er dort bereichert, denn er hatte von den *Weisen Ägyptens* und den *Wahrsagern* die Rechenkunst und die Sternkunde gelernt, also daß er weiser ward als alle Menschen vor ihm.»[13]

Nachdem nun Abraham in Kanaan seine Wohnung aufgeschlagen hat, schildert uns die Genesis in wenigen Worten seine Begegnung mit *Melchisedek*. Nach der Schlacht, im Tal der Könige, tritt dieser ihm entgegen. So lauten die Worte der Schrift: «Melchisedek, der König von Salem, trug Brot und Wein hervor. Und er war ein Priester des *höchsten* Gottes. Und segnete ihn und sprach: Gesegnet seiest du, Abram, dem *höchsten* Gott, der *Himmel und Erde geschaffen* hat; und gelobet sei Gott der *Höchste*, der deine Feinde in deine *Hand* beschlossen hat. Und demselben gab Abram den Zehnten von all seiner Habe.» (Gen. 14, 18–20)

Diese Begegnung schildert Rudolf Steiner als eine Begegnung «von größter, von universellster Bedeutung», als die Begegnung Abrahams *«mit dem großen Eingeweihten des Sonnenmysteriums»*[14]. Im Vortrags-Zyklus über das Matthäus-Evangelium führt Rudolf Steiner aus, daß Abraham sich zunächst sagen konnte: «Insofern mir verheißen ist, der Begründer eines Volkes zu sein, das sich ausbreiten wird in den von mir abstammenden Generationen, wird *leben* in dem Blute, das durch sie hinunterrinnt, der Gott, den *wir* als den höchsten anerkennen: er offenbart sich uns im Bewußtsein unseres Volkes.»[15] Aber die Gewißheit, daß dieser Gott, der sich im Volksbewußtsein kundtut, auch *derselbe* ist, «der *in den Mysterien* zu allen Zeiten als die schöpferische und schaffende Gottheit anerkannt wurde»[16], diese Gewißheit erfuhr Abraham erst durch die Begegnung mit Melchisedek, der ihn segnete. Ich möchte hier die Worte Rudolf Steiners selber anführen: «Die Folge der *Wirkung* dieser Begegnung des Abraham mit Melchisedek war die, daß Abraham nun *spürte:* was ihn da *antreibt,* was er anspricht mit dem Namen Jahwe oder Jehova als das Höchste, was er *denken* kann, das *kommt* aus derselben *Quelle*, aus der auch für alles höchste Erdenwissen das *Bewußtsein des Initiierten* kommt, von dem alle Welten durchwebenden und durchlebenden *höchsten* Gott! Das war das Bewußtsein, das Abraham jetzt weitertragen konnte.»[17] – Erlauben Sie mir, an dieser Stelle eine kurze Betrachtung einzuschieben, die vielleicht bemerken lassen kann, in welcher verhüllten Weise die Bildersprache der Mysterien auf dasjenige deutet, worauf es hier ankommt.

In dem sogenannten Fiölsvinnsmál, einem Liede der Edda, wird uns in wunderbar bildhafter Weise ein Einweihungsgang geschildert. Ein Fremdling ersteigt kühn einen von Riesen getürmten Berg, auf dem eine hehre Feste, von Waberlohe umgeben, steht. Vor dem Tor kommt er in ein Wechselgespräch mit dem Hüter, der den Eingang bewacht. Schritt vor Schritt erfragt der Fremdling, was zu tun ist, um Einlaß in die Feste zu erringen. Zwei schlimme Hunde bewachen die Schwelle des Tores. Er fragt:

FREMDLING: «Gibt's keine Kost, sie zahm zu machen, Fv 17
Und einzugehn, dieweil sie fressen?»

Der Hüter antwortet:

HÜTER: «Zwei Flügel glänzen zu Seiten des *Hahns* Fv 18
Im hohen Baum an Himmels Wölbung:
Das ist die Kost, sie zahm zu machen
Und einzugehn, dieweil sie fressen.»

Nachdem ihm weiter verkündet worden ist, daß dieser Baum, *Mimameidr,* derjenige ist, aus dessen Samen diejenigen entzündet werden, die nicht vom Weibe geboren sind, die dann der Welt Verhülltes offenbaren, fragt der Fremdling weiter, wie *der Hahn heißt,* dessen Flügel wie von Golde glänzen. Der Hüter antwortet:

HÜTER: «Es ist der Mond, im Winde leuchtend Fv 24
Auf Mimameidrs Zweigen.
So groß ist seine Schwere, daß niemand rauben kann
Den schwarzen sich zum Köder.»

FREMDLING: «Verkünde mir, Fiölswidr, was ich Dich fragen will Fv 25
Und wissen muß:
Gibt es denn kein Geschoß, mit dem man wohl
Zur Hel ihn senden könnte?»

HÜTER: «Lebendiger Zweig heißt die Gerte, Fv 26
Die Loki gebrochen vorm Tor des Todes;
In eisernem Schrein, von neun Schlössern verschlossen
Birgt ihn das Innere der Erde.»

FREMDLING: «Verkünde mir, Fiölswidr, was ich Dich fragen will Fv 27
Und wissen muß:
Kann wiederkehren, wer es versucht, Fv 28
Die Rute zu rauben?»

HÜTER: «Lebend wird kehren, wer es versucht,
Den Zweig zu gewinnen,
Wenn der Göttin des Mondes er schenkt,
Was wenigen eigen.»

FREMDLING: «Verkünde mir, Fiölswidr, was ich Dich fragen will Fv 29
Und wissen muß:
Kann man den Hort denn erringen,
Der die hehre Göttin so hoch erfreut?»

HÜTER: «Die blinkende Sichel birg *du* in der Brust, Fv 30
Die im Schweife des Hahnes verschwindet,
Gib du sie der Göttin, so läßt sie gern
Deinem Herzen die Rute entkeimen.»

Damit ist auf den Zusammenhang des sonnenhaften *Erlebens* mit dem mondenhaften, formalen *Gedanken* gedeutet, den es herzustellen gilt, um den Einlaß in die übersinnliche Welt zu gewinnen. Die blinkende Sichel, die im Schweife des Hahnes verschwindet – die abnehmende Sichel des Mondes am Himmel – erhält ihr Licht von der Sonne. Wenn sie *verschwindet* und der *Mensch* sie der Göttin *geben* soll, so heißt das, daß er sie aus seinem Innern heraus in der Vorstellung wieder *erzeugen* muß. Das kann er aber nur, wenn er die *reine Form* im *Gedanken* erfassen und erbilden kann, und wenn er dasjenige, was nun als seine Vorstellung durch *die Sonne im eigenen Innern* aufleuchtet, mit dieser *reinen Form* wirklich verbinden kann. Vielleicht darf man in diesem Zusammenhang wieder an jenes Symbolum des Hermes-Toth denken: die Hand, welche die Sichel ergreift.

Auch im sechsten Gesang der Äneis des Vergil spielt ja dieser lebendige Zweig – der *goldene Zweig,* wie er hier genannt wird, – eine hochbedeutsame

Rolle. Auch hier ist auf den Zusammenhang dieses Zweiges mit dem *Mond* gedeutet, auch hier wird dem Äneas der Einlaß in die übersinnliche Welt nur gewährt, weil er im Besitze dieses Zweiges ist. Er schreitet mit der Sybille von Cumae auf die breite Burg der Gefilde der Seligen zu, und sie ruft:

«Nun aber auf und schreite dahin und vollführe den Auftrag;
Eilen wir, rief sie, schon seh ich die Mauern, die die Kyklopen
in ihrer Esse geschmiedet, und auch des Tores Gewölbe,
wo uns ein hohes Gebot befiehlt, die Gabe zu reichen.
Sprachs, und beide zugleich durchschreiten die düsteren Pfade,
eilen den Weg voran und sind schon nahe den Pforten.
Und zum Eingang gelangt, besprengt Äneas mit frischem
Wasser den Leib *und heftet den Zweig gleich vorn an die Schwelle.*
Erst als dieses vollbracht und der Göttin die Gabe gespendet,
kamen sie zu den Gefilden der Wonne und lieblichen Auen.»[18]

Der Zusammenhang, auf den hier gedeutet werden soll, könnte allerdings erst völlig hervortreten, wenn man alles das heranziehen würde, was Rudolf Steiner besonders im 5. und 6. Vortrag des Zyklus über das Matthäus-Evangelium ausführt. Das kann hier nicht geschehen, aber wenigstens das Folgende erlauben Sie mir, hier anzuführen. Es wird dort dargestellt, daß es im hebräischen Volke unter den Essäern – zu denen ja Johannes der Täufer gehörte – Menschen gab, die lernten, ihre Erinnerung zu erweitern und durch zweiundvierzig Generationen hindurch – das heißt also bis zu Abraham zurück – hinaufzuschauen zu dem eigentlich inspirierenden Geist des hebräischen Volkes. Und nun heißt es wörtlich: «Sie wurden das, was man nennen kann: eine Stammknospe an einem Zweig, eine Knospe an einem Baum, an einer Pflanze, die sich durch viele Generationen hindurchschlingt. ... Solche Menschen benannte man nun auch innerhalb der Essäer-Gemeinden mit einem Wort, das ausdrücken sollte, ein *lebendiger* Zweig, nicht ein abgeschnittener Zweig. Das waren solche Menschen, die ... sich nicht abgeschnitten fühlten vom Baum der Menschheit.»[19]

Im Mittelalter gab es Darstellungen auf geschnitzten Altären, meistens Der «Baum Jesse» oder der «Stamm Jesse» genannt – und sie sind noch zu sehen (Abb. 4) – auf denen unten ein Mann liegt, aus dessen *Herzen* ein gewaltiger Stammbaum herauswächst, der in seinem höchsten Gipfel in eine zarte Blüte ausläuft. Diese Blüte berührt gerade eine schmale *Mond*sichel,

4 Wurzel Jesse mit Maria auf der Mondsichel

auf der die gekrönte Madonna steht, das Sonnenkind in den Armen tragend. «*Menschheits*-Herzensdenken», so könnte man dieses Bild nennen. In der Ausbildung dieses Menschheits-Herzensdenkens wurde in Jesus der Tempel der Leiblichkeit vollendet, in dem die Geistessonne der Christuswesenheit anwesend sein konnte. Und *weil* im Menschheitsrepräsentanten der Christus sich mit der Erde verbunden hat, *weil* dieses Menschheits-Herzensdenken ausgebildet worden *ist, deshalb* kann *heute* der *einzelne* Mensch die Ausbildung des Herzensdenkens in Angriff nehmen. So verstehen wir das Wort des Paulus an die Galater: «Die Schrift aber hat es vorausgesehen, daß Gott die Heiden durch den Glauben gerecht macht. Darum verkündigte sie dem *Abraham:* In dir sollen *alle Heiden* gesegnet werden.» (Galater 3, 8)

Die Ausbildung des Herzensdenkens des einzelnen, freien Menschen ist das Anliegen der Anthroposophie. Das *Kali Yuga,* das finstere Zeitalter, hat den *einzelnen* Menschen in die Situation der *Freiheit* geführt, und zwar gerade dadurch, daß es ihn zum Erfassen des abstrakten, formalen, *monden*haften Gedankens erzogen hat. Die Fähigkeit dieses abstrakten, formalen Denkens ist heute Allgemeingut der Menschen geworden. Aber dieses formale Denken ist auch zum Selbstzweck geworden, und daher verliert der Mensch in ihm die Wirklichkeit.

Heute gilt es, den *Sinn* des Kali Yuga, des finsteren Zeitalters, zu erkennen – heute *hat* der Mensch die Fähigkeit des Begreifens, die dazu nötig ist. Und er darf nicht mehr in Unwissenheit über den Sinn dieses finstern Zeitalters bei den Denkgewohnheiten beharren, die er sich in ihm angeeignet hat.

Nach dem Ende des Kali Yuga im Jahre 1899 stehen wir heute *seit dem Beginn unseres Jahrhunderts im Anbruch eines neuen, lichten Zeitalters,* und es will sich wieder ein Umschwung vollziehen, der in seinem Ausmaß demjenigen entspricht, der beim Hereinbrechen des Kali Yuga in der menschlichen Seelenverfassung stattgefunden hat. Damals verglomm das alte Hellsehen, *damit* die Fähigkeit des menschlichen begrifflichen, abstrakten Denkens erstehen konnte – heute will aus dem trockenen, ausgereiften Samenkorn des abstrakten Gedankens ein *neues* Hellsehen hervorkeimen. Rudolf Steiner nennt einmal das Zeitalter, in das wir eintreten, das *neue Abrahamitische Zeitalter,* und er sagt, daß wir den Weg der Entwicklung sozusagen wieder zurück gehen. «Bei *Abraham* wurde das Gottesbewußtsein in das

Gehirn *hereingeführt;* indem *wir* in ein *neues abrahamitisches* Zeitalter eintreten, wird das Gottesbewußtsein wiederum aus dem Gehirn *herausgeführt.*»[20] Das heißt aber, die Menschen werden nicht mehr bloß physische Gegenstände sinnlich wahrnehmen, sondern sie werden die *über*sinnliche Wirklichkeit übersinnlich wahrnehmen, sie werden fähig werden, den *Ätherleib* zu sehen. Und: «Indem die Menschen fähig werden, den Ätherleib zu sehen, werden sie den *Ätherleib des Christus Jesus* sehen lernen, wie der Paulus ihn gesehen hat.»[21] Das nennt Rudolf Steiner dasjenige, «was als das Charakteristikum eines neuen Zeitalters *beginnt.*»(!)

Damit ist in der Tat auf einen ungeheuren Umschwung vom äußersten Materialismus zu einer spirituellen Weltanschauung gedeutet – und doch können und müssen wir darauf hinweisen, an welcher unscheinbaren und heute noch weitgehend unbeachteten Stelle dieser Umschwung *einsetzen* muß. Wir können es hier nur im Bilde tun, und wir wollen uns wiederum des Bildes der menschlichen Hand bedienen.

Albrecht Dürer, in dessen Bild der Melancholia wir etwas wie einen Ausdruck vom *Sinn* des finsteren Zeitalters gewahr werden können, hat wunderbare Studien der menschlichen Hand gezeichnet, und zwar in ganz besonderer Weise.

So gibt es zum Beispiel zu dem Bilde des heiligen Hieronymus, der mit seiner linken Hand in so vielsagender Gebärde auf den vor ihm liegenden Totenschädel deutet, zwei gesonderte Studien: eine von dem minutiös ausgeführten Totenkopf allein, und die andere von der auf ihn hindeutenden und mit dem Zeigefinger *ihn berührenden* Hand allein. Auf dieser Studie (Abb. 5) ist die Stelle, an der der Totenkopf liegt, in der ganzen Zeichnung *leer* gelassen, da ist ein *Hohlraum.* – Weiter gibt es eine Studie (Abb. 6) einer einen scheibenförmigen Körper ergreifenden Hand – wieder ist nur die *greifende Hand* ausgeführt, der Körper erscheint wieder als leer gelassener *Hohlraum.* – Dann die Studien zu Adam und Eva: Eva's Arm mit der wunderbar ausgeführten, den Apfel *ergreifenden Hand,* ebenso Adams Hand: wiederum der Apfel fast *leer* gelassen, und dreimal die *leere Hand* in jeweils andersartigem *Zugriff. (Abb. 7)*

Wer die ‹Theosophie› Rudolf Steiners kennt, wird sich bei der aufmerksamen Betrachtung dieser Zeichnungen Dürers unmittelbar an die bildliche Schilderung erinnern, die Rudolf Steiner dort von der ersten Region der geistigen Welt gibt. Dort heißt es ja: «In ihr sind die Dinge und Wesen,

5 Albrecht Dürer. Studie zum linken Arm des Hieronymus. 1521

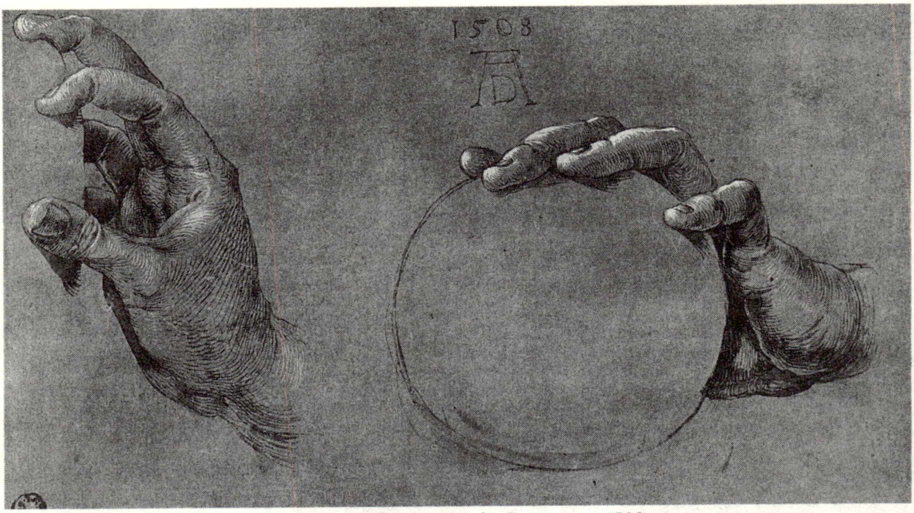

6 Albrecht Dürer. Hände Gottvaters. 1508

7 Albrecht Dürer. Studie zu Adams Arm und Hand. 1504

die in der physischen Welt verkörpert werden, als ‹*Hohlräume*› vorhanden. Und in den *Zwischenräumen* spielt sich die *bewegliche Tätigkeit* der Urbilder ... ab.»[22] Diese *bewegliche Tätigkeit* ist aber dasjenige, wodurch die *Ätherleiber* bestehen!

Und wenn wir nun *die greifende Hand als Bild für die wache Tätigkeit des begreifenden Denkens* nehmen, so dürfen wir wohl sagen:

Die moderne Wissenschaft, welche in der Tat die höchste Errungenschaft des Kali Yuga ist – insbesondere die moderne Naturwissenschaft –, richtet die Aufmerksamkeit auf die Formen dessen, *was* begriffen wird. Goethe dagegen und die Fortführung seiner Intentionen die anthroposophische Geisteswissenschaft richtet die Aufmerksamkeit auf die *Hand,* die begreift. *Die* Form, die ein *Gegenstand hat,* ist ein *toter* Begriff. *Die* Form, welche die *Hand* annimmt, die den Gegenstand *begreift,* indem sie sich an seine Formen anschmiegt, ist ein *lebendiger* Begriff. *Und doch ist es dieselbe Form!* Aber die letztere wird nicht mehr bloß passiv *hingenommen,* sondern zugleich *erlebend gegeben.* Hier liegt der Übergang vom formalen Naturerkennen der Gegenwart zum Gewahrwerden der Formen-bildenden tätigen Geistwirklichkeit, und das heißt nichts anderes als zum übersinnlichen Gewahrwerden des Ätherleibes. So wie bei Dürer dem Blick seines Auges die ‹begreifende› Hand *gegenständlich* wird, so wird bei Goethe der ‹anschauenden Urteilskraft› das ‹begreifende› *Denken gegenständlich.* Wenn uns jene Zeichnungen wirklich zum *Ausdruck* werden, so verstehen wir Dürers Wort: «Wahrhaftig, Die Kunst steckt in der Natur, wer sie heraus kann reißen, der hat sie.»[23] Und wir dürfen hinzufügen: Die Kunst steckt so in der Natur wie das lebendige Denken in der Hand.

Kant hat einmal das große Wort ausgesprochen: «Mensch, erkühne dich, deiner Vernunft dich zu bedienen.»[24] Das war ganz aus dem Geiste des Kali Yuga gesprochen, und es *mußte* befolgt werden. Aber Rudolf Steiner sagt dazu: «Heute muß ein größeres Wort in die Seelen klingen, das heißt: *Mensch, erkühne dich, deine Begriffe und Ideen als die Anfänge deines Hellsehertums anzusprechen.*»[25]

Nehmen wir dieses Wort wirklich ernst und folgen wir ihm, so werden wir den Übergang in das *neue* Abrahamitische Zeitalter finden, gerade wenn wir es wieder lernen, die Leiblichkeit als *Tempel* der Seele zu *verstehen.* Und so darf ich abschließen mit dem gleichen Wort des Paulus, von dem ich ausgegangen bin:

«Wisset ihr nicht, daß ihr Gottes *Tempel* seid und der Geist Gottes in euch wohnt?»

Neue Übersetzungen aus der Edda

EINLEITUNG

Dem Schüler der anthroposophischen Geisteswissenschaft kann sich das Fiölsvinnsmál der Edda als Ausdruck hoher Mysterienweisheit erschließen. In knappste Form geprägt, läßt das Lied in seinen gewaltigen Bildern die behutsam verhüllende Schilderung einer fortschreitenden Bewußtseinsschulung erkennen, die zur Einweihung führt: zur Vereinigung von Weisheit und Liebe.

Das Lied von Groas Erweckung (Grogaldr) gehört als Einleitung zum Fiölsvinnsmál. Svipdagr, der sich auf den Weg begeben will, Menglada zu suchen, ruft am Grabe die tote Mutter, um von ihr für seine Wanderung Schutz und Stärkung zu erbitten. Die Zaubersprüche, die sie ihm singt, kennzeichnen bereits den Schulungsweg und seine Gefahren; die Beherzigung ihrer Worte wird seine Kräfte steigern und ihn zum Ziel geleiten.

Im Fiölsvinnsmál wird der Name Svipdagr zunächst nicht genannt. Er ist der ‹Fremdling›, der den Gipfel des Riesenberges ersteigt, der von einer mächtigen Waberlohe umgeben ist. Vom Gipfel her erspäht ihn der Wächter, Fiölsvidr genannt, eine Hütergestalt, die dem Fremdling zuerst schroff abweisend begegnet, ihm den Einlaß in die höhere Welt verwehrend. Sehr charakteristisch ist geschildert, wie zunächst jeder den anderen als ‹Ungetüm› erschaut. Der Hüter ändert jedoch seine Haltung dem Fremden gegenüber, nachdem dieser das Wort ausgesprochen hat:

«Hier möcht' ich Frieden finden.» Fv 5

Dies ist ein Mysterienwort, das für die Einweihung gebraucht wurde. Daraufhin weist ihn der Hüter nicht mehr zurück, sondern nun fragt er ihn nach seiner Herkunft. Aber nicht seine natürliche Abstammung ist gemeint, sondern der innere Weg, den derjenige genommen hat, der hier Einlaß begehrt in die übersinnliche Welt. Dieser Weg führt den Einzuweihenden durch die Elemente: durch Erde, die zutiefst das Feuer verhüllt, verbirgt, den Feuer-Berg; durch Wasser, durch Luft, auf das reine Feuer hin, vor das Tor zur übersinnlichen Welt. Daher antwortet der Fremdling, vor diesem Tore stehend, dem Hüter:

> «Windrufer ist mein Name, und Wassers Raunen
> hieß mein Vater. Dess' Vater Feuer-Berg.» Fv 6

Und nun *fragt* der Fremdling den Hüter. Schritt für Schritt schließen sich die Fragen und Antworten aneinander – darauf gilt es besonders zu achten, wenn sich der Sinn der grandiosen Darstellung erschließen soll.

Diese Entwicklung der Fragen und Antworten geht aus von der Frage des Fremdlings, wer in dem Reiche herrscht, in das er Einlaß begehrt, und sie gipfelt darin, daß dieser Fremdling sich selber als Svipdagr zu erkennen gibt, der Menglada seit langem verlobt ist. Sie herrscht in jenem Reiche. Menglada heißt: Die Halsbandfrohe oder Halsbandleuchten – ein Name, der uns in den Mythen der Völker immer wieder begegnet: Auch Proserpina hieß die Halsbandgöttin, wobei der Tierkreis des Himmels als Halsband geschaut wurde. Sonnen-Lichtes-Weisheit der Höhen: das ist Menglada. Ihr steigt Svipdagr aus der Tiefe des Erdenlebens entgegen. Svipdagr, das ist: der aus dem vollen Wachbewußtsein, aus dem Tagesbewußtsein Aufsteigende, der eintaucht in die übersinnliche Welt.

Auf die Fülle der Geheimnisse, die sich in den einzelnen Strophen ankündigen, kann vielleicht später ausführlich eingegangen werden. Hier mag nur noch ein Hinweis auf die Bedeutsamkeit der Schilderung von der Gewinnung des ‹Lebendigen Zweiges› Platz finden, die schließlich in der dreißigsten Strophe in prägnantester Konzentration die Anleitung zur Ausbildung des Denkens bis zum Ergreifen der reinen Form enthält. Das Erringen dieses ‹Lebendigen Zweiges› ist die unerläßliche Forderung an jeden, der in Wachheit die Schwelle der geistigen Welt zu überschreiten gedenkt.

GROAS ERWECKUNG

Grogaldr. Übersetzt von Hans Börnsen

SVIPDAGR SPRACH: Gr 1

Erwache, Groa,
Göttliche Frau, wach auf!
Ich wecke dich am Tor des Todes.
Gedenke nun,
Daß du den Sohn geheißen hast,
Zum Grabhügel zu kommen.

GROA SPRACH: Gr 2

Was bedrängt das Herz
Meinem einzigen Sohn?
Von wem hast du Leid erfahren?
Daß die Mutter du rufst,
Daß du ins Grab gestiegen bist
Und hast die Menschenwelt verlassen?

SVIPDAGR SPRACH: Gr 3

Ein schweres Los
Beschied mir die Frau,
Die, Unheil kündend,
Den Vater mit Sorgen umstrickte.
Er sandte mich aus
Zu suchen den Weg,
Daß ich Menglada begegne.

GROA SPRACH: Gr 4

Lang ist die Fahrt,
Weit ist der Weg,
Weit reicht das Sehnen der Menschen. –

Wenn dir werden soll,
Was dein Wille heischt,
Muß das Schicksal dich führen.

Svipdagr sprach: Gr 5

Singe mir Zaubersprüche,
Von den Göttern empfangen,
Daß sie mir Stärke verleih'n.
Schütze du, Mutter, den Sohn!
Auf gefahrvollen Wegen
Werd' ich sie brauchen;
Zu jung, will mich dünken,
Bin ich zum Freier.

Groa sprach: Gr 6

So sing ich dir den ersten,
Den heilsreichen Spruch,
Den Rinde dem Rane sang,
Daß du von der Achsel wirfst,
Was dich unwürdig dünkt:
Du selber leite dich selbst!

Dann sing ich dir den zweiten, Gr 7
Wie du den Auftrag erfüllst:
Freien Willens auf allen Wegen
Befolge du Urdas Winke,
Die du aus Kleinem ersiehst.

Dann sing ich dir den dritten, Gr 8
Wenn dir die tobenden Ströme
Das Leben hart bedroh'n:
Stauung und Wirbel, sie sollen
Zur Hel sich wenden!
So vergeh'n sie immer vor dir.

Dann sing ich dir den vierten, Gr 9
Wenn Feinde dich bedrängen,
Mit List auf Galgenwegen:
Ihr Trachten füge sich deiner Macht
Und wende sich zu der Versöhnung.

Dann sing ich dir den fünften, Gr 10
Wenn Fesseln dir werden
Gelegt um die Glieder:
Lösenden Zauberspruch sprech ich dir vor.
Sprich ihn nach!
So springt das Schloß von der Kette
Und vom Fuß fällt die Fessel.

Dann sing ich dir den sechsten, Gr 11
Wenn die See noch gewaltiger tost,
Als Menschen bekannt ist:
Wind und Wasser beschwicht'ge dein Herz.
So verleih'n sie dir immer
Glückliche Fahrt.

Dann sing ich dir den siebten, Gr 12
Wenn dich heimsucht
Der Frost auf dem Berge:
Schneidender Kälte
Kannst du standhaft begegnen,
Hält dein Mut dir geschmeidig den Leib.

Dann sing ich dir den achten, Gr 13
Wenn dich wallend umhüllt
Die Nacht auf Nebelwegen:
Daß dir nicht schaden kann
Das Unheilswirken
Umgehender Gespenster.

Dann sing ich dir den neunten, Gr 14
Wenn du mit streiterfahr'nen
Riesen der Worte wechselst:
Redekunst und Klugheit
Zu weiser Antwort
Sei dir reichlich verlieh'n.

Gefahr ist nun nimmer, Gr 15
Wo du Untergang wähnst,
Noch die Liebe von Unheil bedroht.
An erdfestem Steine
Stand ich im Innern des Tores,
Während die Sprüche ich sang.

Der Mutter Wort Gr 16
Geleite den Sohn.
Laß es im Herzen dir wohnen:
Die Fülle des Heils
Sei immer mit dir,
Solang mein Wort du bedenkst.

DAS LIED VON DER GEWINNUNG DER FEUERWEISHEIT

Fiölsvinnsmál. Übersetzt von Hans Börnsen.

HÜTER: Der Feste hier will sich ein Fremdling nah'n, Fv 1
Den Berg, getürmt von Riesen, kühn ersteigend. –
Was ist das für ein Ungetüm, das nach dem Tore späht,
Die Waberlohe frech umwandelnd? –

Was suchst du hier? Was treibt dich her? Fv 2
Was wähnst du hier zu finden, allein,
Auf schlüpfrig feuchten Wegen? Kehr' um!
Hier ist nicht deines Bleibens, Bettler!

FREMDLING: Was ist das für ein Ungetüm, Fv 3
das mir den Eingang wehrt,
Dem Wandrer Gastrecht weigernd?
Kannst du nicht Gruß und Wort mir gönnen,
Scheint mir gering dein Wert! Heb dich von hinnen!

HÜTER: Fiölswidr nennt man mich, das weist auf klugen Sinn, Fv 4
Doch führ' ich eine scharfe Zunge!
Zu diesen Mauern einzugehen
Hast du kein Recht. Heb' dich von hinnen!

FREMDLING: Von nahem Ziel kehrt sich nur ungern ab, Fv 5
Wer Hehres sucht und Großes.
Die Brüstung scheint zu glühn um gülcne Säle:
Hier möcht ich Frieden finden.

HÜTER: Welcher Eltern Kind bist, Knabe, du geboren? Fv 6
Sag', welchem Stamm entsprossest du?
FREMDLING: Windrufer ist mein Name, und Wassers Raunen
Hieß mein Vater. Dess' Vater Feuer-Berg.

Verkünde mir, Fiölswidr, was ich dich fragen will Fv 7
Und wissen muß:
Wer schaltet hier, das Reich beherrschend,
Mit Güte und mit hehrer Milde?

HÜTER: Menglada heißt sie, Halsbands Leuchten, Fv 8
Die Mutter gebar sie dem Sohne des Thorin,
Die schaltet hier, das Reich beherrschend,
Mit Güte und mit hehrer Milde.

FREMDLING: Verkünde mir, Fiölswidr, was ich dich fragen will Fv 9
Und wissen muß:
Wie heißt die Pforte? Nie sahen Menschen
So wundersame Kunst der Götter.

HÜTER: Man nennt sie Donnerschall. Sie haben die drei Söhne Fv 10
Solblindis einst gemacht,
Und jeden wird sie ganz zerschmettern,
Der sie erbrechen will.

FREMDLING: Verkünde mir, Fiölswidr, was ich dich fragen will Fv 11
Und wissen muß:
Wie heißt die Brüstung? Nie sahen Menschen
So wundersame Kunst der Götter.

HÜTER: Fremdlings-Trugbild, – so heißt sie – Fv 12
In den Gliedern des Erdenleibes gegründet,
Ist so stark sie gestützt, daß stehen sie wird,
Solange Menschen leben.

FREMDLING: Verkünde mir, Fiölswidr, was ich dich fragen will Fv 13
Und wissen muß:
Wie heißen die Hunde? Ich habe so schlimme
Noch niemals auf Erden gesehen.

HÜTER: Geifer heißt einer und Gier der andere, Fv 14
Weil du's zu wissen wünschest.
Elf Wachten müssen sie wachen,
Bis die Götter vergehn.

FREMDLING: Verkünde mir, Fiölswidr, was ich dich fragen will Fv 15
Und wissen muß:
Ob wohl ein Mensch hineingehen möge,
Dieweil die Schnaubenden schlafen?

HÜTER: Wechselnd zu schlafen ist ihnen Gebot, Fv 16
Seitdem sie hier Wächter geworden.
Der eine schläft tags, der andere nachts,
So lassen sie niemand hinein.

FREMDLING: Verkünde mir, Fiölswidr, was ich dich fragen will Fv 17
Und wissen muß:
Gibt's keine Kost, sie zahm zu machen
Und einzugehen, dieweil sie fressen?

HÜTER: Zwei Flügel glänzen zu Seiten des Hahns Fv 18
Im hohen Baum an Himmels Wölbung:
Das ist die Kost, sie zahm zu machen
Und einzugehn, dieweil sie fressen.

FREMDLING: Verkünde mir, Fiölswidr, was ich dich fragen will Fv 19
Und wissen muß:
Wie heißt der Baum, dess' Zweige weit
Sich über alle Lande breiten?

HÜTER: Mimameidr heißt der Baum: aus Mitten bildend, Fv 20
Kaum einer kennt die Wurzel, die ihn treibt.
Und niemand weiß, wie er zu fällen,
Da Feuer nicht noch Schwert ihm schadet.

FREMDLING: Verkünde mir, Fiölswidr, was ich dich fragen will Fv 21
Und wissen muß:
Was nutzt der Welt der mächtige Baum,
Wenn Feuer nicht noch Schwert ihm schadet?

HÜTER: Aus seinem Samen werden entzündet, Fv 22
Die nicht vom Weibe geboren,
Die offenbaren der Welt Verhülltes,
So wird er der Menschheit Lebensbaum.

FREMDLING: Verkünde mir, Fiölswidr, was ich dich fragen will Fv 23
Und wissen muß:
Wie heißt der Hahn auf hohem Baum,
Dess' Flügel wie von Golde glänzen?

HÜTER: Es ist der Mond, im Winde leuchtend Fv 24
Auf Mimameidrs Zweigen.
So groß ist seine Schwere, daß niemand rauben kann
Den schwarzen sich zum Köder.

FREMDLING: Verkünde mir, Fiölswidr, was ich dich fragen will Fv 25
Und wissen muß:
Gibt es denn kein Geschoß, mit dem man wohl
Zur Hel ihn senden könnte?

HÜTER: Lebendiger Zweig heißt die Gerte, Fv 26
Die Loki gebrochen vorm Tor des Todes;
In eisernem Schrein, von neun Schlössern verschlossen,
Birgt ihn das Innre der Erde.

FREMDLING: Verkünde mir, Fiölswidr, was ich dich fragen will Fv 27
Und wissen muß:
Kann wiederkehren, wer versucht,
Die Rute zu rauben?

HÜTER: Lebend wird kehren, wer es versucht, Fv 28
Den Zweig zu gewinnen,
Wenn der Göttin des Mondes er schenkt,
Was wenigen eigen.

FREMDLING: Verkünde mir, Fiölswidr, was ich dich fragen will Fv 29
Und wissen muß:
Kann man den Hort denn erringen,
Der die hehre Göttin so hoch erfreut?

HÜTER: Die blinkende Sichel birg *du* in der Brust, Fv 30
Die im Schweife des Hahnes verschwindet,
Gib du sie der Göttin, so läßt sie gern
Deinem Herzen die Rute entkeimen.

FREMDLING: Verkünde mir, Fiölswidr, was ich dich fragen will Fv 31
Und wissen muß:
Wie heißt der Saal, der umzogen ist
Weise von Waberlohe?

HÜTER: Der Hohe wird er genannt, mit den Zweigen des Baumes Fv 32
Über schwertscharfer Spitze des Berges sich wölbend;
Vom Innern des Saales kann Kunde nur kommen
Durch einen Geweihten.

FREMDLING: Verkünde mir, Fiölswidr, was ich dich fragen will Fv 33
Und wissen muß:
Wer bindet, was *vor* der Brüstung erscheint
Dort unter den Asensöhnen?

HÜTER: Welle und Windhauch, Nadel und Reif, Fv 34
Last und Träger,
Dürre und Nässe, Helle und Finsternis,
Frost und Feuer.

FREMDLING: Verkünde mir, Fiölswidr, was ich dich fragen will Fv 35
Und wissen muß:
Wie heißt der Berg, von wo ich die Braut,
Die wunderschöne, erschaue?

HÜTER: Berg, von dem Hilfe kommt, heißt er, Heilung und Trost Fv 36
Seit jeher der Lahmen und Siechen.
Gesund ward jeder und ledig des Übels,
Der den steilen erstieg.

FREMDLING: Verkünde mir, Fiölswidr, was ich dich fragen will Fv 37
Und wissen muß:
Wie heißen die Mädchen, die einig beisammen
Vor den Knien Menglada's dort sitzen?

HÜTER: Leben und Lebensträgerin, Fv 38
Die dritte Atembewahrer,
Glanz und Blondhaar, Klarheit und Frische,
Die Heitre und Güldene Botin.

Fremdling: Verkünde mir, Fiölswidr, was ich dich fragen will — Fv 39
Und wissen muß:
Helfen sie allen, die ihnen opfern,
Wenn sie Hilfe bedürfen?

Hüter: Welch Übel auch treffe die Menschen – — Fv 40
Jeden, der ihnen Opfer geboten
Zu Sommers Hochzeit am heiligen Ort,
Befrei'n sie gewiß aus der Not.

Fremdling: Verkünde mir, Fiölswidr, was ich dich fragen will — Fv 41
Und wissen muß:
Darf wohl ein Mann in den sanften Armen
Mengladas ruhen?

Hüter: Kein Mann darf in den sanften Armen — Fv 42
Mengladas ruhen, der im Bewußtsein Erweckte,
Svipdagr allein: Die herrlich Glänzende
Ist ihm verlobt seit langem.

Fremdling: Auf reiss' das Tor, schaff weiten Raum, — Fv 43
Hier magst du Svipdagr schauen!
Doch frage zuvor, ob noch erfreut
Mengladen meine Minne!

Hüter: Höre, Menglada! Ein Mann ist gekommen! — Fv 44
Geh und beschaue den Gast!
Die Hunde freu'n sich, das Haus erschloß sich von selbst:
Ich denke, Svipdagr sei's!

MENGLADA: Glänzende Raben vom hohen Galgen Fv 45
Hacken die Augen dir aus,
Wenn du das lügst, daß der Ersehnte endlich
Zu meiner Halle sei heimgekehrt!

Von wannen kommst du? Wo warst du bisher? Fv 46
Wie hieß man daheim dich?
Nenne genau Geschlecht mir und Namen,
Dem ich als Braut bin verbunden!

FREMDLING: Svipdagr heiß ich, mein Vater der Sonnenentsproßne. Fv 47
Windkalte Wege ging ich zu Ende;
Nur dem wird Urdas Wort zum Segen
Der ihr Gebot genau befolgt.

MENGLADA: Willkommen seist du, mein Wunsch ist erfüllt: Fv 48
Den Gruß begleite der Kuß.
Unversehenes Schauen beseligt doppelt,
Wo rechte Liebe verlangt.

Lange saß ich in hoher Halle, Fv 49
Dich erharrend Tag um Tag.
Nun ist endlich geschehn, was ich hoffte:
Du bist heimgekehrt in mein Haus.

SVIPDAGR: Sehnlich verlangt' ich nach deiner Liebe, Fv 50
Wie du nach meiner Minne.
Nun ist gewiß: Wir beide werden
Miteinander ewig leben.

Mythos und Wissenschaft

DIE PROPHETIE DER EDDA UND DAS WELTBILD DER MODERNEN PHYSIK

Acht Vorträge in Hamburg vom 29.12.1959 bis 3.1.1960

Mythos und Wissenschaft

1. VORTRAG

Ich habe vor, mit Ihnen in den nächsten Tagen das *Fiölsvinnsmál* zu behandeln. Wir werden gerade an diesem Fiölsvinnsmál ganz besonders wichtige Dinge kennenlernen mit Bezug auf die Durchführung unseres Themas ‹Mythos und Wissenschaft›. Am heutigen Abend gestatten Sie mir in einer mehr einleitenden Weise einiges Grundlegende über die Arbeit, die wir vorhaben, zu sagen, einige Linien zu zeichnen, in denen wir uns zu bewegen gedenken.

Daher möchte ich beginnen damit, daß ich Ihnen ein paar Sätze vorlese aus einem Vortrage von *Ernst Haeckel,* den er am 19.4.1905 in Berlin gehalten hat. Sie werden vielleicht denken, in dem Zusammenhang, in dem ich das vorbringen möchte, wird sich nun ergeben, daß damit irgendwie ein abfälliges Urteil über Ernst Haeckel zum Ausdruck gebracht werden soll. Ich möchte aber betonen, daß das nicht so ist. Wir werden dann morgen Gelegenheit haben, auf etwas ganz besonders Positives bei Ernst Haeckel in seiner ganzen Art, sich wissenschaftlich zu verhalten, hinzuweisen. Es findet sich also in diesem Vortrage am Schluß, abgesehen von außerordentlich erfrischenden bissigen Bemerkungen, die ich Ihnen eigentlich auch nicht gern vorenthalten würde, eine sehr merkwürdige und beherzigenswerte Stelle.

Damit Sie von der außerordentlichen Agressivität, mit der er diese Dinge vorgebracht hat, einen Eindruck haben, lese ich Ihnen einmal das folgende vor: «Gegenüber diesen mächtigen Aufklärungstendenzen der Theologie und Philosophie im Beginn des zwanzigsten Jahrhunderts wird es vielfach als ein trauriger Anachronismus beklagt, daß die einflußreichen Unterrichtsministerien der beiden größten deutschen Staaten, Preußen und Bayern, ganz im trüben Fahrwasser der römischen Kirche segeln, und daß sie deren jesuitischen Geist auch dem höheren und niederen Unterrichtswesen einzupflanzen suchen. Hat doch erst in diesen Wochen wieder [das preußische Kultusministerium – eines der rückständigsten in der Geschichte des deutschen Unterrichtswesens – gefährliche Versuche gemacht, die akademische Freiheit ... zu unterdrücken. Diese zunehmende geistige Reaktion im ‹Deutschen Reiche römischen Geistes› erinnert an jene traurigen Zeiten des 18. und 19. Jahrhunderts, in denen tausende der besten, ehrlichsten und tüchtigsten deutschen Staatsbürger nach Nordamerika auswanderten, um in freier Lebensluft ihre Geisteskräfte ungehemmt entfalten zu können. Wie dieser Selektionsprozeß den Vereinigten Staaten positiv zugute gekommen ist, so hat er unstreitig für unser deutsches Vaterland selbst negativ, sehr nachteilig gewirkt. Eine Masse untüchtiger und serviler Charaktere, Streber und Kriecher aller Art sind dadurch gezüchtet worden. Die fossilen Vorstellungen vieler unserer tonangebenden Juristen scheinen uns heute oft bis in die Kreide- und Juraperiode, die paläozoischen Deklamationen vieler Theologen und Synoden sogar bis in die Permische und Steinkohlenzeit zurückzureichen...»[26]

Radikal lehnt Hackel die Macht der modernen Reaktion ab. Er selbst hatte in seinem Kampf für den Entwicklungsgedanken insbesondere den Widerstand von katholisch-kirchlicher Seite erleben müssen. Sie versuchte, demjenigen, was Haeckel «christliche Mythologie» nennt, auf dem Gebiete der Wissenschaft Geltung zu verschaffen. Gegen diese Vermischung von Wissenschaft und Mythos wehrt sich Haeckel. Er kann nicht anerkennen, daß die freie Forschung ergänzungsbedürftig sei durch Glaubenswahrheiten. Er kann die menschliche Freiheit nicht eingeschränkt sehen auf die Wahl der günstigen Mittel und Wege zur Erreichung von Zielen, die durch Offenbarung, durch Konzilsbeschlüsse oder gar durch unfehlbare Verkündigungen des Papstes ‹ex cathedra› vorgegeben sind. Eben gegen diese windige Versöhnung von christlichem Mythos und modernem Wissenschaftsgeist, wie sie Papst Leo XIII. angestrebt und mit großem politischen Geschick propagiert hatte[27], wendet sich Haeckel. Er setzt seine Hoffnung auf den Wissenschaftsgeist selbst:

«Denken wir nur an die ungeheure Kulturmacht, welche heute der kolossale internationale Verkehr darstellt, und vertrauen wir dem befreienden Gedankenaustausch, welchen täglich Tausende von Eisenbahnzügen und Dampfschiffen zwischen Ost und West vermitteln. Auch bei uns in Deutschland wird das gegenwärtig herrschende Dunkel wieder helleren Sonnenstrahlen weichen müssen, und dazu wird nach meiner festen Überzeugung gerade der unausbleibliche Sieg des Entwickelungs-Gedankens das meiste beitragen.»

Dann betont er nochmals die Unvereinbarkeit der naturwissenschaftlichen Forschungsergebnisse mit den Glaubensobjekten der religiösen und philosophischen Mythen:

«Neben dem Entwickelungsgesetz und eng mit ihm verknüpft, wird als höchster Triumpf der modernen Naturerkenntnis das allmächtige *Substanzgesetz* betrachtet, das Gesetz von der Erhaltung der Materie oder des Stoffes (Lavoisier, 1789) und von der Erhaltung der *Energie* oder Kraft (Robert Mayer, 1842). Beide großen Gesetze stehen in offenkundigem Widerspruch zu den drei großen *Zentraldogmen der Metaphysik,* die die meisten Gebildeten noch heute als die wertvollsten Schätze ihres höheren Geisteslebens betrachten: dem Glauben an den persönlichen Gott, an die Unsterblichkeit der persönlichen Seele und an die Freiheit des menschlichen Willens.»

Wie versucht nun Ernst Haeckel den Widerspruch zwischen Mythos und Wissenschaft zu lösen? Er fährt fort:

«Aber diese drei großen Glaubensobjekte... werden deshalb nicht aus der Welt geschafft; sie verschwinden nur als *Wahrheiten* aus dem Gebiete der reinen Wissenschaft. Dagegen bleiben sie bestehen als *wertvolle Phantasieschöpfungen* im Reiche der Dichtung. Hier werden sie nicht allein, wie bisher, tausende der schönsten und erhabensten Motive für alle Zweige der Kunst abgeben, ..., sondern sie werden auch einen hohen ethischen und sozialen Wert behalten in der Erziehung der Jugend, wie in der Organisation der Gesellschaft. Wie wir aus den Sagen des klassischen Altertums ...oder aus der Sage von Wilhelm Tell eine Fülle von künstlerischen und ethischen *Anregungen* schöpfen, so wird es auch mit den Sagen der *christlichen Mythologie* sich dauernd verhalten; dasselbe gilt aber auch von den *phantasiereichen Dichtungsgebilden* anderer Religionen....

So wird auch fernerhin die erwärmende edle Kunst *neben* der erleuchtenden herrlichen Wissenschaft – nicht im Gegensatz zu ihr, sondern *in Harmonie* mit ihr – der wertvollste Besitz des menschlichen Geistes bleiben.»

Haeckel erklärt also die Mythen zu reinem Menschenwerk. Nicht sind sie mehr Ausdruck übersinnlichen Wirkens, keine eigenständige Wirklichkeit besitzen sie, sondern «phantasiereiche Dichtungsgebilde», «wertvolle Phantasieschöpfungen» des Menschen sieht er in ihnen. Weil sie *seine* Schöpfungen sind, haben sie Bedeutung für *seine* ethischen und sozialen Verhältnisse, haben sie Bedeutung insbesondere für die Erziehung. Aber sie haben keine eigene Wirklichkeit und keine Bedeutung für die Natur und deren Erkenntnis.

Indem Haeckel diese religiösen Phantasieschöpfungen als Werke menschlicher Kunst ansieht, faßt er sein Credo in den bekannten Worten *Goethes* zusammen:

> «Wer Wissenschaft und Kunst besitzt,
> Der hat auch Religion!
> Wer diese beiden nicht besitzt,
> Der habe Religion!»

Indem Haeckel das Reich der Wissenschaft und das Reich der Dichtung unterscheidet als zwei völlig getrennte Gebiete, macht er aufmerksam auf eine Tatsache, die gehörig ins Auge zu fassen ist. Was im Reich der Dichtung seine Berechtigung hat, kann im Reich der Wissenschaft nicht als Wahrheit gelten. Wir können mit Haeckels naturwissenschaftlichen Begriffen nicht Begriffe wie den der inneren Freiheit der Seele, der Unsterblichkeit, der Liebe fassen. Die gesamte Sphäre der Ideale und des Moralischen kann nicht allein mit solchen naturwissenschaftlichen Begriffen verständlich werden. So haben wir in der Zivilisation der Gegenwart zwei Strömungen, die nebeneinanderher laufen und die Haeckel in Harmonie wähnt.

Ich hoffe, Sie sind nicht zufrieden mit diesen zwei nebeneinander her fließenden Strömungen. Mit beiden haben wir etwas zu tun, aber sie haben miteinander nichts zu tun. Ist die Harmonie nicht eine Illusion?

Rudolf Steiner betrachtet diesen Zwiespalt weit radikaler als Haeckel. Steiner kommt zu dem Schluß, «nur wenn man sich einer Selbsttäuschung hingibt, kann man sich von der Art, wie heute naturwissenschaftlich gedacht wird, zu der Art, wie heute ideal oder ideell oder moralisch gedacht wird, eine Brücke bauen.»

In dem selben Vortrag begründet er seine Ansicht, indem er das Entstehen dieser Kluft auf die Beschaffenheit unseres zeitgenössischen, modernen Denkvermögens zurückführt: «Innerhalb einer Weltenordnung, in welcher nur das Kausalitätsgesetz, nur das Ursachengesetz gilt, oder in welcher das Gesetz von der Erhaltung des Stoffes und der Kraft gilt, in einer solchen Welt ist alles, was Ideale sind, was Ideen sind, was moralische Begriffe sind, im Grunde genommen eigentlich nur Spaß. – Denn für eine

Weltanschauung, welche etwa das Gesetz von der Erhaltung der Kraft und des Stoffes universell denkt, hat nichts anderes Sinn, als sich zu sagen: Nach diesem Gesetze von der Erhaltung der Kraft und des Stoffes entwikkelt sich unsere Weltenordnung. – Aus gewissen Ursachen heraus ist innerhalb dieser Weltenordnung auch das Menschengeschlecht hervorgegangen. Dieses Menschengeschlecht träumt von Wohlwollen, von Liebe, von innerer Freiheit, aber all das sind Begriffe, die sich die Menschen machen, und wenn einmal jener Zustand eingetreten sein wird in unserem Weltensystem, der eintreten muß nach naturwissenschaftlichen Vorstellungen, dann ist eigentlich ein allgemeines Grab da für alle solche Vorstellungen von Wohlwollen, innerer Freiheit, von Liebe und so weiter. Das sind Träume, welche die Menschen träumen, während sie eben der reinen naturgesetzlichen Ordnung gemäß ihr Dasein innerhalb der Erdenentwikkelung vollenden, und es hat gar keinen Sinn, von etwas anderem zu sprechen in bezug auf die Geltung der Ideale und Ideen, als davon, daß sie Träume der Menschen sind, denn innerhalb einer solchen naturwissenschaftlichen Weltanschauung haben Ideen und Ideale keine Kraft, sich zu realisieren. Was sollen denn, wenn die Welt wirklich entsprechen würde der naturwissenschaftlichen Weltanschauung, die Ideen und Ideale einmal machen, sobald der Zustand eingetreten ist, den man notwendig denken muß, wenn man nur mit naturwissenschaftlichen Begriffen denkt? Sie sind begraben, die Ideen und Ideale! Die Ideen und Ideale werden heute aber von den Menschen so gedacht – wenn sie das auch nicht zugeben –, daß sie keine innere Kraft haben, sich zu realisieren. Sie sind eben bloße Gedanken,] die sich dadurch realisieren, daß die Menschen ihre Gefühle daran hängen, daß die Menschen sich gegeneinander so verhalten, wie es den Ideen entspricht. Aber sie haben keine innere Kraft, sich zu realisieren, diese Ideen, wie es der Magnetismus, wie es die Elektrizität oder die Wärme hat – die hat innere Kraft, sich zu realisieren! Die Ideen als solche – denken Sie also immer meinetwillen an die moralischen Ideen – haben nicht eine solche innere Kraft innerhalb unserer Weltanschauung, sich zu realisieren, wenn wir sie nur naturwissenschaftlich denken.

Gewiß, die wenigsten Menschen machen sich den Zweispalt klar, der zwischen diesen zwei Strömungen unserer Gegenwart besteht, aber er ist da, und es ist die Tatsache, daß er im Unterbewußtsein der Menschen sein Spiel treibt, viel wichtiger, als daß man sich theoretisch darüber klar ist.»[28]

Nun ist es ja heute so, daß nicht nur Naturwissenschaftler naturwissenschaftlich denken, sondern daß an der Naturwissenschaft als *dem* wissenschaftlichen Ideal überhaupt ja jegliche Wissenschaft ausgerichtet ist – und nicht bloß das, sondern im allgemeinen Leben gilt es eben als dem eigentlichen zeitgemäßen Standpunkt des Menschen entsprechend, naturwissenschaftlich zu denken. Ich möchte aber gleich am Beginne unserer Auseinandersetzung deutlich machen, daß es hier nicht etwa darum gehen soll, daß wir uns in irgendeinen Gegensatz zur Naturwissenschaft zu stellen beabsichtigen, oder, daß man etwas anderes an die Stelle des naturwissenschaftlichen Denkens setzen sollte, sondern wir haben gerade die Absicht, hervorzuheben, welche ungeheure Bedeutung die Ausbildung des naturwissenschaftlichen Denkens für den Menschen und seine Entwicklung durch die letzten Jahrhunderte bis in die Gegenwart hat und wie es möglich ist, dennoch, trotz einer positiven Einstellung einer solchen Naturwissenschaft gegenüber, zu sprechen von einer – ich möchte das so dezidiert ausdrücken – *Rückkehr* zu demjenigen, *was* die Inhalte der mythischen Überlieferungen, der Sagen und Überlieferungen *darstellen.*

Ich sagte *zurückkehren.* Das bedeutet aber zurückkehren *nach* Erringung desjenigen, was durch die Ausbildung eines naturwissenschaftlichen Denkens im allgemeinen erreicht werden kann. Es sieht ja im allgemeinen so aus, besonders in unserer unmittelbaren Gegenwart, als ob sich an die moderne Naturwissenschaft, an die moderne Physik und an dasjenige, was sich daran knüpft als Technik, als ob sich daran unmittelbar Zerstörungskräfte anschließen. Das ist auch in der Tat der Fall. Und dennoch wird uns diese Tatsache nicht hindern, weiterhin unsere positive Einstellung zur Naturwissenschaft aufrechtzuerhalten. Wir werden innerhalb der mythischen Darstellungen der Vergangenheit – wir werden uns ja ziemlich weitgehend mit Darstellungen aus der Edda zu beschäftigen haben – gerade einiges auffinden können, was uns unmittelbar eigentlich darauf hinweist, wie eine damalige Zukunftsschau auf die Situation hingedeutet hat, in der sich der moderne Mensch in der Gegenwart heute befindet. Man muß nur lernen, in einer anderen Weise dasjenige zu bemerken, was *durch* die Sagen und Mythen zum Ausdruck kommen kann, und nicht glauben, sie enthielten nur das, was beim unmittelbaren Lesen und Studium dieser Mythen direkt dem Geschriebenen, meist auch noch schlecht Überlieferten, entnommen werden kann.

Sie haben vorhin die Sätze von Haeckel gehört und ich habe dabei zum Ausdruck gebracht, daß Sie das nicht werten möchten als eine Aburteilung Haeckels. Wir werden morgen auch auf Haeckel hinschauen, auf Goethe hinschauen und an der Art, wie es möglich ist, was in diesen Menschen, in den Seelen Goethes, Haeckels gelebt hat, so daß sie das, was in ihren Seelen gelebt hat, gar nicht unmittelbar in ihren Sätzen zum Ausdruck gebracht haben, wir werden also an einer solchen Betrachtung bemerken, wie es möglich ist, darauf zu kommen, daß es einen Ausdruck gibt von einem in den Seelen der Menschen waltenden, wirklichen Leben auf eine andere Weise, als daß man das, was sie selbst unmittelbar gesagt haben, als das alleinige Zeugnis ansieht für dasjenige, was in ihnen eigentlich gelebt hat. Sie werden ja vielleicht wissen, wie außerordentlich positiv überall Steiner an Haeckels wissenschaftliche Arbeit angeknüpft hat, und in den frühen Zeiten der Wirksamkeit der Geisteswissenschaft ist ihm ja dieses positive Eingehen auf den Materialisten, den materialistischen Monisten Haeckel sehr übel angerechnet worden. Ich denke aber, wir werden da verstehen, wie es möglich ist, positiv zu urteilen da, wo ihre eigenen Zeugnisse so auszusehen scheinen, als müsse man ablehnen, was sie gesagt haben, oder auch, man müsse sie, wenn man meint, das sei dasselbe was in ihnen gelebt hat, ablehnen. Und das soll uns auch ein Beispiel sein dafür, wie es weiterhin möglich ist, die Ausdrucksformen, wie sie vorhanden sind in den Sagen und Mythen, so zu lesen, daß man auf anderes kommt, was darinnen verborgen lebendig ist, als dasjenige, was nun unmittelbar – sagen wir einmal – philologisch zum Ausdruck gekommen ist.

Nun wollen wir einmal auf eine etwas frühere Äußerung noch hinschauen gegenüber der Äußerung, die ich Ihnen angeführt habe von Haekkel, der ja da spricht von dem offenkundigen Gegensatz zwischen dem Gesetz von der Erhaltung der Energie und so weiter und den drei großen Zentraldogmen der Metaphysik. Wir wollen einmal hinschauen auf einige Bemerkungen, wie sie um die Mitte des 19. Jahrhunderts gemacht worden sind von *Troxler,* dem Schweizer Philosophen, der von 1788–1860 gelebt hat. Auf Troxler, der lange Zeit hindurch vergessen war, wird ja heute gelegentlich wieder von Philosophen und Anthropologen zurückgegriffen. Er hielt seine Antrittsvorlesung in Basel ‹Über Prinzip, Natur und Studium der Philosophie›.

Da ist nun in einer ganz anderen Weise von dem gleichen Gegensatz, von dem Haeckel gesprochen hat, die Rede, und ich möchte Ihnen das zunächst wörtlich anführen. Er fragt also da einmal, was eigentlich Philosophie sei. *Cicero* erzähle über den Ursprung der Bezeichnung ‹Philosophie› das folgende: «*Pythagoras* kam nach Phlius, einer Stadt in Elis; Leon, der Fürst, hatte eine Unterredung mit ihm. Seinen Geist und seine Beredsamkeit bewundernd fragte er ihn, in welcher Kunst er denn wohl seine größte Stärke besitze? ‹Keine Kunst betreibe ich›, antwortete Pythagoras, ‹Ich bin Philosoph›. Der Name war dem Fürsten fremd und neu. ‹Was sind denn das für Leute, wie unterscheiden die sich von anderen Menschen?› fragte Leon, und Pythagoras erwiderte: ‹Das menschliche Leben gleicht dem großen Markt und den Spielen des Olymp, da gibt es Kämpfer, die nach Ruhm und Kronen ringen, Käufer und Verkäufer, die zu erwerben und zu gewinnen suchen. Eine dritte Art Menschen aber sind Zuschauer und beobachten aufmerksam das, was vorgeht. Ebenso ist das Leben der Menschen. Die meisten suchen nur Reichtum und Ehre, alles ist im Lauf und in Bewegung, dem jagt dieser, etwas anderem jener nach. In diesem betäubenden Gewimmel und verwirrenden Getümmel besinnen sich nur wenige recht. Diese wenigen aber betrachten die Natur, studieren den Menschen und lieben die Erkenntnis über alles. Das sind die Weisheitsbeflissenen, das sind die Philosophen.›[29] – Nun, diese Erzählung zeigt, daß Beobachtung und Überlegung, daß Nachdenken, Forschen und Untersuchen das eigentümliche und ursprüngliche Wesen des Philosophen sind. Allein» – fährt nun *Troxler* fort – «noch zu eng und niedrig ist die Ansicht von Philosophie, welche das Sein und Wesen derselben nur auf einen *allgemeinen Wissenstrieb* und *unbestimmten Forschungsgeist* beschränkt. Dieser Geist und Trieb sind selbst nur die in Welt und Leben untergegangenen Strahlen von dem ursprünglichen Lichte, die äußersten, halberloschenen Spuren, gleichsam die bloße irdische Erscheinung von dem eigentlichen *philosophischen Tiefsinn* oder von dem heiligen Feuer, das im Innersten des Tempels brennt und unsere Geister zu erleuchten, unsere Herzen zu erwärmen bestimmt ist. Jenes ist nur das, was man mit dem höchst passenden Namen Weltweisheit genannt hat, dieses aber ist die Weisheit des Geistes.»[30]

Die Geister zu erleuchten, die Herzen zu erwärmen – es wird hier von der Philosophie so gesprochen, daß sie dieses Streben nach dem ursprünglichen Feuer oder Licht ist, welches Geister zu erleuchten, Herzen zu erwärmen imstande ist. Das ist ein anderer Hintergrund, von dem aus von einer Harmonie zwischen einer edlen Kunst und einer erleuchteten Wissenschaft gesprochen werden kann.

Aber man findet nun bei *Troxler* eben auch so ganz andersartige Bemerkungen, andersgerichtete, als diejenigen sind, die sich überall in der modernen Naturwissenschaft und Weltanschauung finden, wie sie überall im Grunde genommen walten. Hier heißt es zum Beispiel einmal: «Der Mensch ist daher kein Äußerstes und Oberstes in der endlichen Wesensreihe, *er ist mehr,* er ist das Innerste und Tiefste in dem ganzen Naturall.»[31] Oder an einer anderen Stelle: «Im Grunde kennt die Welt bis jetzt nur zweierlei Philosophien, nämlich die ideale und spiritualistische und die reale und materialistische.»[32] In diese beiden Anschauungen fällt ja im Grunde auch das auseinander, wovon Ernst Haeckel spricht. Sie haben gesehen, wie es heute so ist, daß eigentlich die idealische nach den Worten Rudolf Steiners, wenn man die Naturwissenschaft wirklich ernst nimmt, nur Spaß sein kann. Aber Troxler fügt hinzu – es bezieht sich auf die beiden Philosophien, die es im Grunde nur gibt, die ideale und spiritualistische, die reale und materialistische –: «Es ist dies gleichsam die äußere und innere Oberfläche von dem *eigentlichen Innern,* die scheinbare Höhe und Tiefe von der wahren, nämlich von der zwischen diesem Äußersten der Natur verborgenen Mitte der Wissenschaft.» – Die scheinbare Höhe und Tiefe von der eigentlichen Mitte der Wissenschaft sind diese zwei Philosophien, die spiritualistische und die materialistische. Und das ist ein bedeutsames Wort: Es ist dies gleichsam die äußere und innere Oberfläche von dem eigentlichen Innern. Es ist die Aufgabe unserer Gegenwart, die Brücke zu finden, das heißt eigentlich die Brücke zu bauen, über die hinweg sich eine solche reale und materialistische und ideale und spiritualistische Denkweise begegnen können.

Dieser Aufgabe muß nachkommen, wer danach strebt, dasjenige, was im künstlerischen Leben, wo es echt sein kann, waltet, zu verbinden, so daß es in Harmonie mit ihm stehen kann, mit demjenigen, was im wissenschaftlichen Leben angestrebt werden kann. Im künstlerischen Leben wird das Lebendige angestrebt, Aufwachsendes, Aufblühendes, – im wissenschaftlichen Leben wird Genauigkeit angestrebt, Genauigkeit, die eigentlich nur zu erreichen ist auf der Grundlage von Zerstörung, auf der Grundlage des Todes.

Nichts Geringeres als ein harmonisches Verbinden von Leben und Tod in einem neuen Sinne wäre so die eigentliche Aufgabe, der wir in der Gegenwart nachzustreben haben. Aus dem Streben, dieser Aufgabe in den Anfängen nachzukommen, ist ja auch unsere gegenwärtige Thematik entsprungen. Und nun hören Sie einmal ein Gedicht, wie es *Goethe* geschrieben hat, das sich richtet an den Künstler. Aber heute ist es ein Gedicht, das sich an jeden Menschen richtet. Dieses Gedicht ist sehr verborgen, ist wenig bekannt; es ist überschrieben ‹Abwege› und lautet so:

«Künstler, wird's im Innern steif,
Das ist nicht erfreulich,
Auch der vagen Züge Schweif
Ist uns ganz abscheulich;
Kommst du aber auf die Spur,
Daß du's nicht getroffen,
Zu der wahren Kunstnatur
Steht der Pfad schon offen.»[33]

Ich sagte, es richtet sich eigentlich heute an jeden Menschen. Daß es im Innern steif wird, das wird eben als Folge dessen, was wir hier die naturwissenschaftliche Denkweise der modernen Zeit genannt haben, immer mehr und mehr offenbar. Es wird im künstlerischen Leben offenbar: viele von Ihnen werden ja wissen, wie es in den zwanziger Jahren besonders eine Strömung gegeben hat im Künstlerischen, als der Surrealismus heraufkam, die sich gerichtet hat gegen dieses Formale, Tötende, die Produktivität zerstörende naturwissenschaftliche, gewissenhafte Denken unserer Gegenwart.

André *Breton* hat mehrere surrealistische Manifeste verfaßt in den zwanziger Jahren, in denen er zum Ausdruck gebracht hat: Wir wollen die Logik bekämpfen. Wir bekämpfen jegliche Wissenschaft als die Zerstörerin der künstlerischen Produktivität. Wir wollen künstlerisch produktiv sein, daher lehnen wir jede Logik, jede Wissenschaft ab.

Das ist ja im Grunde ein anderer Ausdruck für das, was im Rahmen der Naturwissenschaft selbst etwa zum Ausdruck gebracht wird von *Schrödinger* in seinem Buch über die Natur und die Griechen: «Mit einem Wort, wir gehören nicht zu dieser materiellen Welt, die die Wissenschaft für uns gestaltet. Wir sind nicht in ihr, sondern außerhalb. Wir sind nur Zuschauer. ... Das naturwissenschaftliche Weltbild eröffnet ein volles Verständnis von allem, was geschieht; alles wird geradezu etwas *zu* verständlich. Das Bild erlaubt, sich den ganzen Ablauf als ein mechanisches Uhrwerk vorzustellen, das nach unserem besten Wissen genauso ablaufen könnte, ohne daß Bewußtsein, Wille, Streben, Schmerz, Entzücken, Verantwortung damit verbunden wären, wie sie es doch sind. Und der Grund für diese intellektuelle Verlegenheitssituation ist gerade der, daß wir uns zum Zwecke der Gestaltung eines verständlichen Bildes der Außenwelt die außerordentliche Vereinfachung erlaubt haben, von unserer eigenen Person abzusehen, sie sozusagen herauszuschneiden. Da ist sie denn dahin, hat sich verflüchtigt, erscheint überflüssig.»

«Im besonderen – und das ist das Allerwichtigste – ist dies der Grund, warum die naturwissenschaftliche Weltansicht von sich aus nichts von ethischen und ästhetischen Werten enthält, kein Wort über unsere eigene Bestimmung, unser letztes Ziel und, mit Verlaub, keinen Gott. ‹Weiß nicht, woher ich kommen bin, weiß nicht wohin ich geh...›.»[34]

Und am Schluß des Buches sagt er dann: «Woher komme ich, und wohin gehe ich? Das ist die große, unergründliche Frage, dieselbe für jeden einzelnen von uns. Die Naturwissenschaft weiß keine Antwort darauf, dennoch ist sie heute das Beste, was wir an sicherem, widerspruchslosem Wissen haben erreichen können.»[35] – Da kann man wohl sagen: Es wird im Innern steif! Das ist dem Menschen gesagt heute. Also:

«Künstler, wird's im Innern steif,
Das ist nicht erfreulich!»

Aber nun gibt es eine ganze Reihe von Wegwendungen von der Naturwissenschaft, wie ich eben schon anführte: Surrealismus, die Manifeste von Breton und vieles andere mehr, eine Reihe von Richtungen, die sich eben deswegen, weil sie die Naturwissenschaft verantwortlich machen für dieses Steifwerden im Innern, wegwenden von der Naturwissenschaft, sie meiden, sie bekämpfen, sich zurückwenden zu dem, was früher die Seele erheben konnte, sich zurückwenden zu den Überlieferungen der Religionen; sich zurückwenden zu älteren, sagen wir theosophischen Anschauungen, sich zurückwenden zum Mythos.

Und es kommt vieles Unklare, Schwärmerische, vielleicht die Seele Erwärmende herauf, aber:

«...auch der vagen Züge Schweif
Ist uns ganz abscheulich!».

Die beiden Abwege. – Nun aber das Dritte:

«Kommst Du aber auf die Spur,
Daß Du's nicht getroffen,
Zu der wahren Kunstnatur
Steht der Pfad schon offen.»

Es ist also einzusehen, daß weder nach der einen Richtung hin, noch nach der anderen Richtung hin das Ziel des eigentlichen Strebens in der menschlichen Seele zu erreichen ist. Wird es eingesehen, daß man's nicht getroffen, das heißt, hat man etwas bemerkt, was eben sonst nicht bemerkt wird: «zu der wahren Kunstnatur steht der Pfad schon offen.»

Nun, Sie werden immerhin zugeben, daß es trotz dieses Bezuges, auf den ich jetzt deute, doch ein Gedicht ist, das uns noch einigermaßen dunkel bleibt. Ich werde darauf noch wieder zurückkommen.

Wir wollen hinzunehmen eine Bemerkung *Goethes* in Prosa, in der er auch etwas aussagt über das Verhältnis von Kunst und Wissenschaft, so wie ich es eben berührt habe, so wie es bei Haeckel ja auch zum Ausdruck kommt. Und man wird eine solche Äußerung vielleicht bei Goethe nicht so leicht suchen. Jedenfalls eine Richtung, in der die Überzeugung waltet, daß die edle Kunst als eine Phantasiebildung neben der Wissenschaft doch auch noch eine Berechtigung hat, selbst wenn durch die Kunst keine Wahrheit zum Ausdruck kommt, sondern nur schöne Phantasieprodukte vorgebracht werden, eine solche Richtung wird man bei Goethe, der ja ein Dichter, ein Künstler war, also auf die Phantasieseite gehört, nicht suchen. Er sagt einmal: «...daß wir durch nichts so sehr veranlaßt werden, über uns selbst zu denken, als wenn wir höchst bedeutende Gegenstände, besonders entschiedene charakteristische Naturszenen, nach langen Zwischenräumen endlich wiedersehen und den zurückgebliebenen Eindruck mit der gegenwärtigen Einwirkung vergleichen. Da werden wir denn im ganzen bemerken, daß das Objekt immer mehr hervortritt, daß, wenn wir *uns* früher an den Gegenständen empfanden, Freud und Leid, Heiterkeit und Verwirrung auf sie übertrugen, wir nunmehr bei gebändigter Selbstigkeit ihnen das gebührende Recht widerfahren lassen, ihre Eigenheiten zu erkennen und ihre Eigenschaften, sofern wir sie durchdringen, in einem höheren Grade zu schätzen wissen. Jene Art des Anschauens gewährt der künstlerische Blick, diese eignet sich dem Naturforscher, und ich mußte mich, zwar anfangs nicht ohne Schmerz, zuletzt doch glücklich preisen, daß, indem jener Sinn mich nach und nach zu verlassen drohte, dieser sich in Aug und Geist desto kräftiger entwickelte.»[36] – Das ist ja wieder das gleiche, was in seinem Gedicht zum Ausdruck kommt:

«Künstler, wird's im Innern steif,
Das ist nicht erfreulich,
Auch der vagen Züge Schweif
Ist uns ganz abscheulich.
Kommst du aber auf die Spur,
Daß du's nicht getroffen,
Zu der wahren Kunstnatur
Steht der Pfad schon offen.»

Nun nehmen wir noch eine Bemerkung dazu von *Rudolf Steiner* aus den Vorträgen über die Grenzen des Naturerkennens, in denen er einmal über die eigentliche Aufgabe der Naturwissenschaft spricht. Die meisten von Ihnen werden ja wissen, daß er dabei zurückgreift auf jene Rede des Naturforschers *Emil Du Bois-Reymond,* der das Ignorabimus ausspricht: Wir werden nie wissen, was Bewußtsein und Materie ist.»[37] Und Ihnen wird ja auch bekannt sein, daß man oftmals von der Naturwissenschaft her in der modernen Zeit zum Ausdruck gebracht hat, daß im Grunde genommen die Geisteswissenschaft nicht so recht zeitgemäß sein könne, insbesondere auch das nicht, was Rudolf Steiner über die Naturwissenschaft sagt, weil ja doch inzwischen, seit diese Vorträge gehalten sind, sich so manches im naturwissenschaftlichen Weltbild verändert habe, manches so ganz anders aussähe und gewaltige Fortschritte gemacht worden sind. Aber was dort ausgeführt worden ist, hat dennoch seine volle Gültigkeit auch in der Gegenwart. Und man müßte eigentlich zurück antworten: Das wovon damals von Rudolf Steiner gesprochen worden ist bei Gelegenheit des Studiums der Naturwissenschaft der damaligen Zeit und insbesondere also dieses Vortrages, das ist heute immer noch nicht durchschaut. Es *ist* durchschaut worden, was bis in die heutige Zeit undurchschaut waltet, von *Rudolf Steiner* in der damaligen Zeit, und er nennt auch diesen Vortrag von Du Bois-Reymond nicht umsonst einen Knotenpunkt in der modernen Weltanschauungs-Entwicklung. Manches von dem, was heute die führenden Naturwissenschaftler ausführen, ist damals in diesen Vorträgen von Rudolf Steiner schon sehr deutlich ausgesprochen worden. So wurde auf der einen Seite immer bewiesen, wie notwendig es sei, ein Weltbild von mathematischer Durchsichtigkeit zu erhalten, auf der anderen Seite wurde bewiesen, daß zum Beispiel ein solches Weltbild außerstande wäre, auch nur das einfachste Lebewesen mit mathematischer Durchsichtigkeit gedanklich zu konstruieren – ja, daß es nicht imstande wäre, die organische Substanz verstandesmäßig irgendwie im Bilde zu konstruieren. Man möchte sagen, immerfort wurde von dem einen ein Gewebe von Ideen gesponnen, um die Natur zu erklären, von anderen – manchmal von demselben – wurde es wiederum aufgelöst. In diesen Vorträgen wird dann von dem Bezug, der an dieser Stelle deutlich wird, des öfteren gesprochen, nämlich von dem Bezug auf jenes Weben des Schleiers der Penelope, die in der Nacht immer wieder auflöst, was sie am Tage gewoben hat. Auf diese Überlieferung, die ja in den Bereich des Mythos gehört, werden wir in den nächsten Tagen noch besonders einzugehen haben.

Und nun möchte ich Ihnen einige Bemerkungen anführen über den Sinn dieses naturwissenschaftlichen Strebens, wie es bis in die Gegenwart hinein waltet. Rudolf Steiner wirft die Frage auf: «Könnten wir nicht vielleicht als Menschen überhaupt etwas Gescheiteres tun, als die Natur erklären, wenn wir immer nach dem Muster, der Art der alten Penelope in den letzten fünfzig Jahren namentlich auf der einen Seite Theorien gesponnen, auf der anderen Seite sie wiederum aufgelöst haben? Ja, *wenn* wir es könnten, wenn wir könnten ohne Gedanken dem Laufe der Natur gegenüberstehen! Das können wir aber nicht, insofern wir überhaupt Menschen sind und Menschen bleiben wollen. Wir müssen, indem wir denkend die Natur ergreifen, sie mit Begriffen und Ideen durchziehen. Warum müssen wir das? Ja, meine sehr verehrten Anwesenden, das müssen wir, weil überhaupt nur daran unser Bewußtsein erwacht, weil wir nur dadurch bewußte menschliche Wesen werden!»[38] – Denken Sie an das, was ich Ihnen vorhin von Schrödinger vorgelesen habe über den Verlust des Menschen. Das stammt ja aus dem Jahre 1956.

Rudolf Steiner führt weiter aus: «Mit der Klarheit, die wir um unserer Menschlichkeit willen erringen müssen, geht uns das Inhaltsvolle desjenigen verloren, wonach wir eigentlich gestrebt haben. Und wir sehen uns dann mit unseren Begriffen in der Natur um. Wir bilden klare Begriffe, die mechanistisch-mathematische Naturordnung. Wir bilden solche Begriffswelten wie die Deszendenztheorie und dergleichen. Wir streben nach Klarheit. Wir machen uns mit dieser Klarheit ein Weltbild. Aber in diesem Weltbild ist keine Möglichkeit, den Menschen, uns selbst, drinnen zu finden. Wir sind an unsere Oberfläche gekommen mit unseren Begriffen bis zum Verkehr mit der Natur. Wir kommen zur Klarheit, aber wir haben den Menschen verloren auf dem Weg. Wir gehen durch die Natur, wenden die mathematisch-mechanische Naturerklärung an, wir wenden die deszendenztheoretische Naturerklärung an, wir bilden allerlei biologische Begriffe aus, wir erklären die Natur, wir formen ein Naturbild – der Mensch kann nicht drinnen sein. Wir haben die Vollinhaltlichkeit, die wir zuerst hatten, verloren, und wir stehen so vor demjenigen Begriffe, den wir mit den, ich möchte sagen, allerausgedörrtesten Begriffen, mit den klarsten, aber ausgedörrtesten, leblosesten Begriffen formen können, wir stehen vor dem Materiebegriff. Und im Grunde genommen ist das Ignorabimus gegenüber dem Materiebegriff einfach das Bekenntnis: Ich habe mich zur Klarheit durchgerungen, ich habe mich zum vollen Erwachen des Bewußtseins durchgerungen, aber ich habe das Wesen des Menschen dabei in meinem Erkennen, in meinem Erklären, in meinem Erfassen verloren.»[39]

Solche klaren Begriffe, wie sie die moderne Naturwissenschaft liefert, ausgedörrte aber klare Begriffe, hat die Menschheit erst durch die Naturwissenschaft in der neuen Zeit gewonnen. Solche klaren Begriffe hat es in älteren Zeiten in der Menschheit nicht gegeben. Dafür hat es aber etwas anderes gegeben, worin die Menschen sich erlebt haben. Dafür hat es gegeben ein Darinnenstehen in der Wirklichkeit der Welt und des Weltgeschehens im Erleben, das es ja für den heutigen Menschen mit seinen klaren Begriffen nicht mehr gibt. Und was in der alten Zeit so im Darinnenstehen, im Erleben im Weltgeschehen, in der Wirklichkeit, die in der Welt waltete, was von den Menschen da heraus geäußert worden ist, liegt uns in den Sagen und Mythen vor. Das sind nicht klare, deutliche Begriffe, sondern es sind, ich möchte sagen bildliche Ausdrucksweisen, die da verwendet worden sind. Es sind Bilder, aber nicht eigentlich in dem strengen Sinne, wie wir heute von Bildern sprechen müssen, sondern Bilder mit verschwommenen Konturen. Unklar, aber intensiv. Nicht ausgeformt, aber sehr farbig. Nicht tot und starr, sondern in sich wogend und lebendig.

Und man kann ja nicht etwa versuchen wollen, in solchen klaren, ausgedörrten Begriffen wieder zum Ausdruck zu bringen, was in alten Zeiten in solchen wogenden Bildern ausgedrückt wurde. Man wird das Wesentliche, was dadurch zum Ausdruck kam für die älteren Menschen, ja dann ertöten. Man wird es nicht mit dabei haben.

Nun ist das merkwürdige, was ich heute besonders hervorheben möchte, daß eben dennoch in dieser älteren Bildersprache in den Sagen und Mythen, in den Märchen sogar, der Hinweis auf das enthalten ist, was der Menschheit im Großen bevorsteht, der Hinweis auf die Notwendigkeit, daß der Mensch sich durchringt zu den klaren, zu den ausgedörrten Begriffen – zu dem Toten, zu dem Erfassen des Toten durch solche klare Begriffe.

Nun wollen wir uns heute noch eine kurze Zeit mit etwas ganz Konkretem beschäftigen, nämlich mit einer Angabe – es ist schwer, jetzt so kurz das auszudrücken – die überliefert ist von *Plotin* darüber, in welcher Art in älteren Zeiten einzelne, auserwählte Menschen auf dasjenige vorbereitet wurden, was im großen Zuge der Entwicklung der Menschheit erreicht werden kann – ich kann nicht einmal sagen: erreicht worden ist –, was für die öffentliche Menschheit im Grunde genommen erst heute durch die moderne Naturwissenschaft erreicht wird. Es gab, wie Sie ja wohl alle wissen, in diesen älteren Zeiten Mysterienstätten, in denen durch sehr weit ausgebildete Weise Menschen geschult wurden, Einblick zu erhalten in die Wirkung von Weltgesetzmäßigkeiten, wie sie sich äußern im Zuge der Menschheitsentwicklung im großen. So mußten diese Schüler eigentlich in einer gewissen Weise eine Bewußtseinsentwicklung lange vorausnehmen, welche die Menschheit in ihrem öffentlichen Geschichtsgange erst durch Jahrhunderte hindurch durchmachen konnte.

Nun berichtet uns also *Plotin* einmal das folgende: «Die ägyptischen Weisen bedienen sich, sei es aufgrund strenger Forschung, sei es instinktiv, bei der Mitteilung ihrer Weisheit nicht der Schriftzeichen zum Ausdruck ihrer Lehren und Sätze als der Nachahmung von Stimme und Rede, sondern *sie zeichnen Bilder und legen* in ihren Tempeln *in den Umrissen der Bilder den Gedankengehalt* jeder Sache *nieder,* so daß jedes Bild ein Wissens- und Weisheitsinhalt, ein Objekt und eine Totalität, obschon keine Auseinandersetzung und Diskussion ist. Man löst dann den Gehalt aus dem Bilde heraus und gibt ihm Worte und findet den Grund, warum es so und nicht anders ist.»[40]

Ich glaube, daß man bei einmaligem Vorlesen das nicht gleich verstehen kann. Es ist das ein Hinweis, der uns durch die ganze Tagung hindurch beschäftigen wird. Wir werden in den Überlieferungen der Mythen, zum Beispiel im Fiölsvinnsmál, auf das wir morgen gleich eingehen wollen, aber auch in der Äneis von Vergil, dieser Gepflogenheit, dieser Schulungsmethode immer wieder begegnen. Bilder werden gezeichnet, und nun heißt es nicht etwa: Sie legen in den Tempeln in den Bildern den Gedankeninhalt jeder Sache nieder, sondern es heißt: in den *Umrissen* der Bilder den Gedankengehalt jeder Sache nieder. Nicht ein Bild kann der Ausdruck eines Gedankengehaltes sein, sondern nur der Umriß des Bildes kann Ausdruck des Gedankengehaltes sein, also das, was wir die *Form* nennen. Wir sprechen ja heute nicht umsonst von den formalen Gesetzen der Naturwissenschaft, da wo sie scharf und klar gefaßt sind, von Formalität. Und es ist nicht umsonst, daß die Begriffe im Mittelalter ja Formen – formae – genannt wurden. In der lateinischen Übersetzung des Aristoteles sind die formae, die Universalien – das heißt Allgemeinbegriffe – waren, Form. Und wenn wir heute also von klaren, exakten Begriffen sprechen, so sprechen wir ja auch davon, daß Begriffe gefaßt werden müssen, so daß eigentlich die Begriffe für uns da, wo sie scharf, exakt, genau, deutlich sind, immer die Fassungen bedeuten. Ich will jetzt hier nicht so einen unmittelbaren Gegensatz von Inhalt und Form, wie man es sonst vielleicht gewöhnt ist, aufreißen vor Ihnen. Ich möchte doch, daß man auf der einen Seite einmal hinschaut, hinzuschauen versucht auf die Form, die Fassung, den Rand, wie Goethe sich ausdrücken würde, den Rand einer farbigen Fläche, *und* dasjenige, was denn nun gefaßt – eingefaßt – wird. Hier heißt es: «Sie zeichnen Bilder und legen ... in den *Umrissen* der Bilder den Gedanken*gehalt* jeder Sache nieder.»

Nun fragen Sie sich einmal, wie es in der modernen Naturwissenschaft heute steht. Sie werden ja immer wieder hören können Äußerungen wie die, daß im Grunde genommen die Wirklichkeit bestünde aus mathematischen Funktionsverläufen. Daß also die Strukturgesetze zum Beispiel die Wirklichkeit der Welt darstellen und erfassen. Wir werden aber sehen, daß man ja überall eigentlich genötigt ist, Naturkonstanten einzuführen, wobei diese Naturkonstanten eigentlich gerade immer die undurchschauten Elemente bedeuten. Da kommt immer etwas hinein, was nicht formal ist, was nicht formal ausgedrückt, was nicht formal gefaßt werden kann. Dennoch beharrt man darauf, daß in der Struktur die Wirklichkeit gesehen werden müsse, in der Struktur die Wirklichkeit zu fassen sei. Eine Bemerkung *Schrödingers* aus etwas früherer Zeit zum Beispiel, sagt, Materie sei eine mathematische Funktion des Raum-Zeit-Kontinuums. – Ich denke, das ist deutlich. – Wir haben uns also zu der Klarheit der Begriffe, zu den formalen Begriffen durchgerungen und haben die Wirklichkeit verloren.

Und jetzt denken Sie einmal bitte ein wenig an die Form. Wie faßt man denn die Form? Kann man sie denn *fassen*? Kann man sie *bemerken*? Kann man sie *sehen*? Sie sehen zum Beispiel dieses Pult hier vor Ihnen. Sie sagen: Das ist so und so geformt, das *sehe* ich doch. Man kann aber keine Form *sehen*. Und es ist wieder Goethe, der das ganz dezidiert zum Ausdruck gebracht hat – allerdings in seiner verbergenden Art. In einer Einleitung zur Farbenlehre wird das nur in einer kleinen Bemerkung deutlich, aber in einem bedeutsamen Zusammenhange, wo er plötzlich sagt: «Nunmehr behaupten wir, ..., daß das Auge keine Form sehe ...»[41] Es ist nicht so ganz leicht, das zuzugeben! Wie gesagt, wir werden uns in dieser Tagung lange damit zu beschäftigen haben.

Wie ergreift man eine Form? Wenn Sie noch einmal unmittelbar prüfen, ob Sie eine Form sehen – ich meine wirklich im genauen Sinne eine Form –, so müssen Sie doch sagen, Sie sehen diese Seite des Pultes etwas heller, und Sie sehen, was auf jener Seite des Pultes ist, das ist für Sie etwas dunkler. Daß hier eine Kante ist, das sehen Sie nicht, und wenn Sie es sehen, dann ist die Kante noch keine scharfe Form. Sie kennen doch die Methode, zu prüfen, ob ein Messer scharf ist? Man wendet das Messer so, daß man auf die Schneide sieht, und wenn man die Schneide nicht sieht, dann ist es scharf. Sieht man sie aber irgendwie, dann ist das Messer stumpf. Das ist wohl deutlich, nicht wahr? Also, gerade da, wo die Form scharf ist, können Sie sie nicht mehr sehen, nicht mehr wahrnehmen. Wie kommen Sie denn darauf, die Form zu fassen? An der Stelle zeigt es sich eben, je länger man das prüft umso mehr, daß man, indem man eine Form faßt, *denkt*. Jetzt will ich es für heute etwas kurz sagen: Man kommt auf die Form durch das Begreifen. Sie tasten gewissermaßen mit dem Auge ab, was für das Auge wahrnehmbar ist. Also, zunächst haben Sie die helle Fläche, dann gehen Sie an der dunklen Fläche entlang und bemerken – aber nicht durch das Sehen, sondern durch Ihre denkende Tätigkeit, die Sie gleichsam durch das Sehen hindurchschicken – indem Sie abtasten, die Grenze, Sie *bemerken* dann, wo diese beiden wahrnehmbaren Flächen sich begrenzen, – ohne daß Sie die Grenze *sehen*. Sie können natürlich auch das einen Wahrnehmungsvorgang nennen. Sie sagen: Nun, dann nehme ich eben irgendwie durch das Begreifen die Grenze wahr. Dann müssen Sie aber sagen: Das ist eine übersinnliche Wahrnehmung. Das ist nicht eine Wahrnehmung, die Sie durch die Sinne machen können. Sie können keine Form sinnlich wahrnehmen. Wenn Sie schon sagen, Sie nehmen sie wahr, dann nehmen Sie sie wahr aufgrund Ihrer Denktätigkeit. Sie laufen mit Ihrer Denktätigkeit wie abtastend an der Form entlang.

Das ist eine übersinnliche Wahrnehmung, aber eine Wahrnehmung, die ja nun nichts anderes enthält als die Grenze selbst.

Wenn man dies ins Auge faßt, dann bemerkt man zunächst die Verwandtschaft des Gedankens mit der Form in einer intensiven Weise. Wenn Sie dann weiter prüfen, ob Sie nicht überall da, wo Sie Gedanken ausbilden, formend tätig sind, ob Sie nicht eigentlich, wenn Sie denken, Formen gestalten, dann werden Sie begreifen, daß diese Fähigkeit, nun heute klare, exakte Gedanken auszuformen, heranreifen mußte. Es war das nicht etwas, was von Anfang an da war. Es hat sich langsam durch die Jahrhunderte entwickelt. Und gerade durch die naturwissenschaftliche Betätigung, durch die Beobachtung, wie sie am Experiment durchgeführt worden ist, ist immer mehr die Fähigkeit herangeschult worden, Formen zu fassen, Formen durch ein tätiges Denken, das man aber nicht als *Tätigkeit* bemerkte, zu ziehen. Aber es verschwindet dann, wenn man auf die Form allein die Aufmerksamkeit richtet, und hinterher sagt: In der *Struktur* selbst habe ich die Wirklichkeit. – Es verschwindet ja das, was den Menschen zuvor die erlebte Wirklichkeit gewesen ist. Es verschwindet das Erlebnis an der Sinneswahrnehmung. Und es ist ja so, daß aus der modernen Naturwissenschaft, man möchte eigentlich sagen, stetig von Anfang an, mehr und mehr die sogenannten Sinnesqualitäten hinausgeworfen sind und das übriggeblieben ist, was sich zwar exakt fassen läßt, aber bloß durch das Denken – ein abstraktes Denken. Verschwunden ist dasjenige, woran ein wirkliches inneres Erlebnis einer Wirklichkeit sich anknüpfen konnte.

Für uns ist nun die Frage, wie man über das Erfassen der Form in der rechten Weise in der Gegenwart zu der wahren Wirklichkeit durchdringen kann, ohne bloß zu dem wieder zurückzukehren, was vormals als eine Wirklichkeit erlebt worden ist, aber eben in unklarerer, traumhafterer, verschwommenerer Weise, als es heute und in der Zukunft möglich ist. Ich will hier zunächst noch kurz aussprechen: Es handelt sich schon darum, – ich will diesen Ausdruck gebrauchen – auf dem Weg durch das *Tor der Form* in eine wirkliche Welt, die übersinnlicher Natur ist, einzutreten. Nur so wird es möglich sein – wenn man also bei vollem Wachbewußtsein diesen Weg durch die Grenze hindurch nimmt auf eine Wirklichkeit zu – nur auf diesem Wege wird es möglich sein, in Ehrlichkeit davon zu sprechen, daß das, was in der Kunst, in der Dichtung lebt, verbunden werden könne mit dem, was in der erleuchtenden Wissenschaft lebt. Dieser Weg durch die Form hindurch, das ist der Weg, der uns mancherlei über den Gehalt, über dasjenige, was durch die Mythen zum Ausdruck kommt, aufschließen kann.

Ich will noch hinzufügen, weil ich gern noch mit einem Gedicht Goethes heute abschließen möchte, daß dieser Weg durch diese Grenze der Form hindurch den Menschen zunächst führt in eine Wirklichkeit, wie er sie in sich erlebt, wenn er eben solchen Sinneswahrnehmungen, sinnlich wahrnehmbaren Dingen wie Farbe, Ton und so weiter gegenübersteht. Also, sagen wir, wir sehen rot, wir sehen grün, wir sehen blau, so ist es ja doch eine Tatsache, wenn auch für den modernen Menschen zunächst nur schwach wahrnehmbar, daß sich an solche Sinneswahrnehmungen innere Erlebnisse – wie Goethe sagt «sinnlich-sittlicher Art» – anschließen. Wir können auch sagen: moralischer Art oder künstlerischer Art. Die schließen sich an an solche Sinneswahrnehmungen. Aber nicht die Sinnesanschauungen, das Rot, das Grün, nicht die Sinneswahrnehmungen selbst sind Wirklichkeiten, sondern sie *künden* von Wirklichkeiten. Und das, was als Wirklichkeit zunächst ahnend bemerkt wird, ist eben enthalten im auftretenden innerlichen Erlebnis selbst. Das sind Dinge, um die Goethe gewußt hat. Was es nun mit dem dritten Wege – Mittelwege – zwischen den beiden Nebenwegen auf sich hat, das wird Ihnen vielleicht andeutungsweise bemerkbar, wenn ich Ihnen zum Abschluß für heute Abend jenes Gedicht[42] vorlese, das *Goethe* angeblich bei der Betrachtung von Schillers Schädel geschrieben haben soll:

«Im ernsten Beinhaus war's, wo ich beschaute,
Wie Schädel Schädeln angeordnet paßten;
Die alte Zeit gedacht ich, die ergraute.

Sie stehn in Reih' geklemmt, die sonst sich haßten,
Und derbe Knochen, die sich tödlich schlugen,
Sie liegen kreuzweis, zahm allhier zu rasten.

Entrenkte Schulterblätter! was sie trugen,
Fragt niemand mehr, und zierlich-tät'ge Glieder,
Die Hand, der Fuß, zerstreut aus Lebensfugen.

Ihr Müden also lagt vergebens nieder,
Nicht Ruh im Grabe ließ man euch, vertrieben
Seid ihr herauf zum lichten Tage wieder,

Und niemand kann die dürre Schale lieben,
Welch herrlich edlen Kern sie auch bewahrte.
Doch mir Adepten war die Schrift geschrieben,

Die heilgen Sinn nicht jedem offenbarte,
Als ich inmitten solcher starren Menge
Unschätzbar herrlich ein Gebild gewahrte,

Daß in des Raumes Moderkält' und Enge
Ich frei und wärmefühlend mich erquickte,
Als ob ein Lebensquell dem Tod entspränge.

Wie mich geheimnisvoll die Form entzückte!
Die gottgedachte Spur, die sich erhalten!
Ein Blick, der mich an jenes Meer entrückte,

Das flutend strömt gesteigerte Gestalten.
Geheim Gefäß! Orakelsprüche spendend,
Wie bin ich wert, dich in der Hand zu halten?

Dich höchsten Schatz aus Moder fromm entwendend
Und in die freie Luft zu freiem Sinnen,
Zum Sonnenlicht andächtig hin mich wendend.

Was kann der Mensch im Leben mehr gewinnen,
Als daß sich Gott-Natur ihm offbare?
Wie sie das Feste läßt zu Geist verrinnen,
Wie sie das Geisterzeugte fest bewahre.»

Mythos und Wissenschaft

2. VORTRAG

Heute morgen darf ich noch einmal anknüpfen an zwei Aussprüche, die wir gestern abend gehört haben von dem Schweizer Philosophen Troxler, der 1788 bis 1866 gelebt hat. Der eine Ausspruch lautete:

«Im Grunde kennt die Welt bis jetzt nur zweierlei Philosophien, nämlich die ideale und spiritualistische und die reale und materialistische. Es ist dies gleichsam die äußere und innere Oberfläche des *eigentlichen Innern,* und die scheinbare Höhe und Tiefe von der wahren, nämlich von der zwischen diesen Äußersten der Natur *verborgenen Mitte* der Wissenschaft.»[43] Und der andere Ausspruch tat uns kund, was in der Mitte des vorigen Jahrhunderts in dieser Menschenseele das eigentliche Streben war. Troxler charakterisierte damit, was er im tieferen Sinne unter Philosophie verstehen wollte. Erst führte er an, wie nach Cicero sich Pythagoras über den Namen Philosophie geäußert hatte, doch das war ihm nicht genug.

«Allein noch zu eng und niedrig ist die Ansicht von Philosophie, welche das Sein und Wesen derselben nur auf einen allgemeinen Wissenstrieb und unbestimmten Forschungsgeist beschränkt. Dieser Geist und Trieb sind selbst nur die in Welt und Leben untergegangenen Strahlen von dem ursprünglichen Lichte, die äußersten, halberloschenen Spuren, gleichsam die bloße irdische Erscheinung von dem eigentlichen *philosophischen Tiefsinn,* oder von dem *heiligen Feuer, das im Innersten des Tempels brennt und unsere Geister zu erleuchten, unsere Herzen zu erwärmen bestimmt ist.*»[44]

Wenn wir uns nun einigen Darstellungen in der Edda zuwenden, so werden wir verspüren können, daß hier in dem Menschen Troxler, im Streben der Seele, etwas rege wird, dem wir in der Kunde der Lieder der Edda wieder begegnen werden. Sie wissen ja alle, daß Snorri Sturlason, der Isländer im 13. Jahrhundert, eine Prosafassung der Edda aufgeschrieben hat. Und es ist wichtig dabei zu bemerken, wie das Bestreben obwaltet, hervorzuheben, daß es sich bei der Edda um ein Ganzes handelt, nicht bloß um eine Sammlung von verschiedenen Dichtungen. Vielleicht wird das am schnellsten deutlich, wenn wir einmal im Beginn betrachten, wie da geredet wird von dem Gangleri, der über die Asen sich unterrichten will und eine Reise nach Asgard unternimmt; König Gylfi ist es ja, in Schweden wohnend, der sich diesen Namen zulegt und eine Reise nach Asgard unternimmt, wie es da heißt, und nun dort allen möglichen kaum glaubhaften Dingen begegnet. Er kommt zu drei Hochsitzen, die er in einer Halle sieht. Bei der ganzen Schilderung, das kann man am Schluß dieser Darstellung bemerken, handelt es sich gar nicht bloß um ein Reisen an irgendeinen anderen Ort dieser Welt, in der wir hier leben, sondern es handelt sich schon – man muß sagen, zumindestens *auch* – noch um etwas anderes. Ganz am Schluß nämlich, nachdem zuletzt zu dem König gesprochen war, heißt es:

«Darauf hörte Gangleri ein großes Getöse rings um sich her, und als er sich wandte und recht um sich blickte, fand er sich alleine stehen auf einer weiten Ebene und sah weder Halle noch Burg mehr. Da ging er seines Weges fort und kam zurück in sein Reich und erzählte die Zeitungen, die er gehört und gesehen hatte, und nach ihm erzählte einer dem anderen diese Geschichten.»[45]

Also, mit einem Schlage ist alles das, was ihm wunderbar vorkommt, verschwunden. Er findet sich, wie es hier heißt, auf einer weiten Ebene. Im Beginn, also innerhalb dieser Burg, die dann mit einem Schlage verschwindet, wie am Schluß berichtet ist, sieht er drei Hochsitze, einen über dem anderen, und auf jedem saß ein Mann. Er fragte, wie die Namen dieser Häuptlinge wären. Sein Führer antwortete, der in dem untersten Hochsitz sitze, sei ein König und heiße Har, der nächste heiße Jafnhar und der im obersten heiße Thridi. – Gewöhnlich wird übersetzt, Har, das hieße der Hohe, Jafnhar der Ebenhohe, oder ebenso Hohe und Thridi der Dritte.[46] Nun ist ja das nicht ganz verständlich, wenn der eine auf dem untersten Thron sitzt, der andere darüber und der dritte noch darüber, daß dann der Zweite der ebenso Hohe heißt. Offenbar ist ja Har eigentlich der Tiefe und Jafnhar der Ebenhohe, das heißt eigentlich – ich möchte gleich anklingen lassen, was Sie von Troxler gehört haben – der gerade in der Ebene Sitzende, und Thridi, das ist eigentlich der Hohe, der Obere, der Dritte. Aber auch damit wird man nicht allein auskommen.

Man wird dabei auch an die Zeit denken müssen, nicht bloß an das

Räumliche, an die Zeit etwa so, daß man sprechen würde von der Vergangenheit, der Gegenwart und der Zukunft, so daß der Dritte eigentlich der Zukünftige ist, der in die Zukunft Waltende oder – merkwürdig ausgedrückt – der von der Zukunft her Waltende, Har der von der Vergangenheit her waltende, Jafnhar der Gegenwärtige.

Sie werden vielleicht ein wenig anklingen hören, was über die beiden Philosophien gesagt ist, die ideale und spititualistische und die reale und materialistische: die eine, die eigentlich sich orientiert an moralischen Idealen, die ja immer zukünftig sind, die andere, die sich orientiert an dem, was nach den Kausalgesetzen in der Wirklichkeit geworden ist, die alles herleitet aus Ursache und Wirkung. Diese beiden gibt es; und dann heißt es: «Es ist dies gleichsam die äußere und innere Oberfläche von dem eigentlichen Innern, und die scheinbare Höhe und Tiefe von der wahren, nämlich von der zwischen den Äußersten der Natur verborgenen Mitte der Wissenschaft.»[47]

Wir werden innerhalb dieser Tagung noch öfters zu besprechen haben, in welchem Sinne die Geisteswissenschaft Rudolf Steiners immer wieder hervorhebt, daß wir es innerhalb unserer gegenwärtigen Kultur mit einer Kultur der Oberfläche zu tun haben. Das ist nicht in dem Sinne zu verstehen, daß man etwa zum Ausdruck bringen möchte: Ach, wie sind die Menschen doch heute oberflächlich! Sondern es ist eine Kultur, bei der im Vordergrund steht das Hinblicken auf die Oberfläche, an der sich eben überhaupt nur etwas mit Deutlichkeit zeigen, offenbaren kann. Also, wenn Sie zunächst einmal vorlieb nehmen wollen mit einem solchen Hinweis: Was ich Ihnen an die Tafel schreibe, ist wesentlich deutlicher als das, was ich Ihnen hier erzähle.

Sie haben in feste Formen geprägt, was dort auf der Tafel, auf der Oberfläche, geschrieben ist. Sie können sich dem wieder zuwenden, Sie können prüfen, ob das auch wirklich so ist, wirklich so aussieht und so weiter. Da, wo es auf die Oberfläche hingekommen ist, ist es so deutlich wie sonst nirgends. Aber, wo es auf die Oberfläche gekommen ist, liegt auch die Gefahr vor, daß man nur das nimmt, was auf der Oberfläche ist, und daß man es nicht mehr nimmt als Ausdruck von dem, was dahinterliegt oder darüberliegt oder darunterliegt. Von dem, was dahinterliegt, werden Sie ja wahrscheinlich immer etwas mehr bemerken, wenn man zu Ihnen *spricht*, als dann, wenn Sie etwas, was in aller Deutlichkeit *aufgeschrieben* ist, lesen.

Schon allein deswegen, weil derjenige, der spricht, außer dem Bestreben sich deutlich auszudrücken, die Konsonanten klar auszusprechen, auch noch allerlei zum Ausdruck bringt durch die Betonung, die ja nicht mitgeschrieben werden kann – auch nicht, indem man, wie Sie vielleicht jetzt meinen, etwa bei gedruckten Vorträgen betonte Stellen *kursiv* setzt. Ich meine, das, was im Klang lebt, bringt ja noch etwas zum Ausdruck, was viel unmittelbarer an das Miterleben des Menschen sich richtet, als das, was er betrachtet, wenn er studiert, was auf der Oberfläche deutlich vorliegt.

Und nun wird hier gefragt, Gangleri fängt an zu sprechen:

«Wer ist der Höchste und Älteste aller Götter?»

Hier, wo nach dem Ältesten gefragt wird, antwortet Har, also derjenige, der in die Vergangenheit weist: «Allvater, so heißt er in unserer Sprache; und im alten Asgard hatte er zwölf Namen... Da fragte Gangleri: Wo ist dieser Gott oder was vermag er? Oder was hat er Großes getan? Har sagte: Er lebt durch alle Zeitalter und beherrscht sein ganzes Reich und waltet aller Dinge, großer und kleiner. Da sprach Jafnhar:» – das ist also der Ebenhohe – «Er schuf Himmel und Erde und die Luft und alles, was darinnen ist.» Da ist unmittelbar auf das gewiesen, was den Menschen jetzt und hier umgibt, und es spricht Jafnhar!

«Da sprach Thridi: Das ist das Wichtigste, daß er den Menschen schuf und gab ihm die Seele, die leben soll und nie vergehen, wenn auch der Leib in der Erde fault oder zu Asche verbrannt wird. Auch sollen alle Menschen leben, die wohlgesittet sind und mit ihm sein an dem Orte, der Gimil heißt oder Wingolf». Dann heißt es weiter: «Aber böse Menschen fahren zur Hel und danach gen Niflhel, das ist unten in der 9. Welt.» Nun, da ist auf den Menschen gewiesen als den Zukünftigen und auf das, was der Mensch soll. Und dann kommt die ganze Darstellung, innerhalb derer vieles aus den Liedern der Edda verwendet wird.

Ziemlich weit gegen den Schluß, im 52. Abschnitt, heißt es plötzlich, nachdem einiges mitgeteilt worden ist über die Götterdämmerung, über den Untergang der Götterwelt:

«Da fragte Gangleri: Was geschieht hernach, wenn Himmel und Erde verbrannt sind und alle Welten und die Götter alle tot sind und alle Einherier und alles Menschenvolk? Ihr habt vorhin doch gesagt, daß ein jeder Mensch in irgendeiner Welt leben soll durch alle Zeiten.»[48]

Da sehen Sie vielleicht am deutlichsten, wie das Bestreben waltet, zum Ausdruck zu bringen, daß ein einheitlicher Grundzug durch die ganze Edda waltet. So ausdrücklich wird hier angeknüpft an das 1. Gespräch mit diesen Gottheiten, wie da gesagt wird: «Ihr habt vorhin doch gesagt, daß jeder Mensch leben soll durch alle Zeiten hindurch.» Und dann heißt es am Schluß, und darüber werden wir uns auch noch ausführlicher zu unterhalten haben:

«Da sprach Gangleri: Leben denn dann» – nämlich nach der Götterdämmerung – «noch Götter, und gibt es noch eine Erde oder einen Himmel? Har antwortete: Die Erde taucht aus der See auf, grün und schön, und Korn wächst darauf ungesät. Widar und Wali leben noch, weder die See noch Surturs Lohe hat ihnen geschadet. Sie wohnen auf dem Idafeld, wo zuvor Asgard war. Auch Thors Söhne Modi und Magni stellen sich ein und bringen den Mjöllnir mit. Danach kommen Baldur und Hödur aus dem Reiche Hels. Da sitzen sie alle beisammen und besprechen sich und gedenken ihrer Heimlichkeiten und sprechen von Zeitungen, die vordem sich ereignet, von der Midgardschlange und dem Fenriswolf. Da finden sie im Grase die Goldtafeln, welche die Asen besessen haben. Wie es heißt: Widar und Wali walten des Heiligtums, wenn Surturs Lohe erlosch. Modi und Magni sollen Mjöllnir schwingen und zu Ende kämpfen den Krieg.» Und von dem Menschen heißt es: «Und es barg sich ein Menschenpaar in Hotmimirs Holz, Lif und Lifdrasir. Morgentau ist all ihr Mahl, von ihnen stammt ein neu Geschlecht.» Nun, Lif und Lifdrasir heißt übersetzt: Leben und Lebensträger.

Wir wollen heute morgen unsere Aufmerksamkeit ja dem sogenannten *Fiölsvinnsmál* der Edda zuwenden. Ich möchte gern bei der Betrachtung des Fiölsvinnsmál aufmerksam machen auf Parallelen, die bestehen zwischen diesem Liede und dem 6. Gesang der Äneis des *Vergil:* Äneas strebt danach, seinen verstorbenen Vater in der Unterwelt nach dem Tode aufzusuchen, mit ihm zu sprechen. Es wird uns ein Einweihungsgang geschildert, den er antreten muß um mit einem Verstorbenen, mit einem in einem anderen Reiche lebenden Geistwesen zu sprechen. Es wird uns geschildert, wie er, um diesen Einweihungsweg antreten zu können, zunächst zur cumäischen Sibylle geht, den Rat, den Beistand dieser Sibylle erheischt, die in einer Grotte wohnt und ihm auch Rat und Weisung erteilen kann.

So steht dem ‹*Fiölsvinnsmál*› in der Edda voran das Lied, das genannt wird

‹*Groas Erweckung*›. Dieses Lied von Groas Erweckung ist ganz besonders schwierig zu übersetzen. Ich habe mich jetzt schon einige Jahre damit beschäftigt und muß Ihnen doch immer noch die Sache etwas bruchstückhaft vortragen, weil es eben wirklich schwierig ist, das Richtige zu treffen. Die gewöhnlichen Übersetzungen gehen oft sehr weit an dem eigentlichen Gehalt dieses Liedes vorbei. Lassen Sie uns zunächst einmal dieses Lied von Groas Erweckung lesen, das also – wie ich ausdrücklich hervorheben möchte – ganz unbedingt zu dem Fiölsvinnsmál dazugehört, ebenso wie der Gang des Äneas zu der cumäischen Sibylle zum Einweihungsgang dazugehört. Da geht also, wir können das gleich so ausdrücken, derjenige, der im Fiölsvinnsmál am Ende *Svipdagr* genannt wird, und der im selben Liede vorher als der *Fremdling* eingeführt wird, zum Grabe der Mutter und sagt an diesem Grabe:

> Erwache Du, Groa, Gr 1
> erwache, göttliche Frau!
> Ich wecke dich am Tor des Todes,
> gedenkend dessen,
> daß Du deinen Sohn geheißen hast,
> zum Grabhügel zu kommen.

Dieses ‹geheißen hast› muß man so auffassen, daß der Sohn von der Mutter geheißen ist, wenn er in große Schwierigkeiten käme, zum Grabhügel zu kommen, um dort die Hilfe der Mutter zu erbitten.

Groa sprach:

> Was bedrängt das Herz Gr 2
> Meinem einzigen Sohn,
> Von wem hast du Leid erfahren?

Nun wird das folgende gewöhnlich übersetzt etwa:

> Der du die Mutter rufst,
> *Die* in die Grube gefahren ist
> Und die Menschenwelt verlassen hat.

Aber es ist viel richtiger, an dieser Stelle zu sagen:

Daß du die Mutter rufst,
Daß *du* ins Grab gestiegen bist
Und hast die Menschenwelt verlassen.

Denn es begibt sich dieser Sohn nicht etwa nur so zum Grabe, wie man sich irgendwo hinbegibt, um jemanden als einen wirklichen, lebendigen Menschen zu erwarten, sondern er begibt sich zum Grabe, um – lassen Sie uns das jetzt ruhig so ausdrücken – in einem doch andersgearteten Bewußtsein der verstorbenen Mutter, also einem Geist-Seelen-Wesen, zu begegnen. Und in diesem Sinne ist es viel richtiger zu sagen: ‹Daß *du* ins Grab gestiegen bist...› – Sie müssen sich dabei an die älteren Gräber mit den Kammern erinnern, in die man sich hineinbegeben konnte – ‹...und hast die Menschenwelt verlassen.› Dann spricht SVIPDAGR weiter, zum Beispiel bei Simrock:

SVIPDAGR:

Zu unheimlichem Spiel — Gr 3
Beschiedst du mich, Arge:
Die mein Vater umfing,
Lud an den Ort mich,
Den kein Lebender kennt,
Eine Frau hier zu finden.

Nun, damit ist ja schlechterdings gar kein Sinn zu verbinden, wenn plötzlich der Sohn, der den Rat der Mutter erheischt, sie eine Arge nennt und gesagt wird «die mein Vater umfing» – das ist ja die Mutter – «du ludst an den Ort mich, den kein Lebender kennt, eine Frau hier zu finden».
Ich habe zunächst einmal versucht, dasjenige um was es sich handelt, auszudrücken im Einklang mit dem Urtext:

Eine schlimme Aufgabe — Gr 3
Legte mir die zauberkundige Frau auf,
Die meinen Vater mit Sorgen belud.

Man könnte weiter sagen:

Dorthin hieß sie mich gehen,
Wovon sie weiß, daß man schwerlich
Dahin kommen kann,
Menglada zu begegnen.

Menglada, das ist die Göttin, von der dann im Fiölsvinnsmál die Rede ist, die vom Svipdagr gesucht wird. An dieser Stelle steht im Urtext ausdrücklich das Wort *Menglada,* nicht: «*eine Frau* hier zu finden», sondern Menglada. Aber auch das ist nicht recht befriedigend, sondern man müßte aus dem Zusammenhang der Edda heraus, auf den wir ja achten wollen, nun sagen:

Ein schlimmes Los Gr 3
Beschied mir die zauberkundige Frau,
Die meinen Vater mit Sorgen umstrickte.
Er sandte mich auf den beschwerlichen Weg,
Menglada zu begegnen.

Nun werden wir beim Fiölsvinnsmál sehen, daß es sich bei diesem Vater um denjenigen handelt, den Svipdagr oder der Fremdling im Fiölsvinnsmál *Solbjart* nennt. Das ist ein Sonnenstrahlender. Und als der Fremdling befragt wird nach seiner Herkunft, da wird gesagt, daß er ein Sonnenentsprossener sei. Nun ist im allgemeinen ja üblich, dabei an Odin zu denken, so daß dieser Fremdling als ein Sohn, oder als ein von Odin – also der höchsten Sonnengottheit – Abstammender gelten muß.

Da liegt auch eine Parallele zu Vergils Äneis: Denn Äneas ruft vor der Sibylle aus: «Auch ich bin Jupiters Enkel!»[49], womit ein Hinweis auf die göttliche Herkunft gegeben wird.

Nun ist innerhalb der Edda in dem sogenannten *Wegtamslied* berichtet, wie Odin zu dieser zauberkundigen Frau, der Wala, fährt. Diese Wala bringt Odin dann auf die Frage, die er an sie richtet, Kunde von der Götterdämmerung, von dem Untergang der gesamten Asenwelt. *Das* bedeutet, daß die zauberkundige Frau ihn *mit Sorgen umstrickt*, wenn sie ihm von diesem Untergang der Götterwelt berichtet.

Aber es ist ein merkwürdiges Geheimnis angedeutet in dem Wegtamslied. Odin ist darin der Fragende, er fragt diese zauberkundige Frau. Aber es zeigt sich bei der Betrachtung dieses Liedes, daß er im Grunde genommen alles, was geantwortet wird, schon weiß und daß er es besser weiß, als es die Wala ihm sagen kann. Odin, in der Gestalt des Wegtam, dringt dennoch immer mehr in sie:

WEGTAM: Schweig nicht, Wala,
Ich will dich fragen,
Bis alles ich weiß.
Noch wüßt ich gern:
Welcher der Männer ermordet Baldurn,
Wird Odins Erben das Ende fügen?

WALA: Hierher bringt Hödur den Hochberühmten,
Er wird der Mörder werden Baldurs,
Wird Odins Erben das Ende fügen.
Genötigt sprach ich,
Nun will ich schweigen.

Also, Sie müssen bedenken, daß dies eine Szene ist, in der beschrieben wird, wie Odin, *bevor* Baldur getötet wird, die Wala aufsucht. Und die Wala kündet ihm von dem Tode Baldurs durch Hödur sowie von den Folgen dieses ‹Mordes› – wie wir vielleicht sagen würden –, der sich darstellt als der Untergang der gesamten Asenwelt. Odin spricht dann weiter als

WEGTAM: Schweig nicht, Wala!
Ich will dich fragen,
Bis alles ich weiß.
Noch wüßt ich gern:
Wer wird uns Rache gewinnen an Hödur,
Und zum Bühle bringen Baldurs Mörder?
– gemeint ist: zum Scheiterhaufen –

WALA: Rinda im Westen
Gewinnt den Sohn,
Der einnächtig, Odins Erbe,
Zum Kampf geht.
Er wäscht die Hand nicht,
Das Haar nicht kämmt er,
Bis er zum Bühle brachte

Baldurs Mörder.
Genötigt sprach ich,
Nun will ich schweigen.

Wir haben eben aus der Darstellung des Snorri Sturlason gehört, wie nach dem Untergang der Götterwelt Baldur und Hödur aus Hels Reich heraufkommen und herrschen in der neuen Welt. Diese Gottheit, Hödur der Blinde, wie er genannt wird, tötet also den Baldur. Doch Baldurs Tod wird gerächt: Hödur wird auf den Scheiterhaufen gebracht. Der Sohn der Rinda ist Wali; nun lassen Sie mich hier wieder kurz die Bemerkung einfügen: Rinda, die Oberfläche, gebiert den Sohn, der zum Kampf geht und Hödur zum Scheiterhaufen bringt. Auf das alles ist hingewiesen, *bevor* der Tod des Baldur eintritt. Dann spricht

WEGTAM: Schweig nicht, Wala,
Ich will dich fragen,
Bis alles ich weiß.
Noch wüßt ich gern:
Wie heißt das Weib,
Das nicht weinen will
Und himmelan werfen
Des Hauptes Schleier?
Sag das eine noch,
Nicht eher schläfst du.

Da wird ja an anderer Stelle der Edda berichtet, wie das Reich der Hel aufgesucht wird von einem der Götter nach dem Tode des Baldur, um Hel zu bewegen, Baldur wieder zu entlassen zu den Göttern, also von den Toten wieder in die Götterwelt hineinkommen zu lassen. Und Hel sagt, sie wolle ihn entlassen, wenn alle Wesen auf der Erde den Tod des Baldur beweinten. Nun findet sich aber ein altes Weib, das in einer Höhle hockt und sagt: Es mögen die Wesen weinen, sie wolle nicht weinen. Baldur solle bleiben, wo er sei. Diese alte Frau heißt Thökk, wie angegeben wird.

Gewöhnlich sagt man nun, weil es sich um ein böses, altes Weib handelt und Loki diese Verwandlungskünste durchführen konnte, es handle sich um Loki.[50] Aber wenn man sich umsieht in der ganzen Literatur, die überliefert ist über die germanische Mythologie, kann man finden, daß Odin sehr viele Namen hatte. Die 12 Namen, die vorhin erwähnt wurden, bezeichnen ja alle eine besondere Seite des Odin. Aber er hatte noch viel mehr Namen – unter anderem auch den Namen Thökt.[51] Dieser Name Thökt muß übersetzt werden als der Verborgene, wie wir es noch haben in unserem Wort gedeckt, verdeckt, thökt: verborgen. Aus dieser Stelle geht nun hervor – was jetzt ein wenig grob klingen mag, aber wenn man auf den Zusammenhang in der Edda achtet, kann man an solchen Dingen nicht vorbeigehen –, daß es sich bei diesem alten Weib, das nicht weinen will und nicht himmelan werfen will die Schleier, um *Odin* selbst handelt. *Er* will nicht, daß Baldur zurückkehrt, bevor die Asenwelt untergegangen ist. Er weiß aber auch um die Zukunft, die dann aufsteht, und um die neue Welt, in der Hödur und Baldur herrschen werden. Das ist ein erschütternder und großartiger Zug, in dem vielleicht am deutlichsten die Tragik des Unterganges auf der einen Seite hervortritt, und auf der anderen Seite das Wissen um die Notwendigkeit des Unterganges für den eigentlichen Fortschritt zu einer neuen Welt, um den es in den Mysterien ging.

Nun heißt es also hier – ich lese noch einmal, was Wegtam fragt:

Schweig nicht, Wala,
Ich will dich fragen,
Bis ich alles weiß.
Noch wüßt ich gern,
Wie heißt das Weib,
Das nicht weinen will
Und himmelan werfen
Des Hauptes Schleier?
Sage das eine noch,
Nicht eher schläfst du.

Bitte, bedenken Sie wiederum, daß gefragt wird, *bevor* Baldur getötet ist durch Hödur! Dann wird die Götterdämmerung beschrieben als Folge von Baldurs Tod. Odin fragt danach, wer die Frau sei, die nicht weinen wolle. Er weiß es, weil er es selber ist. Darauf antwortet die

WALA: Du bist nicht Wegtam,
Wie ich erst wähnte,
Odin bist du,
Der Allerschaffer!

Odin: Du bist keine Wala,
Kein wissendes Weib,
Vielmehr bist du
Dreier Thursen Mutter!

Die Mutter der Riesen – nun, das weist auf die Erdenmutter. Darauf sagt

Wala: Heim reit nun, Odin,
Und rühme dich,
Kein Mann kommt mehr
Mich zu besuchen,
Bis los und ledig
Loki der Bande wird,
Und der Götterdämmerung
Verderben einbricht.

Das heißt doch eigentlich: Wenn es dein Wille ist und du nicht weinen willst, dann kann es nicht anders geschehen, dann besteht die Notwendigkeit, daß die Götterwelt untergeht.[52]

Lassen Sie mich wieder zunächst andeuten: Damit ist gekennzeichnet, daß das Wissen, ein Mysterienwissen, um die Notwendigkeit des Unterganges dessen, was als alte Götterwelt gelebt hat, auch in dem alten Bewußtsein der Menschen vorhanden war. Man wußte, daß der Untergang der alten Welt notwendig war, um der Gewinnung der Freiheit des Menschen willen. Daß dies tatsächlich notwendig war, das werden wir im einzelnen natürlich noch viel genauer zu betrachten haben.

Ich denke, daß Sie nun bemerken, wie man viel richtiger übersetzen muß im Lied von Groas Erweckung, wo der Sohn der Mutter antwortet:

Groa: Was bedrängt das Herz Gr 2
Meinem einzigen Sohn,
Von wem hast du Leid erfahren?
Daß du die Mutter rufst,
Daß du ins Grab gestiegen bist
Und hast die Menschenwelt verlassen?

Svipdagr: Ein schlimmes Los Gr 3
Beschied mir die zauberkundige Frau,
Die meinen Vater mit Sorgen umstrickte.
Er sandte mich
Auf den beschwerlichen Weg,
Menglada zu begegnen.

Wir werden nachher das Beschreiten dieses Weges, um Menglada zu finden, durch den Fremdling, den Sohn, der Svipdagr genannt wird, näher betrachten. Nun heißt es in dem Liede von Groas Erweckung noch weiter:

Groa: Lang ist die Fahrt, Gr 4
Weit sind die Wege,
Weit reicht des Menschen Sehnen.
Wenn dir werden soll,
Was dein Wille erheischt,
Muß das Schicksal dich führen.

Das bedeutet: Du mußt den Gang der ewigen Notwendigkeit walten lassen, wenn du wirklich dahin kommen willst, wohin deine Sehnsucht dich treibt. Der Sohn spricht:

Singe mir Zaubersprüche, Gr 5
Von den Göttern empfangene.
Schütze du, Mutter, den Sohn;
Auf allen Wegen, schätze ich,
Werd ich sie brauchen.
Zu jung dünkt mich, bin ich zum Freier.

Er heischt also Zaubersprüche, von den Göttern empfangen, die ihm die Mutter mitteilen möchte, damit er gestärkt die Wege gehen kann. Zu jung, also zu unerfahren fühlt er sich zum Freien. Dann beginnt

Groa: So sing ich dir den ersten, Gr 6
Den hülfreichen Spruch,
Den Rinde dem Rane sang,
Daß du von der Achsel wirfst,
Was dich unwürdig dünkt,
Du selber leite dich selbst!

Beachten Sie nun diesen ungeheuren Gegensatz! Zuerst der Hinweis: Wenn du dahin gelangen sollst, wohin du zu kommen trachtest, mußt du das Schicksal, die Notwendigkeit berücksichtigen. Der erste Spruch lautet: Besinne dich auf dich selbst! Eigentlich heißt das doch: auf deine Freiheit. Du selber leite dich selbst!

Dann sing ich dir den zweiten, Gr 7
Wenn du strebend unterwegs sein sollst:
Freien Willens auf den Wegen,
Urdas Schlüsse befolge du
Nach allen Seiten,
Die du aus Kleinem ersiehst.

Urda ist die Schicksalsgöttin. Es heißt nun: Dem Schicksal mußt du folgen, das Schicksal muß dich leiten. Zunächst: Du selber leite dich selbst. Darauf: Wenn du strebend unterwegs sein, wenn du den Auftrag ausführen sollst, freien Willens auf den Wegen, dann mußt du Urdas Schlüsse, oder Urdas Winke nach allen Seiten befolgen, die du aus Kleinem ersiehst. – Also: die Winke, die Schicksal erkennen lassen, soll er, der sich selbst leitet, aus freiem Willen befolgen, aus der Freiheit heraus der Notwendigkeit folgen.

Dann sing ich dir den dritten, Gr 8
Wenn dir brausende Wasser
Das Leben bedrängen,
Stauung und Wirbel
Sollen zur Hel sich wenden,
So vergehen sie immer vor dir.

Nun, Stauung und Wirbel sind zwei Ströme, von denen gesagt wird, daß sie in der übersinnlichen Welt fließen. Sie werden genannt Horn und Rudr. Horn, das ist also dasjenige, was Stauung ist, was hart wird gewissermaßen, und Rudr ist das Auflösende, Wirbelnde. Wenn also solche Ströme ihm das Leben bedrängen, so gilt der Spruch: Horn und Rudr sollen zur Hel sich wenden, so vergehen sie immer vor dir.

Dann sing ich dir den vierten, Gr 9
Wenn Feinde dich mit List bedrängen
Auf Galgenwegen,
Ihre Gesinnung stehe in deiner Macht
Und wende sich zur Versöhnung.

Dann sing ich dir den fünften, Gr 10
Wenn dir Fesseln werden auferlegt
Um die Glieder,
Lösenden Zauberspruch sprech ich dir vor,
Sprich ihn nach,
So springt der Pflock von der Kette
Und vom Fuß fällt die Fessel.

Es wird da jetzt nicht der Spruch genannt, sondern gesagt wird: Wenn du gefesselt wirst, wenn du der Hilfe bedarfst, werde ich dir den Spruch vorsprechen. Wenn du ihn nachsprichst, wirst du frei. Das bedeutet doch: wenn du in einer solchen Situation bist, durch Überwindung alles dessen, was dir das Leben bedrängt wie diese Ströme, wenn es dir gelingt, durch Überwindung dessen, was im Innern dich bedrängt, dich darauf zu besinnen, daß du dich selbst zu leiten hast – wobei du den Winken der Schicksalsgöttin aus Freiheit überall folgen sollst –, wenn du eine solche innere Ruhe herstellen kannst, dann wirst du vernehmen, was wie eine Stimme aus einer höheren Welt dir erscheint; wenn du das nachzusprechen vermagst, dann wird die Fessel von dir fallen.

Dann sing ich dir den sechsten, Gr 11
Wenn auf der See aufkommt der Sturm,
– oder: Wenn die See noch gewaltiger tost –
Als Menschen bekannt ist,
Wind und Wasser beschwichtige dein Herz,
So verleihn sie dir immer
Glückliche Fahrt.

Also wieder: der Anruf dieser inneren Kraft. Und es heißt ja nicht umsonst – das ist wörtlich –: Wenn die See noch gewaltiger tost, als Menschen bekannt ist im allgemeinen. Wie die See draußen, wo die Schiffe fahren, tost, das ist den Menschen bekannt, aber wie die See dort im Inneren tost –

wovon jetzt die Rede ist –, das ist Menschen im allgemeinen nicht bekannt. Worauf also ein Mensch in seinem Innenleben stößt, der es unternimmt, in einem solchen inneren Streben eine Göttin zu suchen, das ist nicht bekannt.[53]

Wenn die See noch gewaltiger tost Gr 11
Als Menschen bekannt ist,
Wind und Wasser beschwichtige dein Herz!
So verleihn sie dir immer
Glückliche Fahrt.

Dann sing ich dir den siebenten, Gr 12
Wenn dich heimsucht
Der Frost auf dem Berge:
Schneidender Kälte
Kannst du standhaft begegnen,
Hält dein Mut dir geschmeidig den Leib.

Nun, es ist dann möglich, innerhalb der schneidenden Kälte doch dieses Herz, von dem eben die Rede war, die innere Wärme erzeugen zu lassen. Es ist ja wohl dasjenige, worauf, wie ich vorhin sagte, Troxler wiederum zielt, nämlich: die Gewinnung des Lichtes oder des Feuers. Troxler führt in so wunderbarer Weise aus: «Dieser Geist und Trieb – also der äußeren Philosophie – sind selbst nur die in Welt und Leben untergegangenen Strahlen von dem ursprünglichen Licht, die äußersten, halberloschenen Spuren, gleichsam die bloße irdische Erscheinung von dem eigentlichen philosophischen Tiefsinn, oder von dem heiligen Feuer, das im Innersten des Tempels brennt und unsere Geister zu erleuchten, unsere Herzen zu erwärmen bestimmt ist.» Kommt er also in die Nähe dieses Feuers, so vermag er, wenn ihn auf dem Berge Frost heimsucht, schneidender Kälte standhaft zu begegnen.[54]

Dann sing ich dir den achten, Gr 13
Wenn dich draußen einhüllt,
Die Nacht auf Nebelwegen,
Daß dir nicht schaden kann
Das Unheilswirken
Umgehender Gespenster.

Da hat sich eine Albernheit eingeschlichen. Man hat behauptet, dieses Lied müsse aus christlicher Zeit stammen, weil das Wort Kerstin darin vorkomme. Und man hat dann übersetzt: ‹daß dir kein Unheil von der toten Christin kommt› und geglaubt, das wäre ein Besinnen auf das alte Heidentum, auf die Gegnerschaft gegen das Christentum; denn die Christen seien noch schädlich, wenn sie gestorben wären. Kerstin, das hieße Christin. Aber Kerstin heißt nicht Christin, sondern es heißt ‹ein gewahrgewordener Toter›, ein Gespenst würden wir sagen, ein Wesen, das nach dem Tode wieder erscheint, so wie es sich im Volksglauben lange behauptet hat als Gespensterglauben. Gedacht wird an solche Seelen, die aus irgendwelchen Untaten heraus den Frieden nicht finden können, umherziehen und nun Schaden stiften.

Dann sing ich dir den neunten, Gr 14
Wenn du mit streiterfahrenen Riesen
Der Worte wechselst:
Zu weiser Antwort
Redekunst und Klugheit
Sei dir reichlich verliehn.

Also jetzt Redekunst und Klugheit: Schärfe im Streit. Auf jener Seite Wärme des Herzens, das innere Feuer – auf dieser Seite Klugheit, mit den Riesen zu streiten. Und dann heißt es – auch da wird merkwürdig übersetzt – bei Simrock zum Beispiel:

Nun fahre getrost der Gefahr entgegen,
Dich mag kein Hindernis hemmen.
Ich stand auf dem Stein
An der Schwelle des Grabes
Und ließ mein Lied dir erklingen.

Andere haben übersetzt:

Fahre nun nimmerdort,
Wo dich Gefahr dünkt,
Und wo dir Unheil ahnt…

Aber es muß heißen:

Gefahr ist nun nimmer, Gr 15
Wo du Untergang wähnst,
Noch die Liebe von Unheil bedroht...

Hier erscheint wieder das Wissen um die Notwendigkeit des Unterganges – der ja aber nicht mehr Gefahr, nicht mehr *Untergang* ist, wenn über den Untergang hinaus das Neue erreicht, das Neue gefunden wird. Die Liebe ist es, dieses tiefste Seelentrachten des Menschen, die, wie es im Beginne heißt, über die Durchführung des Untergangs hinausreicht. Daher muß man sagen:

Gefahr ist nun nimmer, Gr 15
Wo du Untergang wähnst,
Noch die Liebe von Unheil bedroht.
An erdfestem Steine
Stand ich im Innern des Tores,
Während ich die Sprüche dir sang.

Der Mutter Wort Gr 16
Trag du Sohn von hier,
Und laß es dir im Herzen wohnen.
Reichlich Heil sollst du immer haben,
Solang dir mein Wort gedenkt.

Das ist also das Lied von Groas Erweckung, das die Einleitung bildet zu dem Fiölsvinnsmál.

Es ist schon gut, ein wenig auf den Namen Fiölsvinnsmál aufmerksam zu sein, zu sehen, was sich in ihm ausspricht. In den alten Sagen und Mythen hatten aus der Mysterienüberlieferung heraus alle Namen eine sprechende Bedeutung. Das Wort *mal* bedeutet die Rede oder auch das Lied. Es ist ja verwandt mit unserem Wort ‹Mahl›. Aber dieses Mahl kann zum Beispiel heißen: das Mittagessen, das man einnimmt; es muß verdaut werden, und man lebt davon. In der Weise hat man solche Lieder früher auch angesehen: Sie waren nicht bloß etwas, was man einfach zur Kenntnis nahm, sondern verdauen mußte, wovon man eigentlich lebte. Lebensgeister wurden geweckt durch solche Lieder. Aber dann haben wir dasselbe Wort noch in unserem ‹Mal›, meinetwegen in der Zusammensetzung Denk*mal*. Ein Denkmal ist ja eigentlich ein Pfahl, ein aufgerichteter Pfahl. So waren die Male früher auch, wenn Sie zum Beispiel an die Steinsetzungen denken, die Dolmen und so weiter, wo man ja überall die wie ein Mal aufgerichteten Steine vor sich hat. Etwas von dieser Bedeutung liegt auch in der Verwendung von ‹mál› als das Lied. Es ist eben auch das Lied – was sich vielleicht merkwürdig und trivial anhört – ein Denkmal! Nicht in dem Sinne Denkmal, daß irgendwo jemandem ein Andenken gesetzt wird, sondern es ist ein Mal, das aufgerichtet wird, um den Menschen auf das, was in seinem Innersten lebt, *aufmerksam* zu machen, ihn an etwas zu *erinnern*, was *in ihm* selber lebt. Und dieses, was da in ihm selber lebt und was angesprochen wird überall auch als der Drang zur Freiheit, zur Selbständigkeit: ‹Du selber leite dich selbst!›, das ist eigentlich ein Drang, der zunächst am substanziellsten erlebt werden kann in dem, was man die Aufrichtekraft des Menschen nennt. Da, wo er sich aufrichtet, da erlebt der Mensch eigentlich, was in dem Streben ein Selbst zu sein in das Bewußtsein kommt und was er dann gewahr werden kann.

Das erste des Wortes, das *Fi*, das bedeutet überall in der alten Sprache Feuer. Und *öl* – nun Sie wissen ja vielleicht, daß das Bier im englischen Ale genannt wird – das ist ein Trank, dieses Öl, und zwar in der Art wie Met, der Dichtermet. Aber dieser Dichtermet war ein Weisheitstrank. Und das Wort öl oder ol bedeutet immer ‹weise› oder ‹Weisheit›. Hier im Norden Deutschlands haben Sie ja so manche Ortsbezeichnungen, in denen die Silbe *ol* enthalten ist, und das bedeutet immer einen Hinweis auf Weisheit oder Weisheitsstätten, so heißt zum Beispiel Oldesloe eigentlich ‹Der heilige Hain der Weisheit›. *Ol* ist Weisheit und *Loe* ist der Wald, der Hain. Oldenburg – die Weisheitsburg. Überall, wo die Silbe ol im Namen erscheint, weist das ursprünglich hin auf Weisheit oder Weisheitsstätten. Also hätten Sie hier schon als erstes Feuer und als zweites einen Weisheitstrank.

Aber aus Mysterien, die man auch aus anderen Ländern kennt, zum Beispiel aus persischen Überlieferungen, weiß man, daß der Trank, den man gewinnen konnte, als der Trank der Feuerweisheit galt. Etwas davon hat sich noch hier im Abendland erhalten bis ins Mittelalter hinein, wo bei den Alchemisten, bei Menschen, die nach Geheimwissenschaft strebten, von dem *Feuerwasser* gesprochen wird, was schon an und für sich ein Widerspruch ist: Feuer – Wasser. Aber das tritt überall in gleicher Weise auf.

Hier könnten wir sagen: die Feuerweisheit. Und *vinn*: das ist gewinnen, so daß wir es bei dem Liede zu tun haben mit der *Schilderung der Gewinnung der Feuerweisheit.*

Denken Sie noch einmal an jene Worte, die ich angeführt habe von Troxler, wo auf der einen Seite von der Weisheit die Rede ist und auf der anderen Seite von der Wärme, also auf der einen Seite vom Erleuchten der Häupter und auf der anderen Seite vom Erwärmen der Herzen. Gewinnt man diesen Quell, aus dem beides zu erlangen möglich ist – Erleuchtung des Geistes, Erwärmung der Herzen – so gewinnt man diese Feuerweisheit.

Ja, nun muß ich wieder einiges sehr kurz zum Ausdruck bringen. Es handelt sich – und das bitte ich zunächst so hinzunehmen – bei solchen Darstellungen um die Schilderung von Einweihungs*wegen,* um eine Schilderung von *Gängen,* Entwicklungsgängen, die solche Menschen durchzumachen hatten, die in einer gewissen Beziehung die Entwicklung der gesamten Menschheit vorauszunehmen hatten. Nur dadurch – davon war man überzeugt in diesen alten Zeiten – konnte es gelingen, Menschen heranzubilden, die dann auch geeignet waren, in der rechten Weise die alte Menschheit in die Zukunft hineinzuführen. Nur solche, die wissen konnten von den Grundlagen der weltgeschichtlichen Notwendigkeit, wie sie hinstrebte auf das Ziel der menschlichen Freiheit, nur solche Menschen konnten die übrige Menschheit führen, konnten den Menschen auf diesem Wege Führer sein.

Bei solchen Einweihungswegen handelte es sich immer darum, daß der betreffende Mensch eine Erfahrung gewinnt von höheren Welten, von höheren Wesenheiten, eben der göttlichen Welt, eine Erfahrung der Götterwesen gewinnt, die Sie ja überall in der Edda auch mit Namen bezeichnet finden. Das ist natürlich immer ein Kennenlernen im Geiste, wie wir uns heute ausdrücken würden. Darauf wies ich ja schon hin in dem Lied von Groas Erweckung, daß es sich nicht darum handelt, so wie man nun einmal ist, irgendwo hinzugehen und jemanden zu besuchen. Sondern es handelt sich darum, die Grenzen, die dem normalen Menschen hier in diesem Leben gezogen sind, zu überschreiten.

Dabei kommt der Betreffende zunächst an die Schwelle zur übersinnlichen Welt. Und an dieser Schwelle der übersinnlichen Welt hat er Proben zu bestehen. Er wird geprüft, ob er würdig ist, nun wirklich solchen höheren Wesen, solchen Göttern, wie man damals ja sagte, zu begegnen. Davon liefert das Fiölsvinnsmál nun gleich am Eingang eine Darstellung. Zunächst spricht eine Gestalt, deren Namen gemeinhin übersetzt wird mit ‹Der Wächter›. Wir können schon sagen, das ist *der Hüter,* derjenige, der an der Schwelle zur übersinnlichen Welt steht und zu hüten hat diese Schwelle, der dafür zu sorgen hat, daß niemand unwürdig das jenseitige Reich betritt.

DER HÜTER: Der Feste hier Fv 1
Will sich ein Fremdling nahn,
Den Berg, getürmt von Riesen, kühn ersteigen.
Was ist das für ein Ungetüm,
Das nach dem Tore späht,
Die Waberlohe frech umwandelnd?

Stellen Sie sich den Vorgang einmal möglichst bildlich vor: Ein Berg wird erstiegen von einem Fremdling. Dieser Berg ist umgeben von einer Waberlohe – also von Feuer – wie ja auch in dem Siegfriedliede von derselben Waberlohe die Rede ist. Das Reich des Feuers wird auf dem Gipfel des Berges zugänglich. Und der Hüter spricht nun den Fremdling, der auf den Weg sich begibt, in dieses Reich zu dringen, als ein Ungetüm an:

Was suchst du hier? Fv 2
Was treibt dich her?
Was wähnst du hier zu finden?
Allein auf schlüpfrig, feuchten Wegen?
Kehr um, hier ist nicht deines Bleibens,
Bettler!

Der Bettler ist ein Suchender. Er sucht, wir können in einem gewissen Sinne sagen, er bettelt um Geist.

FREMDLING: Was ist das für ein Ungetüm, Fv 3
Das mir den Eingang wehrt,
Dem Wanderer Gastrecht weigernd?
Kannst du nicht Gruß und Wort mir gönnen,
Scheint mir gering dein Wert.
Heb dich von hinnen!

Nun kann man aus der Geisteswissenschaft und aus der Überlieferung der Mysterien heraus wissen, daß überall einem solchen Schüler, der es unternimmt, dem Hüter zu begegnen, dieser Hüter in einem Bilde erscheint, in dem sich die ungeläuterten Eigenschaften der eigenen Seele widerspiegeln. So ist hier sehr verständlich, daß der Hüter dem Fremdling als ein Ungetüm erscheint, weil er in ihm sozusagen widergespiegelt sieht, warum er selbst von dem Hüter als ein Ungetüm bezeichnet wird.

HÜTER: Fiölsvidr nennt man mich, Fv 4
Das weist auf klugen Sinn,
Doch führ ich eine scharfe Zunge.
Zu diesen Mauern einzugehen
Hast du kein Recht.
Heb dich von hinnen!

Widr, das ist der Wissende. Also müssen Sie hier sagen: der die Feuerweisheit Besitzende. Er hat sie inne als der Hüter.

FREMDLING: Von nahem Ziel Fv 5
Kehrt sich nur ungern ab,
Wer Hehres sucht und Großes.
Die Brüstung scheint zu glühen
Um güldne Säle.
Hier möcht ich Frieden finden!

Dieses Wort: ‹Hier möcht ich Frieden finden!›, wird auch von Simrock genauso übersetzt, wie es auch wörtlich im Urtext steht. Nun war aber, wie wir durch Rudolf Steiner wissen[55], in den Mysterien dieses Wort: ‹Hier möcht ich Frieden finden!› ein terminus technicus, und zwar bedeutete ‹Frieden finden›: eingeweiht werden. Wenn jemand eingeweiht wurde, so nannte man das: er hat den Frieden gefunden. (Damit hängt auch das Wort Siegfried zusammen.) Ausdrücklich wird nun gesagt:

FREMDLING: Von nahem Ziel Fv 5
Kehrt sich nur ungern ab,
Wer Hehres sucht und Großes.
Die Brüstung scheint zu glühen
Um güldne Säle.
Hier möcht ich Frieden finden!

Derjenige, der wußte um diesen terminus technicus, der mußte schon eine Schule durchgemacht haben. Und hier im Fiölsvinnsmál erkennt auch der Hüter den Schüler an dem Gebrauch des Wortes: ‹Hier möcht ich Frieden finden!› Denn nachdem das gesprochen worden ist, ändert er sogleich seine abweisende Haltung und geht auf den ‹Fremdling› ein. Er sagt nun:

HÜTER: Welcher Eltern Kind, Fv 6
Bist Knabe du geboren?
Sag, welchem Stamm entsproßtest du?

In den Mysterien wurde auf eine solche Frage niemals erwartet, daß jemand sagt – lassen Sie es mich trivial ausdrücken –: Meine Mutter ist aus Hamburg, mein Vater ist aus Stuttgart, sondern es mußte schon etwas von der Schulung zum Audruck kommen, die durchgemacht war. Es sollte hingewiesen werden darauf, daß ein Weg durchschritten wurde, wie man in den alten Zeiten sagte, durch die *Elemente* hindurch. Die Elemente sind bei den alten Griechen ja Erde, Wasser, Luft und Feuer. Der Fremdling antwortet nun auf diese Frage:

FREMDLING: Windrufer ist mein Name, Fv 6
Und Wassersraunen ist mein Vater,
dess' Vater Feuerberg.

Windrufer ist, man könnte sagen, dasjenige, was im Winde ruft. Nun müssen Sie berücksichtigen, daß in den alten Zeiten die Menschen zum Wetter und zu dem, was sich darin offenbarte, ein ganz anderes Verhältnis hatten. Sie lebten im Winde, für sie waren die Gottheiten darin. Thor fuhr im Wagen in den Winden daher, die Winde waren beseelt. Sie erlebten sich in den Winden selbst, und sie erlebten das Rufen, das Suchen, das Drängen im Winde. Dessen Vater sei Wassersraunen und dessen Vater Feuerberg: nun, der Berg ist ja zunächst das Irdische, also die Erde. Aber es ist gerade die Erde dasjenige, was am allertiefsten das Feuer birgt. Daher heißt es Berg. Bergen heißt, etwas in sich tragen. So hat sich das verschlossene Feuer im Berg durchgerungen durch Wassersraunen bis zum Windruf, bis zum Windrufer.[56] Das ist die richtige Antwort. Jetzt darf der Fremdling fragen und tut es:

FREMDLING: Verkünde mir, Fiölswidr, Fv 7
Was ich dich fragen will
Und wissen muß:
Wer schaltet hier,
Das Reich beherrschend
Mit Güte und mit hehrer Milde?

Das Reich beherrschend – also jene Welt, die jenseits der Waberlohe beginnt.
Der HÜTER antwortet:

Menglada heißt sie! Fv 8

Wenn man dieses Wort *Menglada* übersetzt – ich sagte ja, man müsse auf die Namen achten – gilt zunächst: *glad* heißt froh sein. Heute bedeutet es noch im Norwegischen die Freude, aber auch die Liebe, das Lieben überhaupt. Wenn man zum Beispiel in Norwegen einem Mädchen sagt: ‹Ich liebe dich!›, so heißt das: ‹Je er *glad* i de!›, also wörtlich ‹Ich bin *froh* in dir!›. Und *men* das ist der Hals, oder auch das Halsband, so daß Sie direkt hier haben: Halsbandsleuchten. Und wenn Sie nun hinüberschauen nach Griechenland, nach Indien: überall finden Sie eine Halsbandsgöttin. Proserpina – die Halsbandsgöttin. In Indien – die Halsbandsgöttin. Das Halsband ist der leuchtende Tierkreis.[57] So gewaltige Vorstellungen haben die Menschen damit verbunden!

...Die Mutter gebar sie Fv 8
Dem Sohne des Bergschnees;
Die schaltet hier,
Das Reich beherrschend,
Mit Güte und mit hehrer Milde.

Torrin – der trockene Bergschnee. Hier ist natürlich alles voller Geheimnisse in der Ausdrucksweise. Der Bergschnee, der trockne Schnee sieht so aus:

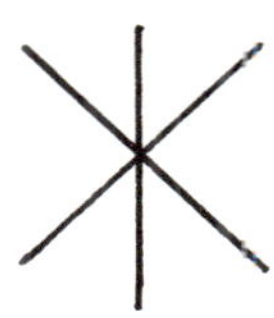

Das ist die *Hagal-Rune,* die das All umfaßt und birgt. Und der Sohn des Bergschnees ist die höchste Gottheit.

...Die schaltet hier,
Das Reich beherrschend,
Mit Güte und mit hehrer Milde.

Nun werde ich erst einmal einiges übergehen. So wird nach den Namen gefragt: wie die Pforte zum Beispiel heiße, durch die man hineingehe, und so weiter. Aber alles wird so dargestellt – und das werden Sie in den üblichen Übersetzungen leider nicht finden –, daß Schritt für Schritt die nächste Strophe das weitere Voranschreiten auf einem Wege bedeutet. Wir werden das noch im einzelnen genauer betrachten. Nun treten an dieser Pforte dem FREMDLING zwei Hunde entgegen. Er fragt:

Wie heißen die Hunde? Fv 13
Ich habe so schlimme
Auf Erden noch niemals gesehen.

HÜTER: Geifer heißt einer, Fv 14
Und Gier der andere,
Weil du's zu wissen wünschst,
Elf Wachten müssen sie wachen,
Bis die Götter vergehn.

Auf diese elf Wachten würde ich noch gern genauer eingehen, aber dazu benötigten wir eine ganze Tagung allein! Ich kann Ihnen beim besten Willen nicht einmal einiges davon andeuten, weil es wirklich einer langen Auseinandersetzung bedarf.

FREMDLING: Verkünde mir Fiölsvidr, Fv 15
Was ich dich fragen will
Und wissen muß:
Ob wohl ein Mensch hineingehen möge,
Dieweil die Schnaubenden schlafen?

Sie sehen, er möchte jetzt also durchdringen, erst durch die Waberlohe, dann durch die Pforte hinein gelangen. Doch die beiden Hunde, Geifer und Gier, drohen ihn zu zerreißen. Schließlich fragt er, ob die Hunde nicht vielleicht einmal schlafen würden und er dann hinein schlüpfen könne. Darauf der

HÜTER: Wechselnd zu schlafen Fv 16
Ist ihnen Gebot
Seitdem sie hier Wächter geworden.
Der eine schläft tags,
Der andere nachts,
So lassen sie niemand hinein.

FREMDLING: Verkünde mir, Fiölsvidr, Fv 17
Was ich dich fragen will
Und wissen muß:
Gibts keine Kost,
Sie zahm zu machen,
Und einzugehn, dieweil sie fressen?

Nicht wahr, wenn die Hunde sich zum Beispiel über einen Knochen hermachten, dann wären sie so beschäftigt, daß man vielleicht ganz gut vorbeikommen könnte. Die Antwort des

HÜTERS: Zwei Flügel glänzen Fv 18
Zu Seiten des Hahns
Im hohen Baum an Himmels Wölbung.
Das ist die Kost,
Sie zahm zu machen,
Und einzugehn, dieweil sie fressen.

FREMDLING: Verkünde mir, Fiölsvidr, Fv 19
Was ich dich fragen will
Und wissen muß:
Wie heißt der Baum,
Des Zweige weit
Sich über alle Lande breiten?

[Nachdem ihm weiter verkündet worden ist, daß dieser Baum, Mimameidr, derjenige ist, aus dessen Samen diejenigen entzündet werden, die nicht vom Weibe geboren sind, die dann der Welt Verhülltes offenbaren, fragt der Fremdling weiter, wie der Hahn heißt, dessen Flügel wie von Golde glänzen.
Der Hüter antwortet – und nun darf ich Ihnen einige Strophen vorlesen:

HÜTER: Es ist der Mond, Fv 24
Im Winde leuchtend
Auf Mimameidrs Zweigen.
So groß ist seine Schwere,
Daß niemand rauben kann
Den schwarzen sich zum Köder.

FREMDLING: Verkünde mir, Fiölsvidr, Fv 25
Was ich dich fragen will
Und wissen muß:
Gibt es denn kein Geschoß,
Mit dem man wohl
Zur Hel ihn senden könnte?

HÜTER: Lebendiger Zweig heißt die Gerte, Fv 26
Die Loki gebrochen
Vorm Tor des Todes;
In eisernem Schrein,
Von neun Schlössern verschlossen
Birgt ihn das Innere der Erde.

FREMDLING: Verkünde mir, Fiölsvidr, Fv 27
Was ich dich fragen will
Und wissen muß:
Kann wiederkehren,
Wer es versucht,
Die Rute zu rauben?

HÜTER: Lebend wird kehren, Fv 28
Wer es versucht,
Den Zweig zu gewinnen,
Wenn der Göttin des Mondes er schenkt,
Was wenigen eigen.

FREMDLING: Verkünde mir, Fiölsvidr, Fv 29
Was ich dich fragen will
Und wissen muß:
Kann man den Hort denn erringen,
Der die hehre Göttin
So hoch erfreut?

HÜTER: Die blinkende Sichel Fv 30
Birg *du* in der Brust,
Die im Schweife des Hahnes verschwindet,
Gib du sie der Göttin,
So läßt sie gern
Deinem Herzen die Rute entkeimen.

Damit ist auf den Zusammenhang des sonnenhaften *Erlebens* mit dem mondenhaften formalen *Gedanken* gedeutet, den es herzustellen gilt, um den Einlaß in die übersinnliche Welt zu gewinnen. Die blinkende Sichel, die im Schweife des Hahnes verschwindet – die abnehmende Sichel des Mondes am Himmel –, erhält ihr Licht von der Sonne. Wenn sie *verschwindet,* und der *Mensch* sie der Göttin *geben* soll, so heißt das, daß er sie aus seinem Innern heraus in der Vorstellung wieder *erzeugen* muß. Das kann er aber nur, wenn er die *reine Form im Gedanken* erfassen und erbilden kann und wenn er dasjenige, was nun als seine Vorstellung durch *die Sonne im eigenen Innern* aufleuchtet, mit dieser reinen Form wirklich verbinden kann.]

Mythos und Wissenschaft

3. VORTRAG

Am Beginn habe ich Ihnen einige Sätze von Ernst Haeckel vorgelesen, in denen er von dem offenkundigen Widerspruch des Gesetzes von der Erhaltung der Materie und des Gesetzes von der Erhaltung der Energie auf der einen Seite und den drei großen Zentraldogmen der Metaphysik auf der anderen Seite spricht. Als diese Dogmen bezeichnete Haeckel den Glauben an den persönlichen Gott, an die unsterbliche Seele und den Glauben an die Freiheit des menschlichen Willens. Wir haben aber auch gehört, daß er fortfährt, diese «Glaubensobjekte, die mit unzähligen wertvollen Geisteserzeugnissen und Kulturinstitutionen innig verwachsen sind, werden deshalb nicht aus der Welt geschafft; sie verschwinden nur als Wahrheiten aus dem Gebiete der reinen *Wissenschaft,* dagegen bleiben sie bestehen als wertvolle Phantasieschöpfungen im *Reiche der Dichtung.*» Wir haben gesehen, wie er dann plötzlich am Ende dieses Absatzes wieder behauptet: «So wird auch fernerhin die erwärmende edle *Kunst* neben der erleuchtenden, herrlichen *Wissenschaft* nicht im Gegensatz zu ihr, sondern in Harmonie mit ihr, der wertvollste Besitz des menschlichen Geistes bleiben.» Also, diese Diskrepanz, dieser offenkundige Widerspruch bedrängt ihn nicht eigentlich in dem Sinne, wie es dann bei Rudolf Steiner zum Ausdruck kommt, wo er sagt, wenn man ehrlich naturwissenschaftlich denke, könne man nicht anders als sagen, dann sei alles dasjenige, was mit diesen moralischen Idealen überhaupt zu tun hat, nichts als Spaß.

Es gilt eben in unserer Gegenwart, wie Rudolf Steiner sagt, diesen Widerspruch offen ins Auge zu fassen und ihn wirklich und konkret zu harmonisieren und zu überbrücken, sich nicht zufrieden zu geben mit diesem Nebeneinanderstehen von Kunst und Wissenschaft, mit der Behauptung, daß sie sich trotz diesem offenkundigen Widerspruch in einem harmonischen Zusammenhang befänden.

Damit haben wir uns ja etwas ausführlicher beschäftigt. Nun möchte ich heute daran einiges anknüpfen.

Am Schluß seines Vortrages sagt *Haeckel:* «Unser monistischer Gott, als allumfassendes Weltwesen, der Naturgott von Spinoza und Goethe, ist identisch mit der ewigen, *allbeseelenden Energie* und steht der raumerfüllenden Materie nicht feindlich und fremd gegenüber, sondern ist mit ihr zur ewigen und unendlichen Substanz verbunden. Er lebt und webt in allen Dingen, wie das Evangelium auch sagt. Da wir nun sehen, daß das Substanzgesetz ganz allgemeine Geltung hat, daß die Erhaltung von Kraft und Stoff, von Energie und Materie untrennbar verknüpft ist, da wir ferner sehen, daß die ungebrochene Entwicklung dieser Substanz denselben ehernen, ewigen, großen Gesetzen gehorcht, so finden wir Gott im Naturgesetz selbst. Der Wille Gottes ist im fallenden Regentropfen und im wachsenden Kristall ebenso gesetzmäßig wirksam wie im Dufte der Rose und im Geiste des Menschen. Und so kommen wir zuletzt immer wieder auf jenes herrlichste Wort zurück, das unser größter Dichtergenius Wolfgang Goethe uns als höchste Gottesweisheit geschenkt hat:

‹Was wär' ein Gott, der nur von außen stieße,
Im Kreis das All am Finger laufen ließe!
Ihm ziemts, die Welt im Innern zu bewegen,
Natur in Sich, Sich in Natur zu hegen,
So daß, was in Ihm lebt und webt und ist,
Nie Seine Kraft, nie Seinen Geist vermißt›.»[58]

Das, worauf es mir hier ankommt, ist die Formulierung, die Haeckel gebraucht, wo er von der Energie spricht als von der *allbeseelenden Energie*. Also, nicht eine Energie, die alles irgendwie durchdringt, sondern etwas Seelenhaftes. Beseelt denkt er das All, beseelt denkt er die Welt mit dem, was er hier den Willen Gottes nennt, der im fallenden Regentropfen und im wachsenden Kristall ebenso wirksam ist wie im Dufte der Rose und im Geiste des Menschen.

Nun möchte ich heute abend in Anlehnung an einen Vortrag von Rudolf Steiner einige Dinge vermitteln davon, wie man denn nun noch eine andere Haltung großen Persönlichkeiten gegenüber einnehmen kann, als daß man bloß liest, was sie gesagt haben, wie sie es in Sätzen ausgedrückt haben. Das ist eine solche Haltung, aus der heraus man damit rechnet, daß auch andere Wirksamkeiten, andere Tätigkeiten, ja auch Spuren anderer Tätigkeiten Aussagen machen können darüber, was in den Seelen solcher

Menschen gewaltet hat, als bloß dasjenige, was von ihnen selber in der Formulierung unserer Sprache zum Ausdruck gebracht worden ist. Wie schon angedeutet, möchte ich mich dabei zunächst eng an eine Darstellung von *Rudolf Steiner* halten:

«Goethe ... ist besonders groß durch seine besondere Seelenart in der Erforschung der pflanzlichen Welt.» Warum ist das so? «Sehen wir uns, um eine Antwort auf diese Frage zu bekommen, diese goethesche Seelenart genauer an. Wenn man sich Mühe gibt, deren besonderen Charakter vor das eigene Auge treten zu lassen, so ergibt sich, daß diese Seelenart Goethes als ihr charakteristischstes Merkmal das aufweist, daß Goethe alles, was sich ihm vor das Bewußtsein hinstellte, mit einer Art innerer plastischer Gestaltungskraft auffaßte. Goethe war in gewisser Beziehung auf dem Wege, ein Bildhauer zu werden. Und mir scheint das Allercharakteristischste bei Goethe eben dieses zu sein, daß die bildhauerische Kraft in seiner Seelenverfassung lag, aber in dieser Seelenverfassung wie ein innerstes, verborgenstes Wesen blieb, sich nicht in Bildhauerei nach außen äußerte, daß er gewissermaßen innerlicher Plastiker war in der Ausgestaltung seiner seelischen Anschauungen, daß er aber nicht den Weg dazu suchte, dasjenige, was sich ihm in innerer Plastik als Anschauung geistig vor die Seele stellte, auch dem äußeren Stoffe einzuverleiben.»[59]

Hier wird ausgesprochen, daß überall, wo Goethe tätig gewesen ist, wo er betrachtend, naturforschend, dichtend tätig gewesen ist, er diese Tätigkeit mit einer gewissen plastischen Tendenz durchgeführt hat. Nun, das kann man ja sowohl seiner Sprache außerordentlich gut anmerken, als auch den Bildern, die er schafft. Er schildert ja wirklich sehr vieles, nicht nur in den Naturwissenschaften, sondern auch in der Dichtung, bis ins Kleinste, aber in einer ungeheuer die Formen gestaltenden, immer wieder metamorphosierenden Weise. Wenn Sie allein daran denken, welche Metamorphosen das Versmaß durchmacht zum Beispiel in der Pandora, so werden Sie die Tendenz, immer alles neu zu metamorphosieren, plastisch zu gestalten, bemerken. Ein innerlicher Plastiker! Nun, Sie sehen, daß da etwas waltet, worauf wir in dieser Zeit schon mehrfach hingewiesen haben, was zukünftig werden muß für den Menschen dasjenige, was wir mit dem Ausdruck der Geisteswissenschaft das *gestaltende Denken* genannt haben. Und um zu verdeutlichen, worum es sich dabei handelt, sind wir vor allen Dingen auch zu der Problematik der reinen Form vorgedrungen.

«Mir erscheint die Sache so, als ob Goethe, indem er nun seinen Blick über die Pflanzenwelt richtete, in diese mit dieser bildhauerischen Seelenverfassung, mit einem nach allen Richtungen hin ausgebildeten plastischen Sinn schaute.» Er war also im Anschauen überall bildsam tätig. Er gestaltete seine Welt, die sichtbare Welt wirklich durch das Hineinbilden von plastischen Formen und Gestalten. «Statt im Ton bildhauerisch zu arbeiten, statt dasjenige, was der plastische Sinn innerlich gestaltete, in den Ton hineinzuprägen, richtete Goethe den Blick auf die Pflanze, und statt daß er die plastische Gestalt dem Ton einverleibte, offenbarte die Pflanze ihre aus ihrem Leben hervorgehende Plastik seiner Seele. Das scheint mir ein Teil, und vielleicht der wichtigste der Psychologie Goethes zu sein.»

Und nun wird die Frage gestellt, warum man denn Pflanzen eigentlich so schlecht plastisch darstellen könne, ja, sie überhaupt fast nicht plastisch darstellen könne. Nun gibt es gewisse Versuche, die Pflanze für reliefartige Darstellungen zu benutzen, aber so recht eine Plastik zu fertigen, also meinetwegen eine Sonnenblume zu plastizieren, ich glaube, das haben Sie noch nicht gesehen, das ist an und für sich ja doch etwas Unmögliches. Warum?

«Man sehe, wie Plastik selbst in seine vollendetsten poetischen Schöpfungen hineinspielt, wie die ‹Iphigenie›, wie ‹Tasso›, wie ‹Die Natürliche Tochter› überall die plastische Gestaltungskraft selbst im Dramatischen verraten. Goethe ist gewissermaßen überall Plastiker, aber er kommt nicht dazu, die plastische Gestaltungskraft in den Ton hineinzugestalten. Da er aber den innigsten Drang hat, mit der Natur ganz im Einklang zu leben, wo wird er das, was so tief in seinem Inneren sitzt, den plastischen Sinn, draußen befriedigt fühlen? Da, wo die Natur am reinsten als Plastikerin wirkt: an der Pflanzenwelt. Und nun sieht man an der Anschauung Goethes selber, wie der innere Sinn der Menschenseele gewissermaßen zur Plastik hinneigen muß, um die Pflanzenwelt in dem, was sie von Natur aus ist, zu ergreifen, sie in dem zu ergreifen, wie ihr Leben selber eine natürliche Plastik darlebt.» Aber, daß plastisch nachgebildete Pflanzen eine Unmöglichkeit sind, warum ist das so? «Wenn man tiefer eingeht auf dieses psychologisch-künstlerische Faktum, dann muß man sich sagen: Die Pflanze ist für sich schon, so wie sie uns in der Natur entgegentritt, so künstlerisch plastisch, daß die Natur einem gar nicht gestattet, mit irgendeiner Plastik noch über diese Naturplastik der Pflanzenwelt selber hinauszugehen.» In der Pflanzenwelt ist die Natur der vollendete Plastiker selbst. Goethe schafft mit seinem inneren plastischen Sinn der Künstlerin Natur als Plastikerin diese Formen nach.

Und demgegenüber – ich lasse jetzt einiges aus – wird plötzlich in dem Vortrage der Blick auf Ernst Haeckel gelenkt:

«Ernst Haeckel wandte, allerdings in einer naiveren Weise als Goethe das für die Pflanzen tat, seinen Sinn auf die tierische Welt. Und man kann nun in einer gewissen Weise von Haeckel das Folgende sagen: Wenn Goethes Denken, ... mit Recht von Heinroth als ein gegenständliches bezeichnet worden ist – das heißt ein solches, wobei der Seeleninhalt untertaucht in die Objekte –, so kann man das, wenn auch zunächst in einer unvollkommenen Weise, auch an Haeckels zoologischen Forschungsmethoden durchaus bemerken. Es ist tief bezeichnend, wenn Haeckel einmal, um sich in seiner naiven Weise zu rechtfertigen, sagt, wie er nun nicht die Gestalt – die Goethe gefunden hat, indem er sich auf das Pflanzliche beschränkte –, sondern die Seele in den tierischen Wesenheiten findet. Haekkel redet vom Tierischen, und da muß er von der Seele reden.»

«Goethe verfolgte Pflanze für Pflanze, er verfolgte die Metamorphose der Gestalt. Haeckel verfolgte Tier für Tier; es blieb nicht beim Verfolgen der Gestalt, aber es kam zu einem Suchen des Tierisch-Seelischen in den Gestaltungen des Tierischen. Und wenn man ihm eingewendet hätte, er hätte kein Recht, von diesem Seelischen auch in den einfachsten Gestaltungen des Tierischen zu reden, so hätte er immer wieder dasjenige gesagt, was er wirklich auch ausgesprochen hat: Wenn einer gleich mir durch viele Jahrzehnte niedere Tierwesen wie die Protisten, betrachtet und gesehen hat, wie sich ihre Gestalten verhalten, dann kann er nicht anders, als in diesem Anschauen dazu kommen, daß in diesen Zelltieren Zellseelen leben, die nur qualitativ von den kompliziertesten Seelen verschieden sind.»

Nun, Goethe also kommt auf die Gestalt, Haeckel auf den Ausdruck des Seelenhaften in der tierischen Welt.

«Eine gewisse Verwandtschaft ist da zwischen dieser Anschauung des Tierischen bei Haeckel und der Anschauung des Pflanzlichen bei Goethe; und legt man einen Wert darauf, betrachtet man es nicht als etwas Untergeordnetes, daß Goethe von Gestalt reden muß, Haeckel von Seele, dann ist man auf dem Wege, wie ich glaube, ganz Bedeutsames zu finden. Und woher dieses, daß sich in der naiven Forscherseele Haeckels dasjenige, was

Goethe in einer bewußteren Weise anstrebt, in einer solchen Art ergab, wie ich es geschildert habe? Ich suchte nach einer Erklärung für diese Tatsache, und ich fand sie zu meiner vollen Befriedigung, als ich einmal bei einer Ausstellung im Giordano-Bruno-Bund in Berlin dasjenige durchsah, was da vorlag an Haeckels zum Teil ja dilettantischen Malereien. Das ist etwas, was in die Haeckel-Psychologie hineinführt. Überall ist Haeckel nicht nur tätig als Forscher, überall setzt er sich zugleich hin und malt, und überall hat er seine Freude, dasjenige, was die Natur seinem Forschersinn enthüllt, zu gleicher Zeit in der Farbe festzuhalten. Welche Freude er hatte, diese Formen der tierischen Welt in den Farben festzuhalten, das kann man noch nachempfinden, wenn man die Hefte vor sich ausbreitet, die Haeckel herausgegeben hat unter dem Titel: ‹Kunstformen der Natur›.» Haeckel richtet sich also auf den Ausdruck des Seelischen in der Farbe. Er war nicht Maler, sondern ein Naturforscher, aber ein innerliches Wesenhaftes seiner ganzen Veranlagung «war das ‹in Farben Malende›. Das lebte in seinem Inneren, und er suchte dasjenige, was sich nun in der Außenwelt so ausdrückt, daß es aus seinem Leben, das von der Empfindung durchdrungen ist, daß es aus dem Seelenhaften heraus sich in der Farbe offenbart. Das suchte er zu erforschen.»

Und nun sagt Rudolf Steiner weiter, man könne natürlich einwenden, das sei doch bei der Tierwelt gar nicht so schlimm mit der Farbenwelt, da sei die Pflanzenwelt etwas viel Farbenprächtigeres, vor allen Dingen, wenn die Pflanzen blühten.

«Aber», sagt er, «jeder wird empfinden, daß das Innerlichste des tierischen Wesens ganz anders zusammenhängt mit dem, was sich als Farbe enthüllt, als das Pflanzliche. Das Pflanzliche lebt eigentlich in der Gestalt, und die Farbe ist im Grunde genommen etwas, wovon man leicht einsehen kann, daß es von außen an die Pflanze wesenhaft herangebracht ist. Man wird studieren müssen das Verhältnis von Sonne und Luft und anderem Äußeren zur Pflanze, wenn man die Farbe der Pflanze betrachten will. Will man aber das Innere der Pflanze begreifen, dann muß man mit plastischem Sinne die Gestalt der Pflanze ins Auge fassen.»

«Nicht in derselben Weise ist dasjenige, was an der Oberfläche des Tieres an Farbe auftritt, von den äußeren Verhältnissen abhängig. Ja, wenn es abhängig ist – wie bei den Erscheinungen von Mimikry –, dann fühlen wir uns noch veranlaßt, es aus besonderen Bedingungen zu erklären, weil wir ein Gefühl haben, wie aus dem mit Empfindungen durchdrungenen Leben auch von innen heraus die Tingierung mit der Farbe stattfindet. Aber es kommt weniger auf die Farbe, es kommt auf das Leben an, das vom Menschen nacherlebt werden kann, indem er selber im Farbigen empfindet, im Farbigen denkt. Nicht auf das Zusammenstellen der Farbe kommt es an, sondern auf das, was man innerlich empfindet, wenn man in Farben empfindet, in Farben denkt.»

Nun wollen wir uns einmal ein paar Abbildungen anschauen, zunächst einige Zeichnungen von Goethe. (Abb. 8–10) Gezeichnet hat Goethe ja viel, wenn auch diese Zeichnungen natürlich dilettantisch genannt werden können, aber das, wovon Sie eben gehört haben, kommt nun wirklich außerordentlich gut zum Ausdruck. Es sind keine Malereien, es sind Zeichnungen; und es ist überall das Streben danach, Formen plastisch darzustellen, zu bemerken.

Darauf wollen wir uns einige von den Malereien Haeckels anschauen, einige von den Kunstformen der Natur (Abb. 11), dann aber Landschaftsbilder, die er am Ende des vorigen Jahrhunderts auf einer Reise nach Ceylon und in die Gegend dorthin gemalt hat (Abb. 12–13). Vielleicht können Sie ein wenig nachempfinden, wie Haeckel die Farbe erlebt hat, wie er überall in der ganzen Natur die Farbe als einen Ausdruck des Seelischen gefaßt hat. Ich habe Haeckels Äußerung vorgelesen, daß die ganze Natur von der Energie beseelt sei. *Seelenhaft* ist das für ihn alles.

Nun habe ich dies vorgebracht und Ihnen auch die Bilder gezeigt, weil wir auf dem Wege, zu versuchen, die Form exakt zu ergreifen, gemerkt haben, wie wir mit diesem Ergreifen der Form, dort, wo sie auftritt, die Wirklichkeit verlieren. Dabei haben Sie erlebt, wie wir sagen mußten: Die Form ist nicht zu finden in der wirklichen Welt für die sinnliche Wahrnehmung. Sie kann nicht *sinnlich wahrnehmbar* auf der Tafel auftreten. Und wenn wir sagen, wir bringen sie in Gedanken hervor, so ist die in Gedanken hervorgebrachte Form auch schon wieder nicht mehr wirklich; *nur der Prozeß des Formens ist die Wirklichkeit.*

Demgegenüber müssen wir nun auf der anderen Seite danach trachten, zu bemerken, wie die Farbe uns an die Wirklichkeit heranzuführen geeignet ist, wie wir der Farbe gegenüber die Aufgabe haben, eher zu bemerken, wie sie von einer Wirklichkeit unmittelbar spricht und uns auch unmittelbar als eine Wirklichkeit anrührt.

8 J.W.v.Goethe. Drachenthaler Wasserfall. 1775

9 J.W.v.Goethe. Küstenfelsen mit Kastellruinen in Italien. 1787

10 J.W.v.Goethe. Via Appia, Casale Rotondo. 1786/88

11 Ernst Haeckel. Physalia

12 Ernst Haeckel. Der Gipfel des Epomea auf Ischia (Italien)

13 Ernst Haeckel. Nilluwälder im ceylonesischen Hochwald.

Der Form gegenüber haben wir zunächst die Aufgabe, ihre Unwirklichkeit gegenüber der normalen Wirklichkeit zu bemerken. Die Form setzen wir ein, aber so, daß wir nichts verändern, daß wir die Ordnungen treffen; aber diese Ordnungen bestehen zwischen Elementen innerhalb der sichtbaren Welt, die wir ja alle als farbig bezeichnen. Wir können also die Grenzen der Formen einsetzen in farbige Erscheinungen; da wo Farben nuanciert aneinandergrenzen, haben wir die Möglichkeit, Formen einzusetzen.

Normalerweise ist ja heute doch der Mensch geneigt zu sagen: die Farben, die sind nun gerade nicht eine Wirklichkeit. Die kommen ja der wirklichen Welt gar nicht zu. Die Farben, das sind nur Erscheinungen, die wir haben, weil wir mit unseren so und so gearteten Sinneserlebnismöglichkeiten auf irgendetwas, was eben Wirklichkeit, Bewegung von Atomen, Molekülen ist und so weiter, hinschauen. Und was dann in unserer Seele subjektiv darauf reagiert, das ist eine Farbenerscheinung. Eigentlich ist also die Farbe überhaupt nichts Reales, sondern sie ist bloß eine Erscheinung, sie existiert nur für den, der guckt; und da sprechen wir jetzt davon, daß gerade die Farbe geeignet ist, uns an die Wirklichkeit heranzuführen! Nun beruht das darauf, daß man, wenn überhaupt die Möglichkeit gefunden werden soll, in einer anderen Weise als bisher von der Wirklichkeit zu sprechen, darauf achten muß, daß die Wirklichkeit zunächst erfahren wird als Erlebnis, das im Innern der menschlichen Seele selber auftritt. Dieses Erlebnis ist eine Realität. Was wir als Farbe bezeichnen, kündet das Walten einer solchen Realität an, wie wir sie in uns selbst erleben. Darauf hat ja auch Goethe hingewiesen in dem Kapitel über die sinnlich-sittliche Wirkung der Farbe[60], wo er davon spricht, daß den einzelnen verschiedenen Farben gegenüber ganz andere innere Seelenerlebnisse der Menschen auftreten.

Diese Seelenerlebnisse sind nicht selber Farben, sondern sie sind etwas ganz anderes als Farben; sie treten aber auf bei der Betrachtung von Farben. Und zwar treten sie so auf, daß man davon sprechen muß, daß eben gerade diese Farben der *adäquate Ausdruck* für die Anschauung sind, für dasjenige, was im Inneren erlebt wird. Goethe sagt ja dann zum Beispiel von dem Rot, es wirke, wie wenn ein Mensch attackiert werde, aggressiv. Aber ein solches Erlebnis, attackiert zu werden, kann man auch haben, wenn man nicht gerade rot sieht. Wenn ich mit einer Lanze oder einem Degen auf Sie losginge, anstatt hier vor Ihnen zu reden, so müßten Sie sich gerade so attackiert fühlen. Dem Blau gegenüber können Sie ein Erlebnis haben, das Goethe mehr nach der Richtung eines Sehnsuchtserlebnisses charakterisiert: es werde eine Art Drang in die Ferne geweckt. Man kann davon sprechen, daß diese Charakterisierungen bei Goethe schon in weitgehendem Sinne objektiv sind.

Aber wir sind gewohnt, in der Welt, in der wir leben, zunächst einmal auf Farben hinzuschauen und zu warten, was die Betrachtung der Farbe im Inneren für Reaktionen auslöst, was sich für Erlebnisse an diese Farben anknüpfen. Außerdem sehen wir ja, wo wir überhaupt Farben sehen, doch zum allergrößten Teil – vielleicht einige Gebiete der modernen Kunst ausgenommen – immer irgendetwas Farbiges, was auch gestaltet ist. Wir sehen ja nicht bloß Farben, wir sehen *etwas,* was farbig ist. Ich sehe zum Beispiel jetzt von Ihnen die verschiedenen Kleider, Anzüge und so weiter, immer das Etwas, was in den Farben auftritt. Man wird ja in einer gewissen Weise bestrebt sein, überall darauf zu achten, daß das, was in der Gestaltung auftritt, in Harmonie auftritt mit demjenigen, was durch die Farbe erlebt wird. Nun stellen Sie sich bitte einmal vor, Sie hätten irgendein Sie beeindruckendes intensives Erlebnis, aber Sie hätten dieses Erlebnis so, daß es sich nicht überschaubar angeknüpft hätte an das, was Sie betrachtet haben. Sie haben ein unbestimmtes Erlebnis, meinetwegen: Sie fühlen einen unbestimmten Drang, etwas zu unternehmen, wissen nicht einmal genau was. Sie fühlen sich aufgelegt, tätig zu sein, oder sie haben irgendwie eine innere Stimmung, ein inneres Sich-Erleben. Und jetzt sollten Sie finden, für sich selbst, diejenige Farbe, welche das Erlebnis, was Sie haben, am sprechendsten, am aufschlußreichsten zum Ausdruck bringt. Sie sollten mit der Farbe also nicht bloß sagen: Ich fühle mich blau – oder: Ich fühle mich rot. Das wäre ja furchtbar einfach! Sondern bis in die Nuancen hinein sollten Sie einem innerlichen Erlebnis, was für Sie noch gar nicht klar auftritt, ein entsprechendes *Farbenkleid* geben. Sie sollten ausgehen von dem Erlebnis und die Farbe dazu suchen, die das zum Ausdruck bringt.

In einer solchen Weise treten die Farben, so wie es Haeckel erlebt hat, in der Tierwelt auf. Nun nicht so, daß man sagen könnte von den Tieren, sie haben sich aus ihrem Bewußtsein heraus die Farben, die auftreten, gegeben. Aber dasjenige, was für Haeckel die Seelenart der betreffenden Tiere ist, das drückt sich durch die Farbe, die sie äußerlich tragen, aus. – Man könnte sich die Sache einmal etwas grotesk ausmalen. Fragen Sie sich doch, ob es richtig wäre, wenn die Eisbären leuchtend rot wären, ob das dem entsprechen würde, was als Tierisch-Seelisches in einem solchen Tiere waltet. Es lassen sich beliebige andere Beispiele dieser Art anfügen. –

Dann versuchen Sie sich noch weiter vorzustellen, nicht nur das würde von Ihnen verlangt, die entsprechenden Farbennuancen zu finden, welche imstande wären, dies innere Erlebnis zum Ausdruck zu bringen, sondern Sie sollten darüber hinaus auch noch die Form finden, aus der heraus eine solche Farbe – die zunächst als Erlebnis auftritt – noch um viele Grade deutlicher das ausspricht, was eigentlich das innerlich Wirksame im Erlebnis gewesen ist. Das wäre doch eine schwierige Aufgabe, wirklich bis in ein *sprechendes Bild* – so wollen wir uns ausdrücken – hineinzubringen, um was es sich handelte, als Sie dieses besondere Erlebnis gehabt haben. Mit einer solchen Möglichkeit, mit solchen Aufgaben rechnen wir ja normalerweise nicht, sondern wir meinen immer, wir hätten die Möglichkeit, zunächst auf irgendetwas vor uns Liegendes hinzuschauen, und dann würde sich schon dasjenige, womit man reagiere, als innerliches Erlebnis einstellen. Wir haben auch heute abend wieder erwähnt, daß es sich für die Zukunft darum handeln wird, daß sich die Menschheit allmählich dazu aufschwingt, – wie wir das ausgedrückt haben – ein *gestaltendes Denken* auszubilden. Das würde aber heißen, auszugehen von einem Quell eines solchen innerlichen Erlebens, das als Realität unumstößlich waltet – wie ein dunkler Drang zunächst –, und die Fähigkeit zu entwickeln, nun durch das Auffinden der entsprechenden Farbe und durch das Auffinden der daraus hervorgehenden Formen die Sache auch wirklich exakt in den angemessenen Ausdruck zu bringen.

Das muß ich jetzt noch ein wenig deutlicher aussprechen. Der Kern des Ganzen ist von *Rudolf Steiner* einmal formuliert worden in seiner ‹Geheimwissenschaft im Umriß›. Da wird gesprochen von der Entwicklung dieser neuen Denkweise, aber sie wird dort die moderne Entwicklung der Denkweise genannt, die Entwicklung zum modernen Hellsehen. – Man muß sich an diesem Wort ‹Hellsehen› nun nicht stoßen. Gewöhnlich tauchen bei diesem Wort alle möglichen Erinnerungen auf; man stellt sich vor, das Hellsehen sei immer irgendwie mit naiven Schäfern, zurückgebliebenen Persönlichkeiten, alten kräutersammelnden Frauen verbunden. Was bei solchen Menschen auftritt, bei denen es oftmals ja in liebenswürdiger Weise waltet, das ist etwas, was nicht dem modernen Menschen, dem modernen Bewußtsein entspricht, sondern was eigentlich hineingehört hätte in frühere Entwicklungsepochen. Es bedeutet eine Art Zurückbleiben hinter der normalen Entwicklung des menschlichen Bewußtseins. – *Das moderne Hellsehen ist einfach ein wirkliches Anschauen-Können solcher Bilder, die in einer adäquaten Weise die Wirklichkeiten einer übersinnlichen Welt zum Ausdruck bringen.* Solche Bilder müssen aber vom Menschen selber, und zwar bewußt, mit ausgestaltet werden. Er darf nicht auf eine plötzliche Halluzination warten und dann behaupten: Nun habe ich auch etwas gesehen!

Rudolf Steiner führt aus, daß die meisten Menschen, die vom Hellsehen hörten, leider gar nicht abwarten könnten, bis sie auch einmal den Schwanz eines Elementargeistes gesehen hätten! Das ist nicht das, worauf es ankommt. Worauf es ankommt, ist eine neue Art, sich zu der Wirklichkeit, die immer eine Wirklichkeit übersinnlicher Art ist, in ein Verhältnis zu setzen: in vollem Wachbewußtsein, ja, noch in einem erhöhten Bewußtsein. Und da sagt er nun etwas, was dem von mir hier Vorgebrachten genau entspricht, indem er hervorhebt, daß es in dieser normalen heutigen Lebensweise des Menschen so sei, daß überall an das, was wir beobachteten und anschauten, sich unsere Erlebnisse anknüpften, daß aber für den Schüler, das heiße, für denjenigen, der sich auf die Ausgestaltung eines solchen gestaltenden Denkens verlege, der sich auf den Weg einer solchen Ausbildung begäbe, daß sich für diesen Schüler ergeben könne, daß er solche Erlebnisse bemerke, die *unmittelbar* aufträten, die sich nicht anknüpften an etwas, was – jetzt oder aus der Erinnerung auftauchend – irgendwo einmal angeschaut oder gehört oder bemerkt worden sei auf sinnliche Weise. Es seien solche inneren Erlebnisse da, und nun müsse gestrebt werden danach, diese innerlichen Erlebnisse auszugestalten bis in solche Bilder hinein.

In der gewöhnlichen Welt für das normale Bewußtsein sei es so, sagt er dort, daß sich die Erlebnisse, die Seelenerlebnisse anschlössen an das Angeschaute und Beobachtete. In der übersinnlichen Erkenntnis «*muß es umgekehrt sein*»[61]. Und wo es nicht umgekehrt sei, wo also irgendjemand behaupte, er hätte auch irgendetwas geschaut oder hellgesehen und so weiter, und er hätte dann großartige Gefühle anknüpfen können an das Angeschaute, da handele es sich nicht um diese Ausbildung des gestaltenden Denkens, die für die Zukunft das Wesentliche sei, sondern um irgendeinen herrschenden Atavismus, oder überhaupt um Halluzinationen, Illusionen oder gar um Ankündigungen von irgendwelchen organischen Krankheiten im Menschen.

Und nun wollen wir hier hervorheben: Nicht die Farben sind wirklicher als die Form; sondern die Farben vermögen zu künden von Wirklichkeiten auf eine solche Weise, daß für die Kunde von Wirklichkeiten diese Wirklichkeiten unmittelbar im Innern der Menschenseele als solche erlebt werden. Man nennt das das Untertauchen in die Welt der Farbe, das Sich-Hineinleben in die Welt der Farbe.

Man kann sich ein wenig eine Vorstellung davon machen, wenn man das, was ich eben erläutert habe, mit dem Folgenden vergleicht. Ich stehe hier und drücke auf die Wand und behaupte, die Wand leiste mir Widerstand. Jetzt lasse ich *mir* weg und behaupte, die Wand leiste Widerstand. Ich vergesse aber dabei, daß sie das nur tut, wenn ich darauf drücke. Wer drückt eigentlich auf mich, wenn ich so drücke? Wenn man das ordentlich überlegt, muß man antworten: Ich! Ich erfahre als Gegendruck, was ich als Druck ausübe. Mehr als ich drücke, drückt die Wand niemals – und weniger auch nicht.

Ich werde also eigentlich zurückgeworfen, und nun *erlebe* ich in dem Zurückgeworfenwerden *meine eigene Tätigkeit*. Ich kann nicht weiter, ich werde zurückgeworfen, jetzt erlebe ich *meinen* Druck. Denken Sie, Sie bringen dieselbe Kraftanstrengung hervor, ohne einen Widerstand zu haben. Sie haben gar nicht die Möglichkeit, das zu erleben, was Sie nennen: den Widerstand. Aber der Widerstand kennzeichnet für die normale Auffassung die Wirklichkeit. Das hält man für wirklich, was einem Widerstand leistet. Also, der Stuhl, auf dem Sie sitzen, ist wirklich. Warum? Weil er Ihnen Widerstand leistet. Aber die Wirklichkeit, daß Sie getragen werden, die erleben Sie in sich. Sie erleben nicht die Tatsache, daß der Stuhl Sie trägt, sondern Sie erleben, wie Sie den Stuhl drücken.

So ist es mit der Farbe auch. Sie erleben jetzt also in der Farbe die Wirklichkeit, indem Ihnen zum Bewußtsein kommt, was im Inneren vorgeht bei Ihnen, was Erlebnischarakter hat, wenn Sie eine solche Farbe anschauen. Und nun verstehen Sie vielleicht, warum ich dieses Wort von *Troxler* angeführt habe, das ich Ihnen jetzt noch einmal vorbringen möchte, wo er von den Philosophien spricht, die es bis jetzt eigentlich nur in der Welt gegeben habe:

«Im Grunde kennt die Welt bis jetzt nur zweierlei Philosophien, nämlich die ideale und spiritualistische und die reale und materialistische. Es ist dies gleichsam die *äußere und innere Oberfläche* von dem eigentlichen Innern und die scheinbare Höhe und Tiefe von der wahren, nämlich von der zwischen diesen Äußersten der Natur verborgenen Mitte der Wissenschaft.»

Also: die ideale und spiritualistische auf der einen Seite, die reale und materialistische auf der anderen Seite – aber «es ist dies gleichsam die *äußere und innere Oberfläche* von dem eigentlichen Innern.» Man ist gewohnt, einer äußeren Natur entgegenzutreten, man ist gewohnt zu sagen: Ich habe in meinem Innern irgendetwas über diese äußere Natur erlebt. Und man denkt nicht darüber nach, daß – jetzt will ich mich so ausdrücken – diese Natur auch ein Inneres hat und daß ich mich ja überall, wo ich mich der Natur gegenüber befinde, ihrer *Oberfläche* gegenüber befinde. Die Oberfläche ist aber die Grenze zwischen meinem Innern und dem Innern der Natur, gerade so, wie meine Oberfläche, die meines Antlitzes, oder die Ihres Antlitzes, Grenze ist zwischen Ihrem Inneren und meinem Inneren. Aber unsere beiden Inneren können sich verständigen, wenn sie auf die Oberfläche eingehen. Ich kann ganz gut darauf reagieren, was Sie für ein Gesicht machen, und Sie auch auf das Gesicht, das ich mache. Nun, was sich unmittelbar an der Oberfläche zum Ausdruck bringt, was in dem einen Innern vorgeht, erlebt aber der andere, der die Oberfläche betrachtet, wenn er in seinem Innern widerspiegelt den Ausdruck, den er auf der Oberfläche des Antlitzes gefunden hat. Also ist es ein *Untertauchen* in die Natur, und dieses Untertauchen in die Wirklichkeit der Natur, was auch Goethe gemeint hat, das beginnt eigentlich bei dem Gewahrwerden von dem Charakter des Farbigen als der Außenseite des Inneren als eines Seelischen.

Das Innere der Natur ist ja nicht so ein Inneres, wie der Kern einer Walnuß das Innere einer Schale ist. Das ist ja nicht innen; denn wenn Sie eine Nuß knacken, ist das Innere auch Oberfläche. Aber bei Ihnen gibt es etwas, das bleibt innen, obgleich die Oberfläche Ausdruck dafür sein kann. Ich kann aber nicht mit den Methoden, mit denen ich die Oberfläche studiere, dieses Innere auch studieren. Ich muß an der Oberfläche bleiben, wenn ich den Ausdruck sprechen lassen will. Und wann wird der Ausdruck deutlich? Dann, wenn die scharfen Konturen ausgeformt auftreten. Wann wird die Oberfläche für mich denn so, daß ich sagen kann, sie bringt

Wirklichkeit so zum Ausdruck, daß ich Seelenerlebnisse anschließen kann? Oder, wenn ich Seelenerlebnisse so zum Ausdruck bringe, daß sie in die Welt hinein wirksam sind, so daß man sie gewahr werden kann, was mache ich da? Nun, da tritt für das Gebiet des Auges, für das Gebiet des Sichtbaren die Farbe auf.

Und nun haben Sie vielleicht die Möglichkeit, noch einmal mit anderen Augen zurückzublicken auf das, was ich Ihnen angeführt habe von Plotins Überlieferung über die Ägypter. Ich will es noch einmal verdeutlichen: *Plotin* sagt, jene Ägypter hätten ihre Geheimnisse nicht durch eine Schriftsprache, nicht durch Schriftzeichen mitgeteilt, «sondern sie *zeichnen Bilder* und legen *in den Umrissen* der Bilder die Gedanken nieder, so daß jedes Bild ein Wissens- und Weisheitsinhalt ist, ein Objekt und eine Totalität».

Aber nun denken Sie, was *Bild* heißt, nach dem was wir heute besprochen haben. Wie können Sie wirklich den Charakter des Bildes fassen? Jedes Bild ist Oberfläche. Auf der Leinwand tritt es ja vor uns hin in der Malerei: Tafel, Oberfläche. – Tafelmalerei! – Und wie setzen Sie Formen ein? Sie lassen auf sich wirken die Farben. Jetzt haben Sie beides. Wenn Sie von sich ausgehen und herangehen bis an die Exaktheit der Form, dann kommen Sie bis zum deutlichen Ausdruck. Wenn Sie aber dasjenige nehmen, was in der Farbe wirksam ist, so bekommen Sie die Wirklichkeit. Farben sind da die Elemente der Wirklichkeit, Formen sind die Elemente des genauen Ausdrucks.

Man kann das ja vergleichen mit anderen Gebieten. Nehmen wir zum Beispiel noch zu Hilfe die Sprache. Auch in der Sprache haben wir diese beiden Elemente, die den Farben und den Formen entsprechen. Es sind die Vokale und die Konsonanten. Wann reden Sie exakt, deutlich, verständlich, so daß Sie wirklich zum Ausdruck bringen, was Sie sagen? Dann, wenn Sie Konsonanten überhaupt einmal einsetzen und dann auch einigermaßen deutlich zum Ausdruck bringen. Sonst lallen Sie bloß. Konsonanten sind aber im Prinzip auch wieder nicht sinnlich wahrnehmbar, sie sind auch Grenzerscheinungen.

Allerdings ist dies bei den verschiedenen Völkern verschieden. Einige brauchen die Konsonanten noch wie dicke Balken, die sind noch sehr vokalisch, insbesondere die östlichen Völker. Vielleicht kann jemand von Ihnen russisch sprechen? Das ist ein äußerst klingendes Konsonantenmaterial, die Konsonanten sind alle vokalisch. Das wird ja dann im Don-

Kosaken-Chor ausgenutzt, indem auf Konsonanten gesummt wird. Demgegenüber sind drüben in Frankreich die Konsonanten so scharf, daß sie wirklich nicht gehört werden. Sie stehen da, sie werden gesprochen, aber sie sind nicht zu hören; von dem Franzosen wird eine Endung gesprochen, die nicht zu hören ist. Ich habe mich in Frankreich darüber unterhalten, nachdem man mir hier in Deutschland gesagt hatte, das wäre Unsinn; aber die Franzosen bestätigten, daß es durchaus so sei. Das *t* zum Beispiel am Ende wirkt immer, aber es wird nicht ausgesprochen. Man bemerkt es sofort, wenn das nächste Wort mit einem Vokal beginnt. Weil das «t» dann zwischen zwei Laute eingeschaltet ist, tritt die Grenze in Erscheinung.

Aber nun stellen Sie sich eine Sprache vor, die dieses vokalische Element gar nicht hat. Was würden Sie dann überhaupt noch *erleben* können? Glauben Sie, daß jemand noch betonen könnte, wenn er keine Vokale hätte? Wenn also dieses, was von dem inneren tätigen Hervorbringen eines sinnlich Wahrnehmbaren, einer Wirklichkeit zeugt, wenn das nicht waltete, könnten Sie dann durch die Sprache noch eine Kunde von der Wirklichkeit bekommen?

Die Leute glauben das ja heute, sie glauben, die Zeitung bringe die Kunde von der Wirklichkeit! Und die wird ja auch so gelesen. Man braucht das vielleicht nicht gerade lesen zu nennen: Ist ja auch besser, wenn das nicht gelesen wird. Und es wird ja nicht gelesen: Wer von Ihnen, die die Zeitung lesen, weiß denn noch, was er gestern gelesen hat? Steht doch heute das Gegenteil davon in der Zeitung, aber keiner merkt es. Oder meinetwegen: Wer die Wetterprognosen studiert und ob die Prognose zutrifft: wer weiß denn noch, was da vorher gesagt war? Es denkt doch gar kein Mensch mehr daran, ob das stimmt, was da in der Zeitung stand, es kommt doch gar kein innerlich Wirksames zum Ausdruck, in der Art, wie ich es jetzt meine.

Es haben sich ja dann auf dem sichtbaren Gebiet auch die Vokale und Konsonanten auskristallisiert, übertragen in das sichtbare Gebiet, nämlich da, wo man die Buchstaben hat. Was ist denn das: die Buchstaben? Das sind Bilder. Jeder Buchstabe ist ein Bild. Nämlich, er besteht aus dem, was die Farbe ist, dadurch kündet der Buchstabe davon, daß er überhaupt von jemandem geschrieben wurde. Und außerdem hat der Buchstabe noch eine Form, daher weiß man, welcher es ist. Das Bild wirkt. Überall, wo Sie hinschauen, haben Sie es an der Oberfläche mit diesem Kontakt nach zwei

Seiten hin zu tun. Nicht wahr? Ich kann ja noch einmal sagen: Die Erscheinung der *Farbe* tritt an der Oberfläche auf, führt Sie aber hinein in das Innere – jetzt sagen wir es einmal mit dem Wort – der Materie, der Wirklichkeit der Welt. Die *Form* tritt ein, ist da, wo sie eintritt, zunächst, führt Sie aber dann in Ihre eigene innere Wirklichkeit, die Sie gewahr werden als eine aktive innere Tätigkeit im Denkprozeß selbst.

Was nun heute vorliegt, ist dies, daß man sich darum eigentlich nicht kümmert, sondern, daß man auf der einen Seite meint, diese Farben seien ja doch bloß Erscheinungen, und überhaupt könne man diese ganzen Sinneswahrnehmungen ja nicht gebrauchen, weil das nur subjektive Angelegenheiten seien. In der Naturwissenschaft sind sie mit Absicht eliminiert worden, damit man die Objektivität erreicht, und mit, ich möchte sagen, unabänderlicher Sicherheit hat man eben nichts anderes als eine formale Beschreibung erreicht – und steht nun davor, daß einem die Wirklichkeit aus den Fingern geronnen ist. Das, was von ihr kündet, ist ausgeschaltet; man hat übrig behalten die *abstrakte* Form. Die könnte von der eigenen Aktivität zeugen, wenn eine solche aufgebracht würde. Das ist nicht der Fall. Die Farben, die Sinneswahrnehmungen als solche, hat man herausgebracht aus der physikalischen Weltbetrachtung. Man behauptet also, die Wirklichkeit bestünde aus Strukturen und so weiter, und hat den Bildcharakter der sinnenfälligen Welt aus dem Auge verloren, diesen Schlüsselcharakter dessen, was wir Bild nennen. Das Bild auf der Oberfläche führt den Menschen, der es betrachtet, einmal nach oben, möchte ich sagen, in die Tätigkeit, die er gewahr werden kann, wenn *er* die Formen einsetzt, einmal nach unten in die Tätigkeit, aus der heraus die Welt getan worden ist, indem sie ihrem Inneren Ausdruck verschafft hat.

Nun möchte ich mit Ihnen noch einen kurzen Blick werfen auf einen Vortrag *Rudolf Steiners* über die ‹Praktische Ausbildung des Denkens›.[62] Da wird in ganz einfacher Weise eingegangen darauf, wie man denn das bewerkstelligen könne, allmählich solch eine Fähigkeit des gestaltenden Denkens zu erringen und sich anzueignen. Was soll man eigentlich dafür tun? Man kann sich ja nicht plötzlich dazu entschließen, anfangen zu wollen, im Denken gestaltend tätig zu sein. Man kann sich nicht entschließen dazu zu sagen: Ich will jetzt nun mal erst ein höheres Erlebnis haben, damit ich sehe, was ich daraus machen kann. Was wäre denn da zu tun? Nun, da wird gesagt, was man tun solle, sei, in einer etwas anderen Art als normalerweise zu beobachten lernen, zum Beispiel sich Abend für Abend den Wolkenhimmel in seiner Konfiguration anzuschauen, sich dem intensiv hinzugeben, aufmerksam zu beobachten. Man solle sich das Bild so intensiv, so deutlich wie möglich einprägen. Aber wie prägt man sich ein Bild deutlich ein? Das muß schon so geschehen, daß man es nachzeichnet, dieses Bild. Man muß also versuchen, dieses nicht bloß anzustarren: 'mal sehn, wie das aussieht!, sondern man muß jetzt in seiner inneren Tätigkeit den Konturen folgen, die die Wolken haben. Man muß folgen den Veränderungen der Konturen, die in den Veränderungen der Wolken vor sich gehen. Man muß die Farben, die sich zeigen, verfolgen lernen. Also darf man nicht bloß sagen: Oh, wie wunderbar! Das ist aber schön!, sondern man muß es bis zu diesem inneren Erlebnis bringen, das da auftaucht, und dann später, wenn man sich wieder erinnert, allmählich dazu kommen können, aus dem, was man da erlebt, sich ein solches Bild auch wieder vor die Seele zu stellen.

Das ist eine hingebend nachahmende, getreue Beobachtung, die außerordentlich aktiv sein muß gegenüber der, die man heute aufwendet, wo man dazu erzogen wird, überhaupt nichts mehr zu beobachten. – Man muß sich ja wehren gegen alles dasjenige, was auf den Menschen eindringt: Leuchtreklame, Plakate und so weiter. Dem kann man sich doch nicht hingeben, das ist doch unmöglich. – Aber man kann sich so etwas heraussuchen. Nun sagt Rudolf Steiner, wenn man solche Übungen wirklich anstelle, wenn man jegliches Nachsinnen darüber unterlasse, was nun wohl morgen für Wetter werde, wenn die Wolken so aussähen, oder warum das wohl so sei und woher der Wind komme und so weiter, und wenn man sich statt dessen bemühe, diese *Bilder* – Bilder sage ich, die aus Farbe und Form bestehen, so daß sie nach zwei Seiten hin Schlüsselwirkung haben – diese Bilder wirklich getreu und fest zu schaffen, daß dadurch dann das Denken allmählich geschmeidig, gelenkig werde. Man schaffe es, sich ein anderes Denken heranzuerziehen, wenn man solche Beobachtungen mache.

Goethe hatte ja ein solches geschmeidiges Denken ausgebildet. Er hat in sehr jungen Jahren einen viel zu wenig beachteten Aufsatz über ‹Einfache Nachahmung der Natur, Manier, Stil›[63] geschrieben, in dem er sagt: Eigentlich sei es die Nachahmung, mit der man beginne. Überall müsse man nachahmen in der Natur, um überhaupt etwas zu bemerken von ihrer eigenen inneren Gesetzmäßigkeit. Allmählich komme man durch die Nachahmung dazu, innerlich tätiger und reger zu werden. Dann versuche man seine eigenen inneren Empfindungen und Erlebnisse zum Ausdruck zu bringen. Sie seien aber subjektiver Natur. Man müsse weiter vordringen, man müsse bis dahin vordringen können, wo dasjenige, was innerlich erlebt werde, genau in einer solchen Weise objektiv zum Ausdruck gebracht werden könne wie dasjenige, was dem Menschen als von ihm beobachtete Natur gegenüberstehe. Man komme dann zum Stil. Der Stil «ruht auf den tiefsten Grundfesten der Erkenntnis». Aber eigentlich arbeite die Nachahmung im unmittelbaren Vorhofe des Stils. – Beobachtung in einer besonderen Weise erzieht also die Bildetätigkeit des Menschen.

Es wird sich in den nächsten Tagen noch mehr zeigen, warum wir jetzt gerade auf diese Seite noch eingegangen sind innerhalb der Arbeit über ‹Mythos und Wissenschaft›. Ein wenig andeuten möchte ich noch davon.

In den Bildern, sagen wir in den sprachlichen Bildern, die wir in den Mythen vor uns haben, ist ja dasjenige, worum es sich handelt, durchaus *nicht deutlich* zum Ausdruck gekommen. Aber es ist so zum Ausdruck gebracht, daß es unmittelbar auf unsere Erlebnisfähigkeit zu wirken vermag, selbst da, wo wir nicht verstehen, worum es sich handelt. Es gibt eine Fülle von Menschen, die die Edda zum Beispiel ganz großartig finden, obgleich sie nichts davon verstehen. Und sie haben ein gutes Recht dazu. Anderes auch, zum Beispiel Homers Ilias, wirkt kolossal auf sie, das finden sie großartig. Aber dennoch verstehen sie nichts davon.

Das liegt nicht bloß an ihnen, das liegt auch daran, *wie* solche Sagen und Mythen nun eigentlich ausdrücken, worum es sich handelt. Das geschieht nicht so, daß man mit unserem normalen, gegenwärtigen Bewußtsein das ohne weiteres verstehen könnte, gerade so wenig, wie man verstehen kann, was in der frühmittelalterlichen Zeit in der Plastik so oft auftritt, in romanischen Domen und so weiter, in dämonischen Fratzen und Fabeltieren: das versteht auch kein Mensch, aber es wirkt gewaltig. Ganz unmittelbar hat man seine Erlebnisse, nicht wahr?

Demgegenüber ist in der modernen Naturwissenschaft ja alles *genau,* in den Formeln ist es sehr genau, aber erleben können Sie gar nichts mehr, das ist völlig auseinandergerissen. Das wird ja zugegeben, daß wir die Wirklichkeit, an der sich das Erleben entzündet, die mit dem Erlebnis korrespondiert, daß wir die verloren haben.

Und das ist es, worum es sich handelt, daß man nun die Möglichkeit findet, diese beiden Dinge – und jetzt will ich sie so nennen: *Erlebnis und Gedankenform* – zu *verbinden*. Dasjenige, was durch die ganze Zeit, aus der die Mythen berichten, hindurch als das Bild, wenn ich mich so ausdrücken darf, für das Zentrum des Erleben-Könnens im Menschen gegolten hat, wurde als die Sonne angesehen: entsprechend dem Menschenherzen. Als Bild für dasjenige, an dem die Genauigkeit der Form deutlich in Erscheinung tritt, wurde der Mond angesehen, und zwar insbesondere gerade die Mond*sichel*, dann, *wenn sie verschwindet*. Dann tritt dort die genaue Form auf – aber *in Zusammenhang* mit der Sonne. Die Sonne ist es ja, die mit der Wirklichkeit ihrer Erlebniskraft bis an den Mond heranreicht, sie ist es ja, die die letzte Sichel noch ausformt.

Wir sind auf der einen Seite in dunkle Erlebnisse hinuntergesunken – die schon gelegentlich noch da sind –, aber wir wissen nicht, um was es sich handelt. Ein Erlebenwollen tritt auf, man merkt das im besonderen an der Jugend. Dieser kolossale Drang im Willensleben, sich zu betätigen – bis in das Boogie-Woogie-Tanzen hinein, in das Bewegen der Gliedmaßen – deutet darauf hin, daß da heruntergestaute Erlebniswirklichkeiten nicht zum Bewußtsein kommen. Und auf der anderen Seite haben wir eine vertrocknete Wissenschaft, in der gar nichts mehr zu erleben ist, mit Hilfe derer nur noch irgendwelche Beamtenlaufbahnen einzuschlagen sind. Und es handelt sich nicht darum, das eine oder das andere zu negieren, sondern es handelt sich darum, die Möglichkeit zu schaffen dafür, daß eine solche Verbindung auftritt, daß die Brücke geschaffen wird.

Mythos und Wissenschaft

4. VORTRAG

Verehrte Anwesende und Kommilitonen!
Ich sage immer mit Absicht und Bewußtsein dieses Wort Kommilitonen. Für uns muß dieses Wort eigentlich etwas Besonderes noch zum Ausdruck bringen, noch einen anderen Inhalt bekommen, als es schon hat. Normalerweise versteht man ja darunter den *Mitstreiter*. Nicht wahr, das ist so etwas ähnliches wie Soldat und wirkt nicht ganz zeitgemäß.

Wir haben ja von Einweihungswegen gesprochen, wie sie uns beschrieben sind im Fiölsvinnsmál. In den Mysterien nun, die sehr verbreitet über die Erde hin zu finden sind, also in persischen, griechischen, nordischen Gegenden und so weiter, gab es sieben Einweihungsgrade. Diese sieben Einweihungsgrade hatten folgende Namen: der erste Grad war der des Raben, der zweite war der des Verborgenen oder – wie man mit dem Fremdworte sagte – des Okkulten, der dritte Grad war der des Streiters, der vierte Grad wurde der des Löwen genannt, der fünfte wurde bezeichnet je nach dem betreffenden Volke, in dem eine solche Einweihung vorgenommen wurde. So hieß in Persien zum Beispiel der im fünften Grade Eingeweihte der Perser, bei den Juden hieß er der Israelite. Beispielsweise sprach Christus den Nikodemus an mit den Worten: Du bist ein rechter Israeliter. Das ist nicht bloß einfach so gemeint wie man etwa sagt: Das ist ein Deutscher; die ganze Szene der Begegnung in der Nacht weist ja auch darauf hin. Der sechste Grad war der des Sonnenhelden und der siebente der des Vaters.[64] Und nun ist es so, daß der erste Grad, also der des *Raben*, in jener alten Zeit errungen werden mußte als ein Grad, den eigentlich in unserer unmittelbaren gegenwärtigen Zeit jeder Mensch innehat, der das moderne Wachbewußtsein voll ausgebildet hat. Der Rabe ist derjenige, der mit den Gedanken umzugehen vermag. Vielleicht haben wir die Gelegenheit, über die Raben noch einiges zu sprechen; es gibt in der Edda ein Lied, das heißt ‹Odins Rabenlied›. Sie wissen vielleicht, daß Odin zwei Raben hatte, die ihn begleiteten, die Hugin und Munin genannt werden. Darin sind eigentlich die zwei Gedankenkräfte bezeichnet: einmal die Kraft, die sich unmittelbar gegenwärtig mit dem Gegebenen auseinandersetzt im Denken über sie, und zum anderen Mal diejenige Kraft, die wir betätigen, wenn wir aus der Erinnerung heraus Gedanken gestalten.[65]

Der nächste Grad ist der des *Okkulten,* das ist der Grad, in dem dasjenige, was als ein verborgener höherer Mensch in jedem Menschen waltet, anwesend ist. Es ist der Grad, in dem dies zum Bewußtsein kommt, seine Tätigkeit für den Menschen bewußt zu entfalten beginnt, was aber verborgen ist.

Der dritte Grad des *Streiters* bezeichnet nun jemanden in dieser alten Zeit, der imstande ist, von dem, was er im Verborgenen zunächst erlebt und erfährt, Mitteilung zu machen, Kunde zu geben, so daß es an andere Menschen in irgendeiner Weise weckend herandringt. – Wenn Sie dann also Ihre Aufgabe als Vortrupp einer für unsere Gegenwart kommenden Zukunft ernst nehmen, so liegt vor, daß Sie danach zu streben hätten, *Kommilitonen* zu werden. Aber in diesem Sinne Streiter, Mitstreiter. Das ist ein weiter Weg noch. Aber trotzdem darf ich Sie immer so anreden, weil das gleichsam dann auch eine Art Anruf enthält. Damit möchte ich nur zum Ausdruck gebracht haben, daß diese Anrede nicht bloß traditionell gebraucht ist, sondern daß ich mir etwas dabei denke.

Nun wollen wir heute zunächst einen Blick werfen auf den sechsten Gesang der Äneis von *Vergil.* Ich habe Ihnen ja schon angedeutet, daß man Parallelen bemerken kann zwischen diesem sechsten Gesang und dem Fiölsvinnsmál, wenn man es eben so betrachtet, wie wir es jetzt durchgeführt haben. Anschließend möchte ich dann noch einmal auf das Fiölsvinnsmál zurückkommen, das wir ja noch nicht zu Ende durchgegangen sind, sondern nur bis zum Aussprechen des Mittels, durch welches man durch das Tor der Formen[66] in die Wirklichkeit der übersinnlichen Welt einzudringen vermag.

Nun lassen Sie uns unverzüglich zur Betrachtung des sechsten Gesanges der *Äneis* übergehen. Ich muß natürlich jetzt manches aus diesem Gesang Ihnen vorlesen. Es hat nicht viel Sinn, das zu referieren; denn die Sprache, der Klang, der Rhythmus, alles das gehört ja zu der dichterischen Form dazu, die dafür gewählt ist. Die Eigenart des Ausdrucks für solche Dinge, die hier vorgebracht werden, zu berücksichtigen, ist notwendig, weil man eben dadurch auf ganz anderes aufmerksam wird. Darauf wollte ich gestern hinweisen, als ich Ihnen mitteilte, wie Rudolf Steiner über Haeckel und Goethe spricht.

Man kann noch ganz anderes entdecken, wenn man auf dasjenige achtet, was – in irgendeiner Weise naiv – bei Haeckel mit hindurchklingt, mit hindurchwirkt; man kann anderes entdecken, wenn solche Menschen etwas, wie sie meinen, von ihrem Bewußtsein aus zum Ausdruck bringen in einer geformten Rede oder in einer Schrift. Die Art, *wie* sie sprechen, die Art, *wie* sie irgendetwas durchführen, ob sie malen, ob sie zeichnen – auch im Reden und so weiter – ist bedeutungsvoll. Das muß man mit berücksichtigen.

Ich hoffe, wir werden noch dazu kommen, einmal zu vergleichen, in welcher Art keltische Traditionen von Irland her zum Ausdruck gebracht werden in der Dichtung, also bei Ossian zum Beispiel, wie diese Art noch hindurchwirkt bis in die Übersetzungen im 18. Jahrhundert von Macpherson – der sehr umstritten ist, der aber doch die Art außerordentlich gut getroffen hat –, wie ein ganz anderer Klang, eine ganz andere Farbe, überhaupt viel mehr Farbe in einer solchen Mitteilung waltet als in der Sprache, die in der Edda zu finden ist, wo alles auf Stabreim geht, wo die Konsonanten im Vordergrund stehen, wo eben von vornherein auf die Form in einer ganz anderen Weise gedrungen wird, während in Irland drüben viel mehr die Farbigkeit, das Wogen in Farben und auch in Klängen im Vordergrund steht. Darauf möchte ich später, wenn wir Zeit haben, auch noch ein wenig eingehen. Jetzt sage ich Ihnen das nur, damit Sie verstehen, daß ich Ihnen vieles vorlesen muß aus diesem Gesang. Auch wenn Sie ihn kennen, hören Sie bitte doch zu.

Also, es fährt die Flotte des Äneas nun an die italische Küste von Cumae:[67]

Seewärts kehrt man die Schnäbel, des Ankers packende Zähne
Fesseln das Schiff, es säumen die bauchigen Rümpfe der Barken
Rings das Gestade. Nun springt in feurigem Eifer die Jugend
An Hesperiens Ufer. Ein Teil sucht Funken zu fachen
Aus den Adern der Kiesel, ein andrer durchstöbert des Wildes
Dichte Verstecke im Wald und weist auf verborgene Quellen.
Aber der fromme Äneas erstrebt die Höhen, wo Phoebus
Thront und abgeschieden der schaurig-geheimen Sibylle
Riesige Grotte...

Phoebus Apollon thront auf dem Gipfel des Berges, ist anwesend in dem Tempel; aber außerdem ist dort noch verborgen im Innern die schaurige, dunkle Grotte der Sibylle. Das ist ein Gegensatz von Hoch und Tief, das ist ein Gegensatz von Licht und Finsternis, das ist ein Gegensatz von von außen heranströmendem Licht auf dem Gipfel und vom Innern des Berges in der Grotte verborgenem Dunkel. Weiter heißt es über die Sibylle von Cumae:

> ... Ihr hatte der Seher von Delos erhabnen
> Sinn und Verstand verliehen und ihr die Zukunft erschlossen.
> Trivias Hain erreichen sie schon und den goldenen Tempel.
> Daedalus, geht die Sage, entfloh aus den Reichen des Minos.
> Auf gebreiteten Schwingen sich kühn dem Himmel vertrauend,
> Flog er auf seltsamer Fahrt hinauf zu den frostigen Bären,
> Bis auf chalkidischer Burg er endlich sich schwebend herabließ.

Das ist dort, wo dann der Tempel errichtet wurde.

> Hier erst wieder der Erde geschenkt, hat die rudernden Flügel
> Er dir, Phoebus, geweiht und den riesigen Tempel errichtet.
> ...

Und nun:

> Grad gegenüber entsteigt das Eiland von Knossos dem Meere;
> Hier die greuliche Liebe zu Stier und Pasiphaë, heimlich
> Ihm erlegen, da ist auch Minotaurus, als Zwitter
> Doppelgestaltet geboren, ein Denkmal verworfener Buhlschaft.
> Hier auch das Haus der Mühsal, der unentrinnbare Irrweg.

Also taucht dieser Gegensatz dann noch einmal auf: Auf der einen Seite die Gottheit des Lichtes, der Höhe, auf der anderen Seite der Minotaurus und andere Tiere der Unterwelt. Etwas später heißt es:

> In dem euböischen Fels ist tief eine riesige Grotte
> Eingehauen, sie hat an hundert Gänge und Münder,
> Ebensooft erschallt daraus der Spruch der Sibylle.
> An die Schwelle gelangt, schon rief sie: ‹Fordert die Sprüche
> Schnell. Der Gott, o schauet, der Gott!› Und wie sie am Eingang

Solches rief, da wechselt sie plötzlich Miene und Farbe,
Und es löst sich ihr Haar, schwer keucht ihr Busen, und wilder
Wahnsinn schwellt ihr Herz, sie scheint zu wachsen, die Stimme
Hat nichts Menschliches mehr, der Hauch der begeisternden Gottheit
Dringt schon näher heran: ‹Du säumst mit Gebet und Gelübden,
Troer Äneas›, so ruft sie, ‹du säumst? doch öffnen nicht eher
Sich die weiten Schlünde des schaurigen Hauses.›...

Nun fleht Äneas Phoebus an, daß er ihm doch Auskunft über die Zukunft geben möge, er wolle in Latium landen. Und vor allen Dingen, daß er ihm vergönnen möge, Anchises – den gefallenen Vater des Äneas – in den Gefilden der Seligen aufzusuchen, zu schauen, mit ihm zu sprechen. Er will also eindringen in dieses Reich, in die Gefilde der Seligen, in die geistige Welt, geradeso wie jener Fremdling Svipdagr in dem Liede, das wir betrachtet haben. Die Sibylle wird immer mehr bedrängt von der Gottheit, die von ihrem Inneren Besitz ergreifen will. Es wird wunderbar geschildert, zum Beispiel so:

Aber noch nicht von Phoebus bewältigt, durchraste die Grotte
Wild die Seherin, ob sie den mächtigen Gott aus dem Busen
Schütteln könne; doch plagt er nur um so stärker des Mundes
Schäumen, bezwingt ihr Herz und preßt sie und macht sie gefügig.
Und nun öffnen sich weit des Hauses riesige hundert
Spalten von selbst und entsenden den Lüften der Seherin Antwort:
‹O, der du endlich die schweren Gefahren des Meeres bestanden,
Schwereres wartet noch deiner zu Land.›...

Erinnern Sie sich an das, was wir bei Groa gehört haben: Wenn auch das Meer wilder tost als Menschen gewohnt sind, Schwereres noch steht dir bevor! – Dann heißt es etwas später aus dem Munde der Sibylle:

‹Weiche der Drangsal nicht, nein, geh ihr noch kühner entgegen,
Wo es dein Schicksal erlaubt. Den Weg zu endlicher Rettung,
Was du am wenigsten wähnst, wird eine Griechenstadt weisen.›

Ich weiß nicht, ob Sie sich nicht wieder an das erinnern, was ich Ihnen aus ‹Groas Erweckung› vorgelesen habe? Ich meine die Stelle, wo Svipdagr dem Schicksal folgen muß und ihm gesagt wird: Nicht ist da Gefahr, wo du Gefahr wähnst. Untergang ist dort nicht. Geh trotzdem! – Weiter heißt es bei Vergil:

Also aus heiliger Tiefe ertönt der Sibylle von Cumae
Rätselvoll-schauriger Spruch und brüllt aus dem Innern der Grotte
Wahres, dunkel verschleiert; so stachelt Phoebus Apollo
Der Verzückten das Herz und treibt sie mit peitschenden Zügeln.
Als die Wut aber wich und das Rasen zur Ruhe gekommen,
Da begann Äneas, der Held: ‹Nicht eines der Leiden
Zeigt mir ein neues Gesicht und kommt mir wider Erwarten.
Alles bedachte ich schon und erwog es schon früher im Herzen.
Eines nur fleh ich: weil hier das Tor des Fürsten der Tiefe,
Wie man erzählt, und finster ein Sumpf, des Acheron Rückstand,
O, so sei mir vergönnt, dem Blick und der Stimme des teuren
Vaters zu nahen: so weise den Weg zu dem heiligen Eingang.›

Und dann sagt etwas später Äneas:

‹Hat doch auch Orpheus vermocht, den Geist der Gattin zu holen,
Seinem thrazischen Spiel und dem Klang seiner Leier vertrauend;
Konnte durch wechselnden Tod doch Pollux den Bruder erlösen
Und immer wieder den Weg vollenden. Was soll ich des Theseus,
Was des Alkiden gedenken? Auch ich bin Jupiters Enkel.›

Wie wir bei der Frage nach der Abstammung: «Wer bist du?» gesehen haben, wird im Fiölsvinnsmál Svipdagrs Abstammung zurückgeführt durch die Elemente hindurch auf die Tatsache, daß es sich um einen Göttersohn handelt. Hier heißt es: «Auch ich bin Jupiters Enkel!»

Also flehte er laut und klammerte sich am Altare,
Als die Seherin so begann: ‹Du Same der Götter,
Troer, Anchises Sohn, leicht geht es hinab zum Avernus,
Nachts wie tags steht offen die Pforte des finsteren Gottes.›

Jetzt erinnern Sie sich an die Frage des Fremdlings: Kann wiederkehren, wer sich vermißt, die Rute zu rauben, kann der lebend wiederkehren? Kann der überhaupt am Leben bleiben, der an das Tor des Todes gehen will, um die Rute zu rauben? Hier heißt es: Leicht ist es, an das Tor zu kommen. Es ist nämlich das Tor des Todes: das steht immer offen, nachts wie tags. Sterben kann man immer.

‹Aber den Schritt zu wenden und wieder zum Lichte zu steigen,
Das macht Mühe und Not. Nur wenige, die sich der Gnade
Jupiters freuten, die feurig ihr Adel zum Äther erhoben,
Haben es, Götterentsprossene, vermocht...›

Wenn Sie sich erinnern: im Fiölsvinnsmál wird der Vater der Sonnenentsprossene genannt (Fv 47).

‹... Von Wäldern ist alles
Voll und ringsumflossen vom dunklen Strom des Kokytus.
Doch ist dein Sehnen so heiß, so glühend deine Begierde, ...›

Im Grogaldr heißt es:

Lang ist die Fahrt, Gr 4
weit ist der Weg,
weit reicht des Menschen Sehnen.

‹Doch ist dein Sehnen so heiß, so glühend deine Begierde,
Zweimal die stygischen Wasser zu kreuzen, des Tartarus Dunkel
Zweimal zu schauen, und reizt dich wirklich solch törichter Wahnsinn,›

«*Zweimal* schauen»? Zunächst durch den Tartarus hindurch, wie wenn man durch den Tod hindurch geht in die Gefilde der Seligen heißt *einmal* schauen; dann wieder umzukehren, wieder zurück zu den Lebenden, heißt *zweimal* zu schauen.

‹Doch ist dein Sehnen so heiß, ...
Höre, was erst zu tun: es sproßt an beschattetem Baume
Golden ein *Zweig* und golden sind Blätter und biegsame Gerte,
Und der *Unterweltsjuno* ist er geheiligt. ...›

Die Unterweltsjuno ist Proserpina. Ich habe Ihnen gestern gesagt, daß Proserpina den Namen «die Halsbandsgöttin» trägt. Sie haben gehört, Menglada heißt eigentlich: die Halsbandsgöttin, die Halsbandsfrohe.

‹... Es deckt ihn
Rings ein Hain und ihn bergen die Schatten finsterer Täler.

Eher nicht ist es gewährt, in das Dunkel der Erde zu dringen,
Als sich einer vom Baum gepflückt den goldenen Schößling.
Ihn verlangt die schöne Proserpina als ihr erkornes
Ehrengeschenk. Nie fehlt nach seiner Entfernung ein andrer
Goldener Zweig, und ein Ast belaubt sich metallen wie jener.
Also schau in die Höh, und wenn du den Schößling gefunden,
Brich ihn dann *richtig,* so wird er leicht und willig dir folgen,
Wenn du vom *Schicksal* berufen; wenn nicht, so kannst du mit keiner
Kraft ihn brechen, auch mit dem schärfsten Schwert ihn nicht abhaun.›

Ich denke, daß Sie schon jetzt über diese Parallelen erstaunt sind. Ein moderner Philologe würde wohl an dieser Stelle bereits auf die Idee kommen: Der eine hat vom andern abgeschrieben! Sollte nicht die Äneis dem Dichter vorgelegen haben, der dann im Mittelalter noch so ein Gedicht in die Edda hineingeheimnißt hat? Außerdem hat man ja oftmals zum Ausdruck gebracht, daß das Fiölsvinnsmál jüngeren Datums sei[68]. Allerdings steht dem gegenüber, daß ebensoviele Forscher gesagt haben, sie sei älteren Datums.[69] Aber wenn man auf eine solche Weise vorgeht, immer gleich zu denken, einer habe wohl abgeschrieben – dann gäbe es in der Welt überhaupt nichts Originales mehr! Das ist die merkwürdige Anschauung einer Zeit, in der es eben im Innern steif wird. Man kann sich gar nicht mehr denken, wenn ähnliche verwandte Dinge in ganz verschiedenen Gegenden der Erde von ganz verschiedenen Menschen geäußert werden, daß sie dann aus den gleichen wirklichen Erlebnisquellen kommen und *deswegen* verwandt sind. Man glaubt immer, das werde von außen übernommen und abgeschrieben.

Daher entspringt auch die merkwürdige Sucht, originell zu sein. Ich will es hier einmal aussprechen: Sie können fest überzeugt davon sein, daß eine ganze Reihe bedeutender moderner Philosophen und Wissenschaftler deswegen nichts von Anthroposophie wissen wollen, weil sie fürchten, ihre Originalität zu verlieren. Sie kennen die Anthroposophie oftmals sehr genau und lassen auch manches hier und da, ohne daß eine böse Absicht vorliegt, mit einfließen, wie es ja ganz selbstverständlich ist. Aber sie fürchten dann, ihre Originalität zu verlieren. Und nun denken Sie, wie das bei Goethe war. Er war ja ein Original, er war so originell wie kaum ein anderer. Er hat einmal auf die Frage, wie er das bewerkstelligt habe, ein solches Original zu werden, geantwortet, er habe sich seine Originalität etwas kosten lassen. Er habe für seine Bibliothek über eine Million ausgegeben![70] Nicht wahr, das heißt: Er hat keine Angst gehabt, seine Originalität zu verlieren. Er *hat* sie auch nicht verloren, er *war* eben jemand. Und er hat doch dasjenige, wie er ja gesagt hat, was alt war, *neu* herausgebracht. Er hat ausgerufen: «Das alte Wahre, faß' es an!»[71] Oder er hat an Knebel in einem Brief geschrieben: Wenn ich jünger wäre und Zeit hätte, wäre ich versucht, «eine Reise nach Indien zu machen, nicht um Neues zu entdecken, sondern um das Entdeckte nach meiner Art anzusehen».[72] Das wäre ganz gewiß originell geworden.

Dieses Ansinnen wollen wir also ein wenig beiseite schieben, nämlich uns mit der Frage zu beschäftigen: Sollte man nun nicht herausfinden, ob der nordische Dichter abgeschrieben hat?; stattdessen wollen wir die überraschende Parallele ganz bewußt auffassen als einen Ausdruck, der an ganz verschiedenen Orten von gleichen Quellen kommt, der also davon kündet, daß die Mysterien Wirklichkeiten waren und daß die Menschen solche Dinge wirklich erfahren und durchgemacht haben.

Nun entläßt die Seherin den Äneas, indem sie kurz noch etwas anfügt. Sie spricht die Weisung aus, er solle den Zweig *richtig* brechen, und fügt hinzu:

‹Ferner noch liegt entseelt dir da der Leib eines Freundes.
Wehe, du weißt es noch nicht! Die Leiche entweiht deine Flotte,
Während du Rat erbittest und hier auf der Schwelle verweilest.
Bette ihn erst zur Ruh und birg ihn in würdigem Grabe,
Opfre dann schwarze Schafe, das diene vor allem zur Sühne.
Dann erst hoffe die Haine der Styx und die Reiche zu schauen,
Wo kein Lebender wandelt.› Und dann verschloß sie die Lippen.

Für Äneas ist das rätselhafte Kunde, er versteht zunächst nicht, um was es sich handelt. Er sinnt und brütet, begibt sich zur Flotte zurück:

...Doch als sie zum Ufer gekommen,
Sahen sie dort den Misenus in kläglichem Tod verblichen,
Äolus' Sohn Misenus, der besser als alle verstanden,
Männer mit ehernem Schall der Tuba zum Kampfe zu rufen.

Es bewahrheitet sich sofort dieser letzte Ausspruch der Seherin. Nun unternehmen sie gemeinsam, den verstorbenen Freund zu bestatten:

Aber Äneas zumeist, und unverzüglich befolgen
Tränend sie der Sibylle Gebot und schleppen nun Bäume
Her zum Grabaltar und türmen ihn weit in den Himmel.
Hoch in den Urwald gehts, des Wildes geheime Behausung;
Kiefern stürzen zu Boden, vom Axtschlag krachen die Eichen.
Eschene Stämme zerspaltet der Keil zu Balken, und Kloben
Werden gehauen, man wälzt gewaltige Ulmen vom Berge.
Allen voran nimmt teil an solcher Arbeit Äneas,
Treibt die Freunde und rüstet sich selbst mit den gleichen Geräten.
Als er jetzt aber gewahrte, wie weit die Wälder sich dehnten,
Überlegte er dies voll Trauer und betete also:
‹Zeigte sich doch mir jetzt der *goldene Zweig* an dem Baume
Hier in dem weiten Gehölz, dieweil ja alles nach Wahrheit
– O nur zu sehr – von dir, Misenus, die Seherin kundtat!›
Kaum war dieses gesagt, als gleich zwei flüchtige Tauben
Dicht vor den Augen des Helden sich niederließen vom Himmel
Auf das grüne Gefilde. Der große Äneas erkannte
Gleich die *Vögel der Mutter* und betete freudigen Herzens:
‹O, wenn irgendein Weg, so seid meine Führer und zeigt mir
Jetzt im Fluge die Spur, wo im Walde der üppige Goldzweig
Nährenden Boden beschattet. Und, *göttliche Mutter,* verlaß mich
Nicht in so schwieriger Not.›...

Es lautete ja in dem Grogaldr der entsprechende Spruch Groas: Dir wird nichts geschehn, wenn du dem Worte der Mutter gedenkst. Vergil schildert nun weiter Äneas Suche nach dem goldenen Zweig:

...So rief er und hemmte die Schritte,
Achtsam die Zeichen des Fluges und seine Richtung zu deuten.
Nahrung suchend, flogen die beiden Tauben nicht weiter
Als mit scharfen Augen Äneas zu folgen vermochte.
Wie sie jedoch zum Schlund und dem Dunst des Avernus gekommen,
Flogen sie rasch empor und glitten durch leichtere Lüfte
Dann zu erwünschter Ruhe auf den Wipfel des *doppelt belaubten*

Baumes, wo goldenschimmernd ein *Hauch* von den Zweigen sich abhob.
Wie im frostigen Winter zuweilen im Walde die *Mistel*
Grünt mit frischem Laub, doch nicht aus dem Samen des Baumes,
Und mit gelbem Gezweig die runden Äste umklammert,
So war des goldenen Zweiges Gebilde auf schattiger Eiche,
Und *so* klirrten im Winde die dünnen, goldenen Blätter.
Rasch ergreift Äneas den Zweig und, ob er auch haftet,
Bricht er begierig ihn ab und trägt ihn zum Haus der Sibylle.

Man möchte bei diesem Wort vom «doppelt belaubten Baum» ja an den Ginkgo Biloba denken. Aber der ist nicht gemeint, sondern es ist die Eiche gemeint, auf der die Mistel wächst. Das ist ‹zweierlei Laub›.[73] Nun ist ja *sehr fraglich,* ob die Mistel wirklich gemeint ist, oder nicht; denn es wird – was sehr gut übersetzt ist – ja hier gesagt: Dann setzt sich die Taube nieder zu erwünschter Ruh auf den Wipfel des doppelt belaubten Baumes, wo golden schimmernd ein *Hauch* von den Zweigen sich abhob, *wie* im frostigen Winter zuweilen *die Mistel* grünt mit frischem Laub, nicht aus dem Samen des Baumes. *Ein heller Hauch hebt sich von den Zweigen, golden schimmernd wie die Mistel im Winter. Nicht* heißt es hier, *die Mistel war zu sehen.* So *wie* die Mistel sich abhebt vom Zweig, so hebt sich ab auch *die Sichel des Mondes;* sie ist *wie* das Laub der Mistel golden schimmernd.

Er haftet, der Zweig. «Ob er auch haftet, bricht er begierig ihn ab und trägt ihn zum Haus der Sibylle». Ich möchte so konkret wie möglich auf diese Dinge eingehen, weil wir es ja nicht bloß kennen, sondern können lernen wollen. Gestern nachmittag[74] habe ich Ihnen die Formen der Dreiecke an die Tafel gemalt. Sie haben versucht, die Formen «abzubrechen», und doch schien es Ihnen, als ob sie gehaftet hätten. Wir haben uns ja darüber gestritten, ob der Gegenstand die Form auch noch hätte, wenn Sie sie denken oder nicht. Darauf wird hier gewiesen: Wenn man auf die Sichel schaut und wirklich dazu kommt, eine solche Form hervorzubringen, dann *hat* man sie, weil man die Wirklichkeit *des Hervorbringens* hat. Dann kann man sich wenden und kann, wenn auch in der Vorstellung, sie wieder hervorbringen, *man kann die Form erzeugen.* Man hat den Ast gebrochen, aber trotzdem haftet er. Der Mond bleibt am Himmel, und das geformte Dreieck bleibt auf der Tafel. Um das Problem handelt es sich.

Nun lasse ich wieder einiges aus. Äneas hat nun den Zweig, geht zur Sibylle, und dann machen sie sich auf den Weg:

Aber siehe, als hell die frühe Sonne emporstieg...

Das andere geschah also vor Sonnenaufgang – wo ja der Mond zu scheinen pflegt, nicht wahr?

...Brüllte unter dem Fuße der Boden, die waldigen Höhen
Bebten, und Hundegeheul schien durch die Schatten zu tönen
Bei dem Nahen der Göttin. ‹Fort, Ungeweihte, von dannen!›
Ruft die Seherin laut, ‹entweicht aus dem heiligen Haine!
Du nur wandle den Weg und *zieh das Schwert aus der Scheide.*
Jetzt, Äneas, bedarfst du des Mutes und eisernen Herzens.›
Dies nur rief sie verzückt und stürzt in die klaffende Grotte;
Aber Äneas bleibt der Führerin furchtlos zur Seite.
...
Beide, von einsamer Nacht verborgen, durchwandern den Schatten
Durch die verödeten Sitze des Dis, die leblosen Reiche:
Wie beim spärlichen Schein des matten *Mondes* die Straße
Durch die Wälder zieht, wenn Jupiter wolkig den Himmel
Trübt und dunkel die Nacht den Dingen die Farbe genommen....

Nun übergehe ich wieder einiges:

Jetzt beginnt der Weg zu Acherons Flut in den Orkus.
Trüb von Moder und Schmutz und gurgelnd in schrecklichem Strudel
Brandet er auf und speit den ganzen Schaum zum Kokytus.
Diese Gewässer und Flüsse betreut der entsetzliche Fährmann
Charon, bedeckt mit Schmutz, sein Kinn umflattert ein grauer,
Ganz verwilderter Bart, er starrt mit glühenden Augen,
Und um die Schultern geknotet umhängt ihn ein garstiger Umwurf.

Was ist das für ein Ungetüm? – Jetzt kommt Äneas mit seiner Führerin, der cumaeischen Sibylle, an den Fluß, wo der Ferge waltet, und da heißt es:

Als von der stygischen Flut der Ferge die beiden bemerkte,
Wie sie den schweigenden Hain durchziehn und dem Ufer sich nähern
Fährt er sie heftig an, und gleich beginnt er zu schelten:

‹Wer du auch bist, der bewaffnet zu unserem Wasser herankommt,
Rede, warum du kommst; bleib stehen und hemme die Schritte!
Hier ist das Reich der Schatten, der müden Nacht und des Schlafes
Lebende ist mir verwehrt, auf stygischem Nachen zu fahren.
Freude brachte mirs nicht, daß einst, als Herkules nahte,
Ich ihn übersetzt, den Pirithous auch und den Theseus,
Wenn sie auch götterentstammt und von unbezwinglicher Stärke.›
...
Drauf erwiderte kurz die amphrysische Seherin also:
‹Nun, solch Anschlag droht hier nicht, drum banne die Sorge,
Fürchte nicht Waffengewalt. Mag weiter ewig der grause
Wächter die Grotte durchkläffen und blutlose Schatten erschrecken,
Mag Proserpina züchtig des Oheims Schwelle bewahren.
Aber der Troer Äneas, der groß an Tugend und Taten,
Steigt zum Vater hinab in des Erebus unterste Schatten.
Rührt dich auch nur schwerlich der Anblick so frommer Gesinnung,
Nun, *so schaue den Zweig.*› Und *den im Gewande verborgnen*
Zweig enthüllt sie. Da wich des Fergen kochender Ingrimm.
Weiter kein Wort, und jener erstaunt ob des *hehren Geschenkes,*
Des so lange nicht mehr erblickten *bedeutsamen Zweiges,*
Wendet den bläulichen Kahn und kehrt zurück an das Ufer.
Alle die Seelen, die dort auf Bänken saßen in Menge,
Scheucht er von dannen, macht frei die Gänge und nimmt in die Fähre
Den gewalt'gen Äneas; es ächzt des Nachens Gefüge
Unter der Last und saugt viel Schlamm hinein in die Ritzen.
Endlich setzt er den Mann und die Seherin jenseits des Stromes
Wohlbehalten ans Ufer in Schlamm und schillerndes Röhricht.

Nun durchwandern sie den Orkus, und es wird vieles berichtet über Begegnungen, die Äneas dort hat, über die wir jetzt nicht sprechen wollen. Dann aber kommen sie zu den Gefilden der Seligen durch den Tartarus hindurch.

Umschau hielt Äneas, und plötzlich links auf dem Felsen
Sah er die breite Burg, umgeben von dreifacher Mauer,
Wo des Tartarus Strom, wo Phlegeton, rauschend in wilden
Flammenwirbeln sich windet und donnernd Felsen dahinwälzt.

Vorn ein gewaltiges Tor mit harten, stählernen Säulen,
Das keine Menschenkraft, auch nicht der Unsterblichen Anlauf,
Sprengen könnte....

Davon ist ja auch im Fiölsvinnsmál die Rede, daß, wenn das Tor nicht von den Göttern geöffnet wird, niemand es zu sprengen vermag. Ich möchte Ihnen das vorlesen, im Hinblick auf das, was Sie eben gehört haben. In der 9. Strophe fragt der

FREMDLING: Wie heißt die Pforte,
nie sahen Menschen so wundersame Kunst? Fv 9

HÜTER: Man heißt sie Donnerschall.
Sie haben die drei Söhne
Des blinden Hödur einst gemacht,
Und jeden wird sie ganz zerschmettern,
Der sie erbrechen will. Fv 10

Und als Äneas und die Sibylle dann durch dieses Tor kommen:

...Wieder begann die greise Prophetin des Phoebus:
‹Nun aber auf und schreite dahin und vollführe den Auftrag;
Eilen wir›, rief sie, ‹schon seh ich die Mauern, die die Kyklopen
In ihrer Esse geschmiedet, und auch des Tores Gewölbe,
Wo uns ein hohes Gebot befiehlt, die Gabe zu reichen.›
Sprachs, und beide zugleich durchschreiten die düsteren Pfade,
Eilen den Weg voran und sind schon nahe den Pforten.
Und zum Eingang gelangt, besprengt Äneas mit frischem
Wasser den Leib und *heftet den Zweig gleich vorn an die Schwelle.*
Erst als dieses vollbracht und der Göttin die Gabe gespendet,
Kamen sie zu den Gefilden der Wonne und lieblichen Auen.

An diese Schwelle, gleich vorn an die *Schwelle* wird der Zweig geheftet. Wenn wir das auf unsere gegenwärtige Situation beziehen, so bedeutet es, daß wir die Möglicheit finden können, mit diesem Zweig, den wir jetzt als Tätigkeit auffassen, wie sie im gestaltenden Denken waltet, mit diesem Zweig gerade begegnen zu können der Oberfläche; und zwar der Oberfläche, mit der uns das verborgene Innere begegnet. Es bedeutet, haltzumachen vor der Oberfläche, dessen eingedenk zu sein, daß wir mit unseren

Gedanken, wenn wir die reine Form ausbilden, gerade die Grenze erreichen und so «gleich vorn an die Schwelle den Zweig heften». Nicht etwa sie durchstoßen wollen, nicht etwa vor ihr zurückbleiben wollen dürfen wir, sondern wir müssen gerade nur diese Grenze berühren; so wie mit dem Zauberstab ein Tor berührt wird, das sich dann öffnet. Das Bild des Zauberstabes ist geradezu genommen aus solchen Zusammenhängen. Es ist das eigentlich der Zauberstab, mit dem man, wenn man ihn so handhabt, daß man mit ihm die Grenze erreicht, bewirkt, daß man durch die Grenze hindurch in die Wirklichkeit eindringen kann.

Wie gesagt, *Goethe* wußte darum. Ich habe Ihnen sein Gedicht über die Form des Schädels vorgelesen, wo an einer Stelle ja ganz deutlich das Gewahrwerden der Form wie die Handhabung eines Zauberstabes beschrieben wird. Aber auch *Novalis* wußte darum. Er hat in seinen Fragmenten vieles über den Zauberstab ausgesagt. Einmal notiert er: «Alles ist Zauberei oder nichts. ... Alle geistige Berührung gleicht der Berührung eines Zauberstabs».[75] Wenn man ihn nur richtig vermag zu handhaben!

Nun kommen sie also in dieses Reich, und es wird dem Äneas manche Kunde gegeben über diese höhere Welt, diese göttliche Welt, in der der verstorbene Vater weilt, eben durch seinen Vater Anchises. Er spricht mit ihm. Und am Schluß wird er dann aus dieser Welt wieder entlassen durch eine Pforte:

Unter solchen Gesprächen geleitet Anchises Äneas
Und die Sibylle und sendet sie fort durch die Elfenbeinpforte.
Rasch zur Flotte enteilte der Held und fand die Gefährten,
Dann dem Gestade entlang erreicht er den Hafen Cajeta.
Vorn sinkt der Anker herab, und es liegen die Kiele am Ufer.

Ich denke, die Sache spricht für sich selbst. Wenn Sie gestern der Betrachtung des Fiölsvinnsmáls gefolgt sind, dann können Sie wohl nicht umhin, anzuerkennen, daß da von der gleichen Wirklichkeit die Rede ist wie hier bei dem sechsten Gesang der Äneis.

Nun wollen wir direkt auf das, was im Fiölsvinnsmál vorliegt, weiter eingehen. Wir haben das Lied bereits verfolgt bis zu jener Strophe, die ja lautet:

HÜTER: Die blinkende Sichel Fv 30
Birg *du* in der Brust,
Die im Schweife des Hahnes verschwindet,
Gib du sie der Göttin,
So läßt sie gern
Deinem Herzen die Rute entkeimen.

Jetzt fahren wir fort:

FREMDLING: Verkünde mir, Fiölswidr, Fv 31
Was ich dich fragen will
Und wissen muß:
Wie heißt der Saal,
Der umzogen ist
Weise von Waberlohe?

Also, das ist, wie Sie sehen, das, was in der Äneis die ‹Gefilde der Seligen› genannt wird.

HÜTER: Der Hohe wird er genannt, Fv 32
Mit den Zweigen des Baumes
Über schwertscharfer Spitze
Des Berges sich wölbend;
Vom Innern des Saales
Kann Kunde nur kommen
Durch einen Geweihten.

Lebende im Sinne der Äneis werden dort nicht eingelassen, sondern solche, die das Tor des Todes durchschreiten *und* wieder in das Land der Lebenden zurückzukehren vermögen.

FREMDLING: Verkünde mir, Fiölswidr, Fv 33
Was ich dich fragen will
Und wissen muß:
Wer bildet,
Was *vor* der Brüstung erscheint
Dort unter den Asensöhnen?

Wer hat die Welt gebildet? Wer hat das in Formen gebracht, was mir so entgegentritt, daß ich meine, es sei die sichtbare Welt? Ich hoffe, daß Sie unsere gegenwärtigen Fragen anklingen hören dabei. – Wenn wir die Form schon betrachtet haben, können wir sie auch – wie ich schon sagte – nachziehen. Das Nachziehen bedeutet aber nicht, daß Sie die Formen nachziehen, die Sie auf der Tafel sehen, sondern daß Sie den *Akt,* den ich vollzogen habe, als ich es anzeichnete, wiederholen, im Nachziehen wiederholen. *Den* ziehen Sie nach. Das habe ich Ihnen gestern gesagt, und wir haben uns darüber unterhalten. Das können Sie zugeben, denn Sie haben mich gesehen, wie ich die Form gezogen habe. Sie haben gesehen, daß das ein Akt war. Wenn Sie aber der Welt begegnen, und vor allen Dingen in der heutigen Bewußtseinslage, dann ist die Welt fertig, sie steht vor Ihnen. Sie ist auf einmal da, und Sie haben nichts mitbekommen davon, wie sie entstanden ist. Daß sie entstanden ist, schließen Sie bloß. Es muß sich doch die Frage erheben: Ja, wenn ich das verfolgen und zugeben kann, daß du diese Formen gemacht hast, wer hat sie denn in die Welt gebracht? Hat da auch ein gestaltendes Denken vorgelegen? Wie sind sie in die Welt gekommen? Wer bildet, was vor der Brüstung – also in dieser Welt, in der die Menschen leben – erscheint dort unter den Asensöhnen?

HÜTER: Uni und Iri, Fv 34
Bari und Ori,
Warr und Wegdrasill,
Dorri und Uri,
Dellingr und Atwardr,
Lidskjalfr und Loki.

Es ist vielleicht nötig, das einmal deutlicher zu notieren. Ich will Ihnen dann dazuschreiben, was diese Namen bedeuten. Man muß nur übersetzen sechs Paare von Gegensätzen.

Uni – Welle
Iri – Windhauch

Welle ist dasjenige, über das der Windhauch fährt, wenn das Irisieren zustande kommt. Ich habe Ihnen ja hingedeutet auf den Regenbogen wegen seiner Flüchtigkeit, ein Bild der Iris. Sie kommen zusammen, um eine Erscheinung zu bewirken. Wer hat das gemacht, was in der Welt erscheint? Windhauch und Welle läßt das Irisieren erscheinen.

Bari – Nadel (Fessel, Faden, Schnur)
Ori – Ohr, Öhr

Der Gegensatz von Außen und Innen, von Einfassen und Ausfüllen, von Form und Inhalt wird hier bezeichnet. Wenn Sie irgendetwas *darstellen* wollen, wenn Sie sagen, das ist *etwas* – dann haben Sie immer das, was sich auf Nadel und Öhr bezieht. Wir haben gestern gefragt nach dem Begriff. Was ist ein Begriff? Ist der Begriff die Fassung? Was ist der Inhalt des Begriffes? Fassung und Inhalt, das ist das zweite Gegensatzpaar.

Warr – Last
Wegdrasil – Träger

Last und Träger, das ist das, was drückt und das, was trägt. Damals hat man nicht gemeint, daß alles durch Gravitation zustande käme. Da hat man damit gerechnet, daß es auch eine Kraft gibt, die entgegengesetzt wirkt wie die Gravitation, nämlich die Aufrichtekraft im Menschen, das ist die Trägerkraft. Die hat man auch überall mit erlebt. Eine sehr schöne Sache, die ich auch schon oftmals zum Ausdruck gebracht habe, hat der Dichter Coleridge angeführt: Newton hat sehr schön uns erklärt, wie es kommt, daß die Äpfel vom Baum auf die Erde fallen, nämlich durch die Gravitation. Leider hat er nichts darüber gesagt, wie sie da hinaufgekommen sind! Das ist das dritte Gegensatzpaar. Das vierte heißt:

Dorri – trocken
Uri – naß

Also, Meer und Land zum Beispiel.

Dellingr – Helligkeit
Atwardr – Finsternis

Und hier die äußersten Gegensätze:

Lidskjalfr – Eis
Loki – Feuer

Höchste Erstarrung und höchste Lebendigkeit. Lidskjalfr – skjalfr, das ist das Wort, was auch in Skalp steckt, Schädeldecke. Das ist der Eisberg, ist der Berg, wo die Gedanken erstarren. Und sonst ist es der Hochsitz Odins,

der Fußboden gewissermaßen der göttlichen Welt, in welcher dieses wärmende innere Feuer wohnt. Aber dieses Feuer kann auch zum Feuer der Leidenschaft werden.
Gegensätze haben die Welt zur Erscheinung gebracht, einander Entgegenwirkendes. Überall da, wo Entgegenwirkendes auftritt, entstehen Grenzen. Und dadurch, daß Grenzen entstehen, entstehen Bilder. So ist durch diese sechs Paar Gegensätze die Welt gebildet. Denken Sie jetzt meinetwegen nur an den einen Gegensatz: schwarz – weiß. Ist eine schwarz-weiße Fläche gebildet? Ja. Wie kommen Sie darauf, daß sie gebildet ist? Weil Sie die Möglichkeit haben, die Form einzusetzen. Wodurch ist das denn gekommen? Nur dadurch, daß Gegensätze einander begegnen. Daß sich die Gegensätze grenzen, dadurch tritt eine geordnete Welt des sinnlich Wahrnehmbaren vor Ihnen auf; und Sie haben die Möglichkeit, wenn Sie Ihre Gedanken betätigen, eine sichtbare Welt zu erkennen. Ebenso ist es bei allen anderen hier: Welle – Windhauch, und so weiter.

Wenn Sie nun einmal versuchten, noch andere Gegenstände in der Welt herauszufinden, Sie würden keine mehr finden. *Alle Gegensätze in der Welt lassen sich auf diese zurückführen.* Das ist eigentlich allumfassend. Man kann es noch in einem Bilde sich ordnen, und das würde so aussehen:

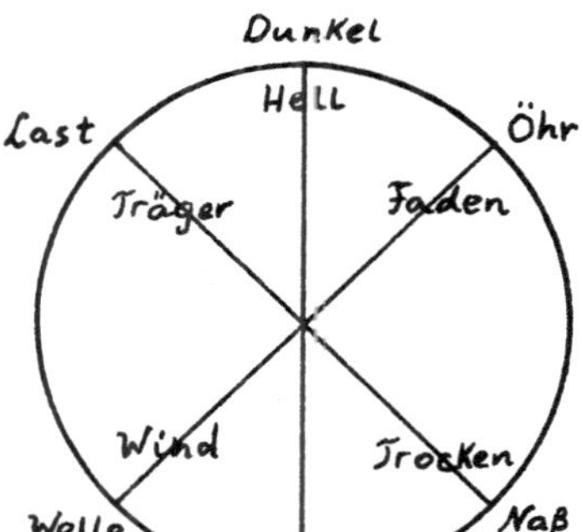

Wenn wir das verbinden, dann haben wir die Hagalrune, die Rune, die das All bildet. Das wird Ihnen vielleicht etwas merkwürdig erscheinen, aber es ist dazu da, daß man eine Übersicht gewinnt. Ich kann natürlich in der kurzen Zeit nicht etwa den Anspruch erheben, alles erschöpfend zu behandeln. Betrachten Sie das als eine Anregung.

Aus dem Inneren heraus – Mimameidr – wird gebildet nach allen Seiten; und es entsteht die Welt dadurch, daß Innen und Außen zusammen bilden und sich treffen. *Was* aber nun Innen und Außen, gewissermaßen von innen herum und von außen herum, *sich* begegnet als Wirklichkeit, das offenbart *sich* erst sprechend an der Oberfläche selbst, wo die Begegnungen in Gegensätzen stattfinden. Taucht man in die Wirklichkeiten einseitig unter, so kann man sie zwar erleben;

je tiefer man aber untertaucht und einseitig in dem Untertauchen verharrt, desto intensivere Erlebnisse mag man haben, desto verschwommener wird einem aber zumute. Je näher man an die Oberfläche kommt, desto klarer und deutlicher wird es, umso weniger intensiv ist aber die Erlebnismöglichkeit. Wir haben gestern auch schon gesagt, daß es darauf ankommt, Klarheit und Exaktheit des Erkennens mit Intensität des Erlebens zu *verbinden.* Diese Verbindung erweist sich als die wirkliche tätige Verbindung zwischen dem Zentrum, dem *Sonnenzentrum des Erlebens* und dem Spiegel der Oberfläche, der *Klarheit des Mondes.*

Der Hüter antwortet auf die Frage des

FREMDLING: Verkünde mir Fiölswidr, Fv 33
Was ich dich fragen will
Und wissen muß:
Wer bildet, was vor der Brüstung erscheint,
Dort unter den Asensöhnen?

HÜTER: Welle und Windhauch, Fv 34
Nadel und Öhr,
Last und Träger,
Dürre und Nässe,
Helle und Finsternis,
Frost und Feuer.

FREMDLING: Verkünde mir Fiölswidr, Fv 35
Was ich dich fragen will
Und wissen muß:
Wie heißt der Berg,
Von wo ich die Braut,
Die Wunderschöne, erschaue?

Nun steht da im Urtext einfach, er heiße ‹Lyfjaberg›, ‹Hyfiaberg›. Das i wird ja oftmals später zum L, und manchmal ist es auch schon im alten Text – es gibt ja verschiedene Fassungen – als ‹Hylfiaberg› geschrieben. Das heißt ‹Hülfeberg› – ‹Hilfeberg›. Und da erinnern Sie sich an David, an den Psalm 121, der da spricht «von den Bergen, von denen mir Hilfe kommt». Daher habe ich also dieses Wort auch übersetzt Hylfiaberg:

HÜTER: Berg, von dem Hilfe kommt, Fv 36
Heißt er, Heilung und Trost
Von jeher der Lahmen und Siechen,
Gesund ward jeder und ledig des Übels,
Der den Steilen erstieg.

FREMDLING: Verkünde mir, Fiölswidr, Fv 37
Was ich dich fragen will
Und wissen muß:
Wie heißen die Mädchen,
Die einig beisammen,
Vor den Knien Mengladas dort sitzen?

HÜTER: Leben und Lebensträgerin, Fv 38
Die dritte Atembewahrer,
Glanz und Blondhaar,
Klarheit und Frische,
Die heitre und güldene Botin.

Da ist in einer gewissen Weise – das möchte ich jetzt nicht noch lange auseinandersetzen – hingedeutet auf den Reigen der Planeten um die Sonne herum. Und die Bilder, die dort gebraucht sind, sind schon großartige! Daran muß man sich gewöhnen, daß Großheit in den Bildern herrscht. Ich habe Ihnen ja von dem Tierkreis als dem Halsband gesprochen.

Die Knie Mengladas, das sind zwei Bilder, die eben auch zeitlich auftreten, aber räumlich zusammengefaßt sind, wie ja auch die Sichel des abnehmenden und des zunehmenden Mondes räumlich einfach zusammengefaßt werden in den Worten «zwei Flügel glänzen am Hahn». Die Knie Mengladas, das sind die Morgensonne und die Abendsonne, das sind die zwei Knie. Ich wollte das jetzt nur andeuten, wie die Kniescheibe immer ein Symbol für die Sonne war. Das kann man verfolgen; diese Überlieferung geht zum Beispiel auch noch bis in gewisse Regeln der Bauhütten hinein, die bei den Steinmetzen gegolten haben. Da wird zum Beispiel das linke Knie als die erste Stufe auf dem Geheimwege bezeichnet, weil man das linke Knie als eine Ankündigung, ein Bild des Sonnenhaften kennzeichnete. Ich kann jetzt darauf leider nicht eingehen. Vielleicht haben wir ja irgendwie später einmal die Möglichkeit, solche Dinge zu besprechen. Man kann

14 Der Auferstandene in der Glorie mit entblößtem linken Knie

eine ganze Reihe von bildlichen Darstellungen im Mittelalter finden, bei denen ganz auffällig zum Beispiel der Auferstandene oder auch andere bedeutende Gestalten so dargestellt werden, daß das Gewand gerade vom linken Knie zurückgeschlagen ist, daß das linke bloße Knie sichtbar wird. Nun gehen wir weiter.

FREMDLING: Verkünde mir, Fiölswidr, Fv 39
Was ich dich fragen will
Und wissen muß:
Helfen sie allen,
Die ihnen opfern,
Wenn sie Hülfe bedürfen?

HÜTER: Welch Übel auch treffe die Menschen, Fv 40
Jedem, der ihnen Opfer geboten
Zu Sommers Hochzeit am heiligen Ort,
Befrein sie gewiß aus der Not.

Nun hängt das auch mit sehr weitgehenden Dingen zusammen, zum Beispiel mit dem, was im Mittelalter bei Paracelsus und anderen noch gepflogen wurde, also das Achten darauf, welche planetarische Wirksamkeiten in welchen Pflanzen und Heilkräutern wirksam waren. Die heilende Kraft der Pflanzen wurde auf diese planetarische Wirksamkeit im Äußeren zurückgeführt. Dasjenige, was draußen im Planet wirksam war, was auf die

Erde herunterkam, das suchte man auf und seinen Gegensatz aus dem Inneren der Pflanze: dem, was von außen heraufscheint, wieder begegnend! Das war das, was die Pflanzen eigentlich bildete, die zwei Gegensätze: Hereinwirkendes von draußen und das Herauswirkende von innen.

Nun kommt der Schluß, den ich Ihnen einfach noch vorlese:

FREMDLING: Verkünde mir Fiölswidr, Fv 41
Was ich dich fragen will
Und wissen muß:
Darf wohl ein Mann
In den sanften Armen Mengladas ruhn?

HÜTER: Kein Mann darf in den sanften Armen Fv 42
Mengladas ruhn,
Der im Bewußtsein erweckte,
Svipdagr allein.
Die herrlich Glänzende
Ist ihm verlobt seit langem.

FREMDLING: Auf reißt das Tor, Fv 43
Schafft weiten Raum!
Hier magst du Svipdagr schaun!
Doch frage zuvor,
Ob noch erfreut Mengladen meine Minne.

HÜTER: Höre, Menglada, Fv 44
Ein Mann ist gekommen.
Geh und beschaue den Gast.
Die Hunde freun sich,
Das Haus erschloß sich von selbst,
Ich denke, Svipdagr sei's!

MENGLADA: Glänzende Raben Fv 45
Vom hohen Galgen
Hacken die Augen dir aus,
Wenn du das lügst,
Daß der Ersehnte endlich
Zu meiner Halle sei heimgekehrt!

Nun an den Fremdling, an Svipdagr gerichtet:
Von wannen kommst du, Fv 46
Wo warst du bisher?
Wie hieß man daheim dich?
Nenne genau mir
Geschlecht und Namen,
Dem ich als Braut bin verbunden.

FREMDLING: Svipdagr heiß ich, Fv 47
Mein Vater der Sonnenentsprossne,
Windkalte Wege ging ich zuende.
Nur dem wird Urdas Wort zum Segen,
Der ihr Gebot genau befolgt.

MENGLADA: Willkommen seist du! Fv 48
Mein Wunsch ist erfüllt,
Den Gruß begleite der Kuß.
Unversehenes Schauen beseligt doppelt,
Wo rechte Liebe verlangt.

Lange saß ich in hoher Halle Fv 49
Dich erharrend Tag um Tag,
Nun ist endlich geschehn,
Was ich erhoffte,
Du bist heimgekehrt in mein Haus.

SVIPDAGR: Sehnlich verlangt' ich nach deiner Liebe, Fv 50
Wie du nach meiner Minne.
Nun ist gewiß,
Wir beide werden miteinander
Ewig leben.

Mythos und Wissenschaft

5. VORTRAG

Woher rührt es, daß man so schlecht dazu kommt, sich solche Dinge, wie wir sie hier behandeln, so klar vor die Seele zu stellen, wie man es eigentlich sich wünschen möchte? Woher kommt es, daß es unmöglich ist, das durchzuführen? Diese Frage fordert die Antwort heraus, die ich vorwegnehmen will, daß man, um besser zu verstehen, besser zu ergreifen, um was es sich handelt, ein anderes Bewußtsein entwickeln muß und nicht glauben darf, mit den Bewußtseinsfähigkeiten, die man nun einmal hat, zu einer vollen Klarheit über diese Dinge zu kommen. Das bedeutet nicht, daß man vor der Notwendigkeit steht, sich in einem mehr träumerischen, unklaren, ahnenden Verhalten zu beschränken; es bedeutet nicht, daß man verzichten solle auf ein Streben, das, worum es sich handelt, möglichst klar zu ergreifen, sondern es bedeutet zunächst nur, daß mit den Fähigkeiten, die nun einmal vorhanden und ausgebildet sind, eine solche Klarheit schlechterdings nicht zu erringen ist.

Unser Bewußtsein ist ja gerichtet auf dasjenige, über das man sich Gedanken machen kann. Und wenn man nun versucht, sich über denjenigen, der sein Bewußtsein auf irgendetwas richtet, Gedanken zu machen, dann ist man von diesem gewöhnlichen Bewußtsein aus genötigt, dieses Wesen, das sich Gedanken macht, selber zum *Gegenstande* einer Betrachtung zu machen. Aber indem dieses Wesen, das sich da Gedanken macht, zum Gegenstand einer Betrachtung wird, hat es gerade dasjenige, um was es uns geht, verloren. Es hat nämlich den Akt der Betrachtung aufgegeben, es ist zu einem Gegenstand, aus einem Betrachtenden zu einem Betrachteten geworden.

Sprechen wir einmal konkreter von dem Ich des Menschen; versuchen wir, uns über das Ich des Menschen Gedanken zu machen. Dann müssen wir ja auslassen, daß eben gerade dieses Ich doch wieder im Hintergrunde steht als dasjenige Wesen, welches sich diese Gedanken über den scheinbaren Gegenstand des Ich macht. Ich kann weder ein denkendes Subjekt als ein denkendes Subjekt, noch ein betrachtendes zum Gegenstande der Betrachtung machen. Das ist ganz ausgeschlossen. Aber kann ich nun von diesem Ich ‹wissen›? Oder gebrauchen wir einen anderen Ausdruck: Kann ich deswegen von diesem Ich überhaupt nichts erfahren? Ist denn alles, was ich über ein solches Ich aussage, eigentlich unberechtigt? Da muß man sagen: nein. Wie haben Sie denn überhaupt etwas von Ihrem Ich erfahren? Wie kommt der Mensch überhaupt darauf, sich Ich zu nennen, von sich zu sprechen als von einem Subjekte? *Ich* schreibe, *ich* denke, *ich* trage und so weiter sagt er. Wie kann er das, wenn er nicht dieses Ich zum Gegenstande einer Betrachtung machen kann?

Ohne Zweifel sagen Sie ‹Ich›, längst bevor Sie überhaupt auf die Idee kommen, dieses Ich zu betrachten. Das heißt, Sie *erfahren* von diesem Ich viel früher etwas, und Sie erfahren von dem Ich nicht etwa dadurch, daß Sie *es* betrachten, sondern Sie erfahren von dem Ich etwas dadurch, *daß* dieses Ich *betrachtet*. Sie erleben die Betätigung des Betrachtens. Das erste Bemerken dieses Sich-Betätigens aus dem Zentrum heraus – oder wie wir es in Gedanken bezeichnen wollen –, ist ein Erlebnis. Sie stellen es nicht fest aus einer Betrachtung heraus, daß es sich bei Ihnen um ein Ich handelt, sondern Sie *erleben* sich als ein tätiges Wesen. Sie schauen dabei gar nicht hin auf das Ich, sondern Sie schauen dabei hin auf dasjenige, was das Ich tut. Dieses Erlebnis eines tätigen Wesens ist natürlich nicht ein Erlebnis, von dem man sagen kann, es sei äußerst klar, es sei äußerst deutlich, denn es ist sehr dunkel. Es ist eine Art – umschreibend gesagt – Willenserlebnis, aber mitnichten dasjenige, was man sonst gewohnt ist, als eine Erkenntnis zu bezeichnen. Es ist nicht eine Erkenntnis, aufgrund derer Sie sagen: *Ich* tue das und das.

Sie wissen vielleicht, wie ja *Descartes* versucht hat, über dieses Ich in Bezug auf dessen Seins-Erlebnis eine Art untrüglichen Schlusses anzugeben, indem er dieses ‹cogito ergo sum› aussprach.[76] Das hat er so ausgesprochen – allerdings auch ‹cogito sum› – aber er verwandte auch dieses *also:* ‹Ich denke, *also* bin ich›. Sofern das ‹also› da steht, sofern es also ein Schluß ist, das hat *Rudolf Steiner* einmal ausgeführt, muß es umgekehrt heißen:[77] «Ich denke, also bin ich nicht». Denn in dem Augenblick, wo ich meine, das, was ich denke als Ich, das sei mein Ich, in dem Augenblick ist das Ich nicht mehr erlebte Wirklichkeit, sondern es ist nur der Gedanke über die Wirklichkeit. Es ist nur eine gedachte Wirklichkeit. In der Naturerkenntnis richtet man überall seine Aufmerksamkeit nach außen. Man hat durch die ganze Entwicklung der Naturwissenschaft gehofft, auf diese Weise immer mehr über die wahre Wirklichkeit der Welt erkennen zu können. Je weiter die Entwicklung in der Naturwissenschaft vorangeschritten ist, umso mehr mußte man bekennen, daß zwar in der Naturwissenschaft richtige Formeln, also mit Bezug auf Gesetzmäßigkeiten innerhalb der Welt des Toten, mit Gewißheit erforscht und formal zum Ausdruck gebracht werden können, daß aber dennoch über die eigentliche Wirklichkeit gerade diese Naturwissenschaft keine Aussagen zu machen vermag. Sie brauchen nur an eine solche Formulierung wie die von *Werner Heisenberg* zu denken, die etwa lautet,[78] daß wir eingestehen müssen, daß die Naturwissenschaft in Wahrheit gar keine Wissenschaft von der Natur mehr sei, sondern nur eine Wissenschaft von unseren Beziehungen zu der Natur, von unseren Gedanken, mit denen wir der Natur begegnen, und daß damit in dem eigentlichen Sinne die Naturwissenschaft aufgehört habe, *Natur*-Wissenschaft zu sein. Aber auf die Notwendigkeit, die damit vorliegt, daß man mit einer solchen Art, an die Wirklichkeit heranzugehen, nicht zur Wirklichkeit vordringen kann, auf diese Notwendigkeit, daß man zu dem Eingeständnis gezwungen wird, auf diese Weise sich wirklich nicht der Wirklichkeit zu nähern, sondern sich von ihr zu entfernen, hat *Rudolf Steiner* bereits 1908 in einem Vortrage auf das deutlichste aufmerksam gemacht:

«Wer das Naturerkennen durchschaut, der findet – bei innerer Unbefangenheit –, daß es eine Täuschung ist, wenn man glaubt, man ergreife in demselben die wahre Wirklichkeit.» Oder an einer anderen Stelle: «Gesund ist ein inneres Erleben, daß Naturerkenntnis zwar mit allen dazu geeigneten Kräften anstrebt, aber in demselben zugleich empfindet: es nähere sich mit demselben nicht der wahren Wirklichkeit, sondern es entferne sich mit ihm von derselben. Man muß dieses an den Ergebnissen der Naturerkenntnis erleben. Man muß es diesen ansehen, daß sie sich keinem Begreifen, keinem Erfühlen ergeben. Und man wird dann dazu gelangen, sich zu sagen: es ist gar nicht in Wahrheit so, daß der Mensch Naturerkenntnis anstrebt, um der Wirklichkeit nahe zu kommen; er glaubt dies zunächst in seinem Bewußtsein, doch der unbewußte Urquell dieses Strebens muß eine ganz andere Bedeutung haben. Er wird gewiß für das Menschenleben eine Bedeutung haben. Sie muß gesucht werden. *Erkenntnis der wahren Wirklichkeit aber kann nicht Naturerkenntnis sein.*»[79]

Nun, ich wollte jetzt darauf aufmerksam machen, daß hier eben 1908 schon mit einer außerordentlichen Deutlichkeit und Exaktheit gerade das ausgesprochen wird, was sich für die fortschrittlichsten Physiker der Gegenwart als eine Konsequenz aus dem Gange der Entwicklung der modernen Physik und Naturerkenntnis bis in die Gegenwart herein ergeben hat.

Wir haben uns hier schon in den Aussprachen mit der Frage nach der Wirklichkeit beschäftigt und sind dazu gekommen zu bemerken, daß es sich bei der Wirklichkeit immer um ein Wirken, um ein Tätigsein, also um ein verbales Element – wenn ich mich so ausdrücken darf –, handeln muß. Wir haben von der Tatsache gesprochen, die wir unterschieden von der Sache. Die Sache hat substantivischen Charakter. Die Tat, das Tun hat verbalen Charakter. In der Tat-Sache ist nun unmittelbar der substantivische mit dem verbalen Charakter verbunden. Man muß nun nicht denken, Tatsachen seien Tätigkeiten und insofern Wirklichkeit und Sachen seien Endprodukte von Tätigkeiten und insofern keine Wirklichkeiten. Sondern man muß sagen, das Wort Tatsache stellt – eben in seiner Verbindung dieser widersprüchlichen Elemente – die notwendige Verknüpfung zwischen der Tätigkeit und ihrem Ende dar! Kommt eine Tätigkeit nicht bis zum Ende, so kann sich durch eine solche Tätigkeit nichts *deutlich* aussprechen. Kommt sie bis zum Ende, so liegt die Gefahr vor, daß man die Tätigkeit als ein bloßes Mittel, von dem man auch absehen kann, ansieht, so daß man sagt: Es kommt eben auf das an, was bei der Tätigkeit herauskommt, das ist die Hauptsache, ist die Wirklichkeit. Die Gefahr liegt vor, daß man das, was herauskommt, abtrennt von der Tätigkeit und nun versucht ist, in diesem Hergestellten, in diesem Fertigen die Wirklichkeit zu suchen.

Nun haben wir hier von dem Phänomen der Begegnung gesprochen, von der Auseinandersetzung entgegengesetzter Wirksamkeiten miteinander. Wir haben versucht, diese Wirksamkeiten *erlebbar* zu machen, indem wir anknüpften an Vorgänge, wie sie hier vorgehen, wo ich jetzt gerade rede und Sie zuhören. Wir haben darüber gesprochen, daß ich ja nicht daran interessiert bin, Ihnen *Worte* mitzuteilen, sondern schon die Absicht habe, Ihnen Gedanken mitzuteilen. Ich kann Ihnen aber keine Gedanken mitteilen, sondern muß, um Ihnen etwas mitzuteilen, eben die Worte gebrauchen, obgleich es mir auf diese Worte nicht in erster Linie ankommt.

Aber die Möglichkeit besteht, daß man die Elemente der Mitteilung, also hier für das Sprechen die Worte, äußert, an Menschen heranbringt, und daß Sie nun – als Hörende – bis dahin, wo die Worte herangebracht werden, von der anderen Seite gleichsam hinwirken, um das Herangebrachte zu betrachten, um das Herangebrachte *noch einmal* zu sagen – das heißt, um es von sich aus neu zu vollziehen. Sie müssen den Zusammenhang, den ich versuche Ihnen entgegenzubringen, selbst herstellen. Und da ist es möglich, von einer Mitteilung zu sprechen, so wie sie von uns hier gesucht wird, wo erreicht wird, daß für den Aufnehmenden die Möglichkeit besteht, mit seinen tätigen Gedanken gerade dort einzusetzen, wo von dem Sprechenden seine tätigen Gedanken zu Ende geführt worden sind.

Es gibt ein Spiel, man nannte es in meiner Kindheit das *Abnehmerspiel,* bei dem man mit einer gewissen Kunstfertigkeit Fäden über die Finger zu spannen hatte, und das Gegenüber mußte dann ebenso geschickt das hergestellte Geflecht übernehmen. Das nannte man das Abnehmen. Dann kam es darauf an, daß der Zweite von sich aus den nächsten Schritt der Umformung vollzog, und darauf mußte der erste wieder abnehmen. Es mußte also jeder schon über das, was zu tun war und was schon getan war, unterrichtet sein. Es wurde auf der einen Seite etwas gebildet, und wo es fertig war, konnte abgenommen werden. Wieder wurde es gebildet und abgenommen. Solange dieser Prozeß in Bildung begriffen ist, kann das Gebildete – es ist ja noch nichts gebildet – nicht abgenommen werden. Solange überhaupt Prozesse noch nicht zu Ende gekommen sind, sagte ich vorhin, können sie nicht ein deutlicher Ausdruck sein für dasjenige, aus dem heraus solche Prozesse getätigt werden.

Denken Sie beispielsweise an das Schreiben eines Briefes. Solange Sie schreiben, solange Sie also noch nicht einen Satz oder auch nur einen Buchstaben zu Ende gebracht haben, kann irgendjemand, der neben Ihnen sitzt und diesen in Bildung begriffenen Prozeß verfolgt, nicht sagen, was Sie schreiben. Er kann erst sagen, was Sie geschrieben haben, wenn Sie zu Ende gekommen sind. Ebenso ist es in dem Falle, wo ich mit Ihnen spreche. Sie können nicht gleich, wenn Sie jetzt dabei sind, dasselbe zu sagen, was ich sage, in jedem Augenblick schon erfassen, um was es sich handelt. Sie müssen immer warten bis zu gewissen Abschnitten, wo Sie die Möglichkeit haben, ein zu Ende Gebrachtes wieder aufzurollen.

Ich möchte jetzt einschieben, daß ja aus den Quellen der Geisteswissenschaft eine neue Kunst begründet ist, die *Eurythmie.* In dieser Eurythmie kommt es darauf an, Formen zu gestalten, Formen ganz bestimmter Art.

Ich könnte Ihnen solche Formen vormachen, und Sie würden vielleicht erwarten, wenn Sie von der Sache gar nichts wüßten oder schon kennten, daß ich mit Berechtigung sagen würde: also das ist ein A, das ist die Form für das A. Das ist es aber nicht, worauf es ankommt in der Eurythmie, daß man weiß, wie die Form für das A *aussieht* und daher meint, das *sei* sie. Sondern in der Eurythmie kommt es darauf an, daß man eine solche Form genau machen lernt, daß man sie durchführen lernt, bis sie als Form – weil der Prozeß der Bildung der Form zu Ende kommt – scharf und deutlich herauskommt; sie vergeht aber in dem Augenblick, wo sie gebildet ist, sie bleibt nicht. Sie muß in Exaktheit gebildet werden und in dem Moment, wo sie gebildet ist, auch vergehen. Da haben Sie also als Zuschauender bei einer Eurythmie-Aufführung, wenn Sie verfolgen, was geschieht, die Möglichkeit, einem Bildungsprozeß, der zu Ende geführt wird, zu folgen und unmittelbar, ich möchte sagen mit Ihrer eigenen Tätigkeit einzusetzen durch das Sehen, durch das Anschauen hindurch. Sie haben die Möglichkeit, unmittelbar an das Zuendekommen des Formens anschließend den Beginn Ihrer Tätigkeit des Nachformens einsetzen zu lassen.

Demgegenüber besteht bei einer anderen Kunst, der Malerei etwa oder der Bildhauerei, ja eine große Lücke zwischen dem Zuendebringen der Form und dem Aufnehmen des Nachschaffens der Form in der Betrachtung. Ein Bild ist einmal gemalt, dann kann man es kaufen und so weiter; es liegt lange im Laden, schließlich besitzt man es, dann hängt man es sich an die Wand, dann kann man anfangen nachzuschaffen. Da ist man versucht zu sagen, die Formen sind ja auf dem Bild. Und wir haben darüber gesprochen, daß es unberechtigt sei zu sagen, sie seien existent auf dem Bilde. Da ist es schwierig, dann diese Kluft zu überbrücken, die besteht zwischen der zu Ende gekommenen Tätigkeit, die beim Malen vorgelegen hat, und der neu beginnenden Tätigkeit, mit der Sie die Form nachzuziehen unternehmen. Man wird also da versucht, immer wieder zu sagen, ja, die Form muß doch auf dem Bild sein, denn sonst könnte ich sie ja nicht *nachziehen*. Aber Sie ziehen nicht die Form nach, sondern Sie vollziehen den Form*prozeß* nach.

Da, wo nun ein solcher Formprozeß zu Ende durchgeführt ist, da grenzt er an den Bereich des zu Ende Gekommenen, an den Bereich des Toten. Aber wenn Sie beachten, daß wir sagen, er grenzt an den Bereich des *Toten*, so können Sie die Sache umkehren und sagen: Das *lebendige Wirken* innerhalb des Formens, das grenzt eben auch an den Bereich des Toten. Und wenn Sie ein Bild betrachten und zugeben, daß Sie, wenn Sie in Gedanken tätig sind durch das Sehen hindurch, entlanglaufen an den Formen, die gar nicht da sind – so paradox muß ich mich ja ausdrücken –, dann bedeutet das, bildlich gesprochen, daß zwar gesagt werden muß: Was auf dem Papier ist, ist tot und steif, aber was bis an das Papier heranreicht und eben auch auf dem Papier sich bewegt, das ist schon lebendig, innerhalb Ihrer Tätigkeit lebt es. Es grenzen also diese Tätigkeiten des Bildens da, wo die Formen wirklich genau, deutlich auftreten, an den Bereich des Toten. Daher muß man ansehen das Gewahrwerden der Form als ein Gewahrwerden eines übersinnlichen Elementes, das heißt eines Elementes, von dem man sagen muß, es ist für die sinnliche Anschauung, für die sinnliche Wahrnehmung nicht vorhanden. Daher ist also das Gewahrwerden der Form als eines übersinnlichen Elementes der erste notwendige Schritt, von dem aus man dann weiterdringen kann in jene Wirklichkeit, in jenes Wirken hinein, das ja auch ein übersinnliches Wirken ist, das Sie zum Beispiel selber im Denken durch das Sehen hindurch betätigen, oder das sich, wenn wir uns anders ausdrücken, durch Ihr Denken durch das Sehen hindurch betätigt. Und wir haben auch schon davon gesprochen, daß der Übungsweg, der Weg, auf dem nun schlummernde Erkenntnisfähigkeiten des Menschen nach den Methoden der Geisteswissenschaft geweckt werden können, darauf gegründet ist, daß das, was in der Welt uns gegenübertritt, worauf wir unsere Betrachtungen richten, auch geformt, auch gebildet worden ist. Wir haben über diese Sache gesprochen, als wir die Frage des Fremdlings an den Hüter besprochen haben:[80]

> Wer hat gebildet, Fv 33
> Was *vor* der Brüstung erscheint
> Unter den Asensöhnen?

Gedankenwirksamkeit waltet in der Welt und hat die Welt gestaltet. Das Vertrauen, wie Rudolf Steiner sich einmal ausdrückt, an die in der Welt waltenden Gedankenkräfte ist eigentlich der Grund, auf dem man baut, wenn man darangeht, solche höheren Erkenntnisfähigkeiten in der menschlichen Seele zu erwecken.[81] Und wenn man nun danach trachtet, dasjenige was einem zunächst nur wie in einem Ahnen, wie in einem halben Träumen zugänglich zu sein scheint, klarer zu fassen, konkreter zu ergreifen, kann man das nicht anders als dadurch, daß man ein höheres Bewußtsein im Menschen ausbildet, Fähigkeiten ausbildet, die sonst in der menschlichen Seele schlummernd bleiben.

In den Darstellungen, die Rudolf Steiner gegeben hat in dem Buche ‹Vom Menschenrätsel›, findet sich abermals eine Auseinandersetzung mit der Tendenz der modernen Naturwissenschaft und eine außerordentlich nachdrückliche Wertschätzung dieser modernen Naturwissenschaft. Aber es wird dann hinzugefügt, daß man, so hoch man den Wert dieser modernen Naturforschung auch veranschlagen mag, dennoch nicht bei ihr stehenbleiben dürfe, weil man durch die Art zu betrachten und nachzudenken, wie es in der Naturwissenschaft üblich geworden sei und sein müsse, eben nicht herankommen könne an dasjenige, was als Wirklichkeit zunächst im Erleben der eigenen Denktätigkeit bemerkt werden müsse. Ich möchte Ihnen einen Satz vorlesen, in dem das zum Ausdruck gebracht wird: Das Wesen der Seele kann «nicht in dem gewöhnlichen Bewußtsein gefunden werden; es muß *außerhalb* dieses Bewußtseins *erlebt* werden. Und es kann erlebt werden, denn der Mensch kann noch ein anderes Bewußtsein in sich entwickeln als dasjenige, das durch die Leibeswerkzeuge bedingt ist.»[82]

Das normale Wachbewußtsein des gegenwärtigen Menschen, aus dem heraus er sich auf die Betrachtung der Gegenstände richtet, aus dem heraus er zuschaut, beobachtet und seine Gedanken an die Beobachtung anknüpft, dieses normale Bewußtsein versucht immer wieder *vorzustellen,* um was es sich handelt und sich Gedanken über dasjenige zu machen, was eben dann dem Betrachtenden *gegenübergestellt* ist. Aber es kommt auf das Bemerken der Tätigkeit an, es kommt auf das Bemerken des Tuns an, das nicht gegenüber vorliegt, wenn eine Betrachtung, eine Beobachtung durchgeführt wird. Und wir haben auf das Wesentlichste schon, wenn auch nicht in dieser ausgesprochenen Weise, hingewiesen. Was tut denn der Mensch, indem er beobachtet, indem er betrachtet? Er gestaltet, er gestaltet nach. Vor allen Dingen, wenn er seine Gedanken anknüpft an das Beobachtete, Betrachtete, dann muß er den Gestaltungen, muß den Formen folgen. Und das Folgen, das den Formen Folgen, ist zugleich ein Formen. Nun kommt es darauf an, ein neues Bewußtsein, also ein andersartiges Bewußtsein zu entwickeln, das sich nicht mehr richtet auf den Gegenstand, auf das Ende, sondern das sich hineinlebt in die Tätigkeit.

Damit Ihnen überhaupt die Möglichkeit eines solchen Vorgangs ein wenig nahe gebracht werden kann, muß ich ein bißchen vorgreifen. Wirklichkeiten, haben wir hier gesagt, sind im Grunde genommen ja immer Tätigkeiten. Wirkendes ist wirklich. Aber was ist Wirkendes? Können Sie sich ‹wirken› vorstellen ohne jemand, der wirkt? Was kann eigentlich nur wirken? – darauf muß doch die Antwort lauten: Wesen können nur wirken. Wenn Sie nun die Frage wieder aufwerfen, was ist denn ein Wesen, was verstehen wir unter Wesen, da können Sie rekurrieren auf Ihr Erlebnis von sich selbst. Sie sind ein Wesen. Und gerade da, wo Sie ‹Ich› sagen aus dem Erlebnis der Tätigkeit des Betrachtens, der Beobachtung, und nicht aus der Betrachtung des Ich, gerade da ist es am berechtigtsten zu sagen: Es handelt sich bei mir um dasjenige, was ein Wesen zu nennen ist. Ein Wesen ist immer eine Einheit. Und eine wirkliche Einheit, ich sage jetzt *wirkliche* Einheit, ist immer ein Wesen. Das hat Leibniz zum ersten Male ausgesprochen. Er sagt: «Was nicht in Wahrheit *ein* Wesen ist, das ist auch nicht in Wahrheit ein *Wesen*.»[83] Nun hören Sie, wie Rudolf Steiner einmal folgendes ausspricht: «Realitäten sind eigentlich nur seiende Geistindividualitäten. Daß sie sich äußern als Seelisches, das ist, weil sie sich innerlich und gegenseitig anregen, erleben. Daß es eine physische Welt gibt, das ist, weil diese Geistindividualitäten, die zu den Monaden abstrahiert wurden und dann ganz aus dem Gesichtspunkte der Menschen verschwunden sind, je nach ihren verschiedenen Daseinsstufen sich schaffend offenbaren.»

«Als Wirklichkeiten, als Wesen, individuelle Geistwesen, offenbaren sie sich, indem sie schaffen. Hier können wir zurückgehen von der geschaffenen Welt, die eigentlich nichts anderes ist als das äußere Scheinen schaffender Wesenheiten, zu der sich erlebenden Welt, zur seelischen Welt, die aber eben die sich erlebende Welt geistiger Individualitäten ist. Dann kommen wir, wenn wir selbst zur wahren Wirklichkeit zurückgehen, zu den Geistindividualitäten selber, deren Ausdruck und Leben die Welt ist. Indem der Mensch auf der Erde steht, lebt er immer in den Offenbarungen der geistigen Individualitäten.»[84]

Was ist denn die Welt, von der wir reden, im Grunde genommen für uns, nachdem wir bis jetzt diese Auseinandersetzungen durchgeführt haben? Was ist sie denn, diese Welt, von der wir reden? Sie ist doch eine Grenzerscheinung. Sie ist eine Oberfläche. Sie zum Beispiel gehören ja für mich zur Außenwelt. Inwiefern? Insofern, als ich mit meinem beobachtenden Blick an Ihrer Oberfläche haltmachen muß. Aber auf dieser Ihrer Oberfläche bringt sich doch dasjenige, was in Ihrem Inneren geschieht, zum Ausdruck. Da habe ich es mit Menschen zu tun, die zwar äußerlich herumlaufen, bei denen ich aber die Betätigung, die Bildungsprozesse beobachten kann. Bei demjenigen, was mir als Physiognomie der Welt entgegentritt, habe ich nicht die Möglichkeit, die Bildungsprozesse zu verfolgen, sondern ich habe nur die Möglichkeit, dasjenige, was mir entgegengebracht wird – und das ist der Sinnesteppich –, gewahrzuwerden, und eigentlich muß ich überall vor diesem Sinnesteppich stehen bleiben.

Das tut aber der moderne Mensch in seinem Erkenntnis-Streben nicht, daß er davor stehenbleibt. Vielmehr, in der Überzeugung, dieser Sinnesteppich täusche ihm eigentlich eine Welt vor, sagt er sich in der modernen Naturwissenschaft: Nun ja, was mir da so und so farbig erscheint, das ist ja nur eine subjektive Reaktion; was in Wahrheit da ist, das ist ganz anders. Aber merkwürdigerweise sagt im Grunde genommen auch die moderne Naturwissenschaft noch – und jetzt drücke ich mich etwas kraß aus –: Ja, was wir da als Farbe bezeichnen und so weiter, sind subjektive Empfindungen, subjektive Sinnesqualitäten; was dem zugrunde liegt, das sieht ganz anders aus. Wie denn? Nun, man versucht also etwa ein Atommodell zu beschreiben: «So etwa *sieht* das aus.» Dann fügt man allerdings entschuldigend hinzu: Nun, das seien nur Verbildlichungen. Wenn man sich überhaupt eine Vorstellung machen wolle davon, dann müsse man das so machen. Aber man dürfe es eigentlich nicht! Ja – man kommt aber nicht darum herum! Man muß es schon, wenn man überhaupt von etwas reden will, das sich mitteilt, wenn man überhaupt von etwas reden will, an dem man Naturgesetze abgelesen hat. Man kann sie doch nicht ablesen, wenn man sie nicht an etwas abliest, geradeso, wie man ja nicht die Formen nachvollziehen kann, von denen wir gesprochen haben, wenn man sie nicht an etwas nachvollzieht. Man *braucht* diese Elemente, von denen man sagt, man benutze sie nur zu einer bequemen Verbildlichung. Man *braucht* sie doch, um überhaupt noch irgendwo, nun sagen wir, wenigstens die Illusion einer Wirklichkeit aufrechterhalten zu können.

Nun lassen Sie uns noch einmal kurz auf einen Mythos eingehen, nämlich auf die *Prometheussage*. Zwei Namen treten darin auf: Prometheus und Epimetheus. Wenn man sie übersetzt, bedeutet Prometheus: der Vordenker

Epimetheus: der Nachdenkende. Der nachdenkende Mensch ist derjenige, welcher die Dinge dieser Welt auf sich wirken läßt und dann hinterher denkt. Der vordenkende Mensch, das ist derjenige, welcher, ohne daß vorher die Welt auf ihn wirkt, denkt und dann danach strebt, dasjenige, was er zuerst gedacht hat, der Welt einzuprägen. Rudolf Steiner hat einmal ausgesprochen, daß überhaupt keine Erfindungen möglich seien, wenn nicht dieses Vordenken walte.[85] Aber dasjenige, was wir die Erfindungen, die bis jetzt gemacht worden sind, nennen, das ist nicht etwa aufgrund eines reinen Vordenkens entstanden. Da hat sehr viel Nachdenken mitgewaltet. Doch das Element des Vordenkens durchzieht bis zu einem gewissen Grade dort das Nachdenken. Vordenken im eigentlichen Sinne, das ist nun ein Denken, bei dem nicht ausgegangen wird von der Betrachtung eines äußeren Gegenstandes, nicht davon, daß der Denkende seine Gedanken anknüpft an dasjenige, was ihm von der Welt entgegengebracht wird. Der *Vor*denkende *denkt* aus Erlebnissen *heraus.*

Also, knüpfen Sie noch einmal an jenes Ich-Erlebnis an, das Sie haben, wenn Sie sich betätigen. Überlegen Sie einmal, ob es Ihnen nicht schon oft begegnet ist, daß Sie auf Gedanken gekommen sind dadurch, daß Sie etwas getan haben? Das flieht eigentlich der moderne Mensch. Er strebt danach, möglichst genau vorher sich zu überlegen, ob es überhaupt Zweck hat, etwas zu tun. Und wenn man nicht schon vorher genau gedacht hat, was man wohl tun könne, was dabei herauskäme, welchen Zweck es wohl habe, dann fängt man gar nicht erst an, etwas zu tun. Ich muß mich hier an eine Begegnung erinnern, wo eine Dame mir sagte, sie hätte schon Lust, Geige spielen zu lernen. Aber sie wüßte ja nicht, wie man das machte und was man denn da zu tun hätte und wie es denn wäre und wie man die Finger zu setzen, wie den Bogen zu halten hätte und so weiter. Sie wollte das erst einmal alles wissen, was da von einem gefordert würde, damit sie beurteilen könnte, ob es Zweck hätte, nun anzufangen, Geige spielen zu lernen. Aber das Normale bei einem solchen Geigespielen ist doch, daß man ‹drauflos› übt, gar nichts kann und das Vertrauen hat, daß durch die Tätigkeit des Übens allmählich die Fähigkeit des Geigespielens herangebildet wird! Was ich da berühre, das gilt ebenso für die Möglichkeit, ein Denken auszubilden, das gestalten kann, während wir heute eigentlich immer nur damit rechnen, daß es ein Denken gibt, das aus dem Nachdenken von schon Gestaltetem besteht.

In der Edda findet sich ein Lied – eines der bekanntesten vielleicht – das überschrieben ist *Odins Runenlied*. Und das möchte ich noch kurz heute betrachten. Zunächst lese ich Ihnen das so vor, wie es in der Übersetzung bei Simrock vorliegt:

Ich weiß, daß ich hing
Am windigen Baum
Neun lange Nächte,
Vom Speer verwundet,
Dem Odin geweiht,
Mir selber ich selbst,
Am Ast des Baums,
Dem man nicht ansehen kann,
Aus welcher Wurzel er sproß.

Von diesem Baum haben Sie im Fiölsvinnsmál gehört. Er ist es ja, der den Namen Mimameidr, «der aus der Mitte Bildende», trägt. Es ist der Baum, den Sie sonst unter dem Namen der Weltenesche in der Edda kennen.

Sie boten mir
Nicht Brot noch Met,
Da neigt ich mich nieder,
Auf Runen sinnend,
Lernte sie seufzend,
Endlich fiel ich zur Erde.

Hauptlieder neun
Lernt ich von dem weisen Sohn
Bölthorns, des Vaters Bestlas,
Und trank einen Trunk
Des teuren Mets,
Aus Odrörir geschöpft.

Zu gedeihen begann ich
Und begann zu denken,
Wuchs und fühlte mich wohl;
Wort aus dem Wort

Verlieh mir das Wort,
Werk aus dem Werk
Verlieh mir das Werk.

Es gibt geritzte Zeichnungen aus sehr früher Zeit, in denen dieses Hängen Odins am Weltenbaum durch neun Nächte hindurch dargestellt worden ist. Das sind neun Stufen, neunmal tritt am Baume der Gott auf, bis er unten am Baume hängt, manchmal umgekehrt, den Kopf nach unten, Runen von der Erde, von dem Boden, von der Oberfläche der Erde auflesend, beziehungsweise Runen in die Oberfläche der Erde einritzend. Sie haben die Hagalrune gesehen, Sie haben gehört, daß man hier und da vermutet hat, daß das ganze Runen-Alphabet abzuleiten ist aus den Formen, die insgesamt in diesem Sechsstern, in dieser Hagalrune enthalten sind.

Solche Runen sind ja Formen, einfachste in den Stein geritzte Formen. Als Formen sind sie gewahr zu werden dadurch, daß auf den Stein schräg das Licht auffällt und in den Vertiefungen Schatten liegt. Die Formen sind nicht etwa die Rillen, sondern die Formen sind die Grenzen zwischen Beleuchtetem und nicht Beleuchtetem.

Der Speer ist eigentlich ein Bild für den Vorgang des Herunterkommens aus einem solchen Reiche unklarer Erlebnisse bis zu dieser scharfen Spitze, die deutliche Konturen zu ritzen vermag.[86] Und als die Runen gefunden sind, als eine solche Begegnung mit den Formen möglich geworden ist, «begann ich zu denken...» heißt es hier.

Nun aber heißt es etwas später – lassen Sie mich das andeuten zunächst:

Runen wirst du finden und Ratstäbe,
Sehr starke Stäbe,
Sehr mächtige Stäbe,
Erzredner ...

– das ist ein Beiname Odins –

Erzredner ersann sie, Götter schufen sie,
Sie ritzte der hehrste der Herrscher.

Odin den Asen, den Alfen Dain,
Dwalin den Zwergen,

Alswidr aber den Riesen;
Einige schnitt ich selbst.

Die nächste Strophe ist für uns im Augenblick die wichtigste, sie lautet:

Weißt du zu ritzen, weißt du zu raten,
Weißt du zu finden, weißt du zu suchen,
Weißt du zu bitten, weißt du Opfer zu bieten,
Weißt du, wie man geben, weißt du, wie man nehmen soll?

Da habe ich einige Veränderungen vorgenommen in dem letzten Vers. Aber bei Simrock heißt es nicht viel anders; insbesondere die letzte Zeile lautet bei ihm:

Weißt du, wie man *senden,* weißt du, wie man *tilgen* soll?

Dafür habe ich gesagt:

Weißt du, wie man *geben,* weißt du, wie man *nehmen* soll?

Ich denke, es geht doch daraus hervor, daß es sich wieder um jene Grenze handelt, wo die Form eintritt in dasjenige, was als Oberfläche begegnet. Aber hier ist noch davon die Rede, daß ein Trunk getan wird aus Odrörir. Boden heißt einer der Kessel: Das ist jener Bereich der Tiefe, aus welchem das, was gegenübersteht, kommt, der Bereich, aus dem zugleich das stammt, was bis zur Ausbildung des fertigen Gedankens in der Form führt. Das letztere kommt dem ersten entgegen, was als Wirklichkeit heraufwirkt. Und an der Oberfläche haben wir die Möglichkeit, eine Physiognomie zu sehen. Da haben wir die Möglichkeit, ein Gespräch zu vermuten zwischen oben und unten, ein Gespräch – wenn ich so sagen darf – zwischen Lichtreich und Schwerereich, zwischen dem, was sich im Inneren des Gedankenprozesses vollzieht und demjenigen, was aus dem Inneren der Materie sich an der Oberfläche zeigt. Daß in diesem Liede das wiederum aufgeht, ist schon eine ganz außerordentlich bedeutsame Sache. Und ich denke, Sie haben das im Zusammenhang mit dem, was wir über Geben und Nehmen, über Tun und Leiden vorhin hier besprochen haben, bemerkt.

Die Asen heißen ja die Lichtgötter. Sie sind diejenigen, welche in einer gewissen Weise die Entwicklung zu Ende führen im Großen bis hin zum Untergang der Götterwelt. Sie haben mit dem, was in der Vergangenheit verehrt wurde, mit den Wanen, einen Bund geschlossen. Das deutet auf ein Wissen um das Hinführen*müssen* der Menschheit an diese Grenze, wo die Möglichkeit beginnt, in Klarheit und Deutlichkeit eine Wirklichkeit als eine *sich aussprechende* Wirklichkeit, zunächst durch die Oberfläche hindurchbrechend, gewahr zu werden.

Ich hatte vor, heute Abend auch noch kurz einzugehen auf das Traumlied des Olaf Åsteson, das sich ja in Norwegen erhalten hat und das von Rudolf Steiner selbst übersetzt worden ist[87]; insbesondere auf einige Dinge, die Rudolf Steiner im Anschluß an dieses Lied ausführt über die Art, wie in jenen alten Zeiten solche Wahrheiten – wie in dem Lied verkündet – gewonnen worden sind. Ich hatte vor, das mit Ihnen zu besprechen. Ich muß aber sagen, daß unter dem Bemühen, Sie bis an diese Sache heranzuführen, es mir immer unmöglicher geworden ist, das jetzt mit Ihnen zu besprechen. Es kann so ohne weiteres jetzt nicht geschehen, ich will es aber versuchen, in den nächsten Tagen doch noch in Angriff zu nehmen. Ich brauche dann nur etwas mehr Zeit dazu. Und erst, wenn wir das auch noch berücksichtigt haben, können Sie vielleicht in einer besseren, etwas deutlicheren Weise bemerken, worauf eigentlich dieser Versuch der Beantwortung der Frage abzielt, wie man denn zu einem klaren Ergreifen dessen kommen kann, von dem man zunächst empfindet, als ob man es schließlich doch nur ahnend, dunkel, ungenügend zu halten vermag. Auf das Runenlied will ich dann auch noch wieder zurückkommen.

Vielleicht darf ich dann heute abend abschließen, indem ich Sie noch einmal verweise auf die Bemerkung des Schweizer Philosophen *Troxler,* von der wir am ersten Abend ausgegangen waren. Diese Bemerkung, die er da macht über die Oberfläche: «Im Grunde kennt die Welt bis jetzt nur zweierlei Philosophien, nämlich die ideale und spiritualistische und die reale und materialistische. Es ist dies gleichsam die äußere und innere Oberfläche von dem eigentlichen Innern, die scheinbare Höhe und Tiefe von der wahren, nämlich von der zwischen den Äußersten der Natur verborgenen Mitte der Wissenschaft.» Ich möchte das in einer Zeichnung zuletzt angeben. Sie haben (1) da eine Oberfläche. Sie haben (2) das, was für den Menschen zunächst nach Innen geht, was sich zu äußern bestrebt, indem aus dem Denken heraus nach Formgestaltungen gestrebt wird. Also ist da (1), wo die Form eingesetzt wird, die Oberfläche des Inneren. Sofern nun der Mensch der Welt (3), der Materie gegenübertritt, ist das, was er da

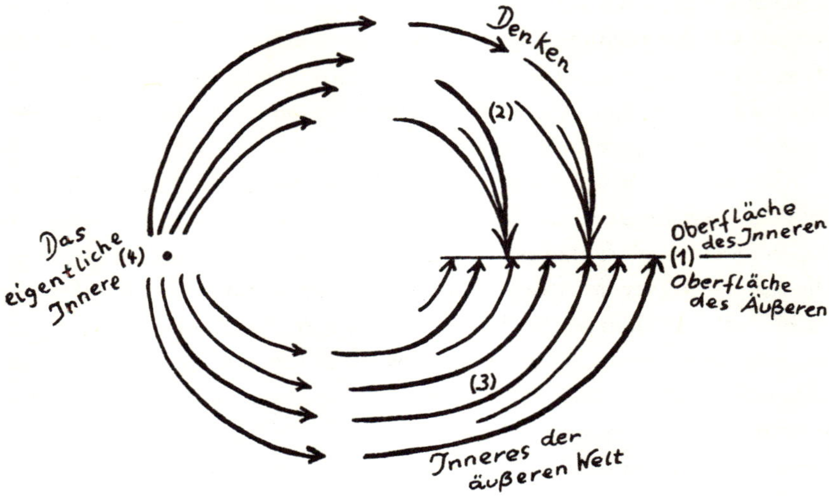

(1) kennenlernt, die Oberfläche des Äußeren. Die materialistische Philosophie sucht sich die äußere Welt, statt an der Grenze stehen zu bleiben, im Inneren (3) materialistisch zu erklären. Die idealistische Philosophie kommt nicht an die Welt heran und bleibt auf dieser Seite (2) eigentlich in der Subjektivität innerer Seelenerlebnisse. Aber hier sagt Troxler: «Das *eigentliche* Innere ist dies...» so wie Goethe: «Nichts ist drinnen, nichts ist draußen.»[88] Und dieses *eigentliche Innere* (4), das lernen wir kennen durch das rechte Herantreten, durch das rechte Ertasten der Oberfläche. Dann wird die Oberfläche zur Sprache. Und das ist dasjenige, was Goethe gewollt hat und woran der Goetheanismus und die Geisteswissenschaft Rudolf Steiners anknüpft: die Sprache der Welt zu verstehen, lesen zu lernen in dem Buch der Natur. Eine Begegnung des Inneren mit sich selbst, möchte ich sagen, auf zwei Wegen: so herum (2) und so herum (3).

Das ist auch zum Ausdruck gebracht in einer Figur, die in die Kuppel des ersten Goetheanum gemalt war und von der Rudolf Steiner sagte, es sei die Darstellung der Faustgestalt, als des Repräsentanten des strebenden Menschen der Gegenwart. Diese Figur ist so dargestellt, daß sie ihre Hand mit der Innenseite sich zugewandt vor sich erhebt und mit einem sinnenden Blick in diese Hand hineinschaut (siehe Abbildung 15). Hinter der sinnend betrachteten eigenen Hand ist die einzige Stelle des Goetheanum-

15 Rudolf Steiner. «Eine Art Faustfigur» aus der Kuppelmalerei des Ersten Goetheanums

Baues, an der ein Wort geschrieben steht: *Ich*. Da haben Sie gegenüber dem Menschen eine materielle Welt (3), nämlich die Hand. Und Sie haben hier den Menschen (2), der sinnlich wahrnimmt die Hand; im sinnenden Blick zum Ausdruck gebracht das Denken über die Hand. Und Sie haben hier die Begegnung eines Wesens (4) durch die Leiblichkeit (3), durch dasjenige, was materiell gegenübergestellt wird auf der einen Seite, mit demjenigen, was von der Gedankenseite durch das Sehen (2) hindurch sich betätigt. Bei der Begegnung dieser beiden Strömungen – noch einmal trivial ausgedrückt: so herum und so herum – an der Oberfläche (1) tritt das Wort *Ich* auf.

Daß davon in den alten Mythen in einer geheimnisvollen Weise die Rede gewesen ist, und daß es auf ein bewußteres und deutlicheres Ergreifen dessen, worauf da gedeutet worden ist, ankommt, das hoffe ich im weiteren Verlauf unserer Zusammenkünfte noch besser herausarbeiten zu können.

Mythos und Wissenschaft

6. VORTRAG

Gestern war es mein Anliegen, heranzuführen bis an die vier Zeilen aus Odins Runenlied, die ich noch einmal vorlesen möchte:

> Weißt du zu ritzen, weißt du zu raten,
> Weißt du zu finden, weißt du zu suchen,
> Weißt du zu bitten, weißt Opfer zu bieten,
> Weißt du, wie man geben, weißt du, wie man nehmen soll?

Sie sehen, wie da gewiesen wird auf das Zusammenwirken entgegengesetzt gerichteter Tätigkeiten. Das Ritzen bedeutet ja Formen geben, und das Raten bedeutet dahinterkommen, was eine so oder so geformte Sache auszusagen vermag. Wenn Sie vor einem modernen Kunstwerk stehen, mag es sehr schwer sein zu raten, was das sein soll. Aber diese Frage: Was soll das sein? tritt immer auf, wo Menschen überhaupt etwas irgendwie Geformtes entgegentritt. Das ist ein Sich-Melden eines Vorganges des Ratens. Das Wort Rat kann ja aber auch diese andere Bedeutung haben, wie sie auftritt im Rat *geben*. Aber dieses Rat-Geben beruht in der Edda, wo es auftritt, überall auf vorausgegangenen Be-Ratungen. Die Götter schreiten zu den Richterstühlen und beraten. Was geschieht, geschieht dann im Anschluß daran. Und ein Beraten, ja das ist eigentlich eine Art Raten von verschiedenen Seiten her. Wenn Sie alle zusammen einer Sache, die nicht von vornherein klar ist, gegenüberstehen und versuchen, hinter die Sache zu kommen, dann sagt der eine: «Vielleicht soll es das sein?». Der andere: «Nein, es soll wahrscheinlich das sein.» und so weiter. Und dann ist es doch möglich, daß, weil viele solche verschiedenen Wege gegangen werden, schließlich sich einmal herausstellt, daß man erfährt: «Ja, *so* muß es sein!». Ist das verständlich? Daß mehrere Menschen darauf kommen, wie etwas sein muß, ist oftmals eher möglich als daß einer darauf kommt – wenn eine Sache schwierig ist. Nun, das ist etwas grob ausgedrückt.

Dieser Vorgang, von verschiedenen Standpunkten aus eine Aussage zu machen, geht ja in jedem einzelnen Menschen auch vor sich. Das ist ja gerade das Wesentliche des Ratens, daß man verschiedene Aussagen probiert. Innerhalb des Einzelnen sitzt gewissermaßen ein Ring von verschiedenen, und der eine sagt: das ist wohl das, der andere sagt: das ist wohl das, und der dritte sagt: das ist wohl das. Das stellt sich dem Menschen zunächst so dar, wie wenn ihm nacheinander Verschiedenes einfällt. Aber im Grunde ist das Raten auch ein Beraten. Und Sie merken vielleicht, wie das Suchen und Finden schon verquickt sind in diesem Raten. Im Raten drinnen steckt schon auch ein Finden, aber unter Umständen ein Finden eines Falschen. Dann ist das Gewahrwerden, daß das nicht ganz paßt, bereits ein neues Suchen: man rät etwas Neues. Wieder findet man, wieder ist es falsch, und so weiter.

Wir haben darauf hingewiesen, daß es uns möglich ist, für das Verständnis solcher Überlieferungen, wie sie in den Sagen und Mythen vorliegen, darauf zu kommen, was für Vorgänge innerhalb der menschlichen Seele sich abspielen, auf die man normalerweise nicht achtet, wenn der Mensch innerhalb der Seele sich betätigt im Denken, im Bemerken, im Fragen und so weiter. Und wir haben darauf hingewiesen, wie notwendig es ist, diese zweierlei Strömungen in der menschlichen Betätigung zu bemerken, die eigentlich überall walten. Im Geben wird auch miterlebt gleich das Nehmen und im Nehmen auch das Geben. Ich drückte das gestern so aus, daß ich zeitlich teilte und sagte, auch wenn ich nehmen will, muß ich ja erst einmal die Hand hinstrecken, um sie dann mit dem Gegebenen zurückziehen zu können. Und das Hinstrecken gehört dazu. Das Hinstrecken liegt aber auch noch in dem Ausgestreckthalten der Hand. Die ist ja dann nicht wie ein eiserner Arm an einem Mast da, sondern es ist ja eine Tätigkeit des Hinhaltens. Darin liegt auch noch diese Richtung. Daß eine Aktivität im Nehmen steckt, das zunächst gewahr zu werden, ist wichtig, und daß eigentlich Zurückhalten im Geben steckt, ist ebenso wichtig zu bemerken. Das ist etwas, was wir im normalen Bewußtsein nicht berücksichtigen.

In dem normalen Bewußtsein sieht man die Welt und die Stellung des Menschen der Welt gegenüber doch so an: Ich male hier an die Tafel die Welt und den Menschen. *Hier* mache ich mir meine Gedanken über die Welt, die *da* in Wirklichkeit irgendwo ist. Als Sie heute morgen zum Beispiel hierhergegangen sind, waren Sie ja überzeugt, daß dieses Haus hier schon stand. Das war also in dieser Welt, nicht wahr? Und Sie sind jetzt hierhergekommen mit der Bahn, die auch schon seit 4 Uhr heute morgen fuhr. Sie haben eine bestimmte gewählt und so weiter, haben sich hineingesetzt. Und nun sind Sie hier, um nachzudenken: Über diese Welt zunächst einmal, die da draußen wirkt.

Daß eine Verbindung besteht zwischen dieser Welt und Ihnen, wird nicht berücksichtigt. Wohl sagt man: man müsse *sehen,* was da sei, damit man überhaupt etwas davon merke. Aber dieses Sehen ist keine Verbindung zwischen der Welt und Ihnen, denn durch das Sehen ist man gerade darauf gekommen, daß eine Kluft besteht zwischen der Welt und dem Menschen.

Die Welt bleibt außerhalb des Menschen. Sie wird gerade als etwas angesehen, wovon der Mensch denkt, das sei eben außerhalb des Menschen. Gestern haben wir hauptsächlich über unsere Verbindung mit der Welt gesprochen und uns zunächst klarzumachen versucht, daß diese Verbindung eine Wirklichkeit ist, das heißt, daß sie *aus Tätigkeit besteht.* Hier waltet eine Tätigkeit des *Hin*sehens und zugleich im Hinsehen eine Tätigkeit des Wahr*nehmens.* Man blickt hin und nimmt wahr. Das ist schon ein Geben und Nehmen. Man sendet seine Aufmerksamkeit, man wendet seine Aufmerksamkeit hin auf den Gegenstand und nimmt das Bild wahr. Das ist eine Tätigkeit, in der darinnenstecken die beiden Tendenzen: vor und zurück.

Nun aber wird das gewöhnlich nicht berücksichtigt. Es wird das Resultat des Aktes, also das, was wir da sehen, betrachtet, und man denkt, das *ist* also so und so. Oder: es ist bloß Täuschung, und wahrscheinlich *ist* es noch irgendwie anders. Und das könne ich mir dann ausdenken, wie das ist.

Jetzt wollen wir die Zeichnung ein wenig verändern. Ich mache aber darauf aufmerksam, daß eben das, was wir jetzt durchführen, eine bildliche Betrachtung ist! Gehen wir einmal aus von dem Zentrum, von demjenigen, der sich betätigt; der sieht also hier und wendet seine Aufmerksamkeit da hin. Da können wir nicht mehr sagen, das gehe vom Auge aus. Sondern das liegt noch, bildlich gesprochen, irgendwo hinter dem Auge. Derjenige, der denkt, sitzt ja noch hinter den Augen. Berücksichtigen Sie die bildliche Ausdrucksweise! Dahinter, irgendwo im Innern, da denkt man doch. Und diesen Punkt* will ich einmal da kennzeichnen.

Nun senden wir von da unsere Tätigkeiten aus. Wieweit gehen die denn? Wieweit reichen die denn, diese Tätigkeiten? Die reichen normalerweise soweit, bis sie zurückgeworfen werden, für die sinnliche Wahrnehmung zum Beispiel bis an den Sternenhimmel. Da ist etwas, und wir kommen nicht durch. Hier im Saal reicht unsere Tätigkeit bis an die Wand. Da ist etwas, da kommen wir nicht durch. Soweit reichen die Tätigkeiten. Grad so wie die Tasttätigkeit: wenn ich wirklich meine Hände ausstrecke, wie weit reicht meine Tätigkeit? Bis dahin, wo ich den Widerstand, das ist ja dasselbe Wort wie Gegenstand, das Entgegenstehende berühre. Soweit reicht das. Aber das, was ich jetzt als Tätigkeiten bezeichnet habe, sind ja nicht solche Tätigkeiten, die ich mit Augen verfolgen kann. Ich kann ja nicht sagen, nur so etwas ist eine Tätigkeit, sondern auch, wenn ich hin schaue bis an die Ecke da oben, ist das eine Tätigkeit. Aber was für eine? Das ist doch eine ganz seelische Tätigkeit. Und ich kann nicht behaupten, meine geist-seelische Tätigkeit, die vibriert hier durch den Raum hindurch. Vielleicht besteht sie dann auch aus Luftschwingungen oder sonst irgend etwas? Das kann man ja nicht behaupten, nicht wahr? – Jedenfalls ist es innerhalb dieser bildlich aufgenommenen Welt so, daß man sagen muß: meine geist-seelische Tätigkeit reicht bis an die Grenzen, die sich mir entgegenstellen.

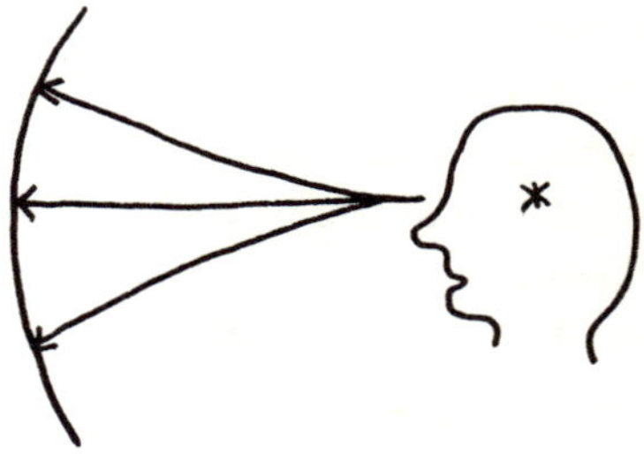

Also stellen wir dem jetzt einmal eine Grenze entgegen, irgendeine. Wie ist die denn da hingekommen? Wie kommt da so eine Grenze hin? Geben wir uns die selbst?

Wenn Sie morgens mit der Hochbahn fahren, und Sie steigen da ein und machen die Tür zu, und Sie sind nun darin und sicher, daß Sie nun von diesem Gegenstand begrenzt sind, glauben Sie, daß Sie sich die Hochbahn selber gegeben haben? Das ist ja nicht so. Sondern diese Hochbahn, die ist ja einmal erfunden, dann konstruiert und dann gebaut worden und so weiter. Und daß es gerade eine Hochbahn ist und daß sie fahren kann und so weiter, das beruht ja auf Gedanken. Die walten mit drin, diese Gedanken. Daß sie *so* ist, beruht auf der Gedankentätigkeit. Daß sie aber überhaupt ist, Widerstand leistet, beruht darauf, nun sagen wir zunächst, daß sie materiell ist. Wir finden eine Welt, so wie wir nun einmal sind, vor, an der wir uns überall stoßen. Da sind uns die Grenzen gegeben, möchte ich zunächst sagen. Sie treten uns gegenüber. Und da, wo wir nicht mehr weiter können, wo wir zurückgeworfen werden, da wo wir uns stoßen, liegen die Gelegenheiten vor, daß wir aufwachen. An dem, woran man sich stößt, wird man wach. Wenn man also meinetwegen döst auf der Straße und es ist dämmerig, kann man das ganz gut solange, bis man gegen den Laternenpfahl gerannt ist. In dem Augenblick wird man ja wach.

Nun braucht es nicht immer so grob zu sein. Es können andere Sinneswahrnehmungen dem Menschen entgegenstehen, zum Beispiel der Wecker morgens: man wird wach.

Und wo wird man am wachesten, hellwach? Doch an den Kanten, an den Ecken, oder genauer gesprochen, an den Formen, die gar nicht da sind. Da werden Sie gerade am meisten wach. Das heißt da, wo nun das Ihnen Entgegenstehende wieder einmal sich entgegensteht. Innerhalb eines Sinnesteppichs, der Ihnen entgegensteht und Sie nicht durchläßt, steht von rechts das Blau dem Gelb von links entgegen. Die können auch nicht durcheinander durch. Ist das verständlich jetzt? Zweimal ein Sich-Grenzen. Da wird es noch viel schärfer, da wird es *ein Strich,* der wird geritzt. Während es hier eine Ober*fläche* ist eigentlich, der der Mensch von sich aus begegnet.

Nun haben wir davon gesprochen, das erscheint zunächst wie eine Behauptung, daß diese Oberfläche dazu da ist, zum Ausdruck zu bringen, was jene Wesenheiten, die an der Verwirklichung der Welt gearbeitet haben, gerade zum Ausdruck bringen wollen, indem sie diese Oberfläche vorstellen. Die stellen uns die Welt vor, und wir stoßen uns an der Welt. Und wenn Sie das nun so nehmen, wie ich es hier aufgemalt habe, dann steht ja die ganze Geschichte wieder *vor* Ihnen. Und sie nützt uns für unsere Zwecke gar nichts, wenn sie ein solches Bild auf der Oberfläche, auf der Grenze für Sie bleibt, wo Sie sagen: Ich soll das sein, ich bin der Gegenstand *da*

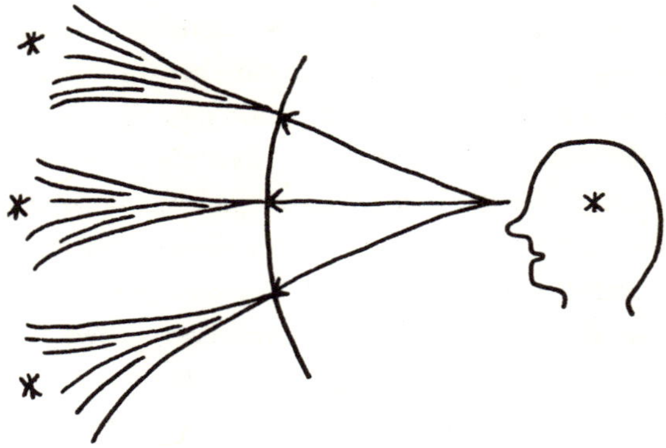

draußen, und die anderen Wesen, nun, das sind die, die auch *da draußen* sind.

Das ist aber von der Seite gesehen, diese Zeichnung mit der Oberfläche, wo sie sich begegnen. Das kann man vielleicht *begreifen,* aber es *nützt* nichts.

Jetzt kommt es darauf an, eine Wende zu machen und sich zu sagen: was ich Ihnen hier angemalt habe, kann ich Ihnen zwar bildlich einmal so nahebringen, aber in der Realität kann der Vorgang nie so aussehen. Da sieht er immer so aus, daß Sie den Punkt im rechten Winkel herumnehmen müssen und sagen müssen: Das (*) bin *Ich*, der guckt – und nicht das Ich, auf das ich hingucke. Das kann ich gar nicht sehen, – sondern das sieht, das Ich kann ich gar nicht denken, sondern das denkt. Das ist immer nicht zu greifen, sondern es greift!

Nicht wahr, also denken Sie, da sitzen Sie nun überall wie eine Tüte voll Tätigkeit, und der Zipfel der Tüte, das *sind* Sie. Den Zipfel können Sie nicht sehen, den können Sie nicht *vor sich* haben. Ja, den können Sie nicht *in sich* haben, den können Sie nicht *außer sich* haben. Das *sind* Sie! Das ist der Tuende, die Spitze.

Und dasjenige, was ich nun hier auf der anderen Seite angemalt habe, das können Sie auch nicht bemerken. Warum denn nicht? Da können Sie nicht sagen, *so* ist das dahinter, weil es verborgen ist für Sie hinter der Oberfläche. Und was ist das, wenn Sie um 90 Grad gedreht haben? Zum Beispiel die Wandtafel oder die Buchseite. Das ist das, was vor Sie hintritt und sagt: Bis hierher und nicht weiter. Was dahinter ist, ist zugedeckt durch den *Sinnesteppich.*

So ist es ja auch beim Menschen. Nur dabei bemerkt man am ehesten, daß die Sache nicht ganz stimmt, wenn man sagt: Der Sinnesteppich deckt das Wesenhafte zu. Ob Sie jetzt diese Sache interessiert oder nicht, die wir besprechen, das kann ich ganz gut sehen, wenn ich die Oberfläche des Sinnesteppichs an Ihnen betrachte. Sie gehören ja Ihrer Oberfläche nach auch zum Sinnesteppich. Da kann ich auch nicht dahinter. Da sagen *Sie* eigentlich auch: «Halt! In mein Inneres, da kommst du nicht rein, da hast du nichts zu suchen.» Aber das gelingt nicht ganz. Sondern es zeigt sich auf der Oberfläche, was im Inneren vor sich geht. Nur weiß man nicht, wie man das macht, daß man seine inneren Vorgänge auf demselben Sinnesteppich, der sich auf der Haut ausbreitet, zum Ausdruck bringt.

Daß man es nicht weiß, das kommt am besten dann zum Ausdruck, wenn man innerhalb eines Vortrages einmal sagt: Man kann ganz gut sehen, ob nun jemand bei der Sache dabei ist oder ob er nicht dabei ist. Dann kriegt mancher in dem Augenblick einen Schreck und versucht zu mimen, daß er dabei ist. Und das sagt viel deutlicher, daß er nicht dabei ist, als wenn er nun wirklich ehrlich geblieben wäre.

Also, man weiß nicht, wie man es macht. Wenn man anfängt, das bewußt zu versuchen, dann wird es verkehrt. Dann merkt man gleich, daß es gemacht ist, nicht? – Sie brauchen keine Sorge zu haben. Ich stelle hier keine Versuche an und komme keineswegs deshalb darauf.

Nun hat Rudolf Steiner einmal einen Satz ausgesprochen, er hat gesagt: Mit der Betrachtung, mit der man der Natur gegenüber tritt, muß man dem Menschen gegenüber haltmachen.[89] So scheint er zunächst gemeint zu sein, dieser Satz. Man muß dem Menschen gegenüber eine andere Betrachtungsweise anwenden. Man muß nämlich gewahr werden die Bildnatur des Menschen. Man muß gewahr werden, daß der Mensch immer als Bild zugleich auch Ausdruck ist von Seelisch-Geistigem. Wenn man die Worte so liest, sieht es so aus, wie wenn damit gesagt sein soll: Ja, *der Mensch* müsse eben so betrachtet werden wie ein Bild, ein Ausdruck, eine Sprache – aber *die Natur*, die könne man ganz gut so betrachten, daß man sie an und für sich betrachtet. Aber so ist das nicht gemeint, sondern es ist gemeint, man *kann* sie so betrachten, wie man sie heute betrachtet; und man kommt dann tatsächlich bis an die Erfassung von etwas in der Natur, nämlich der Gesetzmäßigkeit, die sich im Toten zeigt. Soweit kommt man. Man kann sie so betrachten und kommt zur Ausbildung der modernen Naturwissenschaft. Den Menschen kann man überhaupt nicht so betrachten, weil man das, was den Menschen ausmacht, gerade nicht haben würde, wenn man nur das betrachtet, was für sich da ist, sofern es nicht Ausdruck ist von etwas. Aber das heißt nicht, daß man nun die Natur etwa nur so betrachten könnte, wie man sie heute gewöhnlich betrachtet. Sondern man kann, wenn man einmal am Menschen gewahr geworden ist, daß man eine solche Bildbetrachtung durchführen kann, dann auch allmählich lernen, die ganze Natur als Bild zu betrachten. Man kann dahinterkommen, daß überall die gleiche Art, etwas zum Ausdruck zu bringen, in der Welt waltet . Das ist an anderer Stelle[90] einmal ausgedrückt, wo es heißt, daß man gerade durch Geisteswissenschaft darauf kommen soll, daß die ganze Erde, die ganze Welt betrachtet werden müsse wie eine Physiognomie, wie die Physiognomie eines Menschen.

Es ist wichtig, daß Sie das jetzt ganz ernst nehmen. Sie müssen sich gestehen: Anschauen, vorstellen, mir Gedanken machen über etwas, all das kann ich nur in der Richtung nach vorn, nur über das, was ich *vor* mir habe. Und *deutlich,* klar wird mir das *nur* an dieser Grenze, die mir zunächst jetzt gegenübertritt von der Welt, und in die ich gerade scharfe Formen einsetzen kann. Nur da habe ich überhaupt Deutlichkeit, nur da ist es möglich, überhaupt zur Exaktheit zu kommen. Ebendas lernt man, indem man sich – im modernen Bewußtsein – mit dem gegebenen Toten, wo die Formen eingesetzt werden können, auseinandersetzt.

Wir haben jetzt gesagt, da wird uns etwas *gegeben,* und *wir nehmen* das wahr, und *wir setzen* unsere Gedanken ein. Ist man aufmerksam geworden auf das Walten dieser entgegengesetzten Tätigkeiten im Inneren, hat man bemerkt, daß da nicht bloß eine Art Spiegelung vorliegt, sondern daß da eine Auseinandersetzung mit dem Gegenübertretenden waltet und daß innerhalb dieser Auseinandersetzung die Seele in entgegengesetzten Vorgängen lebt, dann kann man allmählich dazu kommen zu sagen: Muß mir denn immer eine solche Grenze *gegeben* sein, damit ich *wach* sein kann? Kann ich mir nicht eine solche Grenze auch selber geben?

Normalerweise schläft der Mensch ein, wenn ihm kein Widerstand entgegengestellt *wird,* weil *er* nicht unternimmt, sich etwas entgegenzustellen. Er sagt allerdings: Nun ja, ich kann mir eine Katze vorstellen. Er meint, er könne sich eine Katze vorstellen. Aber jetzt würde ich Ihnen empfehlen, wenn Sie einmal irgendwo die Aufgabe haben, nicht einzuschlafen – meinetwegen irgendwo eine Wache zu halten oder sonst irgendetwas – Sie aber schon etwas angestrengt und müde sind, zu versuchen, an einer vorgestellten Katze wach zu werden. Ich glaube, daß das sehr viel dazu beiträgt, daß Sie noch ein bißchen eher einschlafen, als Sie sonst einschlafen würden. Wenn man so sich in einer gewissen Weise anstrengt, so ist das ja unter Umständen sogar ein Schlafmittel. Ich weiß nicht, ob Sie das Schlafmittel kennen, sich die Vorstellung zu machen, man sei ein Hirte, man stünde am Hecktor und die Schafe gingen durch. Man hätte die Aufgabe, diese Schafe zu zählen. Nun ist das Tor ziemlich breit, und sie drängeln sich, so daß es nicht immer ganz leicht ist, alle zu zählen. Wenn man sich das ordentlich vorstellt, wenn man nicht einschlafen kann, dann schläft man ganz bald ein. Solche Mittel gibt es ja.

Man kann das normalerweise nicht, sich Grenzen setzen. Wo keine sind, da flattert die Seele in alle Weiten hinaus, und fängt dann an zu träumen; da wartet man eigentlich darauf, daß irgendetwas anderes einem die Bilder gibt. Man macht sie nicht selbst. Das ist ja auch nicht so leicht; denn was müssen Sie sich denn eigentlich nun entgegenhalten, wenn es von der Art sein soll wie das, was Ihnen in der Außenwelt entgegentritt? Wenn Sie sich Vorstellungen machen sollen, an denen Sie sich stoßen können? Ja, da müssen Sie in einem gewissen Sinne sich Materie entgegenhalten, innerhalb des Bereichs der Vorstellung sich Materie, sich Widerstand entgegenhalten. – Das tut man nun meistens nicht.

Und jetzt bitte ich Sie zunächst, sich vorzustellen einen Spiegel. –

Wie sah der Hintergrund aus, als Sie sich diesen Spiegel vorgestellt haben? Bitte, prüfen Sie, ob Sie nicht sagen müssen: den *Hintergrund* habe ich mir gar nicht mit vorgestellt, ich habe mir nur den Spiegel vorgestellt.

Das kann man aber nicht. Man kann sich nur etwas vorstellen auf einem Hintergrund. Denn sonst ist es nicht etwas. Wieso? Wenn ich Ihnen hier etwas aufmale, dann setze ich doch voraus, daß der Hintergrund da ist; und nun, wo ich Ihnen dieses Etwas aufmale, hebt sich der Hintergrund von dem, was darauf ist, von der Zeichnung ab, und dadurch habe ich die Möglichkeit, an den *Formen* zu sehen, daß es zum Beispiel ein Igel ist. Die *Form* gibt mir eine Antwort auf die Frage: Was ist das?

Das ist aber schon verkehrt, was ich hier gemacht habe; denn ich kann ja gerade nicht die Form *sehen.* So stellen wir aber vor normalerweise: umgekehrt, wie es richtig ist! Wir stellen uns ein Drahtnetz vor, das die Form anzeigt, und darin ist eigentlich gar nichts. Den Spiegel stellen wir uns verschieden vor, je nachdem wer es ist, aber zum Beispiel: Das ist ein Spiegel. Zur Not hat man noch mitgekriegt, daß das, sagen wir, hellblau ist und daß die Fläche blitzt – das sagt man sich in Gedanken. Warum hat man das mitgekriegt? Weil man sich *erinnert* an den Spiegel, den man schon mal gesehen hat. Wenn Sie aber nun irgendeine andere Sache vorstellen sollen, wenn ich Ihnen zum Beispiel sage, stellen Sie sich ein Dreieck vor, oder stellen Sie sich einen Kreis vor, dann ist sehr die Frage, ob Sie nicht zugeben müssen: Sie haben sich vorgestellt diesen Draht, und weder drinnen etwas noch draußen etwas, sondern bloß den Draht! Das ist aber kein Kreis, der Draht. Der Draht hat ja eine Dicke. Ein Kreis könnte er erst sein, wenn Sie den *Unterschied* in die Vorstellung bringen zwischen dem Inneren und dem Äußeren. Dann muß das Innere anders aussehen als das Äußere, das heißt Sie müssen einen anderen Hintergrund vorstellen als den Vordergrund. Da erst haben Sie die Möglichkeit, einen Unterschied, *eine* Form gewahr zu werden.

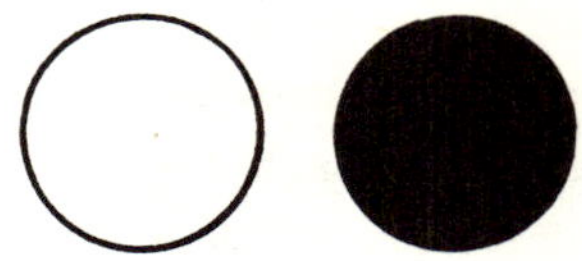

Stellen Sie sich einmal ein Veilchen vor. Nun, jetzt sind Sie vielleicht ein wenig gewitzt und versuchen, sich dieses Veilchen da, wo es wächst, vorzustellen, das Rasenstück und den Baum, worunter es steht, auch mit. War es dunkel oder hell? Bei Tage oder bei Nacht? Es muß hell sein. Berücksichtigt man das normalerweise, daß man, um eine Vorstellung zu haben, das Bild, was man da in der Vorstellung hat, ‹bei Tage› haben muß? Berücksichtigt man auch, daß es hell sein muß, wenn man das Bild in der Vorstellung haben will? Nicht wahr, wenn ich es jetzt ausspreche, ist es vielleicht jedem selbstverständlich. Aber, ob man von sich aus das berücksichtigt, ob man sagt, es ist nicht bloß nötig, daß ich mir den *dunklen* Widerstand hinstelle, sondern auch noch, daß ich *Licht* erzeuge, damit es hell wird?

Wie kann es denn hell sein, kann ich mir denn einfach etwas Helles vorstellen? Da muß *ich* es doch hell *machen,* wenn ich etwas Helles vorstellen will. Nicht wahr, ich muß doch beleuchten, was hell werden soll, innerlich. Wo kriege ich das Licht her? Draußen, im Zimmer, brauche ich nur auf den Knopf zu drücken, nicht wahr? Wenn es hell sein soll draußen, dann, weiß ich, muß irgendein Lichtquell die Wände beleuchten. Wenn ich jetzt vor mir sehen will in der Vorstellung ein Bild, dann muß es hell sein. Wenn ich die Augen zumache, ist es aber dunkel. Wie wird das Bild hell? Oder ist es bei Ihnen nicht hell, wenn Sie sich etwas vorstellen?

Wo ist es nun am hellsten im Bereich der Vorstellung? Da wo *deutliche* Formen auftreten, wo also Licht und Schatten scharf aneinander grenzen. Goethe hat einmal ein Wort Hamanns notiert: «*Deutlichkeit ist eine gehörige Verteilung von Licht und Schatten. Hamann.*» Dahinter schreibt er lakonisch: «*Hört!*»[91] – Deutlichkeit ist eine gehörige Verteilung von Licht und Schatten? *Da* ist es am hellsten. Und wie nennt man ein solches Zeitalter, in dem das Ideal ist, alles so hell wie möglich zu machen in diesem Bereich? Das Zeitalter der Aufklärung. Daß solche Erlebnisse überhaupt da sind, wo man sich so scharfe Gedanken zu machen versucht – hat Goethe auch gemerkt, er hat zum Beispiel gesagt: «Immer wenn ich eine Seite in Kants ‹Kritik der reinen Vernunft› lese, ist mir, wie wenn ich in ein hellerleuchtetes Zimmer träte.»[92] Das braucht nun gar nicht immer so unbedingt ein Lob Kants zu sein, von Goethe aus gesehen, obwohl Goethe nicht etwa Kant für einen unbedeutenden Menschen gehalten hat. Er hat schon seine Bedeutung gesehen. Aber es ist ja gar nicht immer so, daß man dem Zuge des Zeitalters der Aufklärung zu folgen braucht; das ist ja gar nicht immer das Schönste und Höchste, wenn ein Zimmer so ganz hell erleuchtet ist. Bei den modernen Schulbauten meint man das ja, da sieht man überhaupt keine dunklen Wände mehr, da ist überall Glas, daß es so hell ist wie irgend möglich, daß das Licht überall rein kann. Das ist unerträglich, jedenfalls im Sommer, wo es so hell ist. Es muß ja auch die andere Seite da sein. Dagegen ist es nun auch nicht gerade erstrebenswert, immer so eine Halbdämmerung, und bei jeder Gelegenheit grad nur eine Kerze zu haben, statt ordentliches Licht.

Aber Sie haben ja gesehen, wie Goethe in seinem Gedichte, das ich Ihnen zu Anfang angeführt habe, von diesen beiden Abwegen spricht: Wenn es im Innern steif wird, und das wird es bei zuviel Aufklärung, dann ist es nicht erfreulich, aber auch der vagen Züge Schweif ist uns ganz abscheulich: diese mystische Halbdämmerung. Da kommt es schon darauf an, daß man das richtige Verhältnis findet. Aber Deutlichkeit ist eine gehörige Verteilung von Licht und Schatten.

Wenn man einmal gemerkt hat, daß man nach beiden Richtungen tätig sein kann, so muß man eben ausbilden diese *Fähigkeit, sich selber Grenzen zu setzen* – auch dann, wenn es so scheint, daß die Unmöglichkeit von einem verlangt würde, sich einen materiellen Widerstand selbst zu schaffen. Man muß also berücksichtigen, wenn ich mir etwas vorstelle, dann muß ich mir auch die Tafel vorstellen, auf der ich mir das vorstelle. Das ist ungewohnt. Vorstellen, meint man, sei das schlagartige, wunschgemäße Auftauchen von Erinnerungsbildern. Das ist nicht Vorstellen. Vorstellen heißt, sich zunächst einmal eine Tafel dahin stellen und dann auf die Tafel vorstellen. Die ‹Tafel› ist jetzt wieder bildlich gemeint. Sie können natürlich auch etwas nehmen aus dem Bereich anderer Sinneswahrnehmungen. Sie machen es ja oft so, nur ist die Aufmerksamkeit nicht darauf gerichtet.

Also, was ist zum Beispiel das Raten? Sie sagen zunächst: Sollte es wohl *so* sein? Und dann stellen Sie das *vor sich* hin, und betrachten es und sagen: Nein, so ist es nicht. Und dann korrigieren Sie. Oder wenn Sie singen, dann bringen Sie hervor zunächst etwas, worauf Sie dann hören, worauf Sie Ihre Aufmerksamkeit richten. Und dann korrigieren Sie. Wenn Sie singen lernen, müssen Sie es lernen, das so schnell zu machen und von vornherein immer besser zu treffen, daß ein Zuhörender nicht dazu verurteilt ist, mit anzuhören, wie Sie das Richtige erst suchen.

Und nun möchte ich Ihnen ein paar Bemerkungen von Rudolf Steiner vorlesen, die den Schulungsweg betreffen, also den Weg der Ausbildung höherer Erkenntnisfähigkeiten. Dazu gehört eben auch die Ausbildung der Fähigkeit, sich selbst Grenzen zu setzen, Grenzen gegenüberzustellen, denen man selbst dann begegnet. Also Äußerungen, die diesen Schulungsweg betreffen und die er bei Gelegenheit der Betrachtung dessen, was vorliegt, wenn der Mensch träumt, macht. Ich bringe das vor wegen der Frage, die mir im Nachgespräch gestern gestellt worden ist, wie es denn möglich sei, daß man niemals die Sache klar kriege, die man so halbwegs ahne, von der wir auf der ganzen Tagung sprechen, und daß man bemerke, sobald einem die Sache klar werde, dann sei eigentlich das Gewicht nicht mehr da; wenn man etwas von dem Gewicht verspüre, komme man in die Gefahr, die Sache bloß traumhaft, ahnend noch zu durchdringen. Bei Betrachtung des Träumens hat nun Rudolf Steiner folgendes gesagt:

«Will der Mensch innerhalb des gewöhnlichen Erlebens sein Seelenwesen anschauen, so kann es nicht genügen, daß er den geistigen Blick nur gewissermaßen rückwärts wendet, um in sich hineinblickend das zu sehen, was er als ein in die Welt Hinausschauender ist.»

Das verstehen Sie unmittelbar nach der Zeichnung, die wir vorhin gemacht haben (S. 166). Man kann nicht den betrachten, der betrachtet.

«Er sieht, was er als Weltbetrachter ist, nur in einer ganz anderen Richtung. Er ist im wachen Leben fast ganz an die Außenwelt hingegeben. Er lebt in seinen Sinnen. In deren Eindrücken lebt die Außenwelt weiter fort im menschlichen Innern. In diese Eindrücke weben sich die Gedanken. Auch in ihnen lebt die Außenwelt. Nur die *Kraft,* mit der die Außenwelt in den Gedanken ergriffen wird, kann als Eigenwesenheit des Menschen empfunden werden. Aber diese Empfindung einer Eigenschaft hat einen ganz allgemeinen, unbestimmten Charakter. Man kann in ihr mit dem gewöhnlichen Bewußtsein nicht unterscheiden. Wäre man darauf angewiesen, in ihr das Seelenwesen zu erkennen, so hätte man von demselben nichts als eine unbestimmte eigene Empfindung, von der man nicht wüßte, was sie ist.»

Und dann heißt es etwas später:

«Durch den rückwärts gewendeten Blick der Selbstbeobachtung sieht man nur die Bilder der Außenwelt im seelischen Leben, nicht dieses selbst.»

Also immer wieder Gegenständliches, nicht das Sehende, nicht das seelisch Tätige selbst:

«Die Seele entschlüpft dem gewöhnlichen Bewußtsein in dem Augenblicke, da man sie erkennend erfassen will. Mit der Betrachtung des Traumes an die Wirklichkeit des Seelischen heranzukommen, kann man nicht hoffen.»

Ja, ich muß Ihnen ein paar Sätze mehr vorlesen:

«Man müßte durch eine starke innere Tätigkeit die Verbildlichungen der Körperzustände und Körpervorgänge und die Erinnerungserlebnisse austilgen, um die seelische Tätigkeit in ihrer ureigenen Gestalt zurückzubehalten...»

Man müßte also absehen von den Grenzen, die einem von der Außenwelt gegeben werden, um dann die seelische Tätigkeit für sich allein zurückzubehalten. –

«...und man müßte dann das Zurückbehaltene betrachten können. Das ist unmöglich, denn der Träumende ist in einem passiven Zustand. Er kann keine Eigentätigkeit entfalten. Anders steht es für das wache Seelenleben. In diesem kann die Eigentätigkeit nicht nur aufrecht erhalten bleiben, wenn man austilgt, was man von der Außenwelt wahrnimmt, sie kann auch in sich selbst verstärkt werden.»[93]

Und das bedeutet: Die Eigentätigkeit wird verstärkt dadurch, daß man sich übend Grenzen setzt und in diese selbstgeschaffenen Grenzen nun auch selbstgeschaffene Formen, der Grenze begegnend, einzutragen sich bemüht, das heißt indem man sich bemüht, sich selbst voll überschaut Bilder zu machen. Denn wenn Sie sich ein Bild machen, ich habe das ja versucht anzudeuten, müssen *Sie* sich den *Untergrund* geben, auf dem Sie malen, und *Sie* müssen auch dafür sorgen, daß die *Formen* bei dem, was Sie malen, auftreten. Anders können Sie sich nicht selbst Bilder machen. Wenn Sie immer bloß rekurrieren auf die Bilder, die Sie irgendwo gesehen haben, dann dürfen Sie nicht sagen, daß Sie sich selbst Bilder gemacht haben. Das tun Sie erst dann, wenn Sie sich den Untergrund geben, die Leinwand geben, die Farben und auch die Ordnung der Farben geben im Bereich der Vorstellung.

Das ist aber eine Verstärkung dieser Tätigkeiten, auf die wir ja zunächst an einer winzigen Ecke hier aufmerksam geworden sind: dieser Tätigkeiten, die nun eigentlich überall zugrunde liegen, wo gesprochen wird von den Gegensatzpaaren, die in der Welt wirksam sind, sowohl innerhalb der Kategorien als innerhalb jener sechs Gegensatzpaare im Fiölsvinnsmál, als auch in jenen vier Zeilen im Runenlied, von denen wir heute ausgegangen sind:

... ritzen, ... raten,
... finden, ... suchen

«Die müssen verstärkt werden, die Tätigkeiten. Dann kann man dazu kommen, solche Bilder zu schaffen auch unabhängig von dem, an das man gebunden ist, wenn man im sinnlichen, bloß sinnlichen Bereich stehenbleibt. Dies Verstärken, es geschieht, wenn man wachend im Vorstellen sich so unabhängig von der sinnlichen Außenwelt macht, wie man im Traume ist. Man wird dann zum vollbesonnenen wachen Nachahmer des Traumes. Damit fällt zugleich alles Illusorische des Traumes weg. Der Träumende hält seine Traumbilder für Wirklichkeiten, der Wachende durchschaut ihre Unwirklichkeit. Der gesunde Wachende als Nachahmer des Traumes kann seine Bilder nicht für Wirklichkeiten halten, er bleibt sich bewußt, daß er in selbstgeschaffenen Illusionen lebt.»

Wenn er sich selbst Bilder macht, so weiß er: es sind eben nur die Bilder, die ich mir gemacht habe. Und er wird nicht vor ihnen davonlaufen, wie es der Träumende tut, der nicht weiß, daß die Bilder von ihm geschaffen sind, und der daher die Elefanten, von denen er träumt, daß sie ihn zertrampeln wollen, so fürchtet, daß er als Träumender wegläuft, bis er aufwacht. Steiner sagt weiter:

«Dieser, der im wachen Zustand das Träumen nachahmt, er wird diese Illusionen nicht zustandebringen, wenn er nur bei dem gewöhnlichen Grade des Bewußtseins stehenbleibt. Er muß für eine Erkraftung dieses Bewußtseins sorgen. Man kann dies erreichen durch ein stets von neuem von innen sich anfachendes Denken. Die innere seelische Aktivität wächst mit diesem fortgesetzten Anfachen. An dem vollbewußten Vorstellen des Sinnlich-Unwirklichen bildet man die Kraft heran, das Geistig-Wirkliche zu schauen.»

Indem man immer wieder bemüht ist, dasjenige, was sich zunächst als ein Erlebnis ankündigt, was dunkel ist und sich dann vielleicht ein wenig traumhaft aufhellt, indem man bemüht ist, dieses Erleben deutlicher und deutlicher in einem Bilde zum Ausdruck zu bringen, indem man also vollbewußt übt, das Sinnlich-Unwirkliche bildhaft vorzustellen, bildet man die Kraft heran, das Geistig-Wirkliche zu schauen. Sie sehen also, daß es ein weiteres Aufwachen ist, das nötig ist, wenn man zu einer größeren Klarheit kommen will über diese Dinge, die man zunächst nur wie traumhaft ahnt.

Und nun zum Abschluß noch folgende Bemerkung. Wir haben ja gesprochen von der Entwicklung des menschlichen Bewußtseins bis in die Gegenwart hin, in der für das normale Bewußtsein gilt: Der Mensch ist aufgewacht für das Ergreifen-Können der reinen Form. Ob er es durchführt oder nicht, ist eine andere Frage. Er ist vollwach geworden für die Grenze, für das, was auf der Grenze eintritt. Er soll hell wach werden, um auch dasjenige *wach* zu erleben, was *er tut,* indem er an die Grenzen stößt. Indem er bewußt erlebt, was er tut, wenn er an die Grenzen stößt, taucht er in die Wirklichkeit, die auch in der Welt die Grenzen ihm entgegenstellt, unter.

In älteren Zeiten war es so, daß dieser Wachheitsgrad nicht da war. Die Menschen haben noch geträumt. Sie haben die Wirklichkeit so erlebt, wie wenn wir träumen würden. Sie haben also nicht bloß gesehen, wie die Sache wirklich ist, sondern sie haben außerdem noch gesehen, was durch eine Sache, die so oder so ist, sich wie im Traume ausspricht. – Der Traum ist ja eine dekadente Erscheinung, unser heutiges Träumen ist ein Überbleibsel davon. –

Aber man kann doch noch manches entdecken am Traum. Im Traum können Sie eigentlich nichts gewahr werden, was Sie nicht beeindruckt. Irgendwie sind Sie sofort durch das engagiert, was im Traume vorgeht. Da geht Sie alles an, während Sie im Wachbewußtsein ganz gut von allem möglichen absehen können: es geht Sie gar nichts an, Sie gucken eben nicht hin. Aber im Traum tritt gar nichts anderes auf als das, was Sie etwas angeht. Da gibt es nicht außerdem noch Belanglosigkeiten, Gleichgültiges, sondern alles, was auftritt, geht Sie etwas an. Es wirkt auf Sie so, daß Sie eventuell sogar in Schweiß gebadet aufwachen.

So war es in den frühen Zeiten des menschlichen Bewußtseins auch am hellichten Tage. Alles, was der Mensch bemerkte, ging ihn an. Er konnte gar nicht unbeteiligt sein. Er bemerkte gar nichts anderes, als solches, was ihn anging. Und in dem, was ihn anging, sprach sich für ihn zugleich immer etwas aus. Auch durch ihn hindurch sprach sich immer etwas aus. Und diese beiden Wirksamkeiten, die noch nicht an diese Grenze, wie wir sie heute haben, heranreichten, kamen an einer mehr wolkigen Schicht, die noch vor der gegenständlichen Welt lag, bildlich gesprochen, zusammen. Der Mensch erlebte sie gar nicht als seine eigene Tätigkeit, sondern das waren Tätigkeiten, die er erlebte als durch ihn hindurch wirkend. So ähnlich wie wir sogar noch merken, wenn wir aufgewacht sind, nachdem wir geträumt haben: es hat durch uns hindurchgeträumt, wir sind es nicht gewesen, die die Bilder gemacht haben. Sie sind durch uns hindurch gemacht, *es hat uns geträumt.* Man weiß nicht, wo das hergekommen ist. Andere haben die Bilder gemacht – wenn man überhaupt daran denkt, daß sie jemand gemacht hat.

So war in diesen alten Zeiten, was durch den Menschen hindurch wirkte, eben nicht Eigentätigkeit des Menschen, sondern es war Tätigkeit von höheren Wesen, die noch am Menschen gearbeitet haben, die ihn vorzustellen hatten, das heißt bilden sollten, ausbilden sollten. Diese höheren Wesen haben eine höhere Weisheit besessen, als wir sie heute besitzen. Und diese höhere Weisheit, für die Menschen traumhaft wirksam, die ist in den Bildern, die durch die Menschen hindurch traumhaft vor ihnen erschienen, aufgetreten. *Solche Bilder sind uns überliefert als die Inhalte der Sagen und Mythen.* Das ist Kunde von Göttergedanken. Das sind nicht Menschengedanken, die sie sich in märchenhafter und kindlicher Weise darüber ausgedacht haben, wie die Welt wohl beschaffen ist, sondern das sind Äußerungen der Weltgedanken selber, die der Mensch aber nicht anders gefaßt hat als traumhaft.

Wenn wir nun aufgewacht sind zu selbständigen, freien Menschen in der Gegenwart, so wird es sich darum handeln, daß wir in einem höheren Wachbewußtsein die Möglichkeit entdecken, diese Weltgedanken im Menschen wirksam zu verstehen, und unsere Gedanken auszubilden nach dem Vorbilde, möchte ich sagen, der einmal in der Vergangenheit durch den Menschen hindurch wirksam gewesenen Weltgedanken. Daher können wir etwas lernen, wenn wir die Überlieferungen betrachten, wenn wir berücksichtigen: es handelt sich gar nicht bloß um ein Niederschreiben von dem, was sich Menschen einmal ausgedacht haben oder vermutet haben, sondern es handelt sich um den Niederschlag von Weltgedanken, von Gedanken, die tätig gewesen sind innerhalb der gesamten Weltentwicklung selber. Eine Bemerkung von Rudolf Steiner soll nun zunächst diese Sache abschließen:

«Heute hat der Mensch durch sein volles, klares, waches Bewußtsein aufzunehmen solche Weltengedanken, wie sie stammelnd mitzuteilen versucht werden durch die anthroposophisch orientierte Geisteswissenschaft.... So wie diese Gedanken sich ihn ankündigen, wenn er sie recht versteht, können sie das Vertrauen in ihm erwecken, daß auf den Flügeln dieser Gedanken die neue Offenbarung ... wirklich in ihn einzieht.»[94]

Ich werde darauf gegen den Schluß der Tagung noch einmal zurückkommen.

Mythos und Wissenschaft

7. VORTRAG

Heute abend wollen wir uns hauptsächlich eine Reihe von Bildern ansehen, und was ich zu sagen habe, wird sich im wesentlichen ergeben aus den Bildern. Am Beginn möchte ich einige Bemerkungen vorausschicken, die sich auf das beziehen, was ich Ihnen nachher erst zeige.

[Wir haben ausführlich darüber miteinander gesprochen, daß unser gegenwärtiges Bewußtsein sich dadurch auszeichnet, daß wir als denkende Beobachter im Sehen Farbe und Form unterscheiden können. Die Gegenstände der Welt erscheinen uns in scharfe Konturen festgelegt.

Wie war es denn früher? Hat denn der Mensch früher anders gesehen? Die Märchen und Mythen der Völker geben uns ja Kunde davon, daß er in der Tat anders gesehen hat. Er hat in einem traumhaft hellseherischen Bewußtsein die geistige Umwelt in innerlicher Weise wahrgenommen. Das heißt, in diejenige Welt, aus der der Mensch stammt, konnte er in traumhafter Weise hellseherisch hineinschauen. Aber er lebte dafür wie im Schoße dieser geistigen Umwelt geborgen, er stand dieser Welt nicht in Selbständigkeit gegenüber, er war mit ihr verwachsen.

Diese traumhaft hellseherische Seele war keine selbstbewußte Seele. Je tiefer sie in diese physisch sinnliche Welt heruntierstieg, je tiefer sie sich mit der Leiblichkeit verband, umso mehr errang sie sich zwar das Selbstbewußtsein, umso mehr erwachte sie zu sich selbst, aber umso mehr verglomm auch das alte traumhaft hellseherische Vermögen. Nur dadurch, daß die äußeren Gegenstände mit *festen Konturen* der Seele entgegentraten, konnte sich die Seele von ihnen unterscheiden. So hat der Mensch sein Selbstbewußtsein erkaufen müssen mit dem Aufgeben des alten ursprünglichen hellseherischen Zustandes.

Das ist in der Edda in wunderbarer Weise in den Erzählungen von Baldur und Hödur zum Ausdruck gebracht. Baldur ist gewissermaßen der höchste Repräsentant der früheren hellseherischen Seele. In Europa entwickelte sich früh das Persönlichkeitsbewußtsein, der Freiheitsdrang. Der

Mensch empfand als Helfer vorzüglich solche Wesenheiten, die auf die Erringung des Selbstbewußtseins hinarbeiteten. Er kämpfte gewissermaßen um die Überwindung des traumhaften Unterbewußtseins, des Unterwachbewußtseins. In Europa herrschte der Drang, aufzutauchen aus dem Unterbewußtsein. Darum fühlte der Europäer in der intensivsten Weise: Ich bin aufgestiegen zu meinem Ich in der physisch-sinnlichen Welt. Meine Seele war in uralter Zeit in der geistigen, lichten Welt. Das, was ich hier erobert habe, hat mich blind gemacht gegenüber der alten astralischen Welt. – Das mußte am stärksten zum Ausdruck kommen, wo am stärksten zum Ausdruck kommen sollte der Sieg über die astralische Welt. Den Führer in der hellen astralischen Welt, aus der der Mensch geboren ist, empfand das alte europäische Bewußtsein in *Baldur.* Er, der sonnenhelle Gott, ist der Führer der Seelen, insofern sie ihrem Heimatlande, der hellen astralischen Welt angehören. Der Führer in der sinnlichen Welt ist *Hödur,* der den Baldur erschlägt.

So *tragisch* empfanden die alten europäischen Menschen den Untergang der hellseherischen Seele, den vorläufigen Tod der Seele. Aber sie empfanden diesen Untergang auch wie einen Übergang, sie haben gefühlt, daß ein Neues folgen mußte. Daher die Götterdämmerung.

In der Völuspa, dem Lied der Seherin, finden sich über den Tod Baldurs nur die folgenden Zeilen:

> Ich sah dem Baldur, dem blühenden Gotte, 36.
> Odins Sohne, Unheil drohen.
> Gewachsen war über die Wiesen hoch
> Der zarte, zierliche Zweig der Mistel.
>
> Von der Mistel kam, so deuchte mich, 37.
> Häßlicher Harm, da Hödur schoß...

Aber aus einem Vergleich des Vegtamsliedes mit der Völuspa kann man deutlich ersehen, wie die ganze Götterdämmerung gleichsam als eine notwendige Folge dieses Schusses aufgefaßt wurde. Es wird ja berichtet, daß Baldurs Tod durch Wali an Hödur gerächt wurde, und doch sind in der neuen Welt, die nach der Götterdämmerung ersteht, Baldur und Hödur *vereinigt*! So heißt es ja in der Völuspa:

Die Asen einen sich auf dem Idafelde, 59.
Über den Weltumspanner zu sprechen, den großen,
Uralter Sprüche sind sie da eingedenk,
Von Fimbultyr gefundner Runen.

– Fimbultyr ist auch ein Beiname für Odin –

Da werden sich wieder die wundersamen 60.
Goldenen Bälle im Grase finden,
Die in Urzeiten die Asen hatten,
Der Fürst der Götter und Fiölnirs Geschlecht.

Da werden unbesät die Äcker tragen 61.
Alles Böse bessert sich, *Baldur* kehrt wieder.
In Heervaters Himmel wohnen *Hödur und Baldur,*
Die walweisen Götter. Wißt ihr, was *das* bedeutet?

Es bedeutet, daß nach der Götterdämmerung eine Zeit anbricht, in der das Erkennen der sinnlichen Welt und das Hineinschauen in die übersinnliche Welt zugleich möglich wird.]

Diese Worte stehen ja am Ende der Völuspa und sie sprechen von dem Zustand nach der Götterdämmung. Die Wala fährt fort:

Da kann Hönir selbst sein Los sich kiesen, 62.
Und beider Brüder Söhne bebauen
Das weite Windheim. Wißt ihr, was das bedeutet?

Einen Saal sehe ich, heller als die Sonne, 63.
Mit Gold bedeckt auf Gimils Höhen:
Da werden bewährte Leute wohnen
Und ohne Ende der Ehre genießen.

Da reitet der Mächtige zum Rat der Götter, 64.
Der starke von oben, der alles steuert.
Den Streit entscheidet er, schlichtet Zwiste,
Und ordnet ewige Satzungen an.

Dann kommt noch ein Vers. Der ist ganz undurchschaubar übersetzt hier; es ist auch schwierig, eine rechte Übersetzung zu finden. Er bezieht sich auf den Drachen. Den wollen wir jetzt weglassen.[95] Von dieser vorletzten Strophe hat man ja vermutet, sie sei in christlicher Zeit hinzugefügt worden und enthielte einen Hinweis auf den Christus. Das letztere ist ganz gewiß richtig, das erstere – daß das in christlicher Zeit hinzugefügt ist – ganz gewiß nicht. Sondern an solchen Stellen aus der mythologischen Überlieferung kann zum Vorschein kommen eine Tatsache, um die zum Beispiel *Augustin* ja wußte, und die er auch ganz unumwunden zum Ausdruck gebracht hat, nämlich, daß es längst vor Christi Geburt Christen gegeben hat innerhalb der heidnischen Welt, daß man sie nur anders genannt hat.[96] Es war ein Wissen um diese Wesenheit, die seit dem Mysterium von Golgatha die Christuswesenheit genannt ist, vorhanden. Durch das ganze Altertum, eben durch die Mysterien hindurch, wußte man von dem, der da kommen würde, selbstverständlich auch in den jüdischen Eingeweihtenkreisen, zum Beispiel in den Mysterienschulen, zu denen die sogenannten Essäer gehörten.

Und an der Stelle, die ich Ihnen schon vorgelesen habe aus der Edda, in Odins Runenlied, heißt es in der Übersetzung Simrocks:

> Zu gedeihen begann ich und begann zu denken,
> wuchs und fühlte mich wohl,
> Wort aus dem Wort verlieh mir das Wort,
> Werk aus dem Werk verlieh mir das Werk.

An dieser Stelle ist auch eine solche Kunde von dem Wissen um die Christuswesenheit zum Ausdruck gebracht. Man wußte schon, daß es sich um *das Wort* handelte. *Das Wort* war für die Wissenden eigentlich zu allen Zeiten ein Ausdruck für ein solches Zusammenwirken von zwei entgegengesetzten Richtungen an einer Grenze, so daß durch dieses Zusammenwirken nun wirklich für das Bewußtsein, das dem Worte begegnet, die Möglichkeit sich ergibt, einen solchen Ausdruck zu verstehen. Man wußte auch, daß sich bei einer solchen Begegnung die Möglichkeit ergibt, sagen wir, zu denken zu beginnen, mit dem Verstehen einzusetzen. Man wußte, den man da zunächst *nachahmt* und was man dann zu *gewinnen* hofft, *stammt* von einem solchen, dem man wie einem Ziele, das noch weit vor einem liegt, zustrebt. Wir haben hier davon gesprochen, daß die Wahrheit ja erst da zu ergreifen, zu erfassen ist, wo man bis zur Denkausbildung der Formen, auch in seinem Denkprozeß, kommen kann, daß aber diesen Wahrheiten, die man so ergreift, das Erlebbare, geradezu das Seinshafte fehlt, und daß auf der anderen Seite, wenn man ein Seinshaftes erlebt, dem die Klarheit mangelt. Und man wußte, daß es darum geht, bei dieser Begegnung an der Grenze, an der die Wahrheit erfaßt werden kann, zusammenzubringen, was von beiden Seiten her von den äußersten Polen zu kommen scheint, in Wahrheit aber von den äußersten Polen zusammenstrebt, weil es von dem einen Ursprunge ausgeht, welcher so herum und so herum wirkend sich selbst an dieser Grenze begegnet im Zusammentreffen.

Für dieses Zusammentreffen war das Wort eigentlich immer das sprechendste Symbol. Denn man verstand unter dem Wort einerseits dasjenige, was spricht: das Wesen, von dem dieser Akt des Trennens und Zusammentreffens von Bewußt und Sein zum Bewußtsein, von dem dieser doppelte Akt *ausging,* als das Wort. Aber man verstand andererseits auch dasjenige darunter, was *entstand* durch das Zusammentreffen, also sagen wir grob, durch das Einsetzen von Konsonanten in die Vokale. Beides war das Wort. Das, was zuletzt auftritt, ist gewissermaßen das Wort als Werk; das zuerst auftritt: das Wort als Wesen. Werke verstehen lernte man aus dem Werk, Worte verstehen lernte man aus dem Wort, beides also eigentlich aus der Nachahmung.

Und so ist durchaus mit diesem Vers, dem vorletzten in der Völuspa, ein Hindeuten auch auf die Wesenheit des Wortes verbunden:

> Da reitet der Mächtige zum Rat der Götter,
> Der Starke von oben, der alles steuert.
> Den Streit entscheidet er, schlichtet Zwiste
> Und ordnet ewige Satzungen an.

Das ist die Übersetzung von Simrock. Wenn Sie das bedenken, was wir eben besprochen haben, können Sie selber darauf kommen, daß man das deutlicher zum Ausdruck bringen könnte durch geringe Veränderungen der Übertragung Simrocks, indem man sagt:

> ...der Starke von oben, der alles ordnet,
> Der das Widerstrebende scheidet,
> Das Unterschiedene verbindet,
> Und ordnet ewige Satzungen an.

Wir haben ja vom Sich-Finden im Unendlichen gesprochen, wozu das Unterscheiden nötig ist: Der also das Widerstrebende scheidet, er muß das

Getrennte wieder verbinden. «Er schlichtet Zwiste», heißt es nach Simrock. Eigentlich ist gemeint, die Begegnung kommt zustande: «der das Unterschiedene verbindet und ordnet ewige Satzungen an.» Ewige Satzungen sind ja die vorausgegangenen nicht gewesen, denn die Götterdämmerung ist geschehen, so daß nun ewige Satzungen gegeben werden können.

Und ich möchte bemerken, daß an solchen Stellen immer gewiesen wird auf die Spanne zwischen dem, was wir außen und innen zu nennen gewohnt sind, diese gewaltigste Spanne, die wir aber lernen müssen zu nennen die Spanne zwischen dem Inneren und der Oberfläche, zwischen Wort und Werk. Darauf ist gewiesen, daß das Erlebenkönnen einer solchen Wesenheit, die mit «Wort» bezeichnet wird, gebunden ist an die Entfaltung eines Bewußtseins, das bis an das «Werk» herankommt. Kommt man nicht bis an die Grenze, wo das klare Wachbewußtsein den höchsten Grad seiner Helligkeit erreicht, so taucht man auf der anderen Seite entsprechend auch nicht bis zu jener Urwesenheit ein in die Wirklichkeit, man bleibt vorher stehen, ich möchte sagen, bei untergeordneten, dienenden Wesenheiten, man taucht nicht bis in den innersten Kern, das eigentliche Innere, in dem sich Außen und Innen ja treffen nach Troxler, unter.

Troxler hatte ja gesagt, und ich möchte es Ihnen immer wieder vor die Seele führen: Was da als die eine Weltansicht, die idealistische, und die andere Ansicht, die reale, gelten, «es ist dies gleichsam die äußere und innere Oberfläche von dem eigentlichen Innern, und die scheinbare Höhe und Tiefe von der wahren, nämlich von der zwischen diesen äußersten der Natur verborgenen Mitte der Wissenschaft.» Diese Mitte der Wissenschaft ist es, von der der eigentliche philosophische Tiefsinn kündet, von wo die Philosophie heruntergefallen ist in die Welt, und wohin sie wieder aufsteigen soll, mitnehmend alles das, was über das Geistige innerhalb der sinnlichen Welt erfahren werden konnte: Das kommt also auch in der Edda schon zum Ausdruck.

Und davon muß auch die Geisteswissenschaft in der Gegenwart sprechen. Daher ist, ich möchte sagen in einer ungeheuerlichen Weise, diese Kluft betont bei Rudolf Steiner zwischen dem Wesenhaftesten – Sie werden mich verstehen, wenn ich mich so ausdrücke – dem Urwesenhaften, dem Urlicht oder wie man es nennen soll, und demjenigen, was dann ganz auf der Oberfläche abstrakt, formal, seinslos ist. Und dann betont er die Notwendigkeit, das zusammenzubringen. Ich möchte Ihnen ein paar Sätze wieder vorlesen von Rudolf Steiner, die Ihnen das deutlich machen können:

«Man kann ... auf der einen Seite völlig hinneigen zu demjenigen, was notwendig ist für die Freiheit» – das ist nämlich die Grenze in ihrer Genauigkeit kennenzulernen –, «muß aber auf der anderen Seite, ich möchte sagen, auch das andere Gebiet auf die Waagschale legen, den Weg hinfinden zu dem Paulinischen Worte: Nicht ich, sondern der Christus in mir.»

Und etwas später:

«Es war daher ganz selbstverständlich, daß ich auf der einen Seite die ‹Philosophie der Freiheit› versuchte zu schreiben, so schlecht und recht natürlich als sie sein konnte, weil man nicht gleich auf den ersten Anhub alles gut machen kann. Auf der anderen Seite aber mußte gerade auf das Mysterium von Golgatha hingewiesen werden durch meine ‹Mystik im Aufgange des neuzeitlichen Geisteslebens und ihr Verhältnis zur modernen Weltanschauung› und durch mein ‹Christentum als mystische Tatsache›. Diese zwei Dinge gehören einfach zusammen.»

Und noch einmal:

«So muß eben, wenn die gegenwärtige Seele sich in richtiger Weise hineinstellen will in die Weltentwicklung, in ihr leben *auf der einen Seite ein starker Freiheitsimpuls, auf der anderen* Seite muß in ihr leben ein starker Impuls *zum innerlichen Durchleben des Mysteriums von Golgatha.*

Das muß sich aber nach und nach sowohl im einzelnen Menschenleben ausgestalten wie es sich ausgestalten muß im Wissenschaftlichen. Im einzelnen Menschenleben muß der Mensch einmal dazu kommen, die alten instinktiven Arten des Mystischen und des Hellseherischen zu überwinden und sich ganz und gar eben auf den Standpunkt einer solchen Erkenntnis zu stellen, wie wir sie haben, wenn wir – sagen wir – eine Dampfmaschine begreifen. Nur solche Ideen für die äußere Naturerkenntnis setzte ich in meiner ‹Philosophie der Freiheit› voraus, wie man sie notwendig hat, um auch eine Dampfmaschine zu begreifen. Aber man muß, um eine Dampfmaschine zu begreifen, zwar seinen ganzen Menschen ablegen, aber nicht jetzt das Letzte, das reine Denken. Das muß man schon noch im Menschen ausbilden und dann hinaustragen. Aber das ist zu gleicher Zeit das, was in den Objekten lebt.»[97]

Nun, da haben Sie diesen Hinweis darauf. An einer anderen Stelle wird das noch einmal gesagt, daß es, wenn man bemerkt, daß in diesem reinen Denken zugänglich wird, was auch in den Dingen lebt, was also von der Art des Weltendenkens selber ist, daß es, wenn man das einsieht, schon das Bemerken des ersten modernen Hellsehens sei. Sie sehen, wie wenig das mit dem verschwommenen Hellsehen, wovon man gewöhnlich hört, etwas zu tun hat.

Aber noch eins: Sehen Sie, wie hier hingewiesen ist auf die Notwendigkeit, zusammenzunehmen das Sichhineinleben in das Mysterium von Golgatha mit diesem Sichbefassen mit dem Abstraktesten, was wir gegenwärtig haben, dem Formalen, mit der Form? Das gehört unbedingt zusammen!

Nun muß ich etwas nachtragen, was ich heute morgen zunächst mit Absicht ausgelassen hatte. Ich will Ihnen noch einmal den Satz vorlesen, den ich da am Schluß angeführt habe, jetzt vollständig:

«Heute hat der Mensch durch sein volles, klares, waches Bewußtsein aufzunehmen solche Weltengedanken, wie sie stammelnd mitzuteilen versucht werden durch die anthroposophisch orientierte Geisteswissenschaft, zu der wir uns bekennen. So wie diese Gedanken sich ihm ankündigen, wenn er sie recht versteht, können Sie das Vertrauen in ihm erwecken, daß auf den Flügeln dieser Gedanken die neue Offenbarung, das heißt der neue Christus-Impuls unserer Zeit, wirklich in ihn einzieht. Und er wird ihn verspüren, wenn er nur darauf aufmerksam sein will, dieser Mensch!»[98] Und nun werden drei Fingerzeige gegeben, worauf der Mensch aufmerksam sein muß, wenn er in dieser Richtung spüren will, und das will ich Ihnen dann zum Schluß noch anführen. Ich habe das, wie ich schon vorhin sagte, vorausgeschickt wegen der Betrachtung der Bilder. Wir wollen jetzt zunächst mit dem Zeigen der Bilder beginnen und ich werde dann an der entsprechenden Stelle etwas dazu sagen.... (Siehe S. 188.)

Bei diesen Bildern werden Sie bemerkt haben, es ist eine Welt, die auf uns zukommt, die uns alle in einer merkwürdigen Weise berührt. Sie spüren wahrscheinlich, daß es sich da um etwas Mächtiges handelt. Aber Sie spüren es doch so, daß Ihnen vieles Rätsel aufgibt, daß Sie nicht sagen können: Das ist doch klar. Es hat gar keinen Zweck, davon zu reden, was das sein soll. Wenn man schon darüber spricht, und deswegen sage ich jetzt nicht viel, so muß man länger darüber sprechen und eben nicht in der Art, daß man versucht zu sagen, was es sein soll, wie man es beschreiben kann

16 Alexander im Greifenwagen

[Die übrigen gezeigten Kunstwerke konnten leider nicht ermittelt werden. Der Herausgeber.]

und so weiter, sondern in der Art, daß man aufmerksam macht auf gewisse Erlebnisse, die man haben kann, deren man sich bewußt werden kann, wenn man solche Dinge anschaut.

Jetzt habe ich vorgehabt, mit Ihnen noch einiges zu besprechen in Anknüpfung an das sogenannte ‹Traumlied des Olav Åsteson›. Und zwar möchte ich das deswegen tun, weil bei der Betrachtung sowohl dieses Liedes, als auch gewisser Ausführungen, die Rudolf Steiner darüber gemacht hat, uns vielleicht noch etwas näher gerückt werden kann das Verständnis dafür, daß man in einer anderen Weise, in einem anderen Bewußtsein sich solchen Wirklichkeiten einer übersinnlichen Welt oder auch Wesenhaftem einer übersinnlichen Welt, nähern muß, daß also man nicht diesem Gefühl, im Vagen zu bleiben, zum Trotz mit Gewalt versucht, es sich doch klar zu machen mit dem gewöhnlichen Bewußtsein, sondern daß man berücksichtigen lernt: man muß diesen Dingen auf eine andere Weise näherrücken. Ich werde das morgen früh gleich mit Ihnen besprechen. Für heute ist es das beste, so abzuschließen.

Aber ich möchte Ihnen, wie ich am Anfang versprochen habe, noch die Hinweise Rudolf Steiners auf die drei Arten vorlesen, wie man, wenn man es will, die Wirksamkeiten des neuen Christusimpulses verspüren kann, wenn man in der rechten Weise sich bemüht, wirklich denkend zu verstehen, wie durch die Geisteswissenschaft heute dem Menschen Weltgedanken nahegebracht werden. Diese Möglichkeiten entstehen, wenn man die Gedanken der Geisteswissenschaft *denkt,* nicht wenn man sie glaubt, auf Autorität hin annimmt, auch nicht wenn man sie bestreitet und nicht glaubt, sondern: wenn man sie *denkt* mit einem Denken voller Schärfe und Sachlichkeit, wie das Denken eben sein muß, wenn es zu scharfen Gestalten, zu scharfen Konturen vordringen will:

«Versuchen Sie es also nun, diesen Impuls zu spüren», so heißt es dann bei Rudolf Steiner, «so wie es hier gemeint ist, recht lebendig im heutigen zeitgemäßen Sinne, die Geistgedanken der Weltenlenkung in sich aufzunehmen; versuchen Sie sie aufzunehmen nicht bloß wie eine Lehre, nicht bloß wie eine Theorie, versuchen Sie sie aufzunehmen so, daß sie diese Ihre Seele im tiefsten Inneren bewegen, erwärmen, durchleuchten und durchströmen, daß Sie sie lebendig tragen. Versuchen Sie, diese Gedanken in solcher Stärke zu empfinden, daß sie Ihnen sind wie etwas, was wie durch den Leib» – nämlich durch die Ohren – «in Ihre Seele eintritt und den Leib verändert. Versuchen Sie, alle Abstraktionen, alles Theoretische von diesen Gedanken abzustreifen. Versuchen Sie, darauf zu kommen, daß diese Gedanken solche sind, welche eine wirkliche Speise der Seele sind, versuchen Sie, darauf zu kommen, daß durch diese Gedanken nicht bloß Gedanken in Ihre Seele einziehen, sondern daß geistiges Leben, das herauskommt aus der geistigen Welt, durch diese Gedanken in unsere Seele einzieht. Machen Sie sich intim innerlichst eins mit diesen Gedanken, und Sie werden ein dreifaches bemerken. Sie werden bemerken, daß diese Gedanken allmählich etwas in Ihnen selber austilgen, was insbesondere in unserer Zeit des Bewußtseinsseelen-Zeitalters so deutlich in die Menschenseelen hereinzieht: daß diese Gedanken, mögen sie sonst wie immer lauten, austilgen im Menschen die Selbstsucht! Wenn Sie zu bemerken anfangen: diese Gedanken töten den Egoismus, lähmen die Selbstsucht –, dann, meine lieben Freunde, haben Sie verspürt das Durchchristete der anthroposophisch orientierten geisteswissenschaftlichen Gedanken.

Und wenn Sie zweitens verspüren, daß in dem Augenblick, wo irgendwie in der Welt an Sie herantritt die Unwahrhaftigkeit, entweder indem Sie selber versucht werden, es mit der Wahrheit nicht genau zu nehmen, oder von anderer Seite Ihnen die Unwahrhaftigkeit entgegentritt, wenn Sie verspüren, daß in dem Augenblicke, wo die Unwahrhaftigkeit in Ihre Lebenssphäre hereintritt, warnend oder auf die Wahrheit hinweisend, ein Impuls dasteht neben Ihnen, der die Unwahrheit nicht in Ihr Leben hereintreten lassen will, der Sie immerzu mahnend auffordert, mit der Wahrheit es zu halten: dann verspüren Sie wiederum gegenüber dem zum Scheine heute so vielfach neigenden Leben den lebendigen Christus-Impuls. Der Mensch wird nicht leicht gegenüber den anthroposophisch orientierten Geistgedanken lügen können oder keine Empfindung haben für den Schein und die Unwahrheit. Ein Wegweiser zum Wahrheitsempfinden, von allem übrigen Verständnis abgesehen, er kann von Ihnen gefühlt werden in den Gedanken der neuen christlichen Offenbarung. Wenn Sie es dahin bringen, nicht bloß theoretisches Verständnis zu suchen für die Geisteswissenschaft, wie man es für eine andere Wissenschaft sucht, sondern wenn Sie es dahin bringen, daß die Gedanken so in Sie eindringen, daß Sie fühlen: Es ist so, indem diese Gedanken mit meiner Seele intim werden, wie wenn sich eine zur Wahrheit mahnende Gewissensmacht neben mich hinstellte, dann haben Sie den Christus-Impuls in der zweiten Art gefunden.

Und wenn Sie drittens auch noch fühlen, daß ausströmt von diesen Gedanken etwas bis in den Leib hinein, aber insbesondere in der Seele Wirkendes, Krankheit Überwindendes, den Menschen Gesundmachendes, Frischmachendes, wenn Sie verspüren die verjüngende, erfrischende krankheitsfeindliche Kraft dieser Gedanken: dann haben Sie den dritten Teil des Christus-Impulses dieser Gedanken empfunden. Denn das ist es, wonach die Menschheit mit der neuen Weisheit, mit dem neuen Geiste strebt: aus dem Geiste selber heraus die Möglichkeit zu finden, Selbstsucht zu überwinden, den Schein des Lebens zu überwinden; Selbstsucht durch Liebe, den Schein des Lebens durch die Wahrheit, das Krankmachende durch die gesunden Gedanken, die uns unmittelbar in Einklang versetzen mit den Harmonien des Weltenalls, weil sie aus den Harmonien des Weltalls stammen.»[99] Damit möchte ich heute abend abschließen.

Mythos und Wissenschaft

8. VORTRAG

Heute ist der letzte Tag, an dem wir innerhalb dieser Tagung zusammen sind. Ich möchte einiges zusammenfassen, aber auch noch einiges Grundsätzliche unmittelbar aussprechen. Was hier auf einer solchen zeitlich eng begrenzten Tagung geschehen kann, muss ganz andersartig sein, als dasjenige, was Sie auf der Universität durchzuführen gewohnt sind und durchführen müssen. Mir liegt, wenn ich das einmal so zum Ausdruck bringen darf, nicht daran, daß Sie hier nur zu dem Wissen, das Sie anderweitig erringen, noch ein andersartiges, neues Wissen dazubekommen. Sondern mir liegt daran, daß Sie innerhalb dessen, was wir hier betreiben, einen neuen *Impuls* bekommen. Das ist so schlecht und recht ausgedrückt, wie es mir im Augenblick möglich ist. Das heißt natürlich nicht, daß ich Ihnen einen Impuls einzufiltrieren beabsichtige. Ganz bestimmt nicht! Ich möchte, daß Impulse willensartiger Natur nicht von einem zum andern hinüber wirken, sondern daß dieser Impuls, von dem ich eben sagte, daß *Sie* ihn bekommen, aus *Ihrem* eigensten Inneren heraus erweckt wird durch solche Begegnungen, wie wir sie hier durchzuführen anstreben.

Sie haben sicherlich alle schon die Diskrepanz in der eigenen Seele empfunden zwischen der Art, wie die Seele reagiert auf dasjenige, was heute auf der Universität getrieben wird, und wie sie reagiert auf dasjenige, was sie durch die Geisteswissenschaft erfahren kann. Man wird gewissermaßen innerhalb des Studiums immer auseinandergezerrt, auseinandergerissen nach diesen zwei Seiten. Man fragt sich oft, wie denn das nun in Einklang zu bringen ist. Ich möchte hier noch einmal besonders betonen, daß es nicht möglich ist, diese beiden Strömungen, deren Wirksamkeit man in der Seele empfindet, unmittelbar zum Einklang zu bringen. Und ich möchte Sie auch in keiner Weise weglenken von der Art, wie auf der Universität studiert wird und Sie hinlenken zu einer andersartigen Betrachtungsweise, wie sie in der Geisteswissenschaft notwendig durchgeführt wird. Sondern es geht mir gerade um das Erwecken der Einsicht in die

Notwendigkeit einer solchen Arbeit, wie sie auf den Universitäten durchgeführt wird. Sie müssen einen gewissen Mut aufbringen so wie Sie ihn kennen lernen können aus dem, was wir in der Edda betrachtet haben, die Notwendigkeit des Unterganges zu bejahen, und also an der Universität sich durchaus bewußt in eine solche Untergangsströmung hineinzustellen, die notwendig ist. Daß sie dort waltet, ist ja von mir nicht als ein negatives Urteil, wie Sie jetzt bemerken werden, gemeint. Das Walten dieser Untergangsströmung zeigt sich vielleicht am ausdrücklichsten an der Tatsache, daß diese Institution den Namen Universitas trägt, und daß sie dazu herangereift ist, daß ausgebildet werden auf ihr diverse Unica, ganz verschiedene Einzelwesen. Und das Sprechendste ist, daß in unserer Gegenwart man die Notwendigkeit empfunden hat, auf dieser ‹Universität› ein ‹Studium generale› einzuführen. Das ist also offenbar verschwunden gewesen, sonst hätte man es ja nicht einführen können: Was im Wort Universität eigentlich enthalten ist, das ist verschwunden!

Dieser Vorgang ist ein Heruntersteigen aus einem ursprünglich Einen in die Differenzierung, anders ausgedrückt: die Ausbildung des Spezialistentums. Während wir hier davon sprechen können, wie von da aus, wo man Spezialist im höchsten Sinne geworden ist, nämlich ein Individuum, wo man also zu sich selbst gekommen ist, wahrhaft ein Einzelwesen geworden ist, wie man von da aus den Weg dazu findet, sich, wie es in dem Goetheschen Ausspruch heißt, «im Unendlichen zu finden»[100]. Der Weg der Universität ist der Weg, auf dem man aus der Unendlichkeit zu einem Einzelbewußtsein herauskommt. Der Weg, von dem wir hier sprechen, ist der, wie man von der erlangten Selbstbewußtheit zu einem Sichfinden im Unendlichen gelangen kann. *Beide* müssen zusammengenommen werden: ein Weg des Unterganges – ein Weg des Aufganges.

Eine der am schlimmsten wirkenden Eigentümlichkeiten in der modernen Welt ist die Einseitigkeit, ist dasjenige, was man bezeichnen kann als das Haften am Entweder – Oder. Entweder ich studiere und halte das für das richtige, oder ich widme mich der anderen Seite. Entweder ich entscheide mich für die moderne Naturwissenschaft oder für die Mystik. Worum es hier geht, ist nun nicht, sich für die Mystik zu entscheiden, sondern zusammenzubinden diese Pole, auf die man weist, wenn man von Naturwissenschaft und Mystik spricht, und auf die wir anders gewiesen haben, indem wir gewiesen haben auf die Erringung des exakten, formalen, klaren Bewußtseins auf der einen Seite und auf die Möglichkeit, das dunkelste Erleben, Seinserleben dem gegenüber zu bemerken und diese beiden Polaritäten lebendig zu verbinden.

Nun haben wir hier im Grunde genommen gesprochen, ich will jetzt die Namen verwenden, die ich bisher nicht verwendet habe, über den Physischen Leib, über den Ätherleib, über den Astralleib und über das Ich. Nicht, weil Sie durch die Namensnennung jetzt eine besondere Aufklärung erhalten, sage ich das. Umgekehrt: Durch das, was wir hier konkret gemacht haben, was wir oft an uns selbst erfahren konnten, haben wir die Möglichkeit, mit solchen Ausdrücken etwas anzufangen.

Wir haben gesprochen von Tätigkeiten, die uns überall auf die Wirklichkeit verweisen, und die wir bewußter und bewußter bemerken müssen – aber andersartig bewußt, als wir bewußt kombinieren oder formal rechnen, zusammenstellen und so weiter. Der *Ätherleib* wird charakterisiert in der Geisteswissenschaft als ein Zeitenleib: nicht ein Räumliches ist er; er wird charakterisiert als ein Tätigkeitsleib: nicht ein Festes ist er, sondern immer Tätigkeit; er wird bezeichnet als Bildekräfteleib: er ist ein Leib, der aus Tätigkeit besteht, die immer strebt zu bilden. Der *Astralleib* ist der Träger des Trieblebens, des Empfindungslebens, der Begierden, kurz, des Seelischen im Menschen. Also im Astralleib treten Regungen des Bemerkens, möchte ich sagen, der Tätigkeiten, die der Ätherleib durchführt, auf. Es meldet sich Bewußtsein, es ist ein Zurückschauen im Innehalten. Wie im Ätherleib mehr die Tendenz liegt, zu gestalten, zu formen, so liegt im Astralleib die Tätigkeit seelischer Art des Gewahrwerdens, des Wahrnehmens, des Zurücknehmens. Sie werden ja dessen, was Sie tun, gewahr, wenn Sie damit zurückhalten, es zurückstellen. Und vom *Ich* haben wir hier geredet, indem wir hier gesprochen haben von dem Wesensquell, von dem sowohl die Tätigkeiten des *Gebens* als die Tätigkeiten des *Nehmens* ausgehen.

Ich habe Ihnen gesagt, daß in dem ersten Anhang zu dem Buche ‹Die Geheimwissenschaft im Umriß› eine Bemerkung über den Ätherleib gemacht wird, und wie in dieser Bemerkung eigentlich nur etwas über die neue Art, sich im Bewußtsein zu verhalten, ausgesagt wird. Es handelt sich darum, daß es, wenn im normalen Bewußtsein des Menschen die Sache so ist, daß sich überall viele Empfindungen, Erlebnisse an das Gewahrwerden des gegebenen Äußeren *anschließen,* es für die übersinnliche Erkenntnis umgekehrt sein *muß*. Es muß von einem Erlebnis *ausgegangen* werden, das man zu gestalten hat für die Anschauung in ein Bild, welches geeignet ist, solche Erlebnisse in einer adäquaten Weise deutlicher und deutlicher zum Ausdruck zu bringen. Nun habe ich dabei ein wenig schematisch die folgende Zeichnung angegeben:

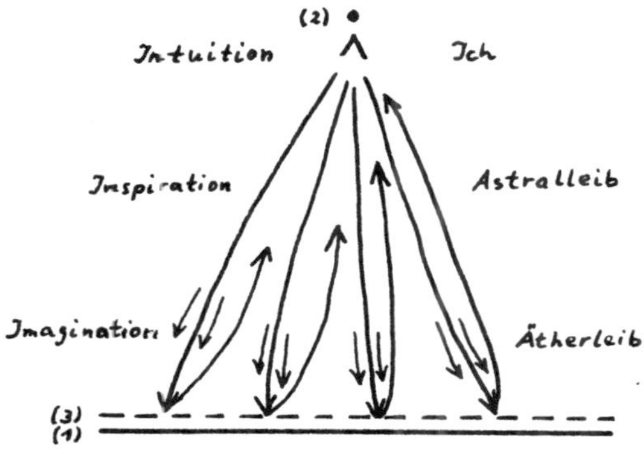

Diese Grenze hier (1), hier den Quell (2), hier die äußerste Grenze der inneren Tätigkeit (3), mit der wir auf die andere Grenze des uns gegenüberstehenden Äußeren (1) auftreffen, wenn wir in der physischen Welt etwas betrachten. Wir haben zunächst gesagt, dort haben wir *Imaginationen* zu suchen, hier hätten wir zu suchen das Gewahrwerden, die *Inspiration,* und hier im Erlebnis des Wesenhaften, also in diesem Falle des Ich, die *Intuition.* Und wir haben davon gesprochen, daß das bewußte Erleben beim Nennen des Namens Ich, wenn er ernsthaft gesagt wird, schattenhaft auch schon für das normale Bewußtsein auftritt. Jetzt können Sie vielleicht bemerken, daß Sie in dieser Gliederung die Region vor der Grenze als eine Entsprechung auffassen können zu dem, was im *Ätherleib* eigentlich tätig ist. Da hätten Sie hier hinzuschreiben Ätherleib. Dann haben Sie bei den Atmungsprozessen das Hin und Her mit dem Gewahrwerden dessen, was im Zurückhalten, im Verhalten dessen, was Sie tun, liegt; dahin könnten Sie *Astralleib* schreiben. Und in den Punkt können Sie *Ich* schreiben. Aber wenn Sie auf den Punkt zurückgehen, haben Sie nichts mehr. Sie müßten also schon die Äußerung des Ich bis in eine gewisse Sphäre des Umkreises mit berücksichtigen. Demgegenüber waltet auf der anderen Seite eine ganz entsprechende Wirksamkeit, die am Sinnesteppich gewoben hat, die uns die Welt vorstellt. Wir sagten, daß der Mensch die Möglichkeit hat, in diese

Wirklichkeit bewußt erlebend einzutauchen, wenn er gewahr wird, was in ihm geschieht, denn das, was in ihm geschieht, entspringt demjenigen, dem auch das entspringt, was im Weltall geschieht, was aus den Harmonien der Gesetzmäßigkeiten, die im Weltall wirksam sind, entsprungen ist. Das Innere entspricht dem Äußeren.

Wie kommt man also in die Wirklichkeit der Welt hinein? Ich muß schon den Ausdruck gebrauchen: durch das bewußte Hineinleben in die Wirklichkeit. Aber diese Wirklichkeit der äußeren Welt sucht nun der Mensch in dem, was er als Tätigkeiten innerhalb seiner eigenen Wesenheit gewahr werden kann. Er stößt gar nicht durch diese Grenze, von der wir sprechen, als welche ihm die Welt in ihrer Oberfläche entgegentritt, sondern er geht heran bis an die Grenze – um die Klarheit des Bewußtseins auszubilden – und taucht dann in sein eigenes Wesen unter, mehr und mehr andersartig gewahrwerdend, was in seinem Innern sich von der Wirklichkeit ankündigt.

Wir haben von dem Vertrauen gesprochen, das durch das Studium der Geisteswissenschaft geweckt werden kann in die Wahrheit, daß jene Kräfte, die da im Inneren des Menschen bewußt erlebt werden können, eben diejenigen sind, welche auch die äußere Welt gebildet haben und noch bilden. Eine ganz andersartige Auffassung liegt ja vor im Bereich der Philosophie, solange sie noch auf dem Wege war bis an diese Grenze heran. Dort hat man geglaubt, man könne unmittelbar von sich aus Vermutungen anstellen, Aussagen machen über dasjenige, was jenseits dieser Grenze in der Welt wirksam ist. Und dem ist *Kant* begegnet und hat gesagt, das sei ganz unmöglich. Er hat ja ausgesprochen, daß ihm diese Art der Metaphysik am Herzen lag. Aber er hat gesagt: Ich will nichts anderes gelten lassen, als was eindeutig und gewiß ist. Und über dasjenige, was hinter dieser Welterscheinung liegt, kann ich mit Gewißheit gar nichts aussagen. Was das Ding an sich sei, weiß ich nicht und brauche ich nicht zu wissen, weil mir ein Ding doch nie anders vorkommen kann als in der Erscheinung, hat er ausgesprochen. Die Menschen haben das dann wiederholt und haben gesagt, daran sei nicht zu zweifeln, man müsse davon ausgehen. Das hat auch Max *Planck* zum Beispiel getan, hat aber gesagt: Auch in der Physik wird man nicht selig «ohne den Glauben, zum mindesten den Glauben an eine gewisse Realität» in der Welt unabhängig von uns und außer uns.[101] Also, er hat gesagt: Denken muß man, daß Kant recht hat, aber glauben muß man daran, daß er nicht recht hat. Denn das Ziel der Physik ist nach ihm, dennoch immer näher und näher an die Erfassung dessen heranzukommen, was die Wirklichkeit der Welt unabhängig vom Menschen ist.

Es hat sich also immer wieder eingeschlichen, daß man doch Aussagen machen kann über das, was dahinter ist. Und wenn in der Gegenwart Aussagen gemacht werden darüber, daß die Welt im Grunde genommen aus Atomen aufgebaut sei, und wenn man dann noch Aussagen darüber macht, wie die Atome aufgebaut seien, und was kleinste Elementarteilchen, was Bausteine der Materie seien, und so weiter, so waltet dieses unbewußte Hineinschleppen einer im Grunde durch Kant überwundenen Anschauung überall da auch noch weiter. Es liegt das, wie wir hervorgehoben haben, daran, daß man das Ergreifen der Form, daß man dieses Rätsel der Form nicht ernst genug nimmt. Und man hat immer wieder geglaubt, wenn der Mensch überhaupt etwas von der Wirklichkeit erfahren soll, so müsse eben etwas von dieser Wirklichkeit außer ihm doch in ihn hineinkommen in der Erkenntnis. Sonst könnte man ja nichts davon wissen. Und da das nicht der Fall ist, kann man eben sagen: dann kann man über die wahre Wirklichkeit nichts wissen. Dieser Ansicht ist Rudolf Steiner begegnet in jenem Vortrage von 1908, der dann als Buch erschienen ist unter dem Titel ‹Philosophie und Anthroposophie›, von dem ich schon gesprochen habe. «Man muß sich klar sein über die Frage: Verhält es sich denn wirklich so, daß der Mensch vom Subjekt ausgeht, sich im Subjekt seine Vorstellung baut, und diese Vorstellung dann hinüberspinnt über das Objekt? Ist das wirklich so? Ja, es ist so. –»

Sie müssen sehen, kurz gesagt, das ist die Anerkennung Kants, die Anerkennung der ‹Kritik der reinen Vernunft›.

«Ja, es ist so. – Aber folgt daraus notwendigerweise, daß der Mensch niemals in das Ding an sich eindringen kann? Ich will einen einfachen Vergleich machen. Denken Sie sich, Sie haben ein Petschaft, darauf stehe der Name Müller. Nun drücken Sie das Petschaft in ein Siegellack und nehmen es fort. Nicht wahr, darüber sind Sie sich doch klar, daß wenn dies Petschaft, sagen wir, aus Messing besteht, daß nichts von dem Messing in das Siegellack übergehen wird. Wenn nun dies Siegellack erkennend im Kantschen Sinne wäre, so würde es sagen: ‹Ich bin ganz Lack, nichts kommt vom Messing in mich herein, also gibt es keine Beziehung, durch die ich über die Natur dessen, was mir da entgegentritt, etwas wissen könnte.› Dabei ist ganz vergessen, daß das, worauf es ankommt, nämlich der Name Müller, ganz objektiv als Abdruck im Siegellack drinnen ist, ohne daß vom Messing etwas hinübergegangen ist. Solange man materialistisch denkt und glaubt, daß, um Beziehungen herzustellen, Materie von dem einen zum anderen hinüberfließen müsse, solange wird man auch theoretisch sagen: ‹Ich bin Siegellack, und das andere ist Messing an sich, und da von dem Messing an sich nichts hereinkommen kann in mich, kann auch der Name Müller nichts anderes sein als ein Zeichen. Das Ding an sich aber, das im Petschaft drinnen war, das sich mir abgedrückt hat, so daß ich es lesen kann: das bleibt mir ewig unbekannt.› Da sehen Sie die Schlußformel, der man sich bedient. Spinnt man in dem Vergleiche weiter, so ergibt sich: ‹Der Mensch ist ganz Siegellack (Vorstellung), das Ding an sich ist ganz Petschaft (das außerhalb der Vorstellung Befindliche). Weil ich nun als Lack (Vorstellender) nur an die Grenze des Petschafts (das Ding an sich) herankommen kann, so bleibe ich in mir selbst, es kommt nichts vom Ding an sich in mich herüber.› Solange man den Materialismus auf die Erkenntnislehre ausdehnen wird, solange wird man nicht herausfinden, worauf es ankommt. Der Vordersatz gilt: Wir kommen nicht über unsere Vorstellung hinaus, aber was herüberkommt vom Wirklichen zu uns, ist als Geistiges zu bezeichnen; das hat nicht nötig, daß materielle Atome herüberfließen. Nichts von einem Materiellen kommt in das Subjekt herein – trotzdem aber kommt das Geistige herüber in das Subjekt, so wahr, wie der Name Müller in das Siegellack.»[102]

Was ist dieses Geistige, was herüberkommt? Sehen Sie, das ist die Form. Die ist nichts, sofern Sie das Etwas ein materielles nennen. Es kommt also tatsächlich nichts herüber. Aber die Form ist an der Grenze, und ich kann sie bilden, und sie wird mir gegenübergestellt. Und da, wo ich die Form entdecke, genau entdecke, da entsteht die Möglichkeit des Lesens. Ja, nicht bloß die Möglichkeit des Entdeckens der Form entsteht, sondern die Möglichkeit herauszufinden, wovon diese Form kündet, wie sie zustande gekommen ist, wie sie gedacht worden ist. Der Prozeß, durch den sie gebildet worden ist, ist eben jener Prozeß, der sich dauernd innerhalb unseres Denkens abspielt, ohne daß wir davon bewußte Erfahrungen haben, wenn wir Gedankenformen nachbilden oder neu bilden.

Ich habe ja hier das Bild bereits aufgezeigt. Dies ist Siegellack, dies ist Petschaft, es kommt nichts von dem Messing der Außenwelt in den Lack des Menschen hinein. Es bleibt an der Oberfläche. Aber in den Formen, wo nun in die materielle Seite in der Oberfläche die Runen eingeritzt sind, dort kann man begegnen einer Wirksamkeit der Weltgedanken, wenn man nur darauf achtet, was vorgeht, wenn man zu seinen eigenen Gedanken kommt. Die Runen auflesen, das ist die Tätigkeit, auf die es eigentlich ankommt. Das kann nicht durchgeführt werden, ohne sie zu bilden. Gerade so, wie wir davon gesprochen haben, daß Sie nicht vernehmen können, wovon ich rede, wenn Sie es nicht sagen. Das gilt für beide Seiten der Welttätigkeit.

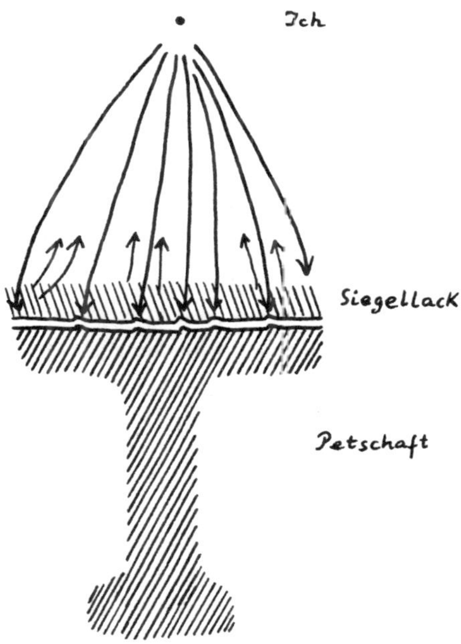

Wir müssen uns noch ein wenig besser verständigen über dasjenige, was mit dem Ausdruck ‹gestaltendes Denken› gemeint ist, den Steiner oft gebraucht für jenes neu zu entwickelnde Denken. Ich muß noch einmal wiederholen, es ist eben das Vordenken, von dem bei der Behandlung des Prometheus gesprochen wird gegenüber dem Nachdenken. Beim Nachdenken geht man aus von dem Gegebenen und das Auflesen überwiegt. Beim Vordenken ist die Aufmerksamkeit für das, was man tut, wenn man aufliest, größer geworden. Das heißt also, man geht – wenn ich es noch einmal radikal ausspreche – von dem inneren Bemerken dunkler Erlebnisse aus und lernt allmählich, was in diesen dunklen Erlebnissen sich kündet, sich aussprechen will, bis in die äußerste Gestalt hinein deutlich zum Ausdruck zu bringen. Das ist gestaltendes Denken.

Ein solches gestaltendes Denken ist das Weltendenken, durch welches die Welt zustande gekommen ist, und durch welches die Welt, die uns gegenübertritt, erhalten wird. Es wird immer gestaltet, was erhalten wird, und zwar von Wesen. – Manche Dinge muß ich hier so aussprechen, daß Sie sich ein wenig ‹angesprungen› fühlen müssen davon. Denn wir haben hier nicht die Zeit, in acht Semestern völlig die Problematik aufzudröseln. Sondern wir haben nur die Möglichkeit, die Aufmerksamkeit hinzulenken auf gewisse Regionen der denkenden Seele, und solche Aussagen zu machen, die von jedem einzelnen geprüft werden müssen, gedacht werden müssen. – Das, wodurch die Welt zustandekommt, ist ein solches Denken, bei dem ausgegangen wird, – wenn wir vergleichsweise von uns sprechen – von dem, was wir als seinsmäßiges Erlebnis zuerst dunkel haben, was dann hineingestaltet wird bis ins Werk, bis ins Fertige, ins Tote, bis dahin, wo die Form auftreten kann. Der Mensch ist ja auch auf diese Weise in die Welt mit hineingestaltet worden. Er ist auch so hineingedacht bis zu dem Werk Mensch, das ja aber, solange er lebt, ein lebendiges ist. Sie werden empfinden, wenn man so spricht, ist da ja zunächst bei diesem Erlebnis des dunklen Dranges durchaus an die mystische Seite des Menschen appelliert. Und es kommt darauf an, das nicht ohne weiteres abzulehnen, sondern zu ringen darum, daß doch, was zuerst mystisch sich ankündigt, klarer und klarer, deutlicher und deutlicher wird. Wenn Sie dann etwas Deutliches vor sich haben, hat es etwa die Gestalt eines Kristallinen, wo exakte Formen auftreten. Also, eine Art Herauskommen einer kristallklaren Deutlichkeit aus einem ursprünglichen intensiven, aber dunklen Seinserleben ist gemeint. Daß dem sogleich ein Trennungsvorgang parallel geht, darauf haben wir ja gestern hingewiesen, und auch ein schmerzliches Bemerken dieses Trennungsvorganges.

Nun achten Sie darauf, wie solche Dinge wiederum aus der alten Weisheit in einer bildlichen Sprache beschrieben werden. Es wird ja die Weltentstehung in der Edda beschrieben und zwar von dem sehr wissenden Snorri Sturlason in einer Prosa-Zusammenfassung, wie man sagt, der Edda. Ich will Sie da nur auf eine Sache, die ich herausgreife, aufmerksam machen. Nachdem von den drei Gottheiten Har, Jafnhar und Thridi schon (S. 69) gesprochen ist, fragt jener Gangleri vor den drei Hochsitzen:

«Was begab sich, bevor die Geschlechter wurden und das Menschenvolk sich ausbreitete? Har antwortete: Als die Fluten, welche Eliwagar heißen, soweit von ihrem Ursprunge kamen, daß der Giftstrom in ihnen erstarrte, wie der Sinter, der aus dem Feuer fällt, ward er in Eis verwandelt. Und da dies Eis stille stand und stockte, da fiel der Reif darüber, der von dem Gifte kam und gefror zu Eis. Und so legte eine Eislage sich über die andere bis in Ginnungagap. Da sprach Jafnhar: Die Seite von Ginnungagap, welche nach Norden gerichtet ist, füllte sich an mit einem schweren Haufen Eis und Schnee, und weiter im Innern herrschte Regen und Wind. Aber der südliche Teil von Ginnungagap war milde von den Feuerfunken, die aus Muspelheim herüberflogen. Da sprach Thridi: So wie die Kälte von Niflheim kam und alles Rauhe, so war die Seite, die nach Muspelheim sah, warm und licht, und Ginnungagap dort so lau wie windlose Luft. Und als die Glut dem Reif begegnete, Feuer und Eis, also daß er schmolz und sich in Tropfen auflöste, da erhielten die Tropfen Leben durch die Kraft dessen, der die Hitze sandte. Da entstand ein Menschengebild, das Ymir genannt ward... Von ihm kommt das Geschlecht der Hrimthursen, wie es in der kurzen Völuspa heißt.» Aber der fahrende Gangleri ist nun noch nicht zufrieden.

Nun, diese Ströme, die werden ihm Giftströme genannt, und diese Giftströme fließen, wie es immer so übersetzt wird, in den Eitertälern, Eitermassen wälzen diese Ströme. Das ist ja eine schreckliche Vorstellung, daß da alles mögliche aus Eiter gebildet wird. Nun heißt das Wort in der Ursprache *eithar.* Das ist nicht Eiter, das ist Äther! Das ist das jenige, was wir meinen, wenn wir vom Ätherleibe sprechen, wenn wir von jener Region sprechen, innerhalb derer jene Bildekräfte hindrängen auf die Ausgestaltung der Form.

Wo etwas so hindrängt auf die Ausgestaltung der Form, ist es schmerzlich; das ist ein Zusammenziehungsprozeß. Und da ist es schon recht, Gift zu sagen. Dieses sich Zusammenziehen ist giftig. Denken Sie einmal, wenn ein Mensch giftig ist, wie der spitz ist, wie der hindrängt auf genaue Ecken und Kanten. Stellen Sie sich einfach mal eine giftige Dame vor. Die hat eben eine spitze Nase, nicht wahr? Spitz und giftig, das gehört zusammen. Giftig wird das empfunden. – Äther ist es. Aus den Regionen dieser Äthertätigkeit wird gestaltet da, wo eine solche Grenze auftritt. Aber da verdichtet es sich zu Eis, und eine Eismasse schiebt sich auf die andere. So wie wenn ein Maler lauter Bilder malt, es dichter wird, und er sie stapelt und stapelt.

So entsteht nach diesen Vorstellungen die materielle Welt, das, was nicht mehr durchdrungen werden kann, was eine Schicht ist statt einer Grenze: Eis. Nun, auf der einen Seite, wo jetzt Muspelheim, das heißt wo das Feuer herkommt, dem Eis begegnet, da schmilzt erst das Eis, und aus dem, was sich zusammengezogen hat, schließlich durch die Ätherwirkungen zusammengebildet ist, wenn es sich wieder in die Tropfenform auflöst, aus dem entsteht der Mensch, der Riese. Aus alledem, was zusammengewirkt hat, zusammengedrängt bis in das Eis, das kristallin ist, aus dem entsteht, wenn Leben hineinfährt, und wenn die Wärme von der anderen Seite dem begegnet, nach diesen Anschauungen der Mensch. Nun, der Name dieses Menschen ist Ymir.

Jetzt fragt aber Gangleri weiter: «Wo wohnte Ymir und wovon lebte er? Har antwortete: Als das Eis auftaute und schmolz, entstand die Kuh, die Audhumbla hieß, und vier Milchströme rannen aus ihrem Euter. Davon ernährte sich Ymir. Da fragte Gangleri: Wovon nährte die Kuh sich? Har antwortete: Die beleckte die Eisblöcke, die salzig waren. Und den ersten Tag, da sie die Steine – also die Eisblöcke – beleckte, kam aus den Steinen am Abend Menschenhaar hervor, den anderen Tag eines Mannes Haupt, den dritten Tag war es ein ganzer Mann, der hieß Uri. Er war schön von Angesicht, groß und stark und gewann einen Sohn, der Bor hieß. Der vermählte sich mit Bestla, der Tochter des Riesen Bölthorn. Da gewannen sie drei Söhne, der eine hieß Odin, der andere Wili, der dritte We. Und das ist mein Glaube, daß dieser Odin und seine Brüder Himmel und Erde beherrschen.»

Wenn Sie diesen Namen Audhumbla hören, so haben Sie einen Namen, bei dem Sie ein Erlebnis mit dem Charakter eines dunklen inneren Dranges, das Ihnen ganz unklar ist, haben. Audhumbla – die Kuh. Denken Sie an die Schwere der Kuh. Denken Sie, Sie hätten eine Kuh im Innern der Seele und sonst nichts. Da würden Sie viel erleben, aber das würde Ihnen alles unklar sein. Es gibt ja auch gewisse Schimpfwörter, die in diese Richtung weisen. Nun leckt aber die Kuh an dem Eis, um sich zu ernähren. Und siehe da, weil es Salz ist, treten allmählich Formen auf. Aber diese Formen sind im Eis schon verborgen, weil es Salz ist nämlich, weil es salzig ist. In der Natur ist das Kristallinische schon in dem, was da gemacht worden ist, enthalten, aber verborgen. Es wird allmählich herumgeleckt, bis die Formen herauskommen. Dann entsteht zunächst Menschenhaar, ein Menschenhaupt, ein ganzer Mensch. Er wird herausgeholt aus dem, was verborgen ist, so, wie gelernt werden muß, aus jenen Empfindungen, die ein Mensch hat, zunächst einmal, wenn er Farben sieht, dazu zu kommen, zu bestimmen, welche Formen einer bestimmten Farbe entsprechen. Da leckt er gewissermaßen aus dem Eis, das alles Dunkel in sich enthält, dasjenige heraus, was der Farbe entsprechen will. Da versucht er herauszugestalten, was im Verborgenen da ist. So kommen die Formen dort allmählich heraus.

Und dieser erste Mensch, der nun mit dieser Kuh zusammenlebt und sich von der Milch aus ihrem Euter nährt, der heißt Ymir. Denken Sie einmal, wie man das in Runen geschrieben hat. Dieser erste Buchstabe Y, so wie wir es ja noch kennen. Und nun kommt die Manrune, das M, dann kommt das I, dann das R – YMIR. Und nun wollen wir einmal, was in der Zeit nebeneinandergetreten ist, zusammennehmen, so daß es in einem Zeichen enthalten ist. Da sehen Sie auf einmal die Hagalrune wieder, also den Sechsstern, aber dann hier noch das R auftreten. Und dieses Zeichen dürfte Ihnen bekannt sein als das Monogramm Christi, das ja später eine große Rolle gespielt hat, weil es einmal erwählt worden ist nach einem Traum des Konstantin vor der Schlacht zwischen Maxentius und Konstantin, in welchem Konstantin gesagt wurde: Wenn du dieses Zeichen auf dein Banner schreibst, wirst du siegen. Nun, es war ein altes germanisches Kultzeichen, ein Geheimzeichen, und als die germanischen Soldaten das entdeckten auf dem Banner, haben sie sich natürlich dafür eingesetzt, wenn ich das so verkürzt sagen darf. Ymir – darin steckt also die Hagalrune – dieses: Der Mensch ist im All gehegt worden. Eine Merkwürdigkeit habe ich im Brockhaus gefunden: vom rundgeschliffenen durchsichtigen Saphir lassen manche Stücke (Sternsaphire oder Asteriden) im Sonnenlicht oder lebhaftem Kerzenlicht einen wohl auf innere Zwillingslamellierung zurückzuführenden sechsstrahligen, sternförmigen Lichtschein erkennen. Das steht im Brockhaus. Den Saphir, den Edelstein, rundgeschliffen, flach, nicht wahr – wenn Sie den bei geeignetem Auffallen des Lichtes sich anschauen, sehen Sie einen Sechsstern aufleuchten darin. In der Bibel, 2. Buch Moses, 24, 10 steht nun folgendes:

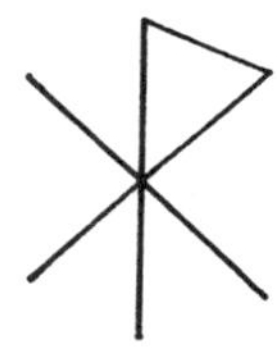

«Und sahen den Gott Israels, unter seinen Füßen war es wie ein schöner Saphir und wie die Gestalt des Himmels, wenn es klar ist.»

Ferner heißt es in Hesekiel 1, 26:

«Und über dem Himmel, so oben über ihnen war, war es gestaltet wie ein Saphir, gleichwie ein Stuhl; und auf dem Stuhl saß einer, gleichwie ein Mensch gestaltet.»

Sehen Sie, das ist Ymir: da saß einer, gleichwie ein Mensch gestaltet...

Nun kann man ja dazu noch einiges andere nehmen. Ich möchte das nur kurz andeuten. Sie wissen ja, daß es den sogenannten Sephirothbaum gibt in der jüdischen Geheimlehre. Und das Wort sephar heißt zählen. Das steckt ja in unserm Wort Ziffer noch. Sophar heißt der Schreiber und der Schriftkundige. Das ist verwandt mit Saphir und bedeutet: etwas von den Runen verstehen. Ich habe Ihnen ja gesagt, daß man versucht hat, auch die alte hebräische Schrift auf diese Zeichen zurückzuführen, und daß sich auch alle Runen des Runenalphabets daraus ableiten lassen. Aber ich kann jetzt auf diese Sache nicht näher eingehen.

Nun zu Olaf Åsteson: In der Weihnachtszeit, von Weihnachten bis zum 6. Januar hin, schläft er durch 13 Tage und Nächte und ist dabei entrückt in den Makrokosmos, wie es Steiner einmal ausdrückt, wobei er mancherlei Geheimnisse des Weltenalls erlebt in seinem Schlafe. Im Traume gestaltet sich ihm das, und er kommt dann aufwachend am 6. Januar vor die Kirche, setzt sich vor das Kirchentor und erzählt dort dem umstehenden Volk, das in die Kirche gehen wollte, aber nun anhört, was er zu sagen hat, was ihm geträumt hat. Einige dieser Strophen möchte ich Ihnen vorlesen, wenn auch nicht alle, weil das Traumlied zu lang ist:

I.
«So höre meinen Sang!
Ich will dir singen
Von einem flinken Jüngling:
Es war das Olaf Åsteson,
Der einst so lange schlief.
Von ihm will ich dir singen.

II.
Er ging zur Ruh am Weihnachtsabend,
Ein starker Schlaf umfing ihn bald,
Und nicht konnt er erwachen,
Bevor am dreizehnten Tag
Das Volk zur Kirche ging.

Es war das Olaf Åsteson,
Der einst solange schlief.
Von ihm will ich dir singen.

Er ging zur Ruh am Weihnachtsabend,
Er hat geschlafen gar lange!
Erwachen konnt er nicht,
Bevor am dreizehnten Tag
Der Vogel spreitet die Flügel!

Es war das Olaf Åsteson,
Der einst solange schlief,
Von ihm will ich dir singen.

Nicht konnte erwachen Olaf,
Bevor am dreizehnten Tag
Die Sonne über den Bergen glänzte.
Dann sattelt er sein flinkes Pferd,
Und eilig ritt er zur Kirche.

Es war das Olaf Åsteson,
Der einst solange schlief,
Von ihm will ich dir singen.

Schon stand der Priester
Am Altar, lesend die Messe,
Als an dem Kirchentore,
Sich Olaf setzte, zu künden
Von vieler Träume Inhalt,
Die in dem langen Schlafe
Die Seele ihm erfüllten.

Es war das Olaf Åsteson,
Der einst solange schlief.
Von ihm will ich dir singen.

Und junge und auch alte Leute,
Sie lauschten achtsam der Worte,
Die Olaf sprach von seinen Träumen.

Es war das Olaf Åsteson,
Der einst solange schlief.
Von ihm will ich dir singen.»

Im weiteren Fortgang beginnt Olaf selbst zu erzählen:

III.
«Ich ging zur Ruh am Weihnachtsabend.
Ein starker Schlaf umfing mich bald;
Und nicht konnt ich erwachen,
Bevor am dreizehnten Tag
Das Volk zur Kirche ging.

Der Mond schien hell
Und weithin dehnten sich die Wege.

Erhoben ward ich in Wolkenhöhe
Und in den Meeresgrund geworfen,
Und wer mir folgen will,
Ihn kann nicht Heiterkeit befallen.

Der Mond schien hell
Und weithin dehnten sich die Wege.»

Ich denke, daß Sie sich unmittelbar erinnern an das, was wir über Alexanders Himmel- und Höllenfahrt gesagt haben: wo er in die Höhen erhoben wird, hinauffahren kann und bis auf den Grund des Meeres herunterfährt.

«Erhoben ward ich in Wolkenhöhe,
Gestoßen dann in trübe Sümpfe,
Erschauend der Hölle Schrecken
Und auch des Himmels Licht.

Der Mond schien hell
Und weithin dehnten sich die Wege.

Und fahren mußt ich in Erdentiefen,
Wo furchtbar rauschen Götterströme.
Zu schauen nicht vermocht ich sie,
Doch hören konnte ich das Rauschen.

Der Mond schien hell
Und weithin dehnten sich die Wege.

Es wiehert' nicht mein schwarzes Pferd,
Und meine Hunde bellten nicht,
Es sang auch nicht der Morgenvogel,
Es war ein einzig Wunder überall.

Der Mond schien hell
Und weithin dehnten sich die Wege.

Befahren mußt' ich in Geisterland
Der Dornenheide weites Feld,
Zerrissen ward mir mein Scharlachmantel
Und auch die Nägel meiner Füße.

Der Mond schien hell
Und weithin dehnten sich die Wege.

Ich kam an die Gjallarbrücke,
In höchsten Windeshöhen hänget diese,
Mit rotem Gold ist sie beschlagen,
Und Nägel mit scharfen Spitzen hat sie.

Der Mond schien hell
Und weithin dehnten sich die Wege...»

Dann kommt er an drei Untieren vorbei, an der Schlange, dem bissigen Hund und dem stoßenden Stier. Durch Sümpfe muß er waten,...

IV.
«An Wasser kam ich dann,
In welchem wie blaue Flammen
Die Eismassen hell erglänzten.
Und Gott, er lenkte meinen Sinn,
Daß ich die Gegend mied.

Der Mond schien hell
Und weithin dehnten sich die Wege.

Zum Winterpfad lenkt' ich die Schritte.
Zur rechten konnt' ich ihn sehn!
Ich schaute wie in das Paradies,
Das weithin leuchtend strahlte.

Der Mond schien hell
Und weithin dehnten sich die Wege.

Und Gottes hohe Mutter,
Ich sah sie dort im Glanze!
Nach Brooksvalin zu fahren,
So hieß sie mich, kündend,
Daß Seelen dort gerichtet werden!

Der Mond schien hell
Und weithin dehnten sich die Wege....»

Nun fährt er nach Brooksvalin, wo Seelen dem Weltgerichte unterstehen, und es wird einiges berichtet, was dort durchzumachen ist. Das lasse ich jetzt aus. Und am Schluß heißt es dann im fünften Abschnitt:

V.
«Wie selig ist, wer im Erdenleben
Den Armen Schuhe gibt;
Er braucht nicht mit nackten Füßen
Zu wandeln im Dornenfeld.
Da spricht der Waage Zunge,
Und Weltenwahrheit ertönt im Geistesstand.

Wie selig ist, wer im Erdenleben
Den Armen Brot gereicht!
Ihn können nicht verletzen
Die Hunde in jener Welt.
Da spricht der Waage Zunge,
Und Weltenwahrheit ertönt im Geistesstand.

Wie selig ist, wer im Erdenleben
Den Armen Korn gereicht!
Ihm kann nicht drohen

Das scharfe Horn des Stieres,
Wenn er die Gjallarbrücke überschreiten muß.
Da spricht der Waage Zunge,
Und Weltenwahrheit ertönt im Geistesstand.

Wie selig ist, wer im Erdenleben
Den Armen Kleider reicht!
Ihn können nicht erfrieren
Die Eisesmassen im Brooksvalin.
Da spricht der Waage Zunge,
Und Weltenwahrheit ertönt im Geistesstand.

VI.
Und junge und auch alte Leute,
Sie lauschten achtsam der Worte,
Die Olaf sprach von seinen Träumen.
Du schliefest ja gar lange....
Erwache nun, oh Olaf Åsteson!».[103]

Es wird von Rudolf Steiner hingewiesen darauf, wie nun zum Ausdruck kommt, wie derjenige, der mit einem erwachenden höheren Bewußtsein in die Reiche anderer Wirklichkeiten eindringt, zunächst durch die Elemente, durch das bewußte Erleben des Drinnenstehens in den Elementen, hindurchgehen muß, ehe er dann in jene Regionen kommt, wo die Seelen, wie es hier heißt, dem Weltgerichte unterstehen, und wo dann schließlich die Aufforderung des Erwachens für ein Heruntersteigen in eine Erdeninkarnation aufklingt. Das Wichtige innerhalb des Vortrages, den Steiner darüber hält, hat nun aber einen unmittelbaren Bezug zu dem, was ich versuchte Ihnen heute morgen nahezubringen. Vielleicht ist es das richtige, wenn ich mich hier ziemlich eng an die Darstellung Rudolf Steiners halte, weil ich eben schon einiges vorausgeschickt habe, und da, was hier zu sagen ist, bei Rudolf Steiner eben doch in der denkbar konzentriertesten Form ausgesprochen worden ist. Auf einer Seite heißt es in diesem Vortrag:

«Auf eine Stelle aus dem 2. Mosesbuch, 33. Kapitel, Vers 18, möchte ich hinweisen: Und Moses spricht zu Gott: Zeige mir doch die Gestalt deiner Offenbarung.

Worauf Jehova sprach: Ich will vorüberziehen lassen alle meine Güte an deinem Angesicht, und ich will rufen den Namen Jehovas vor dir, und will gnadevoll sein dem, den ich begnaden darf, und will Erbarmen üben mit dem, mit dem ich Erbarmen üben darf.

Dann aber spricht Jehova: Du kannst mein Antlitz nicht sehen, denn mich sieht kein Mensch, der dann noch lebend bleiben kann. Und es spricht Jahve: Hier ist ein Ort bei mir, stelle dich auf den Felsen, und wenn meine Herrlichkeit vorüberzieht, so will ich dich in eine Höhlung des Felsens stellen und meine Hand über dich decken, bis ich vorüber bin. Wenn ich dann meine Hand entferne, so wirst du meine Rückseite sehen, aber mein Antlitz kann nicht geschaut werden.»[104]

Darin spricht sich, wie hier Rudolf Steiner sagt, eine unendlich tiefe Weisheit aus. Und er weist darauf hin, daß im Grunde genommen der Mensch sich eine ganz andere Art des Verhaltens zur Welt aneignen muß, wenn er in die geistigen Welten eintauchen will. Auf diese Notwendigkeit ist durch diese Stelle, die er anführt, im 2. Buch Mose hingewiesen. Und er führt nun aus[104]:

«Die Sinneswelt hat der Mensch um sich. Er schaut hin auf die Sinneswelt, er sieht sie in ihren Farben und Formen, hört ihre Töne. Die Sinneswelt ist da; wir stehen ihr gegenüber; sie wirkt auf uns; wir nehmen sie in der Wahrnehmung auf, wir denken über sie nach. So ist unser Verhalten zur Sinneswelt. Wir sind passiv; sie arbeitet sich gleichsam in unsere Seele hinein. Wir denken über die Sinneswelt, wir stellen die Sinneswelt vor.

Ganz anders ist unser Verhalten, wenn wir uns hinaufleben in die geistige Welt. Darin besteht eine der Schwierigkeiten, richtige Vorstellungen zu gewinnen über das, was der Mensch erlebt, wenn er in die geistige Welt eintritt. Ich habe versucht, einige dieser Schwierigkeiten zu charakterisieren in dem Büchelchen: ‹Die Schwelle der geistigen Welt›. Wir stellen die Sinneswelt vor, wir denken über die Sinneswelt. Wenn wir alles das durchmachen, was derjenige durchzumachen hat, der den Pfad der Initiation gehen will» – und damit ist hier auf Olaf Åsteson gedeutet –, «dann tritt etwas ein, was man so charakterisieren kann: Wie die Dinge um uns herum sich zu uns verhalten, so verhalten wir uns selber zu den Wesenheiten der höheren Hierarchien.» Wie verhalten sich denn die Dinge um uns herum zu uns? Sie verhalten sich so zu uns, daß sie sich von uns wahrnehmen und denken lassen. Und so, wie die Dinge um uns herum sich zu uns verhalten, so verhalten wir uns zu diesen höheren Wesenheiten, also den Wesenheiten, welche in den Mythen Götter genannt werden, so wie die Dinge außen sich zu uns verhalten, indem wir sie denken, so verhalten wir uns zu diesen Wesen.

Also, noch einmal: «Wie die Dinge um uns herum sich zu uns verhalten, so verhalten wir uns selber zu den Wesenheiten der höheren Hierarchien: die stellen uns vor, die denken uns. Wir denken die Gegenstände außer uns, die Mineralien, Pflanzen und Tiere: sie werden unsere Gedanken. Wir wiederum sind die Vorstellungen, Gedanken und Wahrnehmungen der Geister der höheren Hierarchien. Wir werden zu den Gedanken der Angeloi, Archangeloi, Archai und so weiter. Wir werden aufgenommen von ihnen, wie wir selber aufnehmen die Pflanzen, Tiere und Menschen. Und wir müssen uns geborgen fühlen, indem wir uns sagen können: Es denken uns die Wesen der höheren Hierarchien, sie stellen uns vor. Diese Wesen der höheren Hierarchien ergreifen uns mit ihren Seelen. – Ja, wir können uns geradezu vorstellen: indem jener Olaf Åsteson vor dem Kirchentor einschlief, wurde er eine Vorstellung der Geister der höheren Hierarchien, und während er schlief, erlebten die Wesen der höheren Hierarchien dasjenige, was erleben die Wesen des Erdgeistes, der für uns ja eine Pluralität ist. Und indem Olaf Åsteson wieder heruntersinkt in die physische Welt, erinnert er sich an dasjenige, was die Geister der höheren Hierarchien in ihm erlebt haben.»

Sie müssen mir schon erlauben, noch weiter vorzulesen:

«Stellen wir uns einmal vor: wir begeben uns auf den Pfad der Initiation! Wie können wir uns verhalten zu den geistigen Welten, in die wir als in eine Summe von geistigen Wesenheiten der höheren Hierarchien unseren Einzug halten wollen? Wie können wir uns zu ihnen verhalten? – Wir können sie ansprechen und können zu ihnen sagen: Wie gelangen *wir* in *Euch* hinein, wie offenbart Ihr Euch uns? – Und dann, wenn wir Verständnis gewonnen haben für die andere Art des Verhaltens der Menschenseele zu den höheren Welten, wird uns gewissermaßen entgegentönen aus den geistigen Welten: Ja, so wie du die Sinneswelt wahrnimmst, daß sie vor deinem Blicke erscheint, vor deinen Sinnen auftritt, *so* kannst du die geistige Welt *nicht* wahrnehmen. Wir müssen *dich* vorstellen, und du mußt *dich in uns* empfinden. Du mußt *dich* so empfinden, wie der Gedanke, den du in der Sinneswelt denkst, sich erleben würde, wenn er sich in dir erleben könnte.» Also, wie du einen Gedanken hervorbringst, so bringen wir dich durch unser Denken hervor. Und wenn du nun nacherleben könntest, bewußt erleben könntest, was du tust, wenn du denkst, dann weißt du, daß du dich so hineinleben mußt in unsere Tätigkeit des Dich-Gestaltens, wenn du etwas von uns erfahren willst. Du darfst nicht erwarten, daß wir *vor* deinem Blick erscheinen, wie die Gegenstände in der Sinneswelt *vor* dich hintreten. «Du mußt dich *hingeben* der geistigen Welt, dann wird in dich einziehen alles das, was sich dir offenbaren kann an Wesenheiten der höheren Hierarchien. Dann wird es in deine Seele einfließen und gnadenvoll in deiner Seele leben, wie du in deinen Gedanken lebst, wenn du über die Sinneswelt denkst. Wenn dich die geistige Welt begnadigen will, dann wird sie dich durchdringen mit ihrer Liebe! Wenn sie sich deiner erbarmen und dich mit ihrer Liebe durchdringen will.

Denn du mußt nicht glauben, daß du dich den geistigen Wesen so gegenüber stellen kannst wie der sinnlichen Welt. Wie Moses in die Höhlung gehen mußte, so *mußt du in die Höhlung* der geistigen Welt dich hinein begeben. Du mußt dich da hineinstellen.» Dazu hat dann Rudolf Steiner eine Zeichnung gemacht. Er hat eine Höhlung gezeichnet.[106]

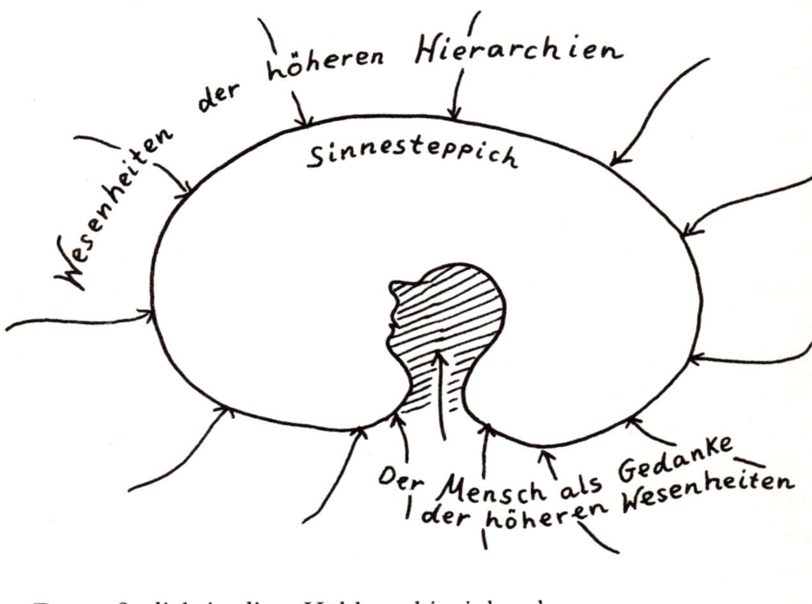

‹Du mußt dich in diese Höhlung hineinbegeben.›

Und das Wesentliche bei dieser Zeichnung, was ist es? Was ist diese

Höhlung denn eigentlich? Sie ist ja wiederum Grenze. Die Tätigkeit jener Wesen reicht bis an jene Grenze heran und kommt von allen Seiten.

Du mußt dich eigentlich eingehüllt fühlen in dasjenige, womit sie von allen Seiten auf deine Grenze kommen, sie gestalten dich. Hinein sich begeben in diese Tätigkeit von außen und sich von der Grenze der Tätigkeiten anderer Wesen umhüllt fühlen, das ist es, worauf es ankommt.

«Wie der Gedanke in dir lebt, so mußt *du* dich in die *geistigen Wesen hineinleben.* Du mußt selber *als Weltgedanke* in dem Makrokosmos darinnen leben. Das, was du so erlebst, *von selbst* zu erleben, das kannst du nicht während deines Erdenlebens zwischen der Geburt und dem Tode, das kannst du nur nach dem Tode, wenn du gestorben bist. Niemand kann die geistige Welt so erleben, bevor er gestorben ist, aber vorüberziehen kann an dir die geistige Welt, dich begnadigen, dich mit ihrer Liebe durchfluten. Und dann, wenn du nachher oder während du darinnen bist in dieser geistigen Welt dein Erdenbewußtsein entwickelst, dann erglänzt dir herein in dein Erdenbewußtsein dasjenige, was die geistige Welt ist. Wie der Gegenstand draußen ist, und der Mensch gegenübersteht dem Gegenstande, wie der Gegenstand hineinragt in sein Bewußtsein und dann darinnen ist, so ist der Mensch mit seiner Seele in der Höhlung der geistigen Welt. Die geistige Welt zieht durch ihn durch. Hier ist der Mensch *vor* den Dingen. Wenn der Mensch eingeht in die geistige Welt, sind die Wesenheiten der höheren Hierarchien *hinter ihm.*»

Aber dieses «hinter», das müssen Sie nicht in der normalen Weise räumlich auffassen, daß Sie sich dann umsehen könnten und meinten, wenn Sie den Kopf nach hinten drehen, doch wieder vor sich zu haben, was hinter Ihnen ist. Das bleibt immer hinter Ihnen, so wie ihr Hinterkopf immer hinter Ihnen bleibt, auch wenn Sie sich umdrehen. Sie müssen sich als das Endprodukt einer Tätigkeit des Gestaltens erleben lernen. Und dann sich versuchen, und darin besteht jene Entwicklung des Erlebens im Bewußtsein, sich in die Tätigkeit, die Sie gestaltet, einzuleben. Damit beginnt man, indem man sich zunächst hineinlebt in die Tätigkeit, die man selber durchführt, ohne daß man es weiß, wenn man seine eigenen Gedanken ausgestaltet. Aber, Sie sehen, es ist ein rückwärts sich in eine solche Tätigkeit mehr und mehr Hineinleben bis zur Erfahrung durch die Intuition, also das Einsgewordensein, das Hineintauchen in solche Wesenheiten, wie sie durch den Menschen hindurch tätig sind.

«Das ganze Geheimnis der Initiation» – also der Einweihung – «ruht in den Worten, die Jahve zu Moses spricht. Und Moses spricht zu Gott: ‹Zeige mir doch die Gestalt deiner Offenbarung.› Worauf Jehova sprach: ‹Ich will vorüberziehen lassen alle meine Güte an deinem Angesicht, und ich will rufen den Namen Jehovas vor dir und will gnadevoll sein dem, den ich begnaden darf, und will Erbarmen üben mit dem, mit dem ich Erbarmen üben darf.› Dann aber spricht Jehova: ‹Du kannst mein Antlitz nicht sehen, denn mich sieht kein Mensch, der dann noch lebend bleiben kann.› (An die Pforte des Todes kommt man ja durch die Initiation.)

Und es spricht Jahve: ‹*Hier* ist ein Ort *bei mir, stelle dich auf den Felsen,* und wenn meine Herrlichkeit vorüberzieht, so will ich dich in eine Höhlung des Felsens stellen und meine Hand über dich decken, bis ich vorüber bin. Wenn ich dann meine Hand entferne, so wirst du meine Rückseite sehen, aber mein Antlitz kann nicht geschaut werden.›

Es ist die entgegengesetzte Art, wie man die Sinneswelt wahrnimmt. Man muß vieles von dem, was man sich durch Jahre hindurch erwirbt an geisteswissenschaftlichem Streben aufbringen, um in der richtigen Weise in Ehrfurcht und Hingabe vor einer solchen Offenbarung zu stehen. Dann aber kommt allmählich immer mehr und mehr dieses Gefühl der Ehrfurcht gegenüber diesen Offenbarungen in die Menschenseele hinein. Und unter dem mancherlei, was wir brauchen, damit der angedeutete Umschwung in der geistigen Menschheitskultur hervortreten kann, ist diese *Ehrfurcht,* diese *Hingebung.*»[105]

Nun, ich denke, Sie haben etwas von der Ungeheuerlichkeit dieses Umschwunges, der zu vollziehen ist, bemerkt. Ich möchte an dieser Stelle noch auf Goethes Faust eingehen. Da kommt nämlich am Beginn des 2. Teiles auf eine ganz andere Art bei Goethe wiederum zum Ausdruck, daß ihm das – sagen wir zunächst – ahnende Bewußtsein für diese Notwendigkeit des Umschwunges im Sich-Hineinleben in eine geistige Wirklichkeit aufgeht, sie ihm zu einem erlebenden Bewußtsein kommt.

Auch an dieser Stelle handelt es sich darum, daß Faust gerade aufgewacht ist! Es wird ja dargestellt, daß einiges mit ihm geschieht, während er schläft zu Beginn des 2. Teiles. Und als er dann aufwacht früh am Morgen, spricht er jenen Monolog, den ich Ihnen nahebringen möchte, dem man anmerken kann, wie Goethe von dieser Notwendigkeit des Umschwunges zu wissen beginnt in der Haltung des bewußten Gewahrwerdens der Wirklichkeit. Ich darf Ihnen einiges so vorlesen, wie man es ja gewöhnlich versteht, das heißt, wie man es also gewöhnlich *nicht* versteht, weil daran, wenn man sich das einmal zunächst vergegenwärtigt, dann schlagartig klar werden kann, worum es sich handelt. Es ist der erste Akt: Anmutige Gegend. Faust auf blumigem Rasen gebettet, ermüdet, unruhig schlafend. Dämmerung. Geisterkreis schwebt bewegt, anmutige, kleine Gestalten. Ariel tritt auf, es wird die Sonne begrüßt, wie tönend für Geistesohren der neue Tag geboren wird, und so weiter. Darauf wacht nun *Faust* auf und sagt:

«Des Lebens Pulse schlagen frisch lebendig,
Ätherische Dämmerung milde zu begrüßen;
du, Erde, warst auch diese Nacht beständig
und atmest neu erquickt zu meinen Füßen,
beginnest schon, mit Lust mich zu umgeben,
du regst und rührst ein kräftiges Beschließen,
zum höchsten Dasein immerfort zu streben. –
In Dämmerschein liegt schon die Welt erschlossen,
der Wald ertönt von tausendstimmigem Leben,
talaus, talein ist Nebelstreif ergossen,
doch senkt sich Himmelsklarheit in die Tiefen,
und Zweig und Äste, frisch erquickt, entsprossen
dem duftgen Abgrund, wo versenkt sie schliefen;
auch Farb' an Farbe klärt sich los vom Grunde,
wo Blum' und Blatt von Zitterperle triefen –
ein Paradies wird um mich her die Runde.

Hinaufgeschaut! – Der Berge Gipfelriesen
verkünden schon die feierlichste Stunde;
sie dürfen früh des ewigen Lichts genießen,
das später sich zu uns hernieder wendet.
Jetzt zu der Alpe grüngesenkten Wiesen
wird neuer Glanz und Deutlichkeit gespendet,
und stufenweis herab ist es gelungen; –
Sie tritt hervor! – und leider schon geblendet,
kehr ich mich weg, vom Augenschmerz durchdrungen.

So ist es also, wenn ein sehnend Hoffen
dem höchsten Wunsch sich traulich zugerungen,
Erfüllungspforten findet flügeloffen;
nun aber bricht aus jenen ewigen Gründen
ein Flammenübermaß, wir stehn betroffen;
des Lebens Fackel wollten wir entzünden,
ein Feuermeer umschlingt uns, welch ein Feuer!
Ist's Lieb'? ist's Haß? die glühend uns umwinden,
mit Schmerz und Freuden wechselnd ungeheuer,
so daß wir wieder nach der Erde blicken,
zu bergen uns in jugendlichstem Schleier.

So bleibe denn die Sonne mir im Rücken!
Der Wassersturz, das Felsenriff durchbrausend,
ihn schau' ich an mit wachsendem Entzücken.
Von Sturz zu Sturzen wälzt er jetzt in tausend,
dann abertausend Strömen sich ergießend,
hoch in die Lüfte Schaum an Schäume sausend.
Allein wie herrlich, diesem Sturm ersprießend,
wölbt sich des bunten Bogens Wechseldauer,
bald rein gezeichnet, bald in Luft zerfließend,
umher verbreitend duftig kühle Schauer.
Der spiegelt ab das menschliche Bestreben.
Ihm sinne nach, und du begreifst genauer:
Am farbigen Abglanz haben wir das Leben.»[107]

Wir müssen verzichten, wir haben eben bloß den farbigen Abglanz, wir haben bloß den Schein. So wird das ja gewöhnlich aufgefaßt. Aber sehen Sie, es heißt:

.«..Der spiegelt ab das menschliche Bestreben.
Ihm sinne nach, und du begreifst genauer...»

Wozu brauchte man denn nachzusinnen und genauer zu begreifen, wenn es darauf ankäme zu sagen: Wir müssen uns mit dem farbigen Abglanz bescheiden? Das fällt einem sogleich ein, das ist das Allerbequemste. Dem braucht man nicht nachzusinnen, das braucht man nicht genauer zu begreifen.

Es ist aber anders gemeint. Es dämmert ihm auf, man kommt nicht da zur Erfahrung dessen, was er anschauen wollte, nicht da, wo er hingucken wollte, indem er nach dem Sonnenwesen suchte. Das muß anders erlebt werden. Das muß hinten bleiben. Das muß im Rücken bleiben. Und man muß sich in dieses wesenhafte Tun der Sonnenwesenheit hineinleben, indem man anschaut, was sie tut, da wo sie dem Dunklen begegnet, da wo sie die Farben hervorzaubert. Das ist die Seite für das Anschauen. Das findet man, wenn man hinblickt. Aber man findet das andere dazu, wenn man hinblickt und aufmerksam wird, wenn man sich hineinlebt in das, was die Sonne tut. Da meldet sich dieser Umschwung. Daher heißt es, daß die Sonne mir im Rücken bleibe, und nicht, weil ich darauf verzichte, sie anzuschauen und sage, es hat doch keinen Sinn, sondern weil ich entdecke, gerade wenn ich mich so stelle, daß sie hinter mir bleibt, dann habe ich mich richtig gestellt, um in diese Wirklichkeit mich hineinzuleben.

So ist das Schauen, das Anschauen immer *nach vorn* gerichtet, immer auf die Vorstellung; auch das Gestalten ist immer aus dem Inneren *heraus* vorstellen. Und das Erleben ist immer *nach hinten,* – das muß man schon sagen, es ist ja nicht ganz richtig – jenseits, rückwärtig, es ist immer dasjenige, was tut. Wie gesagt, wenn ich frage: Wie sieht das aus, was tut? begehe ich den Fehler, das, was tut, zum *Gegenstande* der Betrachtung machen zu wollen, während es das *Subjekt,* welches betrachtet, ist. Und ich muß mich in das Tun des Betrachtens, oder in das Tun des Scheinens der Sonne, des Leuchtens der Sonne hineinleben. Nicht immer denken, ich müßte die Ursachen auch angucken. Daher also heißt es:

> «So bleibe denn die Sonne mir im Rücken!
> Der Wassersturz, das Felsenriff durchbrausend,
> ihn schau' ich an mit wachsendem Entzücken.»

«Mit wachsendem Entzücken» weil er daran eine Offenbarung von dem, in das er sich hineinleben muß, sieht.

> «Von Sturz zu Sturzen wälzt er jetzt in tausend,
> dann abertausend Strömen sich ergießend,
> hoch in die Lüfte Schaum an Schäume sausend.
> Allein wie herrlich, diesem Sturm ersprießend,
> wölbt sich des bunten Bogens Wechseldauer,

bald rein gezeichnet, bald in Luft zerfließend,
umher verbreitend duftig kühle Schauer.
Der spiegelt ab das menschliche Bestreben.
Ihm sinne nach, und du begreifst genauer:
Am farbigen Abglanz *haben* wir das Leben.»

Wenn wir wirklich entdecken, wie diese Tätigkeit angeknüpft ist *an* den farbigen Abglanz, dann haben wir das Leben. Dann können wir eintauchen mit unserem Erleben, mit unserem Bewußtsein in diese lebensvolle Wirklichkeit.

Ich kann nicht genug betonen, daß man eigentlich immer wieder neu sich vor die Seele stellen sollte, daß das Bestreben des Anschauens, ich möchte sagen gezügelt werden muß, indem man sich sagt: Anschauen kann ich nur das entweder, was mir vorgestellt wird, oder was ich vorstelle, aber nicht dasjenige, was vorstellt. Will ich doch eindringen in das, was vorstellt, so muß ich eben eintauchen nach rückwärts in diesen Strom der Tätigkeiten von Geben und Nehmen, die sich da grenzen, wo die Farben am Regenbogen aufleuchten.

Nun haben wir gesprochen von der Tatsache, daß geistige Wesenheiten, Götter uns denken. So wie es ja in der Edda überall zum Ausdruck kommt. Daß aber in der Menschheitsentwicklung die Stufe erreicht werden soll, daß wir als Gedanken der Götter Eigenleben entzünden, darauf ist gedeutet mit der Erringung des Freiheitsbewußtseins. Daß der Mensch vor die Situation der Freiheit gestellt wird, ist die Notwendigkeit, die sich aus dem Wirken der Götter ergibt. Daß der Mensch die Freiheit an sich nimmt, daß er wirklich unternimmt, als ein freies Wesen zu handeln, das sich seiner selbst bewußt ist, das dokumentiert erst im eigentlichen Sinne *den* Akt der Freiheit, den die Götter vom Menschen erwarten. Um seinetwillen hat Odin, sagen wir einmal im Sinne der Edda, die Götterdämmerung eingeleitet. Daß von dem ein Bewußtsein ist, daß einmal an einer Stelle, wo der Mensch nun herausfällt aus dem Schoße der Hierarchien, sein Freiheitsbewußtsein aktiv werden soll, daß es den höheren Wesen ja nicht bloß auf die Erschaffung einer Werkwelt, sondern als ihr höchstes Ziel auf die Erschaffung eines Wesens, des Menschenwesens ankam, das müssen wir heute begreifen. Wir haben gehört, wie in der Edda das zum Ausdruck gebracht ist durch Tridi: «Das Größte war, daß er den Menschen schuf!»

heißt es ja dort. Das Ziel der Götter war dieses denkende Wesen, das dann selbständig und frei ist, das sich ablösen kann von der Götterwelt, aber dann aus sich heraus dasjenige, was durch die Götter in es hineingelegt ist, neu zu einer Weltentfaltung bringen will.

Daß das auch in der Edda enthalten ist, können Sie oftmals sehen, aber vielleicht unmittelbar und besonders deutlich an einer Stelle des Skirnisför, des Liedes von Skirnirs Fahrt, wo Skirnir, dieser Freier des Gottes Freyr, ein Eingeweihter werden muß, der im Auftrage des Gottes wirbt um die Gerda. Er wird geschickt von Freyr, er macht sich auf den Weg. Er bekommt das rasche Roß des Gottes Freyr, das sicher ihn durch die flackernde Flamme führt. Er bekommt das Schwert, das sich von selbst schwingt in des Beherzten Hand.

> «Dunkel ists draußen:
> wohl dünkt es mich Zeit,
> über feuchte Berge zu fahren,
> wir beide vollführens...»,

nämlich das Roß und er, Skirnir,

> «...fängt uns nicht beide
> jener kraftreiche Riese.»

«Skirnir fuhr gen Jötunheim» – das ist das Riesenheim –, «zu Gymirs Riesenwohnung: Da waren wütige Hunde an die Tür des hölzernen Zaunes gebunden, der Gerdas Saal umschloß. Er ritt dahin, wo der Viehhirte am Hügel saß und sprach zu ihm:...»

Das ist wieder der Hirte, der Hüter, der Wächter. An dieser Stelle wird gewacht, sowohl, wenn jemand von oben nach unten steigt, als auch, wenn jemand von unten nach oben steigt.

Also im modernen Leben gewissermaßen sowohl dann, wenn Sie einschlafen und im Unbewußten, im Schlaf in diese Welt eindringen, als auch wenn Sie aufwachen am Morgen, wenn Sie heraufkommen. Da gehen Sie schon an diesem Hüter vorbei. Skirnir fragt ihn, wie er zu der schönen Maid kommt.

«DER HÜTER: Bist du dem Tode nah,
oder tot bereits,
Mann auf der Mähre Rücken?
Zu sprechen ungegönnt bleibt dir immerdar
mit Gymirs göttlicher Tochter.

SKIRNIR: Kühnheit steht besser
als Klagen ihm an,
der da fertig ist zur Fahrt.
Bis auf einen Tag ist mein Alter bestimmt
und meines Lebens Länge.

GERDA: Welch Getöse ertönen hör ich
hier in unseren Hallen?
Die Erde bebt davon,
und alle Wohnungen
in Gymirs Garten erzittern.

MAGD: Ein Mann ist hier außen
von der Mähre gestiegen,
und läßt sie im Grase grasen.

GERDA: Bitte ihn, einzutreten
in unseren Saal,
den milden Met zu trinken,
obwohl mir ahnt,
daß hier außen sei
meines Bruders Mörder.

Wer ist es der Alfen oder Asensöhne
oder weisen Wanen?
Durch flackernde Flamme
was fuhrst du allein,
unsere Säle zu schauen?»

Und nun kommt die Strophe, auf die ich Sie aufmerksam machen möchte. Skirnir antwortet:

«Bin nicht von den Alfen,
noch den Asensöhnen,
noch den weisen Wanen.
Durch die flackernde Flamme
fuhr *ich allein,*
eure Säle zu schauen.»

Ich denke, das ist deutlich.

So wie bei Goethe von diesem Umschwung das Wissen sich meldet, so meldet in dieser Zeit des sogenannten deutschen Idealismus sich das bei mehreren Menschen. Sie haben ja schon von Troxler gehört, dessen Antrittsrede ja im Jahre 1830 gehalten ist in Basel, als Goethe noch lebte. Bei Herder meldet sich manches, was nun wieder Kunde geben kann davon, daß dasjenige, was einmal in jene mythischen Einkleidungen der Sagen und Mythen gebracht worden ist, in der Seele wieder auftauchen will, wieder lebendig werden will. Vielleicht darf ich Ihnen wenige Worte von Herder einmal vorlesen, aus denen das hervorgeht. Sie werden dann eben manches, worauf ich vorhin gedeutet habe, von selber wieder aufklingen hören. Herder war ja überhaupt ein merkwürdiger Mann, der sich sehr viel mit den Mythen und Sagen anderer Völker beschäftigt hat, und dem das Denken der Aufklärung seines Jahrhunderts, auch der vorausgegangenen Zeit, höchst widerwärtig war. Er schreibt einmal:

«Sie denken! Man breitet Denken vielleicht unter sie aus – bis auf einen Punkt: damit sie sich von Tag zu Tag mehr als Maschinen fühlen, oder nach gegebenen Vorurteilen fühlen, knirschen lernen und fort müssen. – Sie knirschen. – Ei doch, sie können nichts als knirschen; und laben sich mit Freidenken. Das liebe, matte, ärgerliche, unnütze Freidenken, Ersatz für alles, was sie vielleicht mehr bräuchten – Herz! Wärme! Blut! Menschheit! Leben! ... Braucht man, womit man spielt?» – Das, was man ausgedacht hat, nicht wahr? – «Und wenn man des Getreides» – der Gedanken, die fertig sind – «so viel hat, daß man den Acker nicht besäet, nicht bepflanzt, sondern als Kornboden überschütten muß – dürrer, trockner Kornboden! Kann etwas wurzeln, aufgehen? Kommt ein Korn nur in die Erde?»

Wenn Sie so ein modernes Buch lesen voll von Tüfteleien darüber, was das bedeutet, jenes, dieses, woher der das hat, jener jenes hat und so weiter:

Kommt ein Korn nur in die Erde? Dürrer trockener Kornboden!

Oder er sagt: «Ich sehe alles Große, Schöne und Einzige unseres Jahrhunderts ein, und habe es bei allem Tadel immer zum Grunde behalten. ‹Philosophie! Ausgebreitete Helle! Mechanische Fertigkeit und Leichtigkeit zum Erstaunen!› ... Wie haben wir uns so vielen Saft aus Wurzel, Stamm und Ästen zunutz gemacht, als unsre dünnen Gipfelzweige nur fassen können, sehen hoch über Morgenländer, Griechen, Römer, zumal über den mittleren gotischen Barbaren! Hoch sehen wir also über die Erde, gewissermaßen alle Völker und Weltteile unter unserm Schatten, und wenn ein Sturm zwei kleine Zweige in Europa schüttelt, wie bebt und blutet die ganze Welt! Wann ist je die ganze Erde an so wenig vereinigten Fäden so allgemein zusammengegangen als jetzt? Wann hat man mehr Macht und Maschinen gehabt, mit einem Druck, mit einem Fingerregen ganze Nationen zu erschüttern? Alles schwebt an der Spitze zweier oder drei Gedanken!»[108] Und an einer anderen Stelle schreibt Herder: «Wir sind dort oben die dünnen, luftigen Zweige, freilich bebend, und flüsternd bei jedem Winde; aber spielt doch der Sonnenstrahl so schön durch uns! Stehn über Ast, Stamm und Wurzel so hoch, sehen so weit und – ja nicht vergessen – können so weit und schön flüstern!»[109]

Sehen Sie, das gilt für viele Zweige.

Nun also dieser Herder, der ja die Göttin Humanität ruft, der schildert in einem seiner Gedichte eine Begegnung mit ihr, also ein dumpfes Erlebnis, das er versucht, in eine Gestalt zu bringen. Sie haben ja vorhin gehört, wie bei der Aufeinanderlagerung dessen, was aus der Ätherregion sich verdichtet, Eisschicht über Eisschicht gelegt, wo die starren Formen auftreten, dort der Mensch gebildet wird, wo die Wärme dem Eis begegnet. Wir haben gehört, wie dort in der Edda zusammengeschaut wird dieser Gegensatz von Eisbilden und -auflösen, Wärme und Kälte zusammengebracht werden, oder Erlebnis und Form sagen wir. Dieses Gedicht heißt ‹Der Eistanz›[110]:

> «Wir schweben, wir wallen auf hallendem Meer.
> Auf Silberkrystallen dahin und daher: – »

Nicht wahr, das ist der Eisboden, auf dem unsere abstrakten, kalten Gedanken auftreten. Unsere Schlittschuhspuren sind eigentlich unsere formalen Gedanken auf dem Eise. Also der Eisboden des Gedankens, auf dem das Weltendenken naturgesetzlich in Erscheinung tritt. Der Stahl, unser Schlittschuh, der die Formen ritzt...

«Der Stahl ist uns Fittig, der Himmel das Dach,
Die Lüfte sind heilig und schweben uns nach,

So *gleiten* wir, Brüder, mit fröhlichem Sinn
Auf eherner Tiefe das Leben dahin.

Wer wölbte dich oben, du goldenes Haus?
Und legte den Boden mit Demant uns aus?
Und gab uns den flüchtigen Funken im Stahl?
Zu tanzen, zu schweben im himmlischen Saal.
So *schweben* wir, Brüder, mit fröhlichem Sinn
Im himmlischen Saale das Leben dahin.

Da stand sie, die Sonne, in Düfte gehüllt!
Da rauchen die Berge, da schwebet ihr Bild!»

– der Mond nämlich –

«Da ging sie danieder und siehe, der Mond
Wie silbern er über und unter uns wohnt.»

– er spiegelt sich im Eise –

«So *wallen* wir, Brüder, mit fröhlichem Sinn
Durch Mond und durch Sonne das Leben dahin.

Seht auf nun, da brennen im himmlischen Meer
Die Funken; und *brennen im Frost* um uns her.
Der oben den Himmel mit Sonnen besteckt,
Hats unten mit Blumen des Frostes gedeckt.
Wir *gleiten,* o Brüder, mit fröhlichem Sinn
Auf *Sternengefilden* das Leben dahin.

Er macht' uns geräumig den luftigen Saal
Und gab uns in Nöten die Füße von Stahl,
Und gab uns im *Froste* das *wärmende Herz,*
Zu stehn auf den Fluten, zu schweben im Scherz.

Wir *streben,* o Brüder, mit *ehernem Sinn,*
Auf Fluten und Abgrund das Leben dahin.

Da kommt sie die Göttin und schwebet ein Schwan,
In lieblichen Wellen hinab und hinan.
Gestalt, wie der Juno, mit rosigem Knie:
Die Lüfte, sie fühlen, sie tragen sie.

Im Schimmer des Mondes, im schweigenden Tanz
Wie fließet ihr Schleier, wie schwebet ihr Kranz!
Die liebenden Sterne, sie sanken hinab
Zum Schleier, zum Kranz, der sie liebend umgab.

Sie schwebte vorüber, da klang sie den Stahl
Da klangen und sangen im himmlischen Saal
Die Sterne: da hat sich errötend ihr Bild
Wohin dort? in silberne Düfte gehüllt.»

Sie kommt herangeschwebt, hat gerade den Eisboden berührt. Das ist eine Kunde von dem, was heraufdrängt als dasjenige, wovon wir heute als der Notwendigkeit sprechen, nämlich dem Streben nach einer neu bewußten, bewußteren Erfassung jener göttlichen Weisheit, die ihren Niederschlag in den Sagen und Mythen gefunden hat.

Und noch eine zweite Dichtung nach Herder lese ich jetzt zum Abschluß vor. Sie heißt ‹Der Morgen›[111]:

Himmel und Erde! Sieh, wie sie noch vermischt um uns liegen,
auf der Erde der Himmel,
Berge zum Himmel erhoben,
und nun fühle den schwebenden, wehenden Nachtgeist,
den Schauer der tiefsten Frühe vor Tagesanbruch,
wie er Meer, Baum und alles durchstimmt.
Wer ist, der nicht die Frische des Hauchs
wie eine kommende Regkraft der Natur atmet?
Und siehe, diese Entzückung, dieses unnennbare Morgengefühl,
wie scheint es die Wesen mit Macht zu ergreifen,
wie scheint es zu liegen auf der ganzen Natur!
Noch ruhen die Vögel, das Haupt unter die Flügel gesenkt,

die Stadt, die vielleicht niemals den Morgen geschaut,
liegt begraben, selbst die Lerche, die frühe, steigt noch nicht,
die Natur ein harrender Tempel des Gottes.
Nur lebender Wind verkündet das heimliche Nahen des Tages.
Still wird der Tempel geweiht,
die Blüte des Baums, die Blume, die Knospe erschauern,
ein tönender Goldklang auf der Laute der großen Natur,
die Lerche erwacht und schwingt sich empor,
auf blickt die Morgenröte und der Umkreis der Erde,
siehe, die stille erhabene Schöne, die Augenwimper der Morgenröte,
stetig erhebt sich der rosige Schimmer weiter hinauf,
beständig verwandelnd der gleitenden Wolken flutende Tönung;
welche Farben, welch leuchtender Schmelz! und wie stille!
Das Auge ruht auf der zartesten Stelle,
sanftes Angesicht der Gottheit, Offenbarung, Erscheinung.
Welch Grauen, welche Nacht vertrieben!
Wie sie sich dort in schwarzen ungeheuren Wellen forthebet!
Und siehe, wie überall weit umher die Natur gleichsam webt,
der zarte Flor der Luft und des Himmels,
wie sichtbar er spinnt! Morgenduft schwimmt um die Ferne,
und oben, wie schon die Bläue hervorgeht,
immer weiter wölbend und webend,
wie sondert und läutert sich nieden die Erde,
wie wenn ein großes Gebirge langsam von Nebeln entschleiert,
sich mächtig emporhebt. Und nun unter Tau und Morgenstrahl
öffnet die Rose allmählich den glutenden Kelch,
der schmächtige Baum bebt und erschauert im Morgenrot? Morgenodem?
Die Sonne geht auf! Flamme, Glorienantlitz, König!
Pracht wird alles, Glanz und Dröhnen.
Alles erwacht, alle Wesen, von diesem regen Feuer getroffen,
recken sich auf. Sieh, wie jener Silbersee dort
mit Lebendigem aufwebt, die Fische spielen am Strahl der Sonne.
Wie sind nun ringsum Luft und Wipfel voll von Morgengesang!
Und siehe, Mensch, da stehest du, das Götterbild,
Ebenbild Gottes, von Himmel und Erde rufe den
zerstreuten, betäubten Blick zurück auf dich,

in dich selbst! Betrachte dich selbst, dein Glück,
deine Gestalt, deine Kraft: deine große Bestimmung.
Höre den Ratschluß, siehe die Tat:
Auf dir ruht das Auge der Gottheit!
Ende bist du, Mittler werde, Anfang sei,
Dann bist du der Sinn der Erde, Mensch, und frei.

Odins Runenlied

Aus dem Hávamál. Übersetzt von Karl Simrock, überarbeitet von Hans Börnsen.

1 Ich weiß, daß ich hing am windigen Baum
Neun lange Nächte,
Vom Speer verwundet, dem Odin geweiht,
Mir selber ich selbst,
Am Ast des Baums, dem Niemand ansieht,
Aus welcher Wurzel er sproß.

2 Sie boten mir nicht Brot noch Meth;
Da neigt' ich mich nieder
Auf Runen sinnend, lernte sie seufzend:
Endlich fiel ich zur Erde.

3 Hauptlieder neun lernt ich vom weisen Sohn
Bölthorns, des Vaters Bestlas.
Und trank einen Trunk des theuern Meths,
Aus Odhrörir geschöpft.

4 Zu gedeihen begann ich und begann zu denken,
Wuchs und fühlte mich wohl.
Wort aus dem Wort verlieh mir das Wort,
Werk aus dem Werk verlieh mir das Werk.

5 Runen wirst du finden und Ratstäbe,
Sehr starke Stäbe,
Sehr mächtige Stäbe.
Erzredner ersann sie, Götter schufen sie,
Sie ritzte der Hehrste der Herrscher.

6 Odin den Asen, den Alfen Dain,
Dwalin den Zwergen,
Alswidr aber den Riesen; einige schnitt ich selbst.

7 Weißt du zu schreiben? weißt du zu lesen?
Weißt du zu finden? weißt du zu suchen?
Weißt du zu erbitten? weißt Opfer zu bieten?
Weißt du wie man geben, weißt du wie man nehmen soll?

8 Besser nicht gebeten als zuviel geboten:
Die Gabe will stets Vergeltung.
Besser nichts gegeben, als zuviel genommen:
So ritzt es Thundr den Völkern zur Richtschnur.
Dahin entwich er, von wannen er ausging.

9 Lieder kenn ich, die kann die Königin nicht
Und keines Menschen Kind.
Hülfe verheißt mir eins, denn helfen mag es
In Streiten und Zwisten und in allen Sorgen.

10 Ein andres weiß ich, des alle bedürfen,
Die heilkundig heißen.

11 Ein drittes weiß ich, des ich bedarf
Meine Feinde zu fesseln.
Die Spitze stumpf ich dem Widersacher;
Mich verwunden nicht Waffen noch Listen.

12 Ein viertes weiß ich, wenn der Feind mir schlägt
In Bande die Bogen der Glieder,
So bald ich es singe so bin ich ledig,
Von den Füßen fällt mir die Fessel,
Der Haft von den Händen.

13 Ein fünftes kann ich: fliegt ein Pfeil gefährdend
Übers Heer daher,
Wie hurtig er fliege, ich mag ihn hemmen,
Erschau ich ihn nur mit der Sehe.

14 Ein sechstes kann ich, so wer mich versehrt
Mit harter Wurzel des Holzes:
Den Andern allein, der mir es anthut,
Verzehrt der Zauber, Ich bleibe frei.

15 Ein siebentes weiß ich,   wenn hoch der Saal steht
Über den Leuten in Lohe,
Wie breit sie schon brenne,   Ich berge sie noch:
Den Zauber weiß ich zu zaubern.

16 Ein achtes weiß ich,   das allen wäre
Nützlich und nötig:
Wo unter Helden   Hader entbrennt,
Da mag ich schnell ihn schlichten.

17 Ein neuntes weiß ich,   wenn Not mir ist
Vor der Flut das Fahrzeug zu bergen,
so wend ich den Wind   von den Wogen ab
Und stille rings die See.

18 Ein zehntes kann ich,   ziehn in den Lüften
Reiter auf schnellen Rossen,
So wirk ich so,   daß sie wirre zerstäuben
Und als Gespenster schwinden.

19 Ein elftes kann ich,   soll ich zum Angriff
Die treuen Freunde führen,
In den Schild sing ichs,   so ziehn sie siegreich
Heil in den Kampf,   heil aus dem Kampf,
Bleiben heil, wohin sie ziehn.

20 Ein zwölftes kann ich,   hängt am Zweig
Vom Strang erstickt ein Toter,
Wie ich ritze   das Runenzeichen,
So kommt der Mann und spricht mit mir.

21 Ein dreizehntes kann ich,   soll ich ein Degenkind
In die Taufe tauchen,
So mag er nicht fallen   im Volksgefecht,
Kein Schwert mag ihn versehren.

22 Ein vierzehntes kann ich,   soll ich dem Volke
Der Götter Namen nennen,
Asen und Alfen   kenn ich allzumal;
Wenige sind so weise.

23 Ein fünfzehntes kann ich, das Volkrörir der Zwerg
Vor Dellings Schwelle sang:
Den Asen Stärke, den Alfen Ruhm,
Hohe Weisheit dem Hroptatyr.

24 Ein sechzehntes kann ich, will ich schöner Maid
In Lieb und Lust mich freuen,
Den Willen wandl ich der Weißarmigen,
Daß ganz ihr Sinn sich mir gesellt.

25 Ein siebzehntes kann ich, daß schwerlich wieder
Die holde Maid mich meidet.
Dieser Lieder, magst du, Loddfafnir,
Lange ledig bleiben.
Doch wohl dir, weißt du sie,
Heil dir, behältst du sie,
Selig, singst du sie!

26 Ein achtzehntes weiß ich, das ich aber nicht singe
Vor Maid noch Mannesweibe,
Als allein vor ihr, die mich umarmt,
Oder sei es, meiner Schwester.
Besser ist was Einer nur weiß:
So frommt das Lied mir lange.

27 Des hohen Lied ist gesungen
In des Hohen Halle,
Den Erdensöhnen not, unnütz den Riesensöhnen.
Wohl ihm, der es kann, wohl ihm, der des kennt,
Lang lebt, der es erlernt,
Heil allen, die es hören.

Weltgegensätze in Odins Runenlied und der gegenwärtig notwendige Umschwung

Wir haben das letzte Mal geschlossen mit einem Hinweis auf Odins Runenlied. Sie werden sich daran noch erinnern. Die besonders wichtigen Zeilen waren:

«Wort aus dem Wort verlieh mir das Wort,
Werk aus dem Werk verlieh mir das Werk.»

Das wirkt zunächst, wenn es so da steht, doch äußerst rätselhaft; aber wir haben in den Auseinandersetzungen, die voriges Mal vorausgegangen sind, uns ein wenig Bahn geschaffen, um etwas näher an das Verständnis eines solchen Ausspruches heranzukommen. Nun ist das nicht alles, was ich Ihnen zitiert habe, von diesem Runenlied, in dem zunächst geschildert wird, wie Odin sich selber geweiht neun Nächte an dem Baum hängt, von dem niemand weiß, aus welcher Wurzel er sproß, wie Odin sich dann niederneigt, endlich seufzend zur Erde fällt und dann die Runen findet. Danach heißt es:

«Zu gedeihen begann ich und begann zu denken,
Wuchs und fühlte mich wohl.»

Und dann folgen diese Zeilen:

«Wort aus dem Wort verlieh mir das Wort
Werk aus dem Werk verlieh mir das Werk.»

Das vorige Mal haben wir, um uns den Weg zu einem zunächst ahnenden Verständnis für einen solchen Ausspruch zu bahnen, versucht zu bemerken, was eigentlich vor sich geht beim Zählen. Wir sind dann übergegangen vom Zählen zum Sprechen, mit einem anderen Ausdruck: vom Zählen zum Erzählen. Es steckt ja schon die Verwandtschaft des Sprechens mit dem Zählen in diesem Sprachausdruck *Er-zählen* darinnen.

Wir werden uns heute noch etwas genauer beschäftigen müssen mit diesem Erzählen oder – anders ausgedrückt – mit der Sprache, aber in einem ganz bestimmten Sinne. So wie das Zählen gewissermaßen darinnensteckt im Sprechen, so steckt eigentlich der *ganze* Mensch mit seiner Tätigkeit wiederum im Sprechen darinnen. Der *ganze* Mensch – damit meine ich nicht bloß denjenigen, der über irgend etwas nachdenkt, auch nicht bloß denjenigen, der etwas erfühlt, nicht bloß denjenigen, der seinen Willen betätigt und damit ja eigentlich auch seinen Leib betätigt, sondern ich meine wirklich den ganzen Menschen, den Menschen, so wie er einerseits, wo er durchaus am hellsten bewußt wird, zu der Ausgestaltung der Wissenschaft kommt, und wie er auf der anderen Seite doch eigentlich auf vieles ganz aus dem Unbewußten reagiert, oft bis in seine leibliche Betätigung hinein, wo er auch sogar dahin tendiert, aus dem Unbewußten tätig zu bleiben, nämlich im künstlerischen Schaffen und im künstlerischen Erleben. Da kann man erfahren, daß Menschen, die künstlerisch tätig sind oder vor allen Dingen auch Wert auf Erleben des Künstlerischen legen, oft eine gewisse Sorge davor haben, zu viel nachzudenken, sich die Dinge zu bewußt zu machen, weil sie gleichsam fürchten, daß mit der Erzielung einer größeren Bewußtheit, mit dem Nachdenken und so weiter, sie sich in die Gefahr begeben, daß ihre künstlerische Schöpferkraft beeinträchtigt wird, vielleicht sogar erlöscht.

Nun hat Rudolf Steiner einmal das Wort ausgesprochen: «Die Urkunst, was ist sie?» und die Antwort gegeben: «*Nichts anderes ist die Urkunst als die menschliche Sprache selber.*»[112]

Also in der Sprache haben wir gegenwärtig gewissermaßen alles dasjenige, was im Künstlerischen wirksam ist. Auch in der Sprache – das haben wir voriges Mal gesehen – waltet eine zunächst unterbewußte oder unbewußte Tätigkeit mit. Und wo also in der Sprache an dem einen Pol des Sprechens jene *fertiggeprägten Wörter,* die dann konventionell gebraucht werden, ganz scharf verwendet werden – wobei man dann noch anstrebt, daß sie möglichst genormt werden sollen, damit man sich nicht mißverstehen kann –, da herrscht ja das präziseste, das hellste, das deutlichste Bewußtsein. Und da, wo auf der anderen Seite etwas eben im wesentlichen tief *Erlebbares* waltet, da herrscht Dämmerung, wenn nicht Dunkelheit über diesem Erleben; was man häufig dann bemerken kann, wenn irgend etwas in der Seele des Menschen ihn drängt, etwas tief Erlebtes zu charakterisieren, zu bezeichnen in der Sprache. Man bemerkt dann, daß ihm das nicht gelingt, daß er sich eigentlich sagt: ‹Darüber *kann* ich gar nicht *sprechen*!›.

Und doch waltet ein solches *Erleben* dann in der Seele, ohne daß es irgendwie schon konfiguriert, greifbar auftritt. Auch da, wo wir gedrängt sind, *Fragen* zu stellen, gelingt es uns oft nicht, die Fragen – so wie sie eigentlich heraufdrängen – wirklich zu *formulieren*. Und man bemerkt eigentlich, daß da, wo es gelingt, Fragen schon weitgehend *deutlich* zu formulieren, das Fragen schon ziemlich unnötig geworden ist, weil man sich da beinahe selbst die Antwort geben kann; während da, wo die Fragen wirklich echt erlebt sind und drängen, eben diese Möglichkeit, sie zu formulieren, kaum da ist: «Ich weiß gar nicht, wie ich das sagen soll...» oder so ähnlich kommen dann Äußerungen bei einem solchen Sich-Heraufdrängen unbestimmt zunächst waltender Fragen.

Nun, ich wollte mit diesem Ausspruch: ‹*Die Urkunst ist eigentlich die Sprache*› eben unterstreichen, daß die Möglichkeit besteht – wenn man so vorgeht, wie wir das gemacht haben: wenn man zunächst also versucht, da, wo es noch am allereinfachsten ist, beim Zählen, auf die Bedeutung des Gewahrwerdens dessen, was da eigentlich *vor sich geht,* zu kommen –, daß man von da aus dann über die Sprache sehr große Zusammenhänge mit Bezug auf den Menschen kennenlernen kann.

Und nun war dasjenige, worauf wir zunächst im Zählen und ein wenig auch schon in der Sprache unsere Aufmerksamkeit gelenkt hatten, eigentlich diese Tatsache, daß man immer, ob man das nun zunächst merkt oder nicht, wenn man zählt – ich habe das so ausgedrückt –, «Akte durchführt» und daß man im Grunde genommen auch gar nicht die *Sachen,* die man zählt, zählt, sondern daß man immer die *Akte* zählt.

Jetzt müssen wir noch ein bißchen genauer eingehen auf diese Akte. Lassen Sie mich das noch einmal am Zählen charakterisieren. Uns gegenüber haben wir das, wovon wir zunächst eben meinen sagen zu können: *Das* wollen wir zählen. Hier sind wir. Da hatte ich gesagt: wir müssen immer *dahin zielen* und das treffen, *was* wir zählen wollen, und dann müssen wir das – so habe ich mich ausgedrückt – gleichsam konstatieren, wir müssen das notieren. Ich hatte gesagt: Wir *nehmen* das ans Mal *zurück*.[113]

Wenn Sie das Mal hier nehmen, steckt ja in den Kinderspielen schon eigentlich ein Hinweis auf diese Tätigkeit. Es gibt ein Spiel, das wir als Kinder gespielt haben unter dem Namen «Von Mal zu Mal – wer hat kein Mal?» Da mußte man die Male wechseln: man mußte weglaufen und, bis der Betreffende sich umdrehte, mußte man wieder am Mal sein. Wer nicht

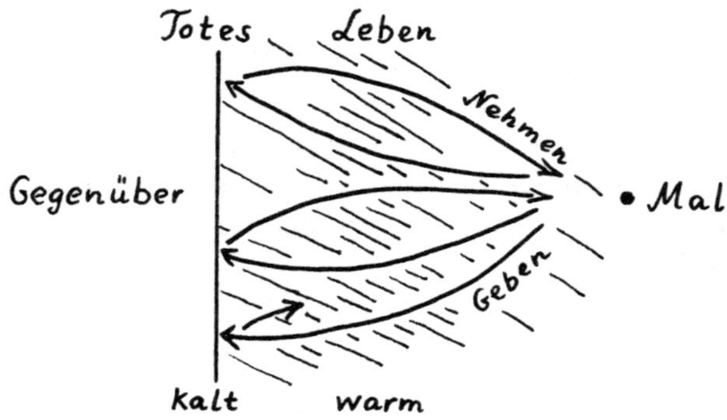

wieder am Mal war, der wurde ‹kassiert›, der hatte verloren. «Von Mal zu Mal – wer hat kein Mal?»

Das ist eigentlich dies: Weg und wieder ans Mal! Wir sagen dann: «Berührt», «Ich habe berührt!»: *eins*! Das *weiß* ich jetzt. Jetzt das nächste ‹Mal›: das ist *zweimal.* Jetzt zähle ich diese *Akte.*

Sie müssen das bei sich prüfen! Es nützt gar nichts, wenn ich Ihnen das erzähle; sondern Sie müssen das bei sich prüfen, ob das wirklich so ist. Dann stellen Sie auch fest, daß wirklich diese Tätigkeit hier, mit der Sie hinzielen, mit der Sie also in Ihren Gedanken durch den Blick des Auges hindurch dieses Hingehen bis zur Berührung durchführen, ganz ausgesprochen ein *Akt* ist in Richtung auf das Ziel hin. Und Sie stellen den anderen Akt des – wie ich gesagt habe – Notierens, das wieder ans Mal Zurückgehen, als eine Bewegung in dieser Richtung fest.

Es sieht zunächst so aus – wenn man über diese Sache so spricht, wie wir es getan haben –, als ob das alles unbedingt *zeitlich nacheinander* geschehen muß, weil wir, wenn wir *mit der Hand* zählen, natürlich zuerst hinreichen müssen und dann wieder die Hand zurückziehen; deswegen sieht es so aus, wie wenn das immer nacheinander ablaufen müßte. Aber es kommt jetzt viel darauf an, daß, wenn man das im wirklichen Denktätigkeitsprozeß durchführt, man bemerkt, *daß man eigentlich geistig keine Zeit, kein Nacheinander braucht.* Nicht wahr, das ist nicht so ganz leicht ohne weiteres zu spüren, aber wenn ich andere Ausdrücke wähle zunächst, glaube ich, können Sie das eher bemerken. Ich habe gesagt: ‹Das ist ein Hingehen, ein Zurückgehen›, und ich möchte jetzt daneben schreiben diese anderen Ausdrücke. Diese Aktivität, die hier vorliegt, ist etwas, was Sie eigentlich überall meinen, wenn Sie von *Geben* sprechen. Nicht wahr, wenn ich einem von Ihnen einen Groschen gebe, dann geht es von mir weg zu dem anderen hin. Und der andere, der den Groschen bekommt, der führt auch eine Tätigkeit aus, und das ist die, die überall da erfühlt wird, wo wir von *Nehmen* sprechen. Jetzt gibt es ja solche Wörter, die zusammengesetzt sind, zum Beispiel wahrnehmen und achtgeben, in acht nehmen und so weiter. Daß da überall diese feinen Differenzierungen drinnenstecken, beachtet man zunächst gar nicht. Man weiß halt, was die Wörter bedeuten sollen und spürt das nicht, daß bei ‹in acht *nehmen*› das Entgegengesetzte stattfindet wie bei ‹acht*geben*›. Nicht wahr, man kann also sagen: ‹*Gib* acht!› und ‹*nimmm* dich in acht!› Aber man kann sich nicht eigentlich gut in acht *nehmen,* wenn man nicht acht*gibt*! Das muß man beides tun eigentlich.

Nun ist es so, daß das Wort wahr*nehmen* eigentlich sehr gut dieses hauptsächliche Erleben des Nehmens charakterisiert für uns als heutige Menschen, denn wir sind ja der Überzeugung, daß wir beim Wahrnehmen gar nichts tun, sondern daß dasjenige, *was* wir wahrnehmen, tut, worauf es ankommt: *Es* macht *Eindruck* auf uns, nicht wahr! Daß wir hier zum Beispiel rot wahrnehmen, beruht darauf, daß von dem Vorhang die Wirkung ausgeht. Wir brauchen nur die Augen aufzumachen, dann wirkt der Vorhang auf uns!? Und so ist bei diesem Wort *nehmen* für uns heute vor allen Dingen das, was wir dabei so halbbewußt erleben, dieses Inaktive, das Leidende, das Passive. Wir sind passiv, wenn wir nehmen, und wir sind aktiv, wenn wir geben.

So denken Sie vielleicht auch: Sie, die Sie jetzt hier heute abend versammelt sind, Sie sind die Leidenden? Sie haben das nur entgegenzunehmen!? Und ich habe der Aktive zu sein, denn ich muß hier ja immer reden. Aber wenn das so wäre, dann würde bei unseren Bemühungen überhaupt gar nichts herauskommen. Es kann nur etwas herauskommen dabei, wenn Sie sich bequemen, mindestens so aktiv zu werden im Nehmen, wie ich mich hier bemühe zu sein im Geben, und wenn ich mindestens so leidend werde durch die Art und Weise, wie Sie das aufnehmen und verarbeiten, wie Sie scheinbar sind, wenn Sie das über sich ergehen lassen müssen. Es nützt ja nichts, wenn ich hier nur immer rede und rede wie ein Wasserfall – und Sie müssen das über sich ergehen lassen –, wenn ich nicht darauf achte, wie Sie das eigentlich entgegennehmen. Wenn ich entdecken würde, daß jetzt schon oder nach einer Viertelstunde dreiviertel von Ihnen eingeschlafen wären, dann müßte ich mir doch sagen, daß ich anders vorgehen muß, nicht wahr?

Also es kommt darauf an, daß man das *Aktive* entdeckt, das im Nehmen steckt und daß man das *Passive* entdeckt, das im Tätigsein steckt. Es steckt drin. Deswegen habe ich gesagt: Es sieht zunächst so aus, als wenn das immer nur hübsch nacheinander geht. Aber es steckt gleichzeitig drin.

Am besten können Sie das bemerken, wenn Sie sich – nachher zum Beispiel – verabschieden voneinander. Dann geben Sie sich die Hand. Daß aber ein Händedruck überhaupt nicht zustande kommt, wenn der eine nur gibt und der andere nur nimmt, kann man ja merken. Wenn nicht beide geben und beide nehmen – und zwar *gleichzeitig* –, dann wird niemals ein Händedruck draus, nicht wahr! Ist das zu verstehen? Es gibt einfache Tatsachen, die sind deswegen wichtig, weil man daran etwas zum Erlebnis bringen kann. So gibt es sehr verschiedene Arten, sich die Hand zu geben. Es gibt die, wo der eine rabiat zupackt und der andere zurück zuckt, nicht wahr? Und es gibt die Art, wo einem die Hand lasch gegeben wird. Das sind beides keine Händedrücke; sondern der richtige Händedruck, der kommt eben zustande durch Geben und Nehmen, wenn beides darin waltet.

Und bei dem, was ich Ihnen vorgelesen habe aus Odins Runenlied, da geht nun die Sache weiter, also zunächst dieses: Du wirst Runen finden, starke Stäbe und so weiter, Erzredner ersann sie, Götter schufen sie, sie ritzte der Hehrste der Herrscher und so weiter. – Und jetzt kommt die Frage an denjenigen, dem diese Dinge von Odin gesagt werden, also an den Eingeweihten.

Da heißt es jetzt in Simrocks Worten, die immerhin schon die beste Übersetzung nach meiner Erfahrung bieten, in denen der Sinn aber trotzdem nicht so recht heraus kommt:

145. «Weißt du zu ritzen? Weißt du zu erraten?
Weißt du zu finden? Weißt du zu erforschen?
Weißt du zu bitten, weißt Opfer zu bieten?
Weißt du, wie man senden, weißt wie man tilgen soll?

146. Besser nicht gebeten als zuviel geboten:
Die Gabe will stets Vergeltung.

Besser nichts gesendet als zu viel getilgt;
So ritzt' es Thundr ...»

Thundr, das ist nun wieder ein anderer Name für Odin.

«So ritzt' es Thundr zur Richtschnur den Völkern.
Dahin entwich er, von wannen er ausging.»

So ritzt' es Thundr ..., das heißt: Er schrieb das gewissermaßen in Runen. Er ging aber dabei ja auch von hier aus – in der Zeichnung vom Mal –, schrieb das und entwich dahin, wo er hergekommen war. Aber was steckt nun eigentlich darin? Jetzt sage ich das mal mit den Worten, die ich nach dieser Vorbereitung gebrauchen kann. Da steht nämlich:

145. «Weißt du zu schreiben? Weißt du zu lesen?
Weißt du zu finden? Weißt du zu suchen?
Weißt du zu erbitten, weißt Opfer zu bieten?
Weißt du, wie man geben, weißt du, wie man nehmen soll?

146. Besser nicht gebeten, als zuviel geboten.»

Wie beim Händedruck: Besser gar nicht die Hand hingehalten, als sie so zu ergreifen, daß der andere es gar nicht aushalten kann.

«Die Gabe will stets Vergeltung.»

Das heißt: Wenn gegeben wird, dann folgt auf das, was dadurch als Nehmen entsteht, daß der andere wieder geben muß.

«Die Gabe will stets Vergeltung.
Besser nichts gegeben, als zuviel genommen.
So ritzt' es Thundr zur Richtschnur den Völkern.
Dahin entwich er, von wannen er ausging.»

Wenn das so gefragt wird in einem solchen Lied, das ja Kunde aus den Mysterien ist, dann heißt das doch, daß der Mensch aufmerksam gemacht wird auf die besprochenen Vorgänge, vor allen Dingen natürlich derjenige, der einen Zugang *sucht* zu einer solchen Mysterienkunde:

«*Weißt du zu geben? Weißt du zu nehmen?*»

Da wird aufmerksam gemacht auf diese Vorgänge, von denen wir jetzt gesprochen haben, und darauf, welche Rolle die Aktivität zunächst so aufgefaßt als *Geben* und die Passivität als *Nehmen* spielen, aber zugleich darauf – denn die Reihenfolge ist ja immer umgekehrt in der nächsten Zeile –, daß das eine in dem anderen steckt.

Das erste Gegensatzpaar heißt ja:

«Weißt du zu ritzen? Weißt du zu lesen?»

Also erst zu geben, dann zu nehmen.

Dann in der nächsten Zeile:

«Weißt du zu finden?...»

Das ist die Richtung beim Ritzen.

«... Weißt du zu suchen?»

Das ist die umgekehrte Richtung.

In der folgenden Zeile kommt zuerst:

«Weißt du zu bitten?...»

also umgekehrt: Nehmenwollen;

und «... Weißt du Opfer zu bieten?»

dann ein Gebenwollen.

Und dann die für uns nun deutlichste Formulierung in der vierten Zeile:

«Weißt du, wie man geben, weißt du, wie man nehmen soll?»

Wieder hat sich die Reihenfolge umgekehrt. In der dritten Zeile erst bitten, dann bieten. Jetzt erst geben, dann nehmen. Und nachher:

«Besser nichts gesendet...»,

das heißt also erst nichts gegeben,

«... als zuviel genommen!»

Und in der anschließenden Zeile ist die Reihenfolge wieder umgekehrt:

«Besser nichts gebeten...»

– also genommen –

«... als zuviel geboten!»,

also gegeben.

Das ist doch eigentümlich, daß uns das da herüberklingt, dieses Aufmerksamwerden auf dasjenige, was da eigentlich geschieht. Und nun noch einmal zu dem:

«Wort aus dem Wort verlieh mir das Wort.
Werk aus dem Werk verlieh mir das Werk.»

Wir hatten das verknüpft mit dem Hinweis Rudolf Steiners, daß – wie es da ausgedrückt ist – das Gewahrwerden des Hindurchsprechens höherer Wesen nur dadurch möglich wird, daß wir *selber* sprechen oder *selber* denken, daß wir nicht einfach erwarten können: Da tritt *vor uns* ein Wesen auf, das dann *von außen* zu uns spricht; sondern wir müssen lernen zu bemerken, was durch dasjenige, was durch unsere Tätigkeit geschieht, sich hindurch ankündigt als ein Sprechenwollen.[114] Und wir hatten dem gegenübergestellt diesen Ausspruch von *Eckartshausen,* «daß die Götter» – wie er das ausdrückt – «die ewigen Wahrheiten und Geheimnisse auf die Außenseite der Dinge geschrieben haben.»[115] Nicht wahr, das eine ist gleichsam die *Werk*-Seite, und das andere ist die *Wort*-Seite.

Nun treffen wir eigentlich auch das, was da ausgesprochen wird, in den Darstellungen Rudolf Steiners, der gerade wieder im Zusammenhang mit der Behandlung von Kunst, Wissenschaft und Sprache sagt:[116] Eigentlich ist der Mensch ein Produkt aus zwei Weltenkünsten: einer plastischen Kunst und einer musikalischen Kunst. So wie das einzelne Wort, das in der Sprache auftritt, jeweils ein Produkt ist aus etwas, was zurückzuführen ist vor allen Dingen auf die Tätigkeit eines Herausplastizierens und auf der anderen Seite auf die Tätigkeit eines Heraustönens. Es hat nämlich die Konsonanten und Vokale.

Er sagt, diese eine Weltenkunst – die plastizierende –, die drücke sich aus in der Sprache durch das Auftreten der *Konsonanten* und bei dem Menschen durch die Gestalt seines Leibes, durch seinen Leib überhaupt, wie er aus den verborgenen Kräften, dem verborgenen Walten geistiger Kräfte heraus geprägt, geformt sei und in die Welt hereingestellt sei. Und auf der anderen Seite liege dasjenige, was nun sein eigenes inneres Erlebnis ausdrücken könne, ausdrücken solle, vor in dem, was eben seelisch aus dem Menschen heraus geschieht und was dann in der Sprache in dem *Vokal* herausgesungen ist, und er sagt das – in weiterer Ausführung seines Hinweises, daß eigentlich der Mensch ein Produkt aus zwei Weltenkünsten sei – so: Das konsonantische Element, die eine Weltenkunst, *schafft* das Instrument, die andere *spielt* auf dem Instrument! Nicht wahr, das Plastizierende, also das Ausformende der Sprache bis in den Konsonanten hinein, schafft das Instrument, und das heißt beim Menschen die menschliche Leiblichkeit in dieser Gestalt, in der eben der leibliche Mensch Instrument sein kann, auch für das Sprechen. Und die andere Weltenkunst spielt auf dem

Instrument. Dasjenige, was aus Menschengeistigkeit in der Seele waltet, das strebt danach, auf diesem Instrument zu spielen.

Durch dieses Zusammentreten von dem, was eigentlich aus der geistigen Außenwelt heraus plastisch den Menschenleib gestaltet, und dem, was aus der innerlichsten Seelenwelt des Menschen aufbricht als das Spielen auf dem Instrument, also der geistigen Wirksamkeit aus dem Innersten des Menschen heraus, ist durch die Götter, durch die Weltgestaltung noch etwas angestrebt. Diese zusammenwirkenden Weltenkünste sind nicht einfach nur eine Erklärung für etwas, was eben da ist, was vorhanden ist; sondern das ist zugleich eine Charakterisierung dessen, was eben bei *Novalis* so zum Ausdruck kommt, daß er sagt: Gott hat nicht eine Welt schaffen wollen, sondern «Gott will Götter».[117] Nicht wahr: Nicht das Schaffen eines Werkes bloß, einseitig, sondern dasjenige, was nun in dem Zusammenwirken möglich wird, wenn ‹Wort aus dem Wort mir das Wort verleiht›, wenn ‹Werk aus dem Werk mir das Werk verleiht›, wenn das Innere aufbrechend zusammenwirkt mit dem, was im Werk Leib ist und mir das Werk wiederum möglich macht; dann ist das etwas, was hinweist auf die Fortsetzung der Weltentwicklung und Menschheitsentwicklung. Das drückt Rudolf Steiner einmal so aus:

«Der Mensch ist von den Göttern nicht umsonst geschaffen, sondern er ist da auf der Erde, damit dasjenige, was *nur in ihm* fertigbereitet werden kann, wiederum von den Göttern zur weiteren Weltenbildung zurückgenommen werden kann. Ja, der Mensch ist auf der Erde, weil die Götter den Menschen brauchen, daß *in ihm* gedacht, gefühlt, gewollt werde, was im Kosmos *lebt.* Dann, wenn der Mensch in der richtigen Weise denkt, fühlt und will dasjenige, was im Kosmos lebt, *nehmen* das die Götter wiederum hinauf und pflanzen es weiter der Weltengestaltung ein, so daß der Mensch an dem ganzen Kosmos mitbaut, wenn er im Opfer und in der Kunst wiederum zurück-*gibt*, was die Götter, ihm sich offenbarend durch Sternenwelten, bieten. So steht der Mensch in Beziehung zum Weltengange, indem er seelenverwandtschaftlich diesen Weltengang erlebt.»[118]

Die Vorbereitung des Menschen geht bis dahin, wo der Mensch anfängt aufmerksam zu werden darauf, daß in seinem *Nehmen* die *Aktivität* geweckt werden kann, daß die Götter bis dahin *gegeben* haben und daß sie das getan haben, damit möglich wird, daß im Menschen nun etwas entsteht, was *sie zurücknehmen* und der weiteren Weltgestaltung einpflanzen können, «wenn also der Mensch im Opfer und in der Kunst wiederum zurück-*gibt,* was die Götter, ihm sich offenbarend durch Sternenwelten, *bieten.*» Da steckt auch das Geben und Nehmen drin.

Vielleicht genügt das, wie ich das jetzt angedeutet habe, um Ihnen eine Empfindung dafür zu wecken, daß wir in unserer gegenwärtigen Zeit in einem so ungeheuren Umschwung, der sich vollziehen will, darinnenstekken, daß man sagen kann: es fängt an, daß dieser Prozeß im Geben und Nehmen zwischen Göttern und Menschen sich umkehrt.

Das drückt sich in vielem aus. Rudolf Steiner weist darauf hin, daß es nicht mehr an der Zeit ist, immer nur abzuwarten, ob die Götter nicht helfen. Sie klagen oft darüber, die Menschen, und sagen: Ist denn das möglich, daß das alles geschieht? Warum helfen die Götter nicht? Und da sagt Rudolf Steiner:[119] Sie helfen sogleich, wenn der Mensch sich aufrafft, ihnen entgegenzukommen. Sie sind durch ihre eigenen Gesetze dazu angehalten, erst dann zu helfen, erst dann entgegenzukommen, wenn sich der Mensch aufrafft, ihnen entgegenzukommen, wenn der Mensch aktiv seine Hände gleichsam zu ihnen emporreckt. «Es ist nicht zu erwarten», – so sagt er an einer anderen Stelle einmal – «daß die höheren Wesen immer zu den Menschen weiterhin herniedersteigen sollen; sondern er muß lernen, zu ihnen hinaufzusteigen.»[120] Er muß durch seine Bewußtseinsentwicklung, die ja natürlich auf das engste mit der Weckung seiner Aktivität im Erkennen zusammenhängt, dazu gewissermaßen heranreifen, daß er gewürdigt wird, wieder etwas entgegenzunehmen.

Das ist eigentlich dasjenige, was dahintersteckt, wenn wir an allerersten Anfängen versuchen, diesen Umschwung zu begreifen, an den ersten Zipfeln gleichsam, um allmählich dann zu solchen Möglichkeiten aufzusteigen, eine Verbindung des von der geistigen Welt heute vollkommen abgetrennten Menschen mit der Wirklichkeit der übersinnlichen Welt wiederherzustellen oder neu anzustreben.

Wenn ich hier angemalt habe: ‹Geben› und ‹Nehmen›, dann sieht es so aus, wie wenn hier, wo ich das Zentrum hingemalt habe, gleichsam doch derjenige sitzt, der nun von all dem das hellste Bewußtsein hat, und wie wenn hier draußen nur gleichsam das Äußerste liegt. Aber im Grunde genommen ist es doch so, daß das, was ich genannt habe: ‹Ich *zähle,* indem ich *heraus*ziele und *zurück*gehe›, doch etwas sehr Verborgenes ist. Das Erleben dieser Einsicht hier drinnen ist ja durchaus nicht ein scharf zu Beschreibendes. Wie ich zum Beispiel beschreiben kann, daß die Lampe dahinten zylinderförmig ist und daß sie oben gerade abschneidet, unten gerade abschneidet, so kann ich nicht beschreiben, wie ich das eigentlich erfasse. Ich kann nicht beschreiben, wie ich es mache, wenn ich mich entschließe zu zählen, daß nun wirklich meine Absicht in die Tätigkeit übergeführt wird. Ich kann nicht beschreiben, wodurch ich das eigentlich bewerkstellige, dann zu sagen: ‹Ja, jetzt *weiß* ich, daß ich *einmal* gezählt habe!›.

Das sind dunkle Erlebnisse, sehr dumpf, aber eben wirklich *erlebt.* Die Unumstößlichkeit dessen, was ich da erlebe, die ist mir ja gegenwärtig, wenn ich auch nicht die Einzelheiten dessen, was sich da vollzieht, beschreiben kann. Und wenn ich sage, es ist erlebt, dann steckt in dem Wort ja etwas drin; so wie in dem Ausdruck ‹erzählen› das *Zählen* drinsteckt, so steckt in dem Ausdruck ‹erleben› ja *Leben* drin. Das wollen wir als etwas nehmen, was mit dem Leben etwas zu tun hat.

Und dasjenige, was wir in unserem heutigen normalen Wachbewußtsein deutlich und scharf ins Auge fassen und äußerlich beschreiben können, hat das auch *Leben*? Können Sie Lebendiges genau und präzise im Bewußtsein fassen und beschreiben? Das, was *genau* ist, das ist auch *tot.* Auch jene fertiggeprägten Begriffe, von denen wir gesprochen haben, sind tot. Auch jene Wörter, von denen wir heute sagen, sie werden durch Konvention gebraucht, die man kombiniert und die «eigentlich *genormt* werden sollten», die sind *fertig* geprägt, die stehen im Lexikon, im Wörterbuch und so weiter.

Wenn Sie das berücksichtigen, werden Sie merken, sobald wir in diese Region kommen, wo jetzt alles anfängt genau zu werden, wo wir also sagen können: «Das ist wissenschaftlich *ganz exakt,* unbezweifelbar, das läßt sich genau beweisen, läßt sich errechnen», sobald wir in diese Region kommen, da ist es *kalt*! Und da, wo Sie nun wirklich innerlich *erleben* zunächst, da, wo Sie sagen müssen: «Ich kann das nicht mit Genauigkeit beschreiben!», oder wo Sie Fragen innerlich haben, die Sie bedrängen, die Sie noch nicht formulieren können, da ist *Wärme!*

Und nun zunächst ganz zusammenfassend: Was am Ende der vierten Kulturepoche, der griechisch-römischen Kultur, von dem ursprünglichen Erleben in einer Ideenwelt – wie bei Plato – übrigblieb, was dann bei Aristoteles in aller Exaktheit formuliert wurde als abstrakte Begriffe in ihren Bezeichnungen, was da als Logik möglich wurde im Umgang mit solchen geprägten, abstrakten Begriffen, das nennt Rudolf Steiner einmal dasjenige, was im Grunde genommen die notwendige Folge war des Sündenfalles des Menschen, die notwendige Folge der luziferischen Verführung, die notwendige Folge der Tatsache, die eben so bildhaft beschrieben wird in der Genesis: daß der Mensch vom Baume der Erkenntnis gegessen hatte und daß er nun nicht, solange er aus dem Paradies deswegen vertrieben war, vom Baume des Lebens essen durfte.[121]

Das Essen vom Baume der Erkenntnis bewirkte dieses Ersterben des geistigen *Lebens* zu den *toten,* fertigen, abstrakten Begriffen.

Im Anschluß daran hat der Mensch ja schon durch seinen Umgang mit diesen abstrakten Begriffen durch das Mittelalter hindurch bis in die Neuzeit etwas veranlagt, nämlich die Tätigkeit, die nun Rudolf Steiner in der Philosophie der Freiheit nennt: das *reine Denken,* in das nun nicht hineinspielt alles mögliche Erlebbare, Sympathie, Antipathie, Zuneigung, Abneigung und so weiter, sondern – ja, wie soll man sagen? – ..., die Wissenschaft spricht davon, daß es eben objektiv sein soll, nicht wahr. Es läßt nur zu, was so ist, wie es ist, aber es bezieht sich nur eigentlich auf das Umgehen mit Abstraktionen, und der Vorgang, das Walten dieses Denkens, das ist zunächst noch gar nicht bemerkt. Das haben wir voriges Mal besprochen.

Und nun sagt Rudolf Steiner: Nun waltet aber auf der anderen Seite dennoch in der Menschheit das Leben. Und er sagt sogar: Das kommt auch in Mythen zum Ausdruck; und zwar jetzt gerade wieder in den Mythen von den sogenannten Wanen und Asenverehrern unter den – damals, als die griechische Kultur so sehr schon blühte – noch barbarischen Völkern, die also unsere europäische Gegend im Norden und so weiter bewohnten.[122] In einem Mythos aus dieser germanischen Mythologie ist ja nicht der Sündenfall dargestellt, sondern, daß Wodan, Wili und We am Ufer des Meeres gingen und den Menschen aus Bäumen gemacht haben, aus Ask und Embla. Da ist der Mensch aus dem, was im Baum gleichsam angeschaut wird, gemacht. Das andere Mal hat der Mensch im Paradies den Baum dastehen, da gegenüber: «Du darfst davon nicht essen!». Er hat von diesem Baum der Erkenntnis, der da *gegenüber* steht, gegessen. Und hier in der nordischen Mythologie ist hingewiesen darauf: Der Mensch *ist* ein Baum! Das, was der Baum des Lebens ist, das steckt im Menschen drin, aber ganz verborgen! Dieses Leben da, das ist verborgen und soll verborgen bleiben so lange, bis das Essen vom Baum der Erkenntnis zu der Erweckung dieses Bewußtseins der abstrakten Gedanken geführt hat, weil das die Bedingung dafür ist, daß der Mensch auf sich selbst steht und zu einem freien Wesen wird.

Nun nennt Rudolf Steiner dasjenige, was hier so auftritt: *unlebendiges Wissen.* Und er nennt dasjenige, was in dieser Verborgenheit waltet – so wie ursprünglich der Mensch aus dem Baum herausgeholt wird –, was das Baumhafte, das Lebensbaumhafte *im* Menschen ist: *wissenloses Leben.* Und er zeigt, wie in der fünften Kulturepoche, also seit 1400 etwa, in dieser europäisch sich entwickelnden Menscheit, wo auch unsere gegenwärtige Kultur allmählich dann erstanden ist, dasjenige, was da entwickelt wird, eben eine entsprechende Vervollkommnung der Denk- und Vorstellungsfähigkeit des Menschen, etwas ermöglicht, was eben ursprünglich diese germanischen Völker in ihrer barbarischen Zeit nicht hatten, nämlich: Wissenschaft zu haben, auch zu einem wissenschaftlichen Leben aufzusteigen. Er sagt: Die Zeit, in der jetzt in diesem europäischen Raume etwas ähnliches sich anbahnt wie auf einer anderen Stufe die Vervollkommnung dieses gestaltenden, seelischen, wissenschaftlichen Lebens bei Plato, in der Zeit des Plato, was da jetzt heraufkommt, das entspricht dem, was in der griechisch-römischen Zeit durch Plato charakterisiert ist, das tritt auf im Zeitalter des Goetheanismus, im Zeitalter des deutschen Idealismus.[123]

Und da macht sich nun zunächst für das ringende Bewußtsein geltend die Spannung zwischen der Hinneigung zu dem toten Wissen und der anderen Hinneigung zu den Quellen des Lebens, dem Lebendigen ..., diese Hinneigung zu einer kalten, aber absolut präzisen Wissenschaft und die Hinneigung zu einer nicht bewußten, aber erlebten Kunst. Und es macht sich geltend das Streben, die Möglichkeit zu finden, von dem Leben zur Bewußtheit durchzustoßen ... oder umgekehrt, sein Bewußtsein zu erweitern für dasjenige, was eigentlich erlebt wird.

Selbst bei solchen Menschen wie *Kant* zeigt sich diese Diskrepanz und dieses Streben; denn wenn Kant sagt: Ich habe das Wissen eingeschränkt, um für den Glauben Platz zu bekommen ..., dann ist mit dem Wissen dieses Wissenschaftliche, was auf das Tote hinzielt, gemeint und mit dem Glauben dasjenige, was erlebbar, wärmehaft, lebensvoll, kraftvoll ist. Er schrieb die ‹Kritik der reinen Vernunft› auf der einen Seite, er schrieb die ‹Kritik der praktischen Vernunft› auf der anderen Seite. Das sind die beiden Pole.[124]

Sie können, wenn Sie das wirklich verfolgen bei den Menschen in dieser Zeit, es überall auftauchen sehen. Man versteht erst eigentlich, was da auftaucht, wenn man von diesen Darstellungen der Anthroposophie aus darauf zurücksieht. Würde man nur einfach wieder anfangen, Goethe, Lessing, Herder zu studieren, man würde es nicht finden; man würde gar nicht merken, worauf es eigentlich ankommt. Aber, wenn man das einmal gemerkt hat, da spielt sich etwas ab, das Durchdringen des ganzen Menschen, wo berücksichtigt werden diese beiden Pole: das innerste, verborgenste Walten des Wärmehaften und das Anstreben des vollkommen lichten Erleuchtens, dann entdeckt man, wie stark das in diesen Zeiten sich ankündigt.

Ich möchte Ihnen noch einiges davon zeigen. *Adam Müller,* der mit Heinrich von Kleist eine Zeitschrift herausgegeben hat, viel veröffentlicht hat, die Zeitschrift ‹Phöbus› zum Beispiel, und mit den bedeutendsten Menschen der damaligen Zeit zusammengearbeitet hat, wie mit Schelling, er entwickelt ‹Prolegomena einer Kunstphilosophie› und spricht darin von den beiden Fähigkeiten, die der Mensch hat, nämlich der trennenden und der vereinigenden Fähigkeit. Er schreibt: «Wir werden, wenn wir diese beiden Elemente des Geistes, der Welt oder der Philosophie näher betrachten, einsehn, daß wir die *trennende Fähigkeit* in uns nicht besser bezeichnen können als mit dem Namen des wissenschaftlichen oder spekulativen Talents, daß hingegen die *vereinigende Fähigkeit* am sichersten unter dem Zeichen des praktischen oder Kunsttalents angeschaut werde. Das Objekt der Betrachtung, der Spekulation und also der Wissenschaft, ist immer der Kontrast, der Gegensatz, die Differenz – daher von einseitigen Freunden der Kunst oder von sentimentalen Bewunderern der Natur gar zu leicht der Wissenschaft der Vorwurf gemacht wird, sie töte das Leben der Natur» – und Kunst! – «Übrigens wollen wir auch gar nicht in Abrede stellen, daß die meisten Freunde der Wissenschaft diesen Vorwurf durch ihre Einseitigkeit verdienen. – Wie die Wissenschaft es mit der Trennung zu tun hat, so ist der Kunst offenbar das Geschäft der Vereinigung zugewiesen...».

Aber es kommt auf den Gegensatz an, sagt er, auf die Vereinigung der Gegensätze: «Die *Wissenschaft* hat ihr Auge gerichtet auf das Bestehende, auf das Vergangene» – das fertiggeworden ist –; «sie empfängt, was sich schon tausendfältig in Farben gebrochen, was sich schon in unendliche Individualitäten gespalten hat; die *Kunst* wendet sich nach der noch ungebrochenen Zukunft hin, ein Einfaches, ein Werk, der einfachen Zukunft hinreichend.»[125]

Das entwickelt Adam Müller und sagt: Man muß sich bemühen zu entdecken, daß immer in der Wissenschaft Kunst steckt – das muß man erleben können, das muß man erfahren – und daß immer in der Kunst Wissenschaft steckt und daß das so sein muß.

«Ich bin die Wissenschaft sowohl als die Kunst, das trennende und das vereinigende Vermögen zugleich zu setzen genötigt: die Vereinigung ist die Bedingung der Trennung, die Trennung die Bedingung der Vereinigung...»

Das hört sich jetzt alles so ganz rein philosophisch-theoretisch an, aber man spürt dieses Ringen um die Vereinigung deutlich heraus. Und dann plötzlich im Übergang:

«Sollte hiermit wirklich etwas anderes dargestellt sein als der Wechsel von Tod und Leben selbst? ... Dieser Wechsel von Tod und Leben ist nichts anders als die bis ins Unendliche ineinander verschlungene Trennung der Elemente und Vereinigung der Elemente und höhere Trennung und höherer Verein und so fort. Die Wissenschaft dieses Erdgeistes und seine bildende Kunst scheinen höherer Natur als die unsrige, weil Tod und Leben in ihm [diesem Erdgeist] eines ist.»

So kann man das ganz deutlich bemerken, wie dieses Ringen sich da ankündigt.

Ganz kurz noch ein Blick auf *Philipp Otto Runge,* diesen Maler, der mit 33 Jahren schon gestorben ist. Ich nehme nur weniges heraus: Wenn ich das deutlich untersuche, was ich eigentlich brauche zum Malen, wie das zustande kommt, sagt er, dann leuchtet mir das ein, ich kann das analysieren. Aber wie ist es dann mit dem Erleben? «Mein Herz ist wie Eis; wo bin ich hingekommen, und welch ein Tod ist über mich ausgebreitet! ...»[126] Und jetzt folgende Stelle. Da heißt es: Wenn ich also die Natur einfach wirken lasse, mich den Eindrücken hingebe, da kann ich oft tiefe, tiefe Erlebnisse haben, bis zu Tränen mich hingebend dem, was ich da erlebe. Und wenn er nun versucht zu schaffen? Ich greife jetzt etwas heraus, wo *Runge* über sich selbst schreibt: «Wie er kein Ende findet in der freyen Natur, so ist es ihm auch, wenn er den Zirkel ansetzt, wie die Bogen sich treffen, wenn er den Pinsel ansetzt, wie Farben sich verwandeln, wenn er die Feder ansetzt, wie Gedanken sich erzeugen, es braust in seiner einsamen Kammer ihm wie ein Sturmwind von tausend Wundern vorüber, und die Tiefe des Entzückens wirft ihn dann in die Arme Dessen, in Dem wir *leben, weben* und *sind.* Er fängt nun aber in kälteren Stunden an zu combinieren, zu schließen, zu begreifen, und – was ihn, da er es nicht kannte, als Erscheinung entzückt hat, ist ihm jetzt, da er es analysirt und anatomirt, bloß verständlich. Aber wie? *Sollen wir kalt werden, um verstehen zu können? oder können wir die lebendige Sehnsucht und die Andacht nicht mit dem deutlichen Begriff verbinden?*»

Dann sagt er – es ist ein Brief, den er schreibt –: «Wenn ich dir nun sage: ich habe die Natur, ich habe einen Gegenstand, der mich bis zu Tränen bei der ersten Anschauung ergriffen hat, nicht zum zweitenmale sehen können, ohne den innern Reiz zu empfinden, ohne die begierige Frage an mich zu tun, *wodurch* ich bewegt ward, oder *wie* ein Mensch so etwas habe hervorbringen können …

Du mahlst und mahlst; nun wie verhalten sich die Mittel, die du anwendest, um eine analoge Würkung mit der der Natur hervorzubringen, zu den Mitteln, welche diese hat, um in deinen Augen diese Erscheinung zu entzünden? und welche sind die Elemente des Totaleindruckes, den du empfängst? Wie nun? ist die Auflösung dieser Frage, und ist schon die Frage selbst, nicht ertödtend für das freye, unbewußte, reine Gefühl? – Aufgehoben freylich ist die Unbefangenheit des Anblicks; aber ich frage auch: Kannst du Mensch dich denn dieser *Begierde* zu *begreifen* erwehren? und, *hast du die Frage getan,* kannst du dann noch zu der Unbefangenheit deines ersten Zustandes zurückkehren? – Nein! ich kann es nicht; und darum: *Seyd wacker allezeit* und so weiter und erwartet mit fester Zuversicht die Offenbarung, die euch geschehen wird über diese Frage, wenn ihr euch durchgearbeitet habt.»[127]

Da ist mit Händen zu greifen, was Rudolf Steiner schildert, wie das hier eigentlich heraufttauchend allmählich zur Geisteswissenschaft heranwachsen will.

Das Wegtamslied

Vegtamskvidha. Übersetzt von Karl Simrock.

1 Die Asen eilten all zur Versammlung
Und die Asinnen all zum Gespräch:
Darüber beriethen die himmlischen Richter,
Warum den Baldur böse Träume schreckten?

2 Ihm schien der schwere Schlaf ein Kerker,
Verschwunden der süße, labende Schlummer.
Da fragten die Fürsten vorschaunde Wesen,
Ob das ihnen wohl Unheil bedeute?

3 Die Gefragten sprachen: «Dem Tode verfallen
Ist Ullers Freund, so einzig lieblich.»
Darob erschraken Swafnir und Frigg,
Und alle die Fürsten sie faßten den Schluß:

4 «Wir wollen besenden die Wesen alle,
Frieden erbitten, daß sie Baldurn nicht schaden.»
Alles schwur Eide, ihn zu verschonen;
Frigg nahm die festen Schwür in Empfang.

5 Allvater achtete das ungenügend,
Die Schutzgeister schienen ihm verschwunden.
Die Asen berief er und heischte Rath:
Am Mahlstein gesprochen ward mancherlei.

6 Auf stand Odhin der Allerschaffer
Und schwang den Sattel auf Sleipnirs Rücken.
Nach Nifelheim hernieder ritt er;
Da kam aus Hels Haus ein Hund ihm entgegen.

7 Blutbefleckt vorn an der Brust,
Kiefer und Rachen klaffend zum Biß,
So ging er entgegen mit gähnendem Schlund
Dem Vater der Lieder und bellte laut.

8 Fort ritt Odhin, die Erde dröhnte,
Zu dem hohen Hause kam er der Hel.
Da ritt Odhin aber ans östliche Thor,
Wo er der Wala Hügel wußte.

9 Das Wecklied zu singen begann er der Weisen,
Schlug mit dem Stabe nach Norden schauend,
Sprach die Beschwörung und heischte Bescheid,
Bis gezwungen sie aufstand Unheil verkündend.

WALA:

10 Welcher der Männer, mir unbewußter,
Schafft mir Beschwer, stört mir die Ruh?
Schnee beschneite mich, Regen beschlug mich,
Thau beträufte mich, todt war ich lange.

ODHIN:

11 Ich heiße Wegtam, bin Waltams Sohn.
Sprich du von der Unterwelt, ich von der Oberwelt.
Wem sind die Sitze mit Ringen bestreut,
Die glänzenden Betten mit Gold bedeckt?

WALA:

12 Hier steht dem Baldur der Meth geschenkt,
Der schimmernde Trank, von Schild bedeckt.
Die Asen alle sind ohne Hoffnung.
Genöthigt sprach ich, nun will ich schweigen.

WEGTAM:

13 Schweige nicht, Wala, ich will dich fragen
Bis Alles ich weiß. Noch will ich wissen:
Welcher der Männer wird Baldur morden
Und Odins Erben das Ende fügen?

Wala:

14 Hödr bringt den hohen, berühmten hieher,
Er wird Baldurs Mörder werden
Und Odhins Erben das Ende fügen.
Genöthigt sprach ich, nun will ich schweigen.

Wegtam:

15 Schweige nicht, Wala, ich will dich fragen
Bis Alles ich weiß. Noch will ich wissen:
Wer wird an Hödur Rache gewinnen,
Und Baldurs Mörder zum Holzstoß bringen?

Wala:

16 Rindur im Westen gewinnt den Sohn,
Der einnächtig, Odhins Erbe, zum Kampf geht.
Er wäscht die Hand nicht, das Haar nicht kämmt er
Bis er Baldurs Mörder zum Holzstoß brachte.
Genöthigt sprach ich, nun will ich schweigen.

Wegtam:

17 Schweige nicht, Wala, ich will dich fragen
Bis Alles ich weiß. Noch will ich wissen:
Wie heißt das Weib, die nicht weinen will
Und himmelan werfen des Hauptes Schleier?
Sage das Eine noch, nicht eher schläfst du.

Wala:

18 Du bist nicht Wegtam, wie erst ich wähnte,
Odhin bist du, der Allerschaffer.

Odhin:

19 Du bist keine Wala, kein wissendes Weib,
Vielmehr bist du dreier Thursen Mutter.

Wala:

20 Heim reit, Odhin, und rühme dich:
Kein Mann kommt mehr mich zu besuchen,
Bis los und ledig Loki der Bande wird
Und der Götter Dämmerung verderbend einbricht.

Die Erzählung von Baldurs Tod

Aus: Gylfaginning von Snorri Sturlason, Kap. 49.
Übersetzt von Karl Simrock.

Es mag noch von Abenteuern berichtet werden, die den Asen bedeutender scheinen. Und das ist der Anfang dieser Sage, daß Baldur, der gute, schwere Träume träumte, die seinem Leben Gefahr dreuten. Und als er den Asen seine Träume sagte, pflogen sie Rath zusammen und beschlossen, dem Baldur Sicherheit vor allen Gefahren auszuwirken. Da nahm Frigg Eide von Feuer und Wasser, Eisen und allen Erzen, Steinen und Erden, von Bäumen, Krankheiten und Giften, dazu von allen vierfüßigen Thieren, Vögeln und Würmern, daß sie Baldurs schonen wollten. Als das geschehen und allen bekannt war, da kurzweilten die Asen mit Baldur, daß er sich mitten in den Kreis stellte und einige nach ihm schossen, andere nach ihm hieben und noch andere mit Steinen warfen. Und was sie auch thaten, es schadete ihm nicht; das deuchte sie Alle ein großer Vortheil. Aber als Loki, Laufejas Sohn, das sah, da gefiel es ihm übel, daß den Baldur nichts verletzen sollte. Da ging er zu Frigg nach Fensal in Gestalt eines alten Weibes. Da fragte Frigg die Frau, ob sie wüßte, was die Asen in ihrer Versammlung vornähmen. Die Frau antwortete: sie schössen alle nach Baldur; ihm aber schadete nichts. Da sprach Frigg: Weder Waffen noch Bäume mögen Baldurn schaden: ich habe von allen Eide genommen. Da fragte das Weib: Haben alle Dinge Eide geschworen, Baldurs zu schonen? Frigg antwortete: Östlich von Walhall wächst eine Staude, Mistiltein genannt, die schien mir zu jung, sie in Eid zu nehmen. Darauf gieng die Frau fort; Loki nahm den Mistiltein, riß ihn aus und gieng zur Versammlung. Hödur stand zu äußerst im Kreise der Männer, denn er war blind. Da sprach Loki zu ihm, warum schießest du nicht nach Baldur? Er antwortete: Weil ich nicht sehe, wo Baldur steht; zum Andern hab ich auch keine Waffe. Da sprach Loki: thu doch wie andere Männer und biete Baldurn Ehre wie Alle thun. Ich will dich dahin weisen, wo er steht: so schieße nach ihm mit diesem Reis. Hödur nahm den Mistelzweig und schoß nach Baldur nach Lokis Anweisung.

Der Schuß flog und durchbohrte ihn, daß er todt zur Erde fiel, und das war das größte Unglück, das Menschen und Götter betraf. Als Baldur gefallen war, standen die Asen alle wie sprachlos und gedachten nicht einmal, ihn aufzuheben. Einer sah den Andern an; ihr Aller Gedanke war wider den gerichtet, der diese That vollbracht hatte; aber sie durften es nicht rächen: es war an einer heiligen Freistätte. Als aber die Asen die Sprache wieder erlangten, da war das erste, daß sie so heftig zu weinen anfiengen, daß keiner mit Worten den Andern seinen Harm sagen mochte. Und Odhin nahm sich den Schaden um so mehr zu Herzen, als Niemand so gut wußte als Er, zu wie großem Verlust und Verfall den Asen Baldurs Ende gereichte. Als nun die Asen sich erholt hatten, da sprach Frigg und fragte, wer unter den Asen ihre Gunst und Huld gewinnen und den Helweg reiten wolle, um zu versuchen, ob er da Baldurn fände, und der Hel Lösegeld zu bieten, daß sie Baldurn heimfahren ließe gen Asgard. Und er hieß Hermodhr der schnelle, Odhins Sohn, der diese Fahrt übernahm. Da ward Sleipnir, Odhins Hengst, genommen und vorgeführt, Hermodhr bestieg ihn und stob davon.

Da nahmen die Asen Baldurs Leiche und brachten sie zur See. Hringhorn hieß Baldurs Schiff, es war aller Schiffe größtes. Das wollten die Götter vom Strande stoßen und Baldurs Leiche darauf verbrennen; aber das Schiff gieng nicht von der Stelle. Da ward gen Jötunheim nach dem Riesenweibe gesendet, die Hyrrockin hieß, und als sie kam, ritt sie einen Wolf, der mit einer Schlange gezäumt war. Als sie vom Rosse gesprungen war, rief Odhin vier Berserker herbei, es zu halten, aber sie vermochten es nicht anders, als indem sie es niederwarfen. Da trat Hyrrockin an das Vorderteil des Schiffes und stieß es im ersten Anfassen vor, daß Feuer aus den Walzen fuhr und alle Lande zitterten. Da ward Thorr zornig und griff nach dem Hammer und würde ihr das Haupt zerschmettert haben, wenn ihr nicht alle Götter Frieden erbeten hätten. Da ward Baldurs Leiche hinaus auf das Schiff getragen und als sein Weib, Neps Tochter Nanna, das sah, da zersprang sie vor Jammer und starb. Da ward sie auf den Scheiterhaufen gebracht und Feuer darunter gezündet, und Thorr trat hinzu und weihte den Scheiterhaufen mit Miölnir, und vor seinen Füßen lief der Zwerg, der Lit hieß, und Thorr stieß mit dem Fuß nach ihm und warf ihn ins Feuer, daß er verbrannte. Und diesem Leichenbrande wohnten vielerlei Gäste bei: zuerst ist Odhin zu nennen, und mit ihm fuhr Frigg und die Walküren und

Odhins Raben, und Freyr fuhr im Wagen und hatte den Eber vorgespannt, der Gullinbursti hieß oder Slidrugtanni. Heimdall ritt den Hengst Gulltopp genannt und Freyja fuhr mit ihren Katzen. Auch kam eine große Menge Hrimthursen und Bergriesen. Odhin legte den Ring, der Draupnir hieß, auf den Scheiterhaufen, der seitdem die Eigenschaft gewann, daß jede neunte Nacht acht gleich schöne Goldringe von ihm tropften. Baldurs Hengst war mit allem Geschirr zum Scheiterhaufen geführt.

Von Hermodhr aber ist zu sagen, daß er neun Nächte durch tiefe dunkle Thäler ritt, so daß er nichts sah, bis er zum Giöllflusse kam und über die Giöllbrücke ritt, die mit glänzendem Golde belegt ist. Modgudr heißt die Jungfrau, welche die Brücke bewacht: die fragte ihn nach Namen und Geschlecht und sagte, gestern seien fünf Haufen todter Männer über die Brücke geritten «und nicht donnert sie jetzt minder unter dir allein, und nicht hast du die Farbe todter Männer: warum reitest du den Helweg?» Er antwortete: Ich soll zu Hel reiten, Baldur zu suchen. Hast du vielleicht Baldurn auf dem Helwege gesehen? Da sagte sie: Baldur sei über die Giöllbrücke geritten; «aber nördlich geht der Weg herab zu Hel.» Da ritt Hermodhr dahin, bis er an das Helgitter kam: da sprang er vom Pferde und gürtete ihn fester, stieg wieder auf und gab ihm die Sporen: da setzte der Hengst so mächtig über das Gitter, daß er es nirgend berührte. Da ritt Hermodhr auf die Halle zu, stieg vom Pferde und trat in die Halle. Da sah er seinen Bruder Baldur auf dem Ehrenplatze sitzen. Hermodhr blieb dort die Nacht über. Aber am Morgen verlangte Hermodhr von Hel, daß Baldur mit ihm heim reiten sollte, und sagte, welche Trauer um ihn bei den Asen sei. Aber Hel sagte, das solle sich nun erproben, ob Baldur so allgemein geliebt werde als man sage. «Und wenn alle Dinge in der Welt, lebendige sowohl als todte, ihn beweinen, so soll er zurück zu den Asen fahren; aber bei Hel bleiben, wenn Eins widerspricht und nicht weinen will.» Da stand Hermodhr auf und Baldur geleitete ihn aus der Halle, und nahm den Ring Draupnir und sandte ihn Odhin zum Andenken, und Nanna sandte der Frigg einen Überwurf und noch andere Gaben, und der Fulla einen Goldring. Da ritt Hermodhr seines Weges zurück und kam nach Asgard und sagte alle Zeitungen, die er da gehört und gesehen hatte.

Darnach sandten die Asen Boten in alle Welt und geboten, Baldurn aus Hels Gewalt zu weinen. Alle thaten das, Menschen und Thiere, Erde, Steine, Bäume und alle Erze; wie du schon gesehen haben wirst, daß diese

Dinge weinen, wenn sie aus dem Frost in die Wärme kommen. Als die Gesandten heimfuhren und ihr Gewerbe wohl vollbracht hatten, fanden sie in einer Höhle ein Riesenweib sitzen, das Thöck genannt war. Die baten sie auch, den Baldurn aus Hels Gewalt zu weinen. Sie antwortete:

Thöck muß weinen mit trocknen Augen
Über Baldurs Ende.
Nicht im Leben noch im Tod hatt ich Nutzen von ihm:
Behalte Hel, was sie hat.

Man meint, daß dies Loki, Laufeyjas Sohn, gewesen sei, der den Asen so viel Leid zugefügt hatte.

Der Tod Baldurs

Es gibt eine Überlieferung[128], wonach *Plotin* von einem Maler gefragt wurde, ob er ihm erlauben würde, ein Bild von ihm zu malen. Darauf antwortete Plotin: Es ist schon schlimm genug, daß ich einmal in dieser leiblichen Bildgestalt in dieser irdischen Welt herumwandeln muß; ich wünsche nicht, daß noch einmal ein Bild von mir gemacht wird.

In dieser Antwort kommt viel zum Ausdruck von jener in den ersten Jahrhunderten des Christentums heraufkommenden Einstellung des Menschen gegenüber der Natur, gegenüber dieser irdischen Welt insbesondere, die man als der Sünde verhaftet ansah und fliehen wollte, um desto besser und eher in die Regionen – wie man meinte – sich erheben zu können, aus denen der Christus heruntergestiegen ist. Und es war in der ganzen Gnosis bis weit zurück das Erleben innerhalb *dieser* Regionen für die menschliche Seele viel bedeutsamer und viel wichtiger als das, was hier auf der Erde zunächst dem Menschen begegnete.

Es war in weit zurückliegenden Zeiten ja zunächst so, daß nicht einmal eine solche irdische Welt – wie wir sie heute kennen – den Menschen begegnete, sondern sie war durchschaubar, war eine Art Kleid. Alles was damals an Farben auftrat, auch innerhalb der äußeren Welt, wurde nicht erlebt als Oberfläche von irgendwelchen Dingen, sondern als etwas, was wie Ausdruck, wie ein Kleid war, das im Zusammenhang erlebt wurde mit Geistig-Wesenhaftem.

Aber was da erlebt wurde, war, je weiter wir zurückgehen um so mehr, ohne Selbständigkeitserleben, war ein Teilnehmen an Wirksamkeiten anderer Wesen durch den Menschen hindurch, und gerade das Herabsteigen auf diesen irdischen Plan stand ja im Zusammenhang mit dem Erwecken des menschlichen Ich-Bewußtseins.

Nun war in den verschiedenen Völkern diese Fähigkeit des Durch-Schauens durch das, was wir heute den Sinnesteppich nennen, verschieden lange waltend, und es war so, daß gerade in den nordischen Gegenden die Fähigkeiten des alten Hellsehens sich viel länger erhalten haben als im Osten und im Süden in den vergangenen Kulturperioden.

Und dieser Äußerung von Plotin gegenüber, die in sich birgt das Hinschauen auf etwas, was als Irdisches gewissermaßen ein «niederes Kind» war, das konnte in diesen Gegenden hier nicht mitgemacht werden, weil man hier noch viel längere Zeit ein solches Erleben eines geistig-seelischen Durchdrungenseins der äußeren Natur gehabt hat. Man empfand schon, daß immer mehr heraufkam das Hinschwinden dieser Fähigkeit des Durch-Schauen-Könnens gerade im Zusammenhang mit dem Heraufkommen eines stärkeren Persönlichkeitsbewußtseins, eines stärkeren Ich-Bewußtseins, aber man schaute auf die Natur mehr hin als auf ein von Wesenheiten Verlassenes, zu denen die Vorfahren ein unmittelbares Verhältnis erlebt hatten und die zu ihnen durch die Natur gesprochen hatten.

Das kommt nun in der nachdrücklichsten Weise insbesondere in den Mythen von Baldur und von Baldurs Tod zum Ausdruck. Sie kennen sicherlich den Mythos von Baldurs Tod; aber je länger man sich mit ihm und auch mit dem damit Zusammenhängenden aus der ganzen nordischen Mythologie beschäftigt, umso rätselhafter wird einem zunächst, was eigentlich darin ausgesprochen ist. Ich möchte auf diese Dinge versuchen so hinzublicken, daß wir für unsere *gegenwärtige* Situation gewisse Aufschlüsse bekommen können über Aufgaben, die schon heraufgeführt worden sind durch dasjenige, wovon eben in dieser nordischen Mythologie uns Kunde zukommt, die aber doch im eigentlichen Sinne erst in unserer gegenwärtigen Zeit in Angriff genommen und durchgeführt werden können.

Wenn wir zunächst einmal hinblicken auf das Lied, das als *Vegtamskvidha* oder auch als *Baldrs draumar*, «Träume Baldurs», bezeichnet ist, so finden wir da am Anfang gleich in einer außerordentlichen Knappheit, wie es immer ist in diesen Überlieferungen, darauf hingewiesen, daß für das Schlaferleben des Baldur sich eine große Umänderung ankündigt. Die ersten beiden Verse möchte ich Ihnen anführen:

> «Die Asen eilten all zur Versammlung
> Und die Asinnen all zum Gespräch:
> Darüber berieten die himmlischen Richter,
> Warum den Baldur böse Träume schreckten?

Ihm schien der schwere Schlaf ein Kerker,
Verschwunden des süßen Schlummers Labe.
Da fragten die Fürsten vorschauende Wesen,
Ob ihnen das wohl Unheil bedeute?»

Und die Gefragten antworten, Baldur sei dem Tode verfallen. Das ist zugleich mit einer Kunde von dem, was geschehen ist, eben auch ein Ausdruck für das, was sich in der damaligen Zeit für die Menschenseelen wandelte. Denn bevor eine solche Verfinsterung des Schlafes, ein solches Erleben auch für die Menschen, daß der Schlaf ein Kerker wurde, eintrat, war es gerade so, daß das Erleben der Begegnung mit geistigen Wirksamkeiten und geistigen Wesenheiten während des Schlafzustandes und auch in einem traumhaften Zustande stattfand. Aber was da erlebt wurde im Schlaf, das sandte seine Nachwirkungen bis in das Tagesbewußtsein, das auch nicht in der Weise entwickelt war wie heute, hinüber, so daß durchzogen war auch am Tage das Bewußtsein mit dem Gewahrwerden dessen, was in der Nacht unmittelbar erlebt wurde als Begegnung mit Geistwesen und -wirklichkeiten.

Und nun trat das ein, daß eben dieser Schlaf ein Kerker wurde, schwer wurde, daß er nicht mehr durchleuchtet war von solchen Wahrnehmungen und daß die Träume *böse* Träume wurden. Je weiter man, wenn man bildlich spricht, *herunter*geht innerhalb der Wirksamkeiten der Wesenheiten, denen da in der Nacht begegnet wurde, um so mehr mischen sich ja verführende Wesen, verführende Wirksamkeiten hinein, und es hört das eigentliche Durchleuchtetsein von höheren Wesen auf, es bleibt nur das ‹Niedere›, möchte man sagen, es werden *böse* Träume. Es wird also hier gleich verkündet, er wäre dem Tode verfallen, weil sich dieser Abstieg des Lebens aus der von geistigen Wesen durchwebten Welt damit ankündigt.

Sie wissen, wie daraufhin den Wesen, all den Pflanzen, Steinen, Tieren und so weiter Eide abgenommen wurden, daß sie dem Baldur nicht schaden wollten – und ausgenommen war die Mistel. Aber Odin genügt das nicht, sondern er reitet nun selbst zur Wala hinunter und fragt sie nach dem, was da bevorsteht, fragt, was dem Baldur droht, wer ihn töten wird, und bekommt Antwort darauf. Aber am Schluß, die letzte Frage, die Odin unter dem selbstgewählten Namen Vegtam der weisen Frau stellt, lautet, nachdem sie gesagt hat, sie wolle nun keine Auskunft mehr geben:

«Schweig nicht, Wala,
Ich will dich fragen, bis ich alles weiß:
Noch wüßt ich gern, wie heißt das Weib, das nicht weinen will
Und himmelanwerfen des Hauptes Schleier?»

Nun ist in einem anderen Liede[129] von einem Aufsuchen, nicht der Wala, sondern der Hel, die Rede. Da wird beauftragt Hermodr, das ist ein Sohn Odins, zur Hel zu reiten, nachdem Baldur bereits getötet und auf dem Scheiterhaufen aufgebahrt ist. Und Hermodr hat den Auftrag, wie es zunächst heißt, zu versuchen, Baldur wieder zurückzuholen von der Hel. Dort wird ihm die Auskunft gegeben, daß Baldur zurückkommen würde, wenn alle Wesen Baldur so sehr liebten, daß sie alle um ihn weinten.

Mit dieser Botschaft kommt er zurück, und es werden Boten ausgesandt, die überall prüfen, ob alle Wesen weinen. Sie weinen alle – nur schließlich findet man, in einer Höhle verborgen, ein altes Weib, das sich Thökk nennt, das nicht weint und das auch sagt, es wolle nicht weinen, Baldur solle bleiben, wo er sei. Das ist in einem anderen Liede geschildert. Nun heißt es also bei Snorri, der ja die Prosa-Edda dann zusammengestellt hat aus älteren Liedern: «... Man sagt, dieses Weib sei Loki gewesen.»

Man sagt! Aber wenn man auf diese letzte Strophe im Vegtamslied schaut, so vermutet man ja etwas anderes. Denn hier heißt es:

«Ich will dich fragen, Wala, bis ich alles weiß: ...
Wie heißt das Weib, das nicht weinen will,
Und himmelanwerfen des Hauptes Schleier?
Sag das eine noch, nicht eher schläfst du.»

Darauf antwortet die Wala:

«Du bist nicht Vegtam, wie ich erst wähnte,
Odin bist Du, der Allerschaffer.»

Dann sagt sie ihm, sie werde nie wieder irgend eine Frage beantworten, es werde nie wieder einer zu ihr kommen, sie zu besuchen:

«Reite nun heim und rühme dich,
Kein Mann kommt mehr mich zu besuchen,
Bis los und ledig Loki der Bande wird
Und der Götter Dämmerung Verderben hereinbricht.»

Aus dieser Antwort und aus dieser Frage geht hervor – ich darf das so zunächst kurz ausdrücken –, daß Odin selbst dieses Weib war, das nicht weinen wollte. Odin hat viele Namen, die auch in den verschiedenen Überlieferungen der Edda angeführt sind, und unter diesem Namen Odins befindet sich auch der Name Thökk, und davon ist ja in dem anderen Liede die Rede, daß das Weib *Thökk* hieße, das nicht weinen will. Und Thökk ist ja ein Wort, das verwandt ist mit unserem *verdecken, decken, verstecken.* Thökk ist der Versteckte. Außerdem ist es eigentümlich, wie das ausgedrückt wird, wie Odin fragt:

«Noch wüßt ich gern,
Wie heißt das Weib,
Das nicht weinen will
Und himmelanwerfen des Hauptes Schleier?»

Man kann natürlich sagen, das wird wohl damals so üblich gewesen sein, daß, wenn man klagt, man irgendwie den Schleier emporwirft, aber für eine solche ältere, bildhafte Anschauung ist dasjenige, was in dem «Emporwerfen von des Hauptes Schleier» zum Ausdruck gebracht wird, doch noch etwas anderes. Es wurde ja hingeschaut auch auf den Menschen nicht so, daß er in der Weise einfach eine leibliche Gestalt war, wie das heute aufgefaßt wird, sondern auch auf dasjenige wurde hingeschaut, was eben durch das Gewahrwerden der aurischen Farben um den Menschen herum Ausdruck bekam. Es ragte ja in jener Zeit der Ätherleib des Kopfes noch weit über den physischen Kopf hinaus. Und wenn wir hinschauen etwa auf das Meer, wenn dort der Sturm die Wogen hochbringt und emporspringen die sprühenden, feinen, wäßrigen Erscheinungen, so sehen wir ja in dem, was da heraufsprüht, Regenbogenfarben.

Es ist dieses Nicht-himmelan-werfen-Wollen des Hauptes Schleier zugleich eine Absage daran, wie bisher in diese Region eines alten Hellsehens hineinzugehen. Denn Odin ist gerade derjenige, der zu sorgen hat für das Hereinziehen des Ätherleibes in den physischen Leib, das Hereingehen dessen, was vorher hellseherisch sich draußen betätigen konnte, in die physische Leiblichkeit hinein.

Odin soll veranlagen die Ausbildung des menschlichen Denkens. So daß in dieser kurzen Bemerkung noch etwas anderes zum Ausdruck kommt als nur, daß er nicht weinen will, nämlich auch, daß das Weinen gerade dem entgegengesetzt wäre, was sein Auftrag, seine Aufgabe ist.

Nun ist in dem ganzen Zusammenhang ja noch weiter zu fragen nach dieser Aufgabe, dieser Sendung Odins. Ich möchte da in Anknüpfung an Hinweise Rudolf Steiners besonders hervorheben, daß dieses Hereinführen dessen, was vormals also in einem traumhaften Hellsehen waltete, in die menschliche Leiblichkeit eine Führung bedeutete in den Untergang hinein. So spricht das Rudolf Steiner aus. Odin, so wird uns gesagt, ist ein Lehrer, der die Aufgabe hat, die damalige nordische Kultur zum Untergang zu führen. «Er ist berufen, die nordischen Völker so lange zu führen, bis vom Süden her die fünfte Unterrasse der fünften Wurzelrasse kam.»[130] Nun, das sind die alten theosophischen Ausdrücke, die früher auch von Rudolf Steiner gebraucht wurden, aber wir müssen ja bemerken: Das, was hier die fünfte Unterrasse der fünften Wurzelrasse der nachatlantischen Zeit genannt wird, das ist das *Zeitalter der Bewußtseinsseele*. Das sind wir, das sind die Menschen der Gegenwart: Also Odin ist derjenige, der die nordischen Völker in das Tragische hineinführen mußte.

Dieser Untergang ist der Weg aus dem Aufenthalt in einer höheren Welt hinein in diese *irdische,* oder wie wir jetzt vielleicht sagen würden, diese *materielle* Welt, in der wir heute darinnenstehen, ohne im allgemeinen einen Zusammenhang bewußt mit einer höheren Welt zu haben und zu finden. Nun aber ist weiter von Rudolf Steiner mehrfach betont[131], daß eigentlich alles, was einmal in allen Kulturen in den geheimen Mysterien gewaltet hat, enthalten ist wie gespiegelt in der nordischen Mythologie. Und an einer Stelle wird einmal ausgeführt, «daß es keine andere Mythologie der Erde gibt, welche in ihrem eigentümlichen Aufbau, in ihrer eigenartigen Durchführung ein bedeutsameres oder klareres Bild der Weltenevolution gibt als die nordische Mythologie, so daß dieses Bild als eine Vorstufe des geisteswissenschaftlichen Bildes der Weltenentwickelung gelten kann.»[132] Eine *Vorstufe*. Also auf der einen Seite: Es ist eigentlich *alles* enthalten, wie gespiegelt, umfassend – auf der anderen Seite: eine *Vorstufe* unmittelbar des geisteswissenschaftlichen Bildes der Weltentwicklung. Und noch: «Die germanische Mythologie ist, in der Art, wie sie ausgebildet worden ist aus der Anlage des Erzengels heraus, in ihren Bildern am bedeutsamsten ähnlich dem, was nach und nach als das geisteswissenschaftliche Weltbild für die Menschheit erwachsen soll.»[133] Und nun finden wir also, dieser Weg, diese Führung in den Untergang bis in die gegenwärtige Zeit hin – durch

Odin eingeleitet, durch Odin bewirkt – die findet in dem Auftreten der modernen Geisteswissenschaft unmittelbar ihre Fortsetzung.

Aber es ist noch etwas Besonderes zu berücksichtigen. Daß dieses Hineinführen bis in unsere *gegenwärtige* Zeit gemeint ist, auch von Rudolf Steiner, das geht aus anderen Vorträgen hervor, die 1906 gehalten worden sind, wo ausgesprochen wird, erstens, daß diese Mythen stammen von den großen Eingeweihten[134], zweitens, daß wir in Wotan und auch in Odin einen großen Eingeweihten zu sehen haben[135] von der Art derer, die Stufen bereits durchgemacht haben, welche die Menschheit erst *jetzt* durchmacht. Dann ist von einer dreistufigen Einweihung Odins die Rede[136]: Die erste Stufe, die ja in Odins Runenlied dann auch zum Ausdruck kommt, ist die des *Hängens am Kreuz,* wo die Loslösung von der Leiblichkeit errungen wird. Die zweite ist die *Erlangung der Schlange* und die dritte ist der *Trank aus den Quellen der Weisheit.* Rudolf Steiner sagt uns darüber, daß Odin, nachdem er diese Stufe – die Einweihung des Hängens am Kreuz – durchgemacht hat, dann sich ‹schleicht› – wie er das ausdrückt – zu Gunlöd. Nachdem er bei diesem Hängen am Kreuz schließlich *einen Trank* aus dem Becher des Mimir zunächst bekommt, geht er zur Gunlöd, um diesen Weisheitstrank, den Weisheitsbecher selbst zu holen, in Gestalt einer Schlange. Und das dritte ist die Einweihung, wo erzählt wird, daß Wotan oder Odin, so wird es manchmal ausgedrückt – das heißt nicht unmittelbar, daß das derselbe ist –, sich hinbegeben hat zu der *Quelle* derjenigen Weisheit, die die Weisheit der Gegenwart ist, und die zu finden ist an der Wurzel der Weltesche Yggdrasil. Da hauste der Riese Mimir, und dort «erlangte Wotan die Einweihung, die ihn fähig machte, der Lehrer der Vorzeit zu sein, nämlich die Gegenwartsweisheit. Früher hatte er die Weisheit erlangt aus den Klüften der Berge, von den höheren Welten. Aber er soll derjenige werden, der in *unserer* Weisheit Lehrer werden kann, in der Weisheit, die durch die *Sinne* erobert und durch den *Verstand* gewonnen wird.»[137]

Er muß opfern das eine Auge, das astrale, aber er erringt diese Weisheit der *Gegenwart,* durch die er Lehrer der *Vorzeit* werden kann.

Und die Kunde von Baldurs Tod steht im Zusammenhang mit dem Herabsinken des Astrallichtes in die Finsternis des Sinneslebens.

Jener Anschluß der Geisteswissenschaft an die nordische Mythologie und zugleich ihr Übergang zu etwas Neuem, der ist ja charakterisiert bei Rudolf Steiner selbst durch den nachdrücklichen Hinweis auf die Bedeutung dessen, was erst in unserer gegenwärtigen Zeit in der Entwicklung des Menschenbewußtseins, nicht von einzelnen, sondern der Menschheit heraufkommt als das Rätsel der Freiheit. Nachdem ich Ihnen also gesagt habe, wie nachdrücklich Rudolf Steiner auf das Umfassende der nordischen Mythologie gewiesen hat – muß man dazu ins Auge fassen, wie einmal von Rudolf Steiner selbst folgendes ausgesagt wird: «Großartiges, Gewaltiges haben die Lehrer der alten Mysterien der Menschheit überliefern können. Großartiges, Gewaltiges liegt in den mythischen Überlieferungen der verschiedenen Völker, die ja auch esoterisch erläutert werden dürfen, freilich nicht so, wie man es oft macht. Großartiges liegt in den sonstigen Überlieferungen, die ihren Quell in der Initiationswissenschaft alter Zeit haben, wenn man sie nur in der richtigen Weise versteht. *Aber eines* liegt in alledem *nicht,* eines liegt nicht in der Initiationswissenschaft der alten Mysterien, nicht in den Mythen der verschiedenen Völker, auch wenn sie esoterisch verstanden werden, nicht in den Traditionen, die sich herschreiben aus dieser Initiationswissenschaft: *Das ist das Rätsel der menschlichen Freiheit.*»[138]

Wer etwas weiß von der modernen Initiation, «der weiß, daß die Menschheit in ihrer Entwicklung über die Erde hin *erst jetzt* in das Stadium *wirklicher Freiheit* eintritt, und daß es einfach früher nicht nötig war, der Menschheit eine Initiationswissenschaft zu geben, die ganz imprägniert wäre von dem Rätsel der Freiheit. *Was alles das Rätsel der Freiheit umschließt,* in welche Lage die menschliche Seele versetzt ist, wenn sie das Rätsel der Freiheit völlig klar auf sie abgeladen findet, *das ahnen die wenigsten Menschen heute.*»[139] Und nun hat Rudolf Steiner im Jahre 1923 in mehreren Vorträgen, etwa ein halbes Jahr also vor der Weihnachtstagung, in einer ganz ungemein nachdrücklichen Weise auf dasjenige gewiesen, was eigentlich geschah innerhalb der Menschheitsentwicklung, der Bewußtseinsentwicklung, mit dem Auftreten der Anthroposophie am Beginne unseres Jahrhunderts, oder am Ende des 19. Jahrhunderts. Es ist so, daß man, wenn man diese Darstellungen verfolgt, eigentlich einen zunächst ungeheuren Schmerz Rudolf Steiners verspüren kann, darüber, daß, um was es sich da handelt, nicht unmittelbar durch die Menschheit, durch Menschen überhaupt, selber erfaßt, aufgenommen wird. Und er spricht mit einer gewissen Bitterkeit von dem ungeheuren Schlafzustand der Menschheit mit Bezug auf dasjenige, was sich in dieser unserer gegenwärtigen Zeit und eben insbesondere um diese Zeit am Anfang dieses Jahrhunderts, Ende des vorigen Jahrhunderts abgespielt hat.

Er schildert da, wie auf der einen Seite der Materialismus immer stärker und stärker wurde, immer mehr Schwergewicht bekam, wie unter den Idealisten, die eigentlich die Sehnsucht hatten, einen Zusammenhang wenigstens mit der Ideenwelt aufrechtzuerhalten, immer mehr die Möglichkeit schwand, etwas zu finden, was dieser materialistischen Welle und Wirksamkeit entgegengesetzt werden konnte. Und zwar deswegen, weil in den Menschen dieses Jahrhunderts, auch in den bedeutenden Menschen am Ende des 19. Jahrhunderts, nicht mehr die Möglichkeit war, unter dem, was sie die *Ideen* nannten, mehr zu verstehen, mehr zu erleben als Abstraktionen. Es war nicht ein wirkliches Erleben einer geistigen Realität vorhanden, wo von Ideen gesprochen wurde, sondern auch da, wo von Ideen gesprochen wurde, waren diese Ideen so aufgefaßt, daß sie eben doch nur Gedachtes, nur Gedanken sind, die gegenüber *derjenigen* Realität, von der die Materialisten berechtigt zu sein glaubten als der seienden materiellen Welt zu sprechen, nicht aufkommen konnten.

So kam es dazu, daß durch dies Versiegen eines Realitätserlebens in den Ideen überhaupt das Interesse der Menschheit für die geistige Welt ausgeschaltet worden ist aus der Entwicklung der Menschheit. Nach und nach wurde die Sache so, daß man jemanden um so mehr für einen großen Wissenschaftler gehalten hat, je weniger er geistige Probleme nur überhaupt berührt hat. Das war die Situation um die Jahrhundertwende. Und dann kommt folgende Bemerkung: «In diese Situation hineinversetzt war dann dasjenige, was Anthroposophie sein wollte. Und so muß, wenn ich mich so ausdrücken darf, die Aufgabe der Anthroposophie aufgefaßt werden: sie muß so aufgefaßt werden, daß sie tatsächlich aus dem Fundament heraus arbeiten muß, nicht anknüpfen darf an dies oder jenes, was bei der einen oder anderen Richtung schon da ist. Es ist eben nichts da und man muß aus dem Fundament heraus das Wesen des Anthroposophischen verstehen.»[140]

Aus dem Fundament heraus! Es tritt neu gerade im Zusammenhang mit dem Rätsel der Freiheit die Aufgabe auf, diese Freiheit wirklich zu erfassen durch die Ausbildung des Denkens, das ja zunächst gerade durch dasjenige, was durch Odin in den Untergang führte, sich entwickelt hatte. Weiter spricht Rudolf Steiner davon, daß in dieser Zeit, also in dem letzten Jahrhundert des Kaliyuga, sich gerade dasjenige ausgebildet hat, wodurch in die Zukunft hinein ein Fortgang, wodurch in der Zukunft auch dasjenige bewirkt werden kann, was in den frühen Zeiten, auch schon in den nordischen Mysterien, die dann befruchtet waren von den Lehren des Dionysius des Areopagiten, als die *Wiedererweckung Baldurs durch den Auferstandenen* bezeichnet worden ist. Da wird davon gesprochen, daß nun in diesen letzten Zeiten gerade in diesem nordischen und in diesem mitteleuropäischen Gebiet die Menschheit sich dennoch innerhalb des physisch-leiblichen Lebens zwischen Geburt und Tod gerade dasjenige bewahrt hat, wodurch in Zukunft, wenn dieses Bewahrte in der richtigen Weise ergriffen und vertieft wird, der Zusammenhang mit der geistigen Welt, der zunächst gerade verloren scheint, wiedergewonnen werden kann. Das ist in folgenden Sätzen, die ich auch so, wie sie formuliert sind, mitteilen muß, zum Ausdruck gebracht: «Dem Menschen der Mitte ist ... die Mission zuerteilt, dasjenige, was er zunächst durch seine besonderen Fähigkeiten erlangt hat für den Menschen zwischen Geburt und Tod...», das ist nämlich das Denken, so wie es am Ende des 19. Jahrhunderts auftreten konnte, «...durch unmittelbare Erkenntnis zu erweitern für den Menschen als geistig-seelisches Wesen neben dem physisch-leiblichen Wesen, aber zu erweitern dadurch, daß *unmittelbar* aus *diesem* zur *Mysterien*weisheit wiederum aufgestiegen wird. Dann erhebt sich der Mensch durch Ausbildung derselben Fähigkeiten, durch die er das Geistig-Seelische gerettet hat für das physisch-leibliche Dasein, *durch klares Denken,* das sich aber entwickelt zu Imagination, Inspiration, Intuition, wiederum in die geistige Welt hinein, die durchlebt wird zwischen dem Tod und einer neuen Geburt. Hier, innerhalb dieser physischen Welt, erlebt man ein völliges Hineinleuchten jener Fähigkeiten, die da zu *entwickeln* sind, *nur,* wenn man das Problem der *Freiheit* betrachtet. – Ich habe mich daher in meiner ‹Philosophie der Freiheit› darauf beschränkt, dieses Problem der Freiheit zu betrachten. Da mußte man schon, aber jetzt für bloß irdische Probleme, dieselbe Fähigkeit anwenden, die, wenn man sie dann weiter ausbildet, den Blick erhebt über dasjenige, was über Geburt und Tod hinausgeht.»[141]

Es klingt vielleicht auch Ihnen *merkwürdig,* wenn man von dieser Fähigkeit, die gerade am Ende des Kaliyuga ausgebildet wird, diesem klaren Denken, spricht als von etwas, was eigentlich nur weiterentwickelt werden kann, wenn man ausgeht von dem Rätsel der Freiheit, von dem Problem der Freiheit, – und daß da Rudolf Steiner den Ansatz gemacht hat.

Es ist ja, was da eigentlich auftritt, das reine Denken, dasjenige, was als geistige Wirksamkeit *rein* auftritt, *rein* betätigt wird, ohne daß diese Betätigung durchsetzt ist von demjenigen, was in einer dämmrigen, unbewußten, verhüllenden, verdeckenden Weise innerhalb des alten Hellsehens gewaltet hat, es ist *rein*. Und es wird ja hier ausdrücklich von dem klaren Denken als dieser Fähigkeit gesprochen – und auf der anderen Seite haben wir dieses Konstatieren, daß eben am Ende des 19. Jahrhunderts keine Möglichkeit mehr da war, in den Ideen *Realität* zu erleben, sondern sie nur als Abstraktion zu fassen. Da scheint ein Widerspruch zu liegen. Aber es ist ja so, daß gerade dadurch, daß das Denken *klar* wird, es *nicht* mehr bemerkt wird. Es wird durchsichtig, es wird so klar, daß man eigentlich sagen möchte: Es ist so durchsichtig wie etwas, was gar nicht vorhanden ist. Und es ist ja zunächst als solches gar nicht erlebt worden, sondern erlebt wurde immer dasjenige, *was* dann gedacht wurde, nicht das Denken. Das erlebte man als seiend, als real, *was* dem Denken entgegentrat als materielle Welt, womit man sich dann beschäftigt. Die Gedanken darüber waren eben etwas, was an und für sich selbst gar keine Realität haben *durfte,* wenn dasjenige, was erfaßt werden sollte, rein erfaßt wurde.

Nun liegt aber dem noch etwas Weiteres zugrunde und das ist dasjenige, weshalb ich in diesem Zusammenhang überhaupt über dieses Thema ‹Baldurs Tod› und den Zusammenhang mit der Erweckung von neuen Kräften *innerhalb* des reinen Denkens zu sprechen gewagt habe. Es treten einem ja manchmal an ganz unerwarteten Stellen aufschlußreiche Formulierungen entgegen. So etwa in einem der letzten Wochensprüche, wo die beiden Zeilen stehen:

> «Ich fühle Kraft des Weltenseins:
> So spricht Gedankenklarheit.»[142]

Wenn man das wirklich genau und ernsthaft verfolgt: die Gedanken-Klarheit, dasjenige, was sonst so erlebt wird, daß es nicht existieren darf, weil es sonst trübend ist und nicht klar, diese Gedanken-Klarheit fängt an zu sprechen. Sie spricht, und sie spricht: «Ich», – also die Gedankenklarheit, – «Ich fühle Kraft des *Weltenseins.*» Nun ist unter diesem Weltensein auch in diesen Sprüchen ja etwas ganz anderes zu verstehen als das, was wir zunächst üblicherweise das Sein der Dinge, das Sein der vorhandenen materiellen Welten, nennen – das ist nicht das Weltensein. Sondern geistige Wirklichkeit, die Wirksamkeit von wirklichen Wesen, die spricht, die kündigt sich als Kraft des Weltenseins an dadurch, daß Gedankenklarheit spricht.

Auf der anderen Seite ist das, was wir gewöhnlich das Sein eines Gegenstandes nennen, etwas völlig Undurchschautes. Wir meinen zunächst – und zwar weil wir in einem viel weiteren Ausmaße, als wir das vor uns selbst zugeben, stets und ständig sogenannte naive Realisten sind, – daß alles dasjenige, mit dem wir es zu tun haben, was uns durch die Sinne entgegentritt, nun auch *sei.* Und Rudolf Steiner spricht immer wieder davon, daß es sich bei dieser Überzeugung um eine ungeheure Täuschung handelt. Auch demjenigen, was uns als die sogenannten seienden Gegenstände, das Sein der Welt, entgegentritt, liegt zugrunde eine von uns zunächst nicht bemerkbare Wirksamkeit geistiger Wesen, die dem Menschen begegnen und die anderen geistigen Wesenheiten begegnen.

Nun hängt aber diese Täuschung, dies Überzeugtsein von dem realen Vorhandensein der ganzen Erde als Erdkugel, der Städte auf der Erde, der Bauten, die wir antreffen, so wie wir sie kennen, die Beurteilung dessen als Seiendes, es hängt eben zusammen mit diesem Hereinführen des Menschen in den Untergang, es hängt zusammen mit dem Erwerb des menschlichen Selbstbewußtseins. Das kann eben nur dadurch zustande kommen, daß der Mensch dieser sogenannten irdischen, materiellen Welt begegnet und daß er sich dann durch dasjenige, was er da erlebt als diese äußere materielle Welt, hindurchringt. Dadurch bekommt er gerade die Impulse zu der Entwicklung seines Bewußtseins, und dadurch bekommt er erst die Möglichkeit, in Wahrheit *die Freiheit zu ergreifen.*

Und nun darf ich vielleicht hinweisen auf Worte, die wir in den ‹Leitsätzen› finden, und im Zusammenhang damit auf andere Hinweise, die die ganzen Vorträge und Arbeiten Rudolf Steiners, schon von den Anmerkungen zu Goethes Naturwissenschaftlichen Schriften an durchziehen und die, wie ich wagen möchte zu sagen, kaum bisher in ihrer ungeheuren Bedeutung, in ihrem Schwergewicht bemerkt worden sind. Es ist in den ‹Leitsätzen› von dieser Tatsache der Täuschung in bezug auf die Beurteilung des Seienden in der Welt die Rede. Und es steht darin auch der Hinweis auf den Zusammenhang dieser Täuschung mit dem Verlust des Fühlenkönnens des Zusammenhanges *des* Menschen, der hereingezogen ist in diese irdische Welt und in den physischen Leib, mit den geistigen Wesenheiten und Wirksamkeiten im Kosmos: daß dieser Zusammenhang, dieses Zusammengehörigkeitsgefühl, verloren ist im höchsten Maße eben in dem Zeitalter der Bewußtseinsseele, und ganz besonders in dem letzten Jahrhundert bis zum Beginn des 20. Jahrhunderts und in der Gegenwart. Da finden wir folgende Ausführung: «Man kann sagen, des Menschen Zusammengehörigkeitsgefühl mit dem außerirdischen Kosmos sei in dieser kosmischen Epoche so abgedämpft, daß er es nicht innerhalb seines Bewußtseins bemerkt. Und es ist nicht nur abgedämpft, es wird übertönt von dem Zusammengehörigkeitsgefühl mit dem Irdischen. Weil der Mensch sein Selbstbewußtsein im Irdischen finden muß, wächst er mit diesem während des Anfangs des Bewußtseinsseelen-Zeitalters so zusammen, daß es viel stärker auf ihn wirkt, als dies mit dem rechten Verlauf seines Seelenlebens vereinbar ist. Der Mensch ist gewissermaßen von den Eindrücken der Sinnenwelt *betäubt.*»

«Er kommt innerhalb dieser Betäubung mit dem freien, in sich selbst lebenden Denken nicht auf. Die ganze Zeitepoche von der Mitte des 19. Jahrhunderts an war eine solche der *Betäubung* durch die Sinneseindrücke. ... Immer finsterer wurde in der 2. Hälfte des 19. Jahrhunderts für das menschliche Bewußtsein der außerirdische Kosmos...»[143] Und nun kommt der Hinweis auf das, was denn zu unternehmen ist, – aber *jetzt* zu unternehmen ist, und zwar durch das Menschenwesen selbst, aus eigenem Impuls, aus der Freiheit, nicht in Verfolgung von etwas, was ihm gegeben wird, sondern aus seinem eigensten Wesen heraus, – kommt der Hinweis darauf, was geschehen kann, um diese Betäubung zu überwinden.

Da heißt es: «Wenn der Mensch in sich die Ideen zu erleben wieder fähig wird, auch dann, wenn er sich mit ihnen nicht an die Sinneswelt anlehnt, dann wird dem Blick in den außerirdischen Kosmos wieder Helligkeit entgegenströmen. Das aber heißt *Michael* in seinem Reiche kennenlernen.» Der kursiv gedruckte Satz folgt ja da, der Ihnen ganz gewiß geläufig und bekannt ist. «*Ideen-erfüllt erlebt die Seele Geistes-Licht, wenn der Sinnenschein nur wie Erinnerung in dem Menschen nachklingt.*» Und das heißt doch: Wenn es aufhört, daß wir undurchschaut all demjenigen, was uns im Sinnenschein entgegentritt, Sein zuschreiben, Vorhandensein zuschreiben. Von Anfang an, – ich möchte den Satz anführen, der vielleicht am schlagendsten das zum Ausdruck bringt, aus den Einleitungen zu Goethes naturwissenschaftlichen Schriften – finden wir eben diesen Hinweis bei Rudolf Steiner: «Das sinnenfällige Weltbild ist die Summe sich metamorphosierender Wahrnehmungen ohne eine zugrundeliegende Materie.»[144]

Wir haben es nur zu tun mit Erscheinungen, wir haben es mit Phänomenen zu tun und dürfen ihnen nicht Sein zuschreiben, nur weil für den Tastsinn die Möglichkeit hindurchzukommen nicht da ist; auch für den Tast*sinn* gilt das.

Wir haben es mit Phänomenen zu tun, so wie wir es bei einer Erinnerung, die auftritt, mit einem Phänomen zu tun haben. Das wissen wir selber: Wenn wir in der Erinnerung das Bild eines Freundes haben, dann schreiben wir diesem Bild kein Sein zu, sondern nur demjenigen, was durch ein solches Bild hindurch sich aussprechen kann, selbst wenn der Betreffende leiblich nicht anwesend ist. Wenn wir wie die Erinnerungsbilder das Angeschaute wirklich nur als Phänomen begreifen, können wir durch die denkende Tätigkeit, die diesem Phänomen begegnet, nun eindringen in dasjenige, was sich sonst unter dieser Betäubung immer wie unter einer dicken Decke einer materiellen Welt verbirgt.

Es ist bei dem Baldur-Mythos das eigentlich Charakteristische, daß Baldur getötet wird durch Hödur, den Blinden – der für die *geistige* Welt blind ist –, durch das Geschoß der Mistel. Es wird auf Baldur geschossen, oder in anderen Darstellungen wird ein Speer aus dem Mistelzweig geworfen, der dann den Baldur verwundet. Dies erscheint wieder in der Legende des Longinus, der ja den Leib des Herrn mit dem Speer durchsticht.

Und wenn wir auf diese Aufgabe hinschauen: Was uns entgegentritt als die Welt der Phänomene so aufzufassen, daß das eben auftritt *für uns,* das heißt wenn wir den menschlichen Bewußtseinsschauplatz lernen anzuschauen als jene Begegnungsebene, auf der sich Wirksamkeiten geistiger Wesenheiten im Bildausdruck begegnen, dann können wir vielleicht – und ich darf das kurz noch hinzufügen – sehen, wie ein bedeutsames ‹Prinzip› für die künstlerische Wirksamkeit zusammenhängt mit demjenigen, was überhaupt als Aufgabe der Geisteswissenschaft für den freiwerdenden Menschen sich ergibt. Ich meine, daß Rudolf Steiner oft gesagt hat, auch in der zukünftigen Kunst werde es darauf ankommen, daß dasjenige, was innerhalb der Geisteswissenschaft erlebt werden kann, in der äußeren Welt seinen Ausdruck finde, daß es geprägt werde als Ausdruck dessen, was in der Geisteswissenschaft erlebt wird.

So spricht Rudolf Steiner von dem ersten Goetheanum. Zunächst spricht er von dem Baugedanken dieses Goetheanums und nennt ihn das *Prinzip der geistig-seelisch durchlässigen Wand.*[145] Für die Geisteswissenschaft ist das rechte Begegnenkönnen des ausgebildeten reinen Denkens mit dieser Grenze des Bewußtseinsschauplatzes der Ausgangspunkt für eine Vertiefung in das Erleben dieses reinen Denkens. Das ist der Weg zur Erkenntnis der wahren Wirklichkeit der Welt. Es wird die Grenze, der so mit dem Licht-Speer des Denkens begegnet wird, durchschaubar, durchsichtig für geistig Wesenhaftes, geistig Wirksames. In allen vergangenen Zeiten – so führte Rudolf Steiner aus – war die Wand dazu da, den Menschen von der Umgebung abzuschließen, einzugrenzen.[146] Und gerade, als auf dem anderen wissenschaftlichen Gebiet diese Eingrenzung des Menschen vollzogen war und zum Ausdruck gebracht wurde von DuBois-Reymond in den ‹Grenzen des Naturerkennens›[147], gerade da begegnete das reine Denken diesen Grenzen, sie berührend und sie durchschaubar machend. So wird eigentlich erst, wenn wir diese Erscheinungswelt als das, was *schon* menschlicher Bewußtseinsschauplatz *ist,* auffassen, dieses Prinzip der geistig-seelisch durchlässigen Wand auf das Erkenntnisstreben angewendet. Gerade deswegen, weil sie da ist, wird es möglich, im Erreichen dieser Wand so zu wirken und sie so zu gestalten, daß sie geistig-seelisch durchlässig wird, daß Geistig-Seelisches sich zum Ausdruck bringt, durch dasjenige spricht, was auf dem menschlichen Bewußtseinsschauplatz auftritt und denkend erfaßt und im Erleben des Denkens erfahren wird.

So wird dann eine Erweckung Baldurs durch dasjenige, was nun die Kraft der Auferstehung bewirkt, die das Hereingezogene wieder aufleben läßt – aber in einer neuen Weise aufleben läßt –, gewissermaßen wirksam, wenn wir anfangen, die Bedeutung dieses Prinzips der geistig-seelisch durchlässigen Wand für das Erkenntnisringen des Menschen zu verstehen.

Ich möchte abschließen dürfen mit einer Bemerkung, die sich gerade ergibt, wenn man auf dieses Bild der Berührung des toten Leibes des Herrn mit der Lanze des Longinus hinblickt. Man könnte sagen, wenn der Leib der Natur das Werk des schaffenden Geistes ist, das Werk des schaffenden Wortes, so berühren wir mit dem Lichtspeer der Intelligenz diese göttliche Hülle des Weltenleibes, wenn wir ihm in den scharfen Formen des reinen Denkens begegnen. Erleben wir diese begegnende Tätigkeit des reinen Denkens im erweckten Bewußtsein innerlich, so beginnen wir erlebend das Scheinen des Lichtes in der Finsternis zu begreifen, und wir ahnen den Sinn der Verheißung: «Er kommt mit den Wolken, und sehen werden ihn die Augen aller, auch die, welche ihn durchstochen haben.»[148] Es heißt ja nicht, nur derjenige, der ihn durchstochen hat, sondern die Augen aller, auch derjenigen, die ihn durchstochen haben. Dieses Durchstechen ist ja ein Ausdruck für das, was wir alle tun, wenn wir durch unsere Theorien ausdenken, wie die Realität der Materie hinter den Sinneserscheinungen, diese seiende reale materielle Welt eigentlich aussieht.[149] Dies ist immer ein Durchstechen, aber «sehen werden ihn die Augen aller, auch die, welche ihn durchstochen haben.»

Nun ist in diesem Zusammenhang dieser Weg durch das ausgebildete, reine Denken in den Grund dieses Denkens hinein, auch schon prophetisch immer wieder aufgeklungen durch Eingeweihte früherer Jahrhunderte. Und ich möchte daher abschließen mit den Versen des eingeweihten Persers Dschelaleddin Rumi aus dem 13. Jahrhundert, also aus der Zeit, in der in Europa die Longinus-Legende erzählt wird:[150]

«Im Denken tönt ein strahlend Weltenheer,
Unendlich tief ist der Gedanken Meer,
Dies weite Meer, das die Gestaltung trägt,
Und sie wie einen leichten Krug bewegt.
Wenn leer der Krug ist, schwimmt er auf der Welle,
Doch angefüllt, sinkt er zur Tiefe schnelle.
Auf dunkler Tiefe der lebendigen Natur
Ist der Gedanken Form der Wellen Grenze nur.
Sucht eine Bahn die Seele, sich zu senken in dieses Meer,
So stößt es sie zurück, bis daß erschaut
Den Füllespendenden
Das Herz, den fernhin Pfeilesendenden.»

Das Fiölsvinnsmál

Zwei Seminare in Hamburg am 19. und 26.2.1957
(Unvollständige Nachschriften)

Das Fiölsvinnsmál

1. Seminar

Viele von Ihnen werden vom ‹Fiölsvinnsmál› schon gehört haben. Dieses Fiölsvinnsmál ist an und für sich in der Edda bei denjenigen, die Edda-Ausgaben veranstaltet haben, die Übersetzungen gemacht haben, die auch versucht haben, sich Gedanken über die germanische Mythologie im Anschluß an die Edda zu machen, ein außerordentlich großes Rätsel. Daß man sehr wenig damit anfangen kann, äußert sich zum Beispiel darin, daß einige der Wissenschaftler, die sich damit befaßt haben, behaupten, es sei eines der frühesten Lieder; andere, es sei das späteste Lied. Nun besagt es ja nichts, wann es aufgeschrieben wurde, da alle Lieder lange mündlich durch Sänger überliefert wurden und verhältnismäßig spät aufgeschrieben worden sind. ‹Skalden› nennt man diese Sänger – ‹Barden› im Keltischen –, die von Hof zu Hof gezogen sind und da aus der mündlichen Überlieferung heraus diese Lieder gesungen haben. Nun waren die Skalden nicht bloß Sänger, nicht bloß Rezitatoren, nicht bloß Dichter, sondern sie waren in einem besonderen Sinne auch Wissende; sie wußten mehr, als die Menschen im allgemeinen wissen. Das drückt sich in all diesen Liedern auch deutlich aus; daraus ist dann später aber diese Rätselhaftigkeit geworden. Im Anfang ist diese Rätselhaftigkeit eine Art Natur-Notwendigkeit. Da ist eine Kluft zwischen denjenigen, die etwas zu sagen haben, und denjenigen, die es anhören. Aber man kann sagen: Es wird von den alten Sängern aus einem anderen Bewußtsein heraus gestaltet, so daß es doch möglich ist, daß die Menschen, die das hören, davon berührt werden. Nun hat das in der weiteren Beschäftigung mit der Edda in dem letzten Jahrhundert dazu geführt, daß man das, was hinter einem solchen Liede steckt, nicht mehr genügend geachtet hat; so hat man wohl gesagt, daß man sich die rechte Achtung wieder angewöhnen müßte, aber obwohl man es fordert, tut man es doch eigentlich ganz und gar nicht. Man übersetzt und sieht, es gibt keinen Sinn, und dann übersetzt man nach Maßgabe der Meinung, die man gerade hat – aus den Bedingungen der Zeitkultur heraus. Man schiebt dabei, ohne daß man es merkt, durch ganz kleine Wendungen häufig etwas hinein, was nun die alte Rätselhaftigkeit nur noch größer macht, was sie in ihrem kernhaften Element nicht mehr spürbar werden läßt.

Ich will Ihnen ein paar Äußerungen vorführen, damit Sie sehen, wie das gegangen ist – und zwar tue ich das nicht nur im Interesse dieses Liedes, sondern weil ja für eine anthroposophische Schulung die besondere Forderung besteht, zwar zu einer inneren Seelenaktivität zu kommen, aber dann zu bemerken, wie sehr vieles, was durch die erhöhte Seelenaktivität zustandegekommen ist, nichts weiter ist als die Darstellung der unkontrollierten Eigenheiten der Seele.

Mit Bezug auf das Fiölsvinnsmál finden wir bei *Paul Hermann* folgendes: «Leider ist das Gedicht durch allerlei übel angebrachte mythologische Gelehrsamkeit arg entstellt, immerhin läßt sich ein älteres einfaches Lied wieder herstellen. Prachtvoll ist die Charakteristik der auftretenden Personen, auch in der vorliegenden Gestalt; der ungestüme, leidenschaftliche Freier, der furchtlos den Flammenwall durchschreitet, die in Sehnsucht nach dem Geliebten sich verzehrende Jungfrau sind trefflich gezeichnet; ein Triumphgesang der alle Gefahren siegreich überwindenden, unwiderstehlichen Liebe braust das Lied dahin.»[151]

Ich denke, Sie spüren sofort, daß da so empfunden wird, wie leider oft den Dramen von Richard Wagner gegenüber – so kann man sich das vorstellen – ich meine dieses vom Anfang des Jahrhunderts bekannte Empfinden. Die Charaktere, so wie er sie nun beschreibt, stecken aber nicht in dem Lied, sondern in dem Betreffenden selbst. Und dann steht da, was wir nach seiner Meinung darin sehen sollen: «... sobald er sich aber mit seinem wahren Namen Swipdagr nennt, schwinden alle Hindernisse...». Dann wird versucht, einen Sinn da hineinzubringen. Es sollen Schilderungen sein von Vorgängen, die man eben in der Natur sieht: Morgendämmerung und so weiter. Nun ist es gar nicht einmal so ausgeschlossen, daß das, was in dem Liede steht, damit etwas zu tun hat, aber das, was sich dahinter verbirgt, das wird nicht aufgedeckt. – *Jordan* sagt mit Bezug auf das Fiölsvinnsmál über eine besondere Stelle, die wir nachher genauer ins Auge fassen werden: «Zur Erlangung dieser Rute... muß Sinmara bestochen werden. Womit? Mit einer Feder des erst zu erlegenden Vogels. Die Bescheide des Wächters erweisen sich als Foppantworten.»[152] *Simrock* sagt zu der betreffenden Stelle des Liedes, über die Jordan sagt, es handele sich um Foppantworten: «Da man aber die Schwanzfeder zu erlangen des Hahns schon so Meister sein müßte, daß man ihn allenfalls auch gleich töten könnte, so erinnert der hier angeratene Umweg stark an den Rat, den man Kindern gibt, den Vögeln Salz auf den Schwanz zu streuen, damit sie sich fangen ließen.»[153]

Man denkt sich, man müßte ungeheuer scharfsinnig sein, um endlich durch Kombination den Sinn herauszubekommen. An einer anderen Stelle sagt Simrock zum Beispiel: «Wenn wir aber die Dunkelheit unseres Liedes zugestehend uns nicht gerade anheischig machen, die Aufhellung dieses Dunkels zu bewirken, so können wir doch nicht zugeben, daß es unverständlich sei. Dunkel sind und sollen alle Rätsel sein und bleiben, bis ihre Lösung gefunden ist; aber unverständlich wird man sie nicht nennen dürfen, wenn weiter nichts zu ihrem Verständnisse gebricht als die Auflösung. So ist auch unser Lied als Rätsel verständlich, obgleich sein volles Verständnis erst gewonnen werden kann, wenn das lösende Wort gefunden ist.» Zum Schluß heißt es : «Er (der Dichter) bietet seine ganze Kunst auf, unseren Scharfsinn mit einem Rätselgeflecht auf die Probe zu stellen...».

Hier soll nun der Versuch gemacht werden, zu zeigen, daß man auf ganz andere Dinge zurückgreifen muß, wenn man sich mit einem solchen Lied beschäftigt. Daß das nun gerade innerhalb der Anthroposophischen Gesellschaft geschieht, hängt damit zusammen, daß dieser Versuch eigentlich nur da unternommen werden darf. Das wird vielleicht im Laufe dieser beiden Abende noch deutlich werden können.

Im elften Vortrage über ‹Die Mission einzelner Volksseelen›, 1910 in Oslo gehalten, sagt Rudolf Steiner – das Folgende betrifft die vorangegangenen Vorträge –: «Dabei ging das wie ein roter Faden durch die letzten Darstellungen hindurch, daß innerhalb der germanisch-nordischen Mythologie oder Götterlehre etwas enthalten ist, was in einer imaginativen Form wunderbar anknüpft an alles, was wir in erkenntnismäßiger Gestalt herausholen können aus der geistigen Forschung unserer Gegenwart. Das ist nun auch einer der Gründe, warum wir hoffen dürfen, daß jener Volksgeist, jener Erzengel, welcher seine erzieherische und führende Tätigkeit über dieses Land hier erstreckt, mit dem, was er als seine Anlagen im Laufe der Jahrhunderte entwickelt hat, durchdringen wird dasjenige, was moderne Philosophie, moderne Geistesforschung genannt werden kann, und daß von da aus diese moderne Geistesforschung eine im volkstümlichen Sinne gehaltene Befruchtung erlangen wird.»

«Je weiter wir in die Einzelheiten der germanisch-nordischen Mythologie eindringen würden, desto mehr würden wir sehen, daß wunderbar in den Bildern dieser Mythologie die größten okkulten Wahrheiten zum Ausdrucke kommen, wie es wirklich in keiner anderen Mythologie der Fall ist.»[154]

Ich denke, wir sehen daraus, daß wir uns etwas ernsthafter damit zu beschäftigen haben, als daß wir immer nur versuchen, in diese Lieder etwas hineinzulesen, was letzten Endes aus unseren eigenen Meinungen entspringt.

Man muß auf den Urtext oder auf verschiedene Urtexte zurückgreifen, aber das ist nicht so ganz einfach. Es gibt ja aus den alten Zeiten keine Wörterbücher, die stammen auch aus den neueren Zeiten, und die Schwierigkeit ist eben heute auch, durch die neuen Wörterbücher durchzudringen. Es gibt eine Übersetzung von Gering und ein Wörterbuch von Gering[155], so daß man natürlich eindeutig die Übersetzung von Gering bekommt, wenn man nach seinem Wörterbuch übersetzt.

Das fängt schon an bei der Überschrift ‹Fiölsvinnsmál›. In den Büchern, die mir zugänglich waren, habe ich immer nur gefunden, daß dieses Wort *Fiöl* heißt: ‹viel›. Ich will Ihnen zeigen, was da sonst noch steht: *fiöl* uf tatre = *viel* Kopf habend; ein anderes Wort, da heißt es: *viel*wissend; *fiöl*kunge = Zauberei; *fiöl*magre = überaus *viel; fiöl*nutre = *viel*fachen Nutzen bringend – aber es heißt auch: Segen spendend. Nun ist ‹viel nützend› und ‹gesegnet sein› etwas, was oft sich deckt, aber es ist nun an manchen Stellen sehr entscheidend, ob man sagt: es nützt sehr viel, oder: es ist jemand gesegnet. Nun steht bei ‹vielwissend› auch ‹zauberkundig›, das würde heißen: Kunde haben vom Zaubern – da müßte Fiöl auch ‹Zauber› heißen und nicht nur ‹viel›, aber es heißt nicht nur ‹Zauber›, sondern es heißt ‹zaubern können›, es ist eine Fähigkeit damit ausgedrückt. Wenn wir zurückgehen bis ins Mittelalter, da war Zauberei teuflisch; wenn wir aber weiter zurückgehen: da war zaubern etwas, was nur die Priester konnten, das war Magie, und Magie erforderte eine ganz besondere Kunde, die man haben mußte, wenn man der Magie fähig sein wollte. Das sind Dinge, die man erfährt, wenn man sich mit den frühen, gesunden Grundlagen der Alchemie auseinandersetzt. Da findet man für diese Weisheit, die man haben muß, wenn man das können will, den Ausdruck ‹Feuer›. Das geht zurück auf das ‹zaruana akarana›, auf das Urfeuer, aus dem auf der einen Seite das

Licht kommt und auf der anderen Seite die Wärme. Man findet, daß dieser Stamm von fiöl überall da auftritt, wo Feuer gemeint ist; das steckt zum Beispiel in dem Wort *fir* drin – das ist unser Wort für die Zahl Vier, es heißt aber eben auch Feuer. Und wenn etwas Besonderes hinzukommt, wenn das Sonnenfeuer hinzukommt, dann heißt es *Firar;* und das ist auch der, der das Sonnenfeuer hat, und der heißt ‹Führer›.

Das Wort *öl* hängt mit dem englischen ‹ale› zusammen, das heißt: ‹Bier›; früher war es Met, es war überhaupt der Trank, aber es war auch der Trank in der Bedeutung, wenn wir heute sagen: der hat die Weisheit mit Löffeln getrunken, das ist *öl;* und das Wort ‹Ol›, das ist das Wort für ‹Weisheit›, zum Beispiel die Weisheit, die die Alten hatten. In den Namen ‹Olen›, ‹Oldeslohe›, ‹Oldenburg›, da heißt es immer, daß da eine Weisheitsstätte war. Dann ist es später geworden ‹Ul›, deswegen heißt es ‹Ulenspiegel›, der Weisheitsspiegel: da ist die Weisheit am Spiegel zurückgeworfen.

So zeigt sich, *dieses Wort ‹Fiöl›, das muß man übersetzen mit ‹Weisheitsfeuer› oder ‹Feuerweisheit›*. Das heißt, wenn jemand das Weisheitsfeuer besitzt, dann ist er ein Eingeweihter – und darum geht es in diesem Lied. Es heißt also: Das Lied von der Gewinnung der Feuerweisheit – Fiölsvinnsmál. Mal heißt ‹das Lied›, vinn heißt ‹gewinnen›; und dann kommt für das Lied der Untertitel: ‹Das Lied von Fiölswidr›. ‹Widr› ist der Wissende, das heißt derjenige, der die Feuerweisheit hat. Jetzt müssen Sie das Merkwürdige berücksichtigen, daß gezeigt wird, daß sowohl derjenige, der den Einweihungsweg durchmacht, der sich schließlich darstellt als ein Eingeweihter, der Fiölswidr ist als auch derjenige, der ihm die Prüfung abnimmt, den Namen ‹Fiölswidr› hat. Man weiß am Schluß gar nicht, wer gemeint ist: der, der die Weisheit zeigt, oder der, der sie am Ende gewonnen hat. Die Hilflosigkeit geht aus dem Lexikon selber hervor, da heißt es: ‹Fiölsvinnsmál› = ‹das Lied von Fiölswidr›. Nun spielt das aber eine große Rolle, denn es heißt nun in den Übersetzungen der Fiölswidr – eine der Personen, die auftreten in dem Liede – einfach ‹Vielwisser› statt ‹derjenige, der die Feuerweisheit hat›, ‹der den Dingen auf den Grund gekommen ist›. Da kann man fast ablesen, wie das Ideal sich heute verschoben hat! Aber es steht da außerdem noch das Wort ‹Wächter›. Dieser Wächter trägt den Namen ‹Fiölswidr›, er ist der ‹Hüter›. – Ich will Ihnen das Lied nun vorlesen, damit Sie einen unmittelbaren Eindruck haben. Es beginnt mit zwei Zeilen, in denen wie zur Einleitung mitgeteilt wird:

Hüter: Der Feste hier will sich ein Fremdling nah'n, Fv 1
Den Berg, getürmt von Riesen, kühn ersteigend.

Was heißt das nun? Ich will Ihnen eine Bemerkung Rudolf Steiners vorlesen:

«Insbesondere war hier im Norden lebendig, in der finnischen Tradition, die Erinnerung an diese Verbindung des Geistig-Seelischen, das aus planetarischen Höhen herunterstieg, mit dem, was aus dem Erdenleib selber hervorgegangen ist und was die nordische Tradition als ‹Riesenheim› kennt: was sich aus dem Erdenleib entwickelt hat, das gehört zu Riesenheim.»[156]

Hier heißt es nun: Ein Fremdling will sich der Feste nahen und will ersteigen, was sich aus der Erde gebildet hat. Auf diesen Gipfel bewegt sich der Fremdling herauf, den wir auch als den Gipfel der menschlichen Leiblichkeit bezeichnen können. Der Hüter fährt fort:

Was ist das für ein Ungetüm, das nach dem Tore späht,
Die Waberlohe frech umwandelnd?

Also auf dem Berg ist eine Feste, die Feste ist umgeben von Flammen und Feuer, und der Wächter hat zu wachen, daß niemand unberechtigt da hineinkommt.

Was suchst du hier? Was treibt dich her? Fv 2
Was wähnst du hier zu finden, allein,
Auf schlüpfrig feuchten Wegen? Kehr um!
Hier ist nicht deines Bleibens, Bettler!

Es steht das Wort ‹Bettler› da, aber es ist gemeint ‹Suchender›. Von dem Fremdling heißt es dann zunächst:

Fremdling: Was ist das für ein Ungetüm, Fv 3
das mir den Eingang wehrt,
Dem Wandrer Gastrecht weigernd?
Kannst du nicht Gruß und Wort mir gönnen,
Scheint mir gering dein Wert! Heb dich von hinnen!

Da haben wir sofort anklingend, was von der Begegnung mit dem Hüter ausgesagt wird: daß er zunächst, wenn der Mensch ihm begegnet, dem Menschen im Spiegelbild gerade das entgegenhält, was als persönliche Eigenheiten in ihm ist. Er sieht den Hüter als dasjenige, was im Spiegel auftritt; deswegen ist es hier so, daß der Hüter ihm als Spiegelbild erscheint. Der Hüter antwortet auf diese Frage:

Fiölswidr nennt man mich... Fv 4

Das heißt jetzt: ‹der die Feuerweisheit Besitzende›. Dann kommt:

Das weist auf klugen Sinn.

Das heißt: ‹das sollte dir eigentlich zu denken geben›.

Doch führ' ich eine scharfe Zunge.

Da ist mehrfach übersetzt: ‹meine Speise ist nicht leicht zu verdauen› – das kommt, weil das Wort ‹mal› dasteht, und da hat man gedacht, das heiße Mittagsmahl; aber das ist das gleiche wie in dem Wort ‹Fiölsvinnsmal›; hier heißt es: ‹ich rede scharf›, ‹ich rede unverblümt›, und da kann man ganz gut sagen: ‹ich führe eine scharfe Zunge›.

Zu diesen Mauern einzugehen
Hast du kein Recht. Heb' dich von hinnen!

FREMDLING: Von nahem Ziel kehrt sich nur ungern ab, Fv 5
Wer Hehres sucht und Großes.
Die Brüstung scheint zu glühn um güldne Säle:
Hier möcht' ich Frieden finden.

Es gibt eine Bemerkung von Rudolf Steiner: ‹Frieden finden› ist der alte Terminus technicus für ‹eingeweiht werden›. Nun sagt der Fremdling eben dieses Wort: «Hier möcht' ich Frieden finden.» Mit diesem Wort weist er sich gewissermaßen aus. Jetzt schwenkt der Hüter um und sagt nicht mehr «Hebe dich von hinnen!», sondern er fragt:

HÜTER: Welcher Eltern Kind bist, Knabe, du geboren? Fv 6
Sag', welchem Stamm entsprossest du?

FREMDLING: Windrufer ist mein Name, und Wassers Raunen
Hieß mein Vater. Dess' Vater Feuer-Berg.

Man kann wissen aus der Geisteswissenschaft, daß der Weg, um eingeweiht zu werden, durch die Elemente hindurchführt; das würde also heißen: durch Erde, Wasser, Luft, Feuer; wobei die Erde das Feste ist, aber auch im besonderen Sinne das mineralisch geformte Feste.

Jetzt heißt es also hier ‹Windrufer›; man könnte das zum einen so verstehen, daß man meint denjenigen, der aus dem Winde ruft, aber auch so, daß der Wind ruft, daß es gewissermaßen der Ruf des Windes selber ist. Stellen Sie sich vor, in dem, was luftartig ist, da ist ja etwas verborgen, weshalb der Mensch zum Beispiel, wenn er ängstlich wird, anders atmet. Was sich da ausspricht, das ist die andere Seite von dem Äußeren, es ist das, was im Innern sich als Gemütsbewegung ausspricht.

Das Element Wasser kann erlebt werden als innerlich Wäßriges, Feuchtes, eigentlich Kraftendes, Wachstum Förderndes. Bei dem Erdenhaften würden wir innerlich das Verfestigende spüren.

Das Element Feuer ist etwas, was zum Beispiel mit dem Feuer der Begeisterung gefaßt werden könnte, wenn es herauskommt aus dem Inneren und sich äußerlich kenntlich macht, aber es ist verborgen in der Leiblichkeit. Nun haben Sie die Wörter ‹windkaldr› = ‹Windrufer›, ‹warkaldr›: ‹war› ist der Frühling, aber auch Wasser; jetzt haben Sie noch ‹fiol› – das ist das Feuer; ‹kaldr› heißt zwar ‹rufen›, aber es heißt außerdem ‹verborgen›. Wenn Sie rufen, dann ertönt der Ruf ja in die Außenwelt hinein, aber er ertönt aus dem Verborgenen. Der Quell des Rufens ist in dem Inneren verborgen, innerhalb des physischen Leibes; er ist eigentlich das verborgene Feuer, so wie das Feuer verborgen ist im Innern eines Berges, das aus dem Vulkan herauskommt – damit ist gewiesen auf den Berg. Also der Großvater heißt ‹Feuerberg›, der Vater ‹Wassers Raunen›, er selber heißt ‹Windrufer›. Da zeigt es sich dann, daß das Feuer wirklich zum Ausbruch kommt; da zeigt sich, daß in ihm wirklich die Feuerweisheit schon veranlagt ist. Der Fremdling spricht dann weiter in dem Lied:

FREMDLING: Verkünde mir, Fiölswidr, was ich dich fragen will Fv 7
Und wissen muß:
Wer schaltet hier, das Reich beherrschend,
Mit Güte und mit hehrer Milde?

HÜTER: Menglada heißt sie... Fv 8

‹Men› ist ein Wort für ‹Halsband› auf der einen Seite – das ist auch im Lexikon so überliefert; ‹glad› heißt heute noch im Norwegischen ‹froh sein›, aber es heißt auch noch etwas anderes: wenn zum Ausdruck gebracht werden muß ‹ich liebe dich›, dann heißt es: ‹ich bin froh in dir›. Es heißt auch – so daß diese Freude innerlich zum Ausdruck kommt: ‹*glänzen*›, ‹vor Freude *glühen*›; das müssen Sie darin suchen. Man kann es dann übersetzen mit: ‹Halsband*leuchtende*›. Nun gibt es in Indien zum Beispiel die Halsbandgöttin; das ist auch Proserpina. Halsband ist auf den leuchtenden Tierkreis bezogen, aber das Leuchten selber braucht nicht das Leuchten der Sterne zu sein, sondern es zielt auf das, was da durchläuft durch das ganze Halsband, und das ist Sonnenhaftes. Auch das Mondlicht ist ja sonnenhaft. Menglada ist das, was im Halsband leuchtet. Aber dieses Wort ‹men› hat außerdem die Bedeutung ‹Bewußtsein› so wie ja im Lateinischen ‹mens›, und insofern bedeutet es eigentlich – das muß ich so ausdrücklich erst einmal sagen – ‹der wache Mensch›, oder Sie könnten direkt sagen: ‹der Menschengeist›. Dann würden Sie für den Namen bekommen: ‹die Göttin, die den Menschengeist liebt› – ‹die Menschengeist Liebende›. Und es zeigt sich durch das ganze Gedicht, daß das gemeint ist.

HÜTER: Menglada heißt sie, Halsbands Leuchten,
Die Mutter gebar sie dem Sohne des Thorin.

‹Swafr› heißt angeblich ‹Speer›. ‹Swafrthorin›, so wird gesagt, also ist der kühne Speerschwinger, und das kann niemand anders sein als Odin. Nun heißt also ‹Swafr›: ‹schweben›. ‹Thorin› ist noch heute ein Ausdruck für den Schnee – der dürre Schnee, der trockene Schnee, der in dieser Gestalt kristallisiert: *. Das ist die ‹Hagalrune›: ‹die das All in sich Bergende›. Und was da heruntergekommen ist – Sie müssen an die Wanen denken –, wirklich in dem Schweben herankommend, das ist wirklich das, aus dem die Menglada hervorgekommen ist. – Der Hüter fährt fort:

...die schaltet hier, das Reich beherrschend,
Mit Güte und mit hehrer Milde.

FREMDLING: Verkünde mir, Fiölswidr, was ich dich fragen will Fv 9
Und wissen muß:
Wie heißt die Pforte? Nie sahen Menschen
So wundersame Kunst der Götter.

HÜTER: Man nennt sie Donnerschall. Die haben die drei Söhne Fv 10
Solblindis einst gemacht.
Und jeden wird sie ganz zerschmettern,
Der sie erbrechen will.

Die Pforte heißt genau übersetzt: Riesengellen; sie haben die drei Söhne des blinden Hödur gemacht. Man kann nicht so ohne weiteres über die Schwelle.

FREMDLING: Verkünde mir, Fiölswidr, was ich dich fragen will Fv 11
Und wissen muß:
Wie heißt die Brüstung? Nie sahen Menschen
So wundersame Kunst der Götter.

HÜTER: Gastrufer heißt die Brüstung, ich habe sie selber Fv 12
Aus den Knochen des Riesen erbaut,
So stark ist sie gestützt, daß stehen sie wird,
Solange Menschen leben.

Jetzt haben Sie gehört vorhin, aus der Waberlohe sei die Brüstung – jetzt ist sie aus den Knochen, aus «des Lehmriesen Gliedern», wie Simrock schreibt. [Wie hängen des «Erdenleibes Glieder» mit der Waberlohe zusammen? Warum können beide als Wesensbezeichnung der Brüstung, über

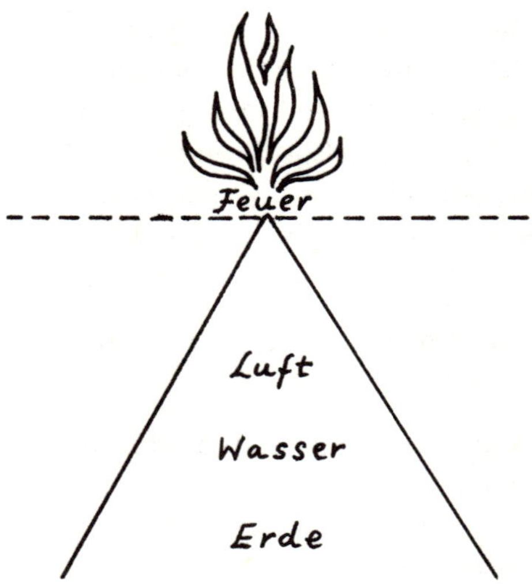

die der Fremdling hinauswachsen muß, will er in Mengladas Reich schauen, gelten? An der höchsten Spitze des Feuerberges, als der sich der Fremdling – und mit ihm jeder Mensch – verstehen kann, schlägt das Feuer der Waberlohe heraus:

Der Erdenleib selbst, in dem das Feuer verborgen ruht, das an seiner Spitze hervortreten kann, er stellt sich verbergend vor Mengladas Reich: die Knochen des Riesen.][157]

FREMDLING: Verkünde mir, Fiölswidr, was ich dich fragen will Fv 13
Und wissen muß:
Wie heißen die Hunde? Ich habe so schlimme
Noch niemals auf Erden gesehen.

HÜTER: Geifer heißt einer und Gier der andere, Fv 14
Weil du's zu wissen wünschest.
Elf Wachten müssen sie wachen,
Bis die Götter vergehen.

Das ist natürlich eine sehr geheimnisvolle Sache; in den Erklärungen kann man lesen: In alten Zeiten war die Elf eine sehr beliebte Zahl, man hat statt Zwölf Elf gesagt. Wir werden darauf noch eingehen.

FREMDLING: Verkünde mir, Fiölswidr, was ich dich fragen will Fv 15
Und wissen muß:
Ob wohl ein Mensch hineingehen möge,
Dieweil die Schnaubenden schlafen?

HÜTER: Wechselnd zu schlafen ist ihnen Gebot, Fv 16
Seitdem sie hier Wächter geworden.
Der eine schläft tags, der andere nachts,
So lassen sie niemand hinein.

FREMDLING: Verkünde mir, Fiölswidr, was ich dich fragen will Fv 17
Und wissen muß:
Gibt's keine Kost, sie zahm zu machen
Und einzugehen, dieweil sie fressen?

HÜTER: Zwei Flügel glänzen zu Seiten des Hahns Fv 18
Im hohen Baum an Himmels Wölbung:
Das ist die Kost, sie zahm zu machen
Und einzugehen, dieweil sie fressen.

Nun, dieser Hahn hat auch mehrere Deutungen: nach Jordan soll es der Auerhahn sein – hier steht aber ausdrücklich: ‹Hahn›.

FREMDLING: Verkünde mir, Fiölswidr, was ich dich fragen will Fv 19
Und wissen muß:
Wie heißt der Baum, dess' Zweige weit
Sich über alle Lande breiten?

HÜTER: Mimameidr heißt der Baum... Fv 20

Gewöhnlich wird übersetzt: ‹Mimirs Baum› – das ist aber wörtlich gemeint: ‹mimir› heißt ‹bilden›, so wie Sie heute ‹Mimik› haben; ‹a meidr› heißt ‹aus der Mitte› – aus der Mitte heraus wächst dieser Baum: so heißt er. Der Hüter fährt fort:

...aus Mitten bildend,
Kaum einer kennt die Wurzel, die ihn treibt.
Und niemand weiß, wie er zu fällen,
Da Feuer nicht noch Schwert ihm schadet.

FREMDLING: Verkünde mir, Fiölswidr, was ich dich fragen will Fv 21
Und wissen muß:
Was nutzt der Welt der mächtige Baum,
Wenn Feuer nicht noch Schwert ihm schadet?

HÜTER: Aus seinem Samen werden entzündet, Fv 22
Die nicht vom Weibe geboren,
Die offenbaren der Welt Verhülltes,
So wird er der Menschheit Lebensbaum.

Diese Stelle übersetzt zum Beispiel Simrock, der im allgemeinen am besten und am wörtlichsten übersetzt:

«Welchen Nutzen bringt der weltkunde Baum,
da Feuer noch Schwert ihm schadet?

Fiölswidr:
Mit seinen Früchten soll man feuern,
wenn Weiber nicht wollen gebären.
Aus ihnen geht dann, was innen bliebe:
So wird er der Leute Lebensbaum.»

Aber gerade «die nicht vom Weibe Geborenen» werden entzündet aus dem Samen des Baumes! – Nun müssen Sie behalten: Dieser Baum wächst aus einer Wurzel, die niemand kennt, aus der Mitte. – In der Mitte wird das gehegt: da haben wir die Hagalrune – ‹Heg-All-Rune› –, in dieser Mitte wird das gehegt, und aus dieser Mitte entspringt die Weltenesche, das heißt: das Gebäude des ganzen Kosmos. Und dieser Baum hat Samen, und natürlich sind diese Samen auch wieder solche Punkte, die man nicht auffinden kann. Aus *diesen* Samen werden entzündet, «die nicht vom Weibe Geborenen»: die Eingeweihten, die die Feuerweisheit besitzen. Die entspringen aus diesem Grunde: in ihnen wird selbst das All gehegt.

Es heißt dann noch:

FREMDLING: ... Wie heißt der Hahn auf hohem Baum, Fv 23
Dess' Flügel wie von Golde glänzen?

Und Hahn heißt der Name, der sonst vielfach in der Edda gebraucht wird für den Mond, aber das steht da nicht; es kann zum Beispiel heißen: ‹Weitöffner›; das kann der Mond sein in einem gewissen Stadium.

HÜTER: Es ist der Mond, im Winde leuchtend Fv 24
Auf Mimameidrs Zweigen.
So groß ist seine Schwere, daß niemand rauben kann
Den schwarzen sich zum Köder.

Nun wird dem Fremdling gesagt: Den kannst du nicht herunterholen, *rauben* kann man ihn nicht. Er ist also schwarz, und seine Flügel sind von Gold glänzend – wenn Neumond ist, ist er schwarz, wenn Vollmond ist, ist er ganz glänzend; zunehmend ist an der einen Seite ein glänzender Flügel, abnehmend ist an der anderen Seite ein glänzender Flügel. Wir werden hier also auf die Mondsichel hingewiesen. Und das Schwarze, das *kann* man nicht ‹rauben›. Es zielt erst einmal alles dahin, daß man an diese Sichel geführt wird.

Dann heißt es nachher:

HÜTER: Die blinkende Sichel birg *du* in der Brust, Fv 30
Die im Schweife des Hahnes verschwindet,
Gib du sie der Göttin, so läßt sie gern
Deinem Herzen die Rute entkeimen.

Diese Zeilen enthalten die Beschreibung für den Weg zur Erkenntnis höherer Welten. Was es weiter mit dieser Rute auf sich hat, wollen wir das nächste Mal besprechen.

Das Fiölsvinnsmál

2. Seminar

Wir wollen uns jetzt noch eine Stunde mit dem Fiölsvinnsmal beschäftigen. Natürlich ist – ich muß das noch einmal sagen – diese Beschäftigung eine viel zu kurze, und man wird ja vielleicht bemerken, daß in diesem Lied noch sehr viel mehr verborgen ist und daß man lange, unter Umständen ein ganzes Leben lang gebrauchen müßte, um das wirklich herauszuholen, was alles darin enthalten ist.

Rudolf *Steiner* sagt in einem Vortrag im Jahre 1909: «Die großen, einheitlichen Sagengebilde» – dazu gehören die Götter- und Heldensagen in der Edda –, «die wir als Mythologie zusammenfassen, führen zurück auf jene Erlebnisse, welche die Eingeweihten in den Mysterien gehabt haben... Die Mysterien sind Schulen, in denen Fähigkeiten in der Menschenseele gepflegt wurden, durch die die Seele zu eigenem Beobachten in den geistigen Welten geführt wird. Im besonderen sind Mysterien solche Schulen, welche in einer ganz methodischen, systematischen Weise dem Menschen, der reif dazu ist, eine Anleitung geben, daß die Seele so wird, daß er mit geistigen Augen und Ohren die höheren Welten wahrnehmen kann... und all der Inhalt der Geisteswissenschaft, alles das, was in der Geisteswissenschaft mitgeteilt wird, ist im wesentlichen Inhalt der Mysterienweisheit.»[158]

Das heißt also: Dasjenige, was früher einmal in den Mysterien auf eine andere Weise gelehrt wurde, wird heute als Geisteswissenschaft gelehrt. Das Fiölsvinnsmal ist ein Ausdruck solcher Mysterienweisheit, und sein Inhalt ist eigentlich derselbe, von dem in der Geisteswissenschaft die Rede ist. Derjenige, der seine Seele in geeigneter Weise geschult hat, der ist ein Eingeweihter. Solche Stätten, in denen man in vollem Bewußtsein eine solche Schulung durchführte, hat es immer gegeben, und gerade das Fiölsvinnsmál ist eine Schilderung einer solchen Bewußtseinsschulung. Der Name, der hier dem Schüler, dem ‹Fremdling› zukommt, bleibt zuerst verborgen. Aber am Ende nennt der Fremdling sich: *Svipdagr* – das heißt ‹der das Tagesbewußtsein, das volle Bewußtsein hat›, ‹der aus dem Tagesbewußtsein Aufsteigende›, der eintaucht in die übersinnlichen Welten; darauf ist hingedeutet durch diesen Namen *Svipdagr*.

Zu diesem Weg gehört immer dasjenige, was bei Faust ‹der Gang zu den Müttern› genannt werden mußte. Diesen Gang hatten alle Schüler zu gehen. Nach der Forschung gehört dieses Lied in der Edda zu dem Lied von der Mutter Groa: der Fremdling muß sich zu ihr zunächst begeben, und von da aus begibt er sich auf den Weg.

Um in das einzudringen, was von ältesten Mysterien überliefert ist, dazu darf man nicht kombinieren. Sie erinnern sich daran, wie voriges Mal zitiert worden ist, daß der Preis des Scharfsinns noch zu erringen sei. Das einzige, was ausschlaggebend ist, kann nur das Mysterienwissen sein, und das Verfolgen dieser Dinge führt zu den Mysterien. Daher kann man nur von der anthroposophischen Geisteswissenschaft aus in diese Rätsel einzudringen versuchen.

Nun möchte ich noch einige Bemerkungen zu dem Lied machen. Sie haben gesehen, daß da dauernd wiederholt werden zwei Zeilen des Fremdlings:

> Verkünde mir, Fiölswidr, was ich dich fragen will
> Und wissen muß: ...

Das kommt immer wieder vor, und der moderne Mensch fragt: Warum ist das so? Aber gerade das ist ein Beweis dafür, daß wir es hier mit einem Einweihungslied zu tun haben. Rudolf Steiner spricht einmal über die suchende Seele und im Zusammenhang damit über die keltische Gottheit, die ‹Hu› genannt wird; dieser Name kommt in einem irischen Dialekt vor als ‹aul›, ‹haul›: das ist eigentlich das Sonnenfeuer. Das ist gar nicht so weit entfernt von ‹hohl›, wovon wir das vorige Mal gesprochen haben. Es ist dasselbe, was im Norden ‹Jul› ist, das Fest der Tiefwinterzeit, oder das Sonnenrad ‹Jul›. Dann wird gesprochen von der Notwendigkeit des *dauernden Fragens*. – Dasjenige, was erreicht wird von der Einweihung in der Lebenszeit, das nennt Rudolf Steiner «die Ehe zwischen Ceridwen und Hu», die Vereinigung der *suchenden* Seele und dem Gott. Und die Erlebnisse dieser *suchenden* Seele, – das ist der Inhalt dieses Liedes. Aber Sie werden sehen, daß es nicht darauf ankommt, wenn man eingeweiht wird, eine Antwort zu erhalten; sondern eine Verbindung zwischen dem, was fragt, und dem, was diese Gottheit Hu ist, die Ehe zwischen Suchen und Finden ist Ziel der Einweihung, nicht die Antwort. Dann geht Rudolf Steiner über zur Besprechung des Geheimnisses vom heiligen Gral und sagt: «Die Gralssage... ist nichts anderes als ein Ausdruck des Christus-Mysteriums, der Gral ist jene heilige Schale, in der Christus das Abendmahl genommen hat, in der Joseph von Arimathia aufgefangen hat das Blut des Christus... Solange die Menschen nicht fragen nach dem Unsichtbaren, geht es ihnen wie Parzival. Erst als er fragt, wird er ein Eingeweihter des Christus-Mysteriums.»[159]

Damit hängt es zusammen, daß diese Frage immer wieder auftaucht. Es geht um die Ehe des Fragenden mit der Sonnengottheit – so viel zunächst als Einleitung.

Jetzt lese ich Ihnen zunächst den zweiten Teil vor. Sie haben ja dieses ganze Hingeführtwerden verfolgt bis zu dem Hahn auf den Zweigen der Weltenesche, bis zu dem Mond, der auf diesen Zweigen leuchtet, der beschrieben wird zugleich als schwarz und als golden, aber als schwarz mit goldenen Flügeln, worin wir die Mondsicheln zu sehen haben. Nun hatte ich Ihnen gesagt, der Mond heißt hier gewissermaßen der ‹Weitöffner›; das ist auch die Sichel.

> So groß ist seine Schwere, daß niemand rauben kann Fv 24
> Den schwarzen sich zum Köder.

Aber Windkaldr, der Fremdling, wird angewiesen, eine Feder aus dem Schwanze dieses Hahnes zu holen. Es heißt dann:

> FREMDLING: Verkünde mir, Fiölswidr, was ich dich fragen will Fv 25
> Und wissen muß:
> Gibt es denn kein Geschoß, mit dem man wohl
> Zur Hel ihn senden könnte?

‹Lebendige Gerte› heißt der Zweig, den er dazu haben muß, antwortet ihm der Hüter. Nun müßte man an dieser Stelle richtiger übersetzen mit dem Wort ‹Lebenszweig›, denn es heißt ‹levatein›. Nun, dieser Lebenszweig ist etwas, über das wir später noch etwas genauer zu sprechen haben. Aber ich möchte noch bemerken, daß dieses Wort ‹tein› auch sonst noch auftritt einmal im Keltischen; in zweierlei Form tritt es auf: *tan* heißt: Feuer; *tein* oder *teine* heißt: anzünden, entzünden. – Auf alten Altären der Opferstätten hatte man immer ein ewiges Feuer. Daneben stand ‹levatein› aufgerichtet, und dieser Zweig heißt ‹hlaut wid›: ‹hlaut› heißt ‹Blut›, das heißt dann: ‹der Blutzweig›. Er wurde benutzt, um die Priester mit dem geheiligten Blut zu besprengen. Das Blut stand im Zusammenhang mit der Sonne, das Blut war der Träger dieser Sonnengeistigkeit. Das hängt zusammen mit Freyr; der hatte außer dem Schiff und dem Eber noch ein Pferd, und dieses Pferd hieß ‹Bluthuf›. Darin prägt sich aus, daß das Blut der Träger der Sonnengeistigkeit ist. Dieser Zweig stand nun neben dem Feuer. – Also da steht:

HÜTER: Lebendiger Zweig heißt die Gerte, Fv 26
Die Loki gebrochen vorm Tor des Todes…

Sie wissen, daß Baldur auf Anstiftung Lokis von der Hand Hödurs mit einem Mistelzweig getötet worden ist.

Dieser Mistelzweig hat in England bis in spätere Vergangenheit den Namen ‹Lebenszweig›, und dieser Zweig kommt überall vor als ein Sinnbild für die Mondsichel. – Loki hat den Zweig gebrochen vor dem Tor des Todes. Sie wissen, das Tor des Todes schließt die Unterwelt ab. Es heißt dann:

In eisernem Schrein, von neun Schlössern verschlossen,
Birgt ihn das Innre der Erde.

FREMDLING: Verkünde mir, Fiölswidr, was ich dich fragen will Fv 27
Und wissen muß:
Kann wiederkehren, wer versucht
Die Rute zu rauben?

HÜTER: Lebend wird kehren, wer es versucht, Fv 28
Den Zweig zu gewinnen,
Wenn der Göttin des Mondes er schenkt,
Was wenigen eigen.

Also: was wenige wirklich als ihr eigen haben, das muß angeeignet sein, wenn man es der Göttin so schenken will, daß man etwas damit erreicht; und es heißt ausdrücklich: «Lebend wird kehren…», das bedeutet natürlich: derjenige, der stirbt, kommt auch in die Unterwelt, aber es geht hier darum, den Zweig *im Leben* schon zu erringen, um ihn dann mitzubringen, es geht um die Einweihung.

FREMDLING: Verkünde mir, Fiölswidr, was ich dich fragen will Fv 29
Und wissen muß:
Kann man den Hort denn erringen,
Der die hehre Göttin so hoch erfreut?

HÜTER: Die blinkende Sichel birg *du* in der Brust, Fv 30
Die im Schweife des Hahnes verschwindet,
Gib du sie der Göttin, so läßt sie gern
Deinem Herzen die Rute entkeimen.

Das ist, kurz gesagt, die Beschreibung des Weges zur Erkenntnis höherer Welten. Rudolf Steiner sagte in einem Vortrag: «In einem besonderen Sinne wurde in den Mysterien eine Anleitung gegeben dazu, daß die Seele so wird, daß der Schüler mit geistigen Ohren und Augen die höheren Welten wahrnehmen kann – daß er zum voll bewußten Hellsehen kommt».[160] Nun dieses:

Die blinkende Sichel birg *du* in der Brust.

Was heißt das? Denken Sie, Sie schauen auf den Mond hin, auf den abnehmenden Mond, auf die blinkende Sichel, die im Schweife des Hahns verschwindet, die mehr und mehr abnimmt: *Du* sollst sie in der Brust bergen. Warum ist es eine blinkende Sichel? Sie *nehmen* den Mond wahr – das ist eine Sinneswahr*nehmung,* wenn Sie auf den Mond schauen; jetzt verschwindet die Wahrnehmung der Sichel, und Sie haben Sie in der Brust *geborgen*: nun können Sie eine Vorstellung von der Sichel haben, nicht nur im Gedächtnis behalten – darum geht es nicht – sondern wieder *erzeugen.* Was müssen Sie haben, wenn Sie etwas wieder vorstellen wollen? Natürlich: Wenn Sie den Begriff bekommen, können Sie das erst eigentlich wieder vorstellen. Sie müssen die Sichel von der anderen Seite *dahin* sehen. Sie müssen *selbst* das Bewußtsein haben, daß *Sie* es gemacht haben. Wie kommen Sie zu dem Begriff der blinkenden Sichel? Nur dadurch, daß Sie gerade noch verfolgen können, wenn die Sichel verschwindet, das heißt, wenn Sie die Form *denken. Den Begriff haben Sie ohne die Erzeugung der Form nicht.* Darüberhinaus sollen Sie das natürlich auch wieder *aufleuchten* lassen. Wer bringt nun das *Licht* hin? Wenn Sie draußen die Wahrnehmung haben, dann wissen Sie, das Licht kommt von der Sonne. Wenn es aber in der Vorstellung genauso leuchtet, wie das, was draußen ist, dann ist es die Sonne im eigenen Innern. Das reine Geistbewußtsein im Innern soll zum Aufleuchten gebracht werden.[161]

Nachdem das also ausgesprochen ist, nachdem dieser Weg angegeben ist, fährt der Fremdling ganz anders fort. Alles, was Sie vorher gehört haben, führte hin zu diesem Vers, zu dieser ganz genauen Beschreibung. Nun fragt der Fremdling:

FREMDLING: Verkünde mir, Fiölswidr, was ich dich fragen will — Fv 31.
Und wissen muß:
Wie heißt der Saal, der umzogen ist
Weise von Waberlohe?

Jetzt fragt er unmittelbar nach der geistigen Welt; nachdem er den Weg weiß, fragt er, wie es da ist. Es ist doch höchst bezeichnend, daß Jordan, wie wir voriges Mal gehört haben, an dieser Stelle erläutert: Man spürt, wie der Fragende gleichsam laut auflacht über diese Foppantwort und nun zu einem ganz anderen Thema übergeht. Jetzt fragt der Fremdling: Wie heißt der Saal?«

HÜTER: Der Hohe wird er genannt, mit den Zweigen des Baumes — Fv 32
Über schwertscharfer Spitze des Berges sich wölbend;
Vom Innern des Saales kann Kunde nur kommen
Durch einen Geweihten.

Die ‹schwertscharfe Spitze des Berges›, auf die ja Fiölswidr gestiegen ist, das ist das Ichbewußtsein; darüber wölbt sich jetzt der Saal. Vom Innern dieses Saales kann nur durch einen Geweihten erzählt werden.

FREMDLING: Verkünde mir, Fiölswidr, was ich dich fragen will — Fv 33
Und wissen muß:
Wer bildet, was *vor* der Brüstung erscheint,
Dort unter den Asensöhnen?

Wer hat das, was in der Welt zur Erscheinung kommt, im Ursprung in der geistigen Welt erschaffen? Wer macht das?

HÜTER: Welle und Windhauch, Nadel und Reif, — Fv 34
Last und Träger,
Dürre und Nässe, Helle und Finsternis,
Frost und Feuer.

Das sind zwölf Namen für sechs Paar Gegensätze. Also Welle ist dasjenige, was von unten dann entsteht, wenn über das Wasser der Windhauch geht; Nadel und Öhr (oder Reif): das, was irgendwo hindurchgeht, und das, wo es hindurchgeht; Last und Träger: der Tragende und das, was getragen wird, und so weiter.

FREMDLING: Verkünde mir, Fiölswidr, was ich dich fragen will Fv 35
Und wissen muß:
Wie heißt der Berg, von wo ich die Braut,
Die wunderschöne, erschaue?

Simrock übersetzt den Namen mit ‹Hyfiaberg›. Was damit gemeint ist, das kennen Sie aus einem ganz anderen Zusammenhang, nämlich aus dem 121. Psalm Davids:
«Ich blicke auf zu Bergen, von denen mir Hilfe kommt!» Das habe ich übersetzt mit «Berg, von dem Hilfe kommt!».

HÜTER: Berg, von dem Hilfe kommt, heißt er, Heilung und Trost Fv 36
Seit jeher der Lahmen und Siechen.
Gesund ward jeder und ledig des Übels,
Der den steilen erstieg.

FREMDLING: Verkünde mir, Fiölswidr, was ich dich fragen will Fv 37
Und wissen muß:
Wie heißen die Mädchen, die einig beisammen
Vor den Knien Mengladas dort sitzen?

HÜTER: Leben und Lebensträgerin, Fv 38
Die dritte Atembewahrer,
Glanz und Blondhaar, Klarheit und Frische,
Die heitre und güldene Botin.

Das sind offenbar alles Namen, die mit dem Weben des ganzen Umkreises, auch in der Luft, zusammenhängen, das sich gründet auf die Sonnenwirksamkeit. Da gibt es ganz gewiß einen Zusammenhang mit den Planeten, die durch das Herumkreisen auch Wind und Wetter beeinflussen.

FREMDLING: Verkünde mir, Fiölswidr, was ich dich fragen will Fv 39
Und wissen muß:

Helfen sie allen, die ihnen opfern,
Wenn sie Hilfe bedürfen?

In gewissem Sinne könnte man sagen, es sind jene Wesenheiten, die Boten der Sonnenwirksamkeit sind, die Träger der Sonnenstrahlen.

HÜTER: Welch Übel auch treffe die Menschen – Fv 40
Jeden, der ihnen Opfer geboten
Zu Sommers Hochzeit am heiligen Ort,
Befrei'n sie gewiß aus der Not.

FREMDLING: Verkünde mir, Fiölswidr, was ich dich fragen will Fv 41
Und wissen muß:
Darf wohl ein Mann in den sanften Armen
Mengladas ruhen?

HÜTER: Kein Mann darf in den sanften Armen Fv 42
Mengladas ruhen, der im Bewußtsein Erweckte,
Svipdagr allein: Die herrlich Glänzende
Ist ihm verlobt seit langem.

FREMDLING: Auf reiss' das Tor, schaff weiten Raum, Fv 43
Hier magst du Svipdagr schauen!
Doch frage zuvor, ob noch erfreut
Mengladen meine Minne!

HÜTER: Höre, Menglada! Ein Mann ist gekommen! Fv 44
Geh und beschaue den Gast!
Die Hunde freu'n sich, das Haus erschloß sich von selbst:
Ich denke, Svipdagr sei's!

MENGLADA: Glänzende Raben vom hohen Galgen Fv 45
Hacken die Augen dir aus,
Wenn du das lügst, daß der Ersehnte endlich
Zu meiner Halle sei heimgekehrt!

Sie sagt: «heimgekehrt».

Von wannen kommst du? Wo warst du bisher? Fv 46
Wie hieß man daheim dich?

Nenne genau Geschlecht mir und Namen,
Dem ich als Braut bin verbunden!

FREMDLING: Svipdagr heiß ich... Fv 47

Vorher hatte er gesagt: «Windkaldr».

...mein Vater der Sonnenentsproßne.
Windkalte Wege ging ich zu Ende;
Nur dem wird Urdas Wort zum Segen,
Der ihr Gebot genau befolgt.

Urda ist die Schicksalsgöttin – nur derjenige kann sie erringen, der es gelernt hat, zu seinem Schicksal ja zu sagen, aber genau!

MENGLADA: Willkommen seist du, mein Wunsch ist erfüllt: Fv 48
Den Gruß begleite der Kuß.
Unversehenes Schauen beseligt doppelt,
Wo rechte Liebe verlangt.

Lange saß ich in hoher Halle, Fv 49
Dich erharrend Tag um Tag.
Nun ist endlich geschehn, was ich hoffte:
Du bist heimgekehrt in mein Haus.

SVIPDAGR: Sehnlich verlangt' ich nach deiner Liebe, Fv 50
Wie du nach meiner Minne.
Nun ist gewiß: Wir beide werden
Miteinander ewig leben.

Es ist die Vereinigung von Weisheit und Leben, von der hier die Rede ist.

Nun möchte ich noch einmal kurz auf die *Sichel* zurückkommen, die ja eigentlich das Herzstück des Ganzen ist. Wenn sie die 30. Strophe nun im Urtext lesen würden, dann würden Sie vielleicht verwundert sein über die gewählte Übersetzung. Sie würden fragen, ob man das überhaupt so übersetzen kann, denn da steht wörtlich übersetzt: «Die blinkende Sichel sollst du in den Mühlkasten tragen.» Das Wort für Mühlkasten in der alten Sprache ist ‹ludr›, nun steht da aber ‹a ludr bera›. ‹Bera› heißt ‹erzeugen›, ‹gebären›, also es kann heißen: aus dem Mühlkasten hervorkommen lassen. Aber außerdem heißt es: ‹holen›. Nun, es ist nicht einfach der Mühlkasten einer Mühle gemeint, es ist der Weltengrund – die ganze Welt ist eine Mühle: der untere Mühlkasten hält die Welt, in der Mitte des Steines ist ein Loch, da kommt das Mehl hindurch, und dann ist dieses Zeichen eingeschnitten: *, und das ist die Hagalrune. In der germanischen Mythologie heißt es von Bergelmir, daß er sich geborgen hat im Mühlkasten. Und zwar bedeutet der untere Teil dieser Mühle das riesische Reich. Also im Innern des riesischen Reiches, da ist dies ‹ludr›. Und nun heißt es: Er soll die blinkende Sichel hineintragen in diesen Mühlkasten, in das Innre der Welt. Goethe sagt: «Der Kern der Natur ist Menschen im Herzen.»[162] Da haben wir den gleichen Gedanken. Die Eingeweihten haben gewußt, daß der Weltengrund im Innern des Menschen ist, und deshalb kann man übersetzen: «Die blinkende Sichel birg du in der Brust!» Dieser Zweig reicht nun vom Innern des Herzens bis zum Verschwinden der Form, und das heißt: es ist wohl ein intellektuelles Denken; aber es muß zugleich ein Herzensdenken sein, wenn es gewissermaßen das «Sesam, öffne dich!» sprechen soll, wenn es in die geistige Welt führen soll.

Jetzt noch ein paar Angaben aus einem Buch von Otto Siegfried Reuter[163], in dem sehr vieles geahnt wird: «Nach Plinius» (hist. nat. 16, 44) – der ja vieles geschrieben hat über die Druiden und die Germanen, wovon das meiste verloren ist – «hieß die Mistel bei den keltischen Druiden ‹Allheil›.» Aber sie konnte gebrochen werden; das durfte sie nicht, wie es Loki gemacht hat, dann wird sie nämlich zur Todeswaffe. Aber bei den Druiden heißt sie ‹Allheil› «und wurde an einem bestimmten Tage mit *goldener Sichel* von der Eiche abgenommen», nämlich «wenn der Mond sechs Tage alt war» – das ist am sechsten Januar, am tiefsten Punkt, wo wirklich die Sonne ‹a ludr› ist. An diesem sechsten Tag begannen bei ihnen die Monate und die Jahre und jedes vierte Jahrhundert. Dazu sagt Reuter: «Zugleich aber tritt die Mistel zu diesem Monde in eine Beziehung, welche noch durch die goldene Sichel des Druiden gekräftigt wird, die noch einmal die Mondsichel darstellt. (...) Ferner läßt *Vergil* seinen Helden Aeneas einen *goldenen Zweig* auf den Rat der Sybille suchen und finden, welcher ihn sicher in die Unterwelt geleitet. Diesen goldenen Zweig nennt Vergil selbst eine Mistel. (...) Aber wenn der Dichter die Wanderung des Aeneas in die Unterwelt schildert ‹wie wenn man beim fahlen Schein des ungewissen *Mondlichts* durch Wälder geht›, so ist zugleich deutlich, daß Vergil unter dem ‹goldenen Zweige› eben die goldene Mondsichel verstanden wissen wollte, die alsbald nach ihrem Aufblitzen westlich abwärts in die Unterwelt schwebt.»

«Die Tötung Balders durch einen Zweig hat ferner eine *persische* Entsprechung beim Firdusi. Der Held Rustem muß einen Zweig suchen, der weit im Osten an der Küste des Chinameeres auf einer gewaltigen Tamariske wächst.»

«Die germanische, keltische, römische und persische Fassung haben die *Suche nach dem Zweige* gemeinsam.»

Die zunehmende Mondsichel (Neulicht) erscheint erst in der Abenddämmerung am westlichen Himmel und die verschwindende Sichel (Altlicht) in der Morgendämmerung im Osten. Man sieht deutlich, daß der Mondenzweig, als Lebenszweig, alsbald westlich in die Unterwelt wandert, als Todeszweig den Untergang des Taghimmels und das Hereinbrechen der Nacht versinnbildlicht.

In der Völuspa, dem Lied der Seherin, ist vom Mistelzweig die Rede; da heißt es an der betreffenden Stelle:

Gewachsen war über die Wiesen hoch
der zarte, zierliche Zweig der Mistel.

Und wenn er da hoch oben abgebrochen wird, dann ist er *Todeswaffe*. Aber wenn die rechte Verbindung hergestellt wird zwischen unten und oben, dann ist er der Lebenszweig.

Im Vortrags-Zyklus über das Matthäusevangelium schildert Rudolf Steiner, wie derjenige, der aus dem, was zutiefst aus seinem Blute aufleuchtete, herankommen konnte mit seinem Denken bis an das Formale der Fassung, den Namen ‹ein lebendiger Zweig› bekam, «nicht ein abgeschnittener Zweig. Das waren solche Menschen, die sich darinnen fühlten in der Generationenfolge, sich nicht abgeschnitten fühlten vom Baum der Menschheit.»[164]

Nachwort

Der umstrittene Mythos

Mit den Worten «Die braune Flut steigt wieder auf!» kommentierte eine ostdeutsche Tageszeitung die Ankündigung der Vorträge Hans Börnsens über ‹Mythos und Wissenschaft›, die den Hauptteil des vorliegenden Buches bilden. In Westdeutschland nahm die Öffentlichkeit, aber auch die wissenschaftliche Welt, keinerlei Notiz. Man war nach den Erfahrungen des Dritten Reiches geneigt, den Mythos als bloß märchenhaft phantastisch abzutun. Diese Situation hat sich seither grundlegend geändert.

Das evangelische Nachschlagewerk ‹Die Religion in Geschichte und Gegenwart› konnte 1957 noch den Mythos als «falsche Objektivierung der Gottheit» erkennen, als einen «Versuch, das Göttliche in den kosmischen Bereich, in Zeit und Raum, hineinzuziehen». Dementsprechend werden Metaphysik und Mystik als erste Formen der Überwindung des Mythos angesehen. Seine radikalste Überwindung erfahre der Mythos aber in der Wissenschaft. Indem er vom Ursprünglichen berichte, enthalte er zugleich eine Anschauung von Wesen und Funktion der Phänomene: «Die empirische Einsicht in die Funktionsweise der Phänomene *muß* deshalb in ihrer Weiterentwicklung die mythische Auffassung *ablehnen.*»[165]

Die ‹Enzyklopädie Philosophie und Wissenschaftstheorie› schreibt, knapp dreißig Jahre später, 1984 zunächst auch, daß die Naturwissenschaft «im Namen überlegener, rationaler Erklärungsmodelle den Mythos als naive, vorwissenschaftliche Weise der Naturerklärung *deklassiert.*» Dort heißt es dann aber anschließend: «Solche szientistische Mythenkritik, sei sie naturwissenschaftlich oder durch andere Fachdisziplinen motiviert, ist aufs Ganze gesehen verfehlt, weil auch bestbegründete fachwissenschaftliche Erklärungen das Sinndefizit, auf das der Mythos antwortet, nicht betreffen.» Auf die großen Fragen des Daseins könne die Wissenschaft keine Antwort geben. Auf solche Sinnfragen gebe aber der Mythos Antworten. Nun könnten aber die Mythen «kaum noch über ihren fiktionalen Charakter hinwegtäuschen». Daher stelle sich die Frage, «ob sich Mythen in ihrer

Kernintention, als Sinnmythen, aufgeklärt aktualisieren lassen». Franz Koppe, der Verfasser des Artikels ‹Mythos› in der wissenschaftstheoretischen Enzyklopädie, sieht eine solche Möglichkeit in einer allegorischen Interpretation. Der Artikel schließt darüber hinaus ab mit der Aussicht: «Ob sich eine weitergehende, insbesondere transzendente, Mythenaktualisierung im Rahmen diskursiver Vernunft vertreten läßt, ist umstritten.»[166]

Rückkehr des Mythos? Ein Versöhnungsversuch

Einer der «Streiter» ist der in Kiel lehrende Philosoph Kurt Hübner, der sich durch wissenschaftstheoretische Arbeiten einen Namen gemacht hat. Er veröffentlichte 1985 unter dem Titel ‹Die Wahrheit des Mythos› einen Versuch, «den Mythos mit dem Anspruch der Rationalität zu versöhnen». Hübner sieht sich durch die Entwicklung der Wissenschaftstheorie zur Beschäftigung mit dem Wahrheitsgehalt des Mythos gedrängt. Er skizziert deren Entwicklung in den letzten fünfzig Jahren wie folgt:

«Die Wissenschaft ist durch die Wissenschaftstheorie längst in jenes Stadium der Selbstreflexion übergegangen, das stets das Ende einer Sache ankündigt. Erst versuchte man, aufkommenden Zweifeln in der naiven Überzeugung zu begegnen, man werde sie leicht und alsbald abweisen können. Das war das Stadium des logischen Positivismus der Wiener Schule. Als dies fehlschlug, glaubte man durch Preisgabe von Terrain einen festen Besitz in der Hand behalten zu können. Das war die Stunde des kritischen Rationalismus, der wenigstens im sogenannten Falsifikationsprinzip eine absolute Grundlage wissenschaftlicher Forschung ... gefunden zu haben glaubte. Als auch diese Hoffnung trog, versuchten einige, durch immer neue Verfeinerungen und ad hoc entworfene Spitzfindigkeiten, das Falsifikationsprinzip, wenn auch in sehr aufgeweichter Form, zu retten und harte von weichen Kernen im Forschungsprozeß zu unterscheiden, ... andere stellten überhaupt die wissenschaftliche Methode zur Disposition und forderten, nicht ohne erfrischende Fröhlichkeit wie die ersten Dadaisten, die allen Ballast von Zwängen abwerfende Methoden-Anarchie.»[167]

Die Alternative Dogmatismus oder Anarchie im Bereich der Grundlegung der Wissenschaft hält Hübner für verfehlt, weil die Wissenschaft kontingent sei, das heißt eine geschichtliche Wirklichkeit darstelle, «die dem Wandel unterworfen ist und andere Möglichkeiten offen hält». Daher sei es «unvermeidlich, diese anderen Möglichkeiten in allem Ernst zu prüfen, und zwar vor allem solche, die unsere Wirklichkeit immer noch mitbestimmen, wie es hauptsächlich für den Mythos gilt». Hübner fährt fort: «Damit glaube ich also nur ‹zu Ende gedacht› zu haben, was sich bereits seit Jahrzehnten innerhalb der Wissenschaftstheorie ... abgezeichnet hat. Die Verlagerung der Thematik auf die Probleme des Mythos ergibt sich also zwangsläufig aus der Entwicklung der Wissenschaftstheorie selbst.»[168]

Es handelt sich um nicht mehr und nicht weniger als eine Bankrotterklärung der Wissenschaftstheorie: sie ist nicht geeignet, eine zugleich wahre und befriedigende Anschauung des Erkenntnisprozesses zu gewinnen. Die Gründe dafür liegen in der Zurückweisung der Methode der seelischen Beobachtung, die eine essentiale Erkenntnislehre, eine «Erkenntnistheorie der anthroposophischen Weltanschauung» begründen kann.[169]

Hübners Auffassung der Wissenschaft als eines geschichtlichen Geschehens hat Folgen. Die Wissenschaft wird nämlich dadurch zu einem durch rätselhafte Zufälle über die Menschheit gekommenen Geschick. Die Gestaltung der Zukunft entzieht sich folglich dem bewußten Willen des Menschen: «Im übrigen läßt sich eine Wiederkehr mythischer Erfahrungen ... trotz ihrer ... grundsätzlichen Rechtfertigung überhaupt nicht in irgendeiner Weise *machen.* Wenn sie sich nicht nur verstreut, wie heute, sondern in einer die Allgemeinheit bestimmenden Form wieder einstellt, und zwar in geschichtlich gewandelter Gestalt, ... so ist das, mythisch gesehen, ein *Geschick,* wissenschaftlich ein *Zufall.* Es kann also in keinem Fall erzwungen oder vorhergesagt werden. *Es geschieht einfach.*»[170]

Eine *solche* Rückkehr des Mythos, ein solches Wiederaufleben mythischen Welterlebens ist ferner mit der Idee der inneren Freiheit unverträglich. Hübner läßt die Frage, ob es diese Freiheit überhaupt gibt, offen. Er beobachtet, daß mit dem Auftauchen der Idee der Freiheit einherging die Vorstellung der Natur als eines geistentblößten, seelenlosen Mechanismus. Göttliches Wirken in der Natur und im Menschen scheint ihm unverträglich mit menschlicher Selbstverantwortlichkeit. Die Würde des Menschen bestehe zwar in seiner Freiheit, aber, fragt Hübner: «ist *der* Mensch geringer zu schätzen, in dem *Göttliches* wirkt?»[171] Sehe man aber die Freiheit ohnehin als nichtgegeben an, betrachte man den Menschen als der ehernen

Gesetzlichkeit der von der Physik beschriebenen Welt unterworfen, so erhebe sich die Frage, warum wir eine vollständige Bestimmung durch Naturmächte einer solchen durch numinose Mächte vorziehen sollten? «Zwar bringen uns auch numinose Mächte Gutes wie Übles, aber dennoch verweisen sie auf eine insgesamt sinn- und zweckerfüllte Welt, in der sich der Mensch geborgen fühlen kann, während ihm im anderen Fall ... nur Gleichgültigkeit entgegenschlägt.»[172] Mit anderen Worten: Es ist gar nicht so schlimm, wenn wir unfrei sind, wenn wir nur nicht von den Gesetzen der materiellen Welt bestimmt werden, sondern von «numinosen Mächten»! Wenn in den Menschen «Göttliches» wirkt, können wir uns in dessen Walten «geborgen fühlen» und ruhig abwarten, was kommt: «Es geschieht einfach.»

Obwohl Hübner nicht sagen kann, ob eine mythische Weltsicht zurückkehrt, «läßt sich feststellen, daß sich die geschichtliche Lage bereits gewandelt hat». Man darf «vermuten, daß die Epoche einseitiger wissenschaftlich-technischer Prägung ihren Höhepunkt bereits überschritten hat. Aber wenn vorangegangene Erfahrungen nicht gänzlich wieder vergessen werden können, so läßt sich für die Zukunft nur eine Kulturform vorstellen, in der Wissenschaft und Mythos weder einander unterdrücken, noch unverbunden nebeneinander her bestehen, sondern in eine durch das Leben und das Denken vermittelte Beziehung zueinander treten». Dann folgt – nach nunmehr 410 Seiten Versöhnungsversuchen – das Eingeständnis: «Wie das aber möglich sein soll, davon wissen wir heute noch nichts.»[173]

Die Prophetie der Edda und die Anthroposophie

Wie das möglich ist, und zwar unter Aufrechterhaltung der die menschliche Würde begründenden Freiheit, das zu zeigen, war die Absicht Hans Börnsens. Die Frage danach lag auch schon in der Prophetie der Edda von der Götterdämmerung und der darauf folgenden Versöhnung Hödurs und Baldurs:

> «Da werden sich wieder die wundersamen 60
> Goldenen Scheiben im Grase finden,
> die in Urzeiten die Asen hatten ...

... Baldur kehrt wieder.
In des Sieggotts Himmel wohnen Baldur *und* Hödur, 61
Die wahlweisen Götter.
Wißt Ihr, was das bedeutet?»

Rudolf Steiner hat in knappster Form auf den Begriff gebracht, was das für den Menschen bedeutet: «Von traumhafter Bildlichkeit durch vollbewußte Abstraktion zur ebenso vollbewußten Imagination: das ist der Entwicklungsgang des menschlichen Denkens.»[174] Diesen Entwicklungsgang zu verstehen und bewußt aufzugreifen, ist das Anliegen der Anthroposophie. Die Entwicklung der vollbewußten, eben nicht traumhaften Imagination schafft die Kulturform der Zukunft.

Ein vollbewußtes Eintauchen in die Erlebniswelt des Mythischen enthebt die numinosen Erfahrungen des Nebulosen: damit wird auch die Welt der alten Mythen neu lesbar. Das ist der Ansatz einer anthroposophischen Mythologie.

Anthroposophie ist nicht mythologisch, sondern sie möchte die Wissenschaft der Mythologie auf eine Erfahrungsgrundlage stellen, sie möchte die bodenlose Spekulation überflüssig machen.

Die Erträge der Vergangenheit

Um diesen Ansatz zu verstehen, wird ein Blick auf die Entwicklung der Anschauungen über die Mythen hilfreich sein. Die Arbeiten von Jan de Vries[175], G.S. Kirk[176] und Walter Burkert[177] gewähren einen umfassenden Überblick. Hübners kurze Zusammenfassung zeichnet sich dadurch aus, daß sie eine Gliederung und innere Entwicklung der aufeinander folgenden Anschauungen aufdeckt: Danach zeigt sich in der Forschungsgeschichte eine zunehmende Neigung, den Mythos als eine von der unseren abweichende Wirklichkeitserfahrung anzusehen.[178] Eine wirkliche begriffliche Durchdringung eines mythischen Denk- und Erfahrungssystems hat allerdings vor Hübner bislang kaum stattgefunden.[179]

Eine der ältesten Deutungen sieht im Mythos Gleichnisse und Personifikationen von Naturmächten. Die spätantike Vorstellung fand durch die Werke *Fontenelles* im 18. Jahrhundert erneut Eingang im Abendland. Fontenelle hatte griechische und indianische Erzählungen miteinander verglichen und überraschende Übereinstimmungen gefunden. Er vermutete nun, daß die Menschen in aller Welt ursprünglich gleiche Veranlagungen besessen und sich nur verschieden weit entwickelt hätten. Daher wären die Eindrücke der Natur ähnlich aufgefaßt worden: «Die Einbildung der Menschen hat die falschen Gottheiten erschaffen. Die Menschen sahen vieles, das sie nicht hätten machen können; das Werfen der Blitze, das Erwecken der Winde, das Aufwühlen der Meereswellen, das alles ging weit über ihre Kräfte; so ersannen sie Wesen, mächtiger als sie selbst und fähig, solche großen Wirkungen hervorzubringen. Solche Wesen mußten wohl die menschliche Gestalt haben; denn wie anders könnten sie gestaltet sein? Sobald sie aber die menschliche Gestalt hatten, hat die Phantasie ihnen alles Menschliche zugeschrieben ...»[180]

Je nachdem, welche Naturerscheinungen spätere Mythenforscher für die wichtigsten hielten – oder nach dem ihnen vorliegenden völkerkundlichen Material halten mußten –, wurden verschiedene Naturerscheinungen besonders in den Mittelpunkt gerückt; so von *Frobenius*[181] die Sonne, von *Ehrenreich*[182] hingegen der Mond.

Eine andere ebenfalls bereits antike Deutung sieht in den Mythen die Verklärung menschlicher Taten und geschichtlicher Ereignisse, wie sie sich mit zunehmender zeitlicher Entfernung häufig wie von selbst ergebe. Nach dem griechischen Philosophen *Euhemeros*[183] wird diese Deutung, die auch Herodot anwendet, euhemeristisch genannt. Unwillkürliche Reaktionen der Seele auf äußere Eindrücke werden also in beiden Deutungsweisen zur Erklärung herangezogen.

Der Mythos als Sprachkrankheit

Die naturmythologische Deutung konnte der Sanskritforscher *Max Müller* nur zum Teil als berechtigt ansehen. Weitere Bestandteile der Mythen glaubte er durch eine Art Jugendkrankheit der Sprache erklären zu können. Als Philologe hatte er viel über den verlorengegangenen ursprünglichen Sinn einzelner Worte nachgesonnen und glaubte, daß die Mythologie einfach eine unvermeidliche Phase in der Entwicklung der Sprache sei, wenn man die Sprache «... als die einzig mögliche Verkörperung des Gedankens faßt»[184]. Anfangs sei jeder Gegenstand durch viele Attribute bezeichnet worden, erst später habe sich *ein* Wort, ein *Name* als geltender durchgesetzt. Die nunmehr übrigen – ehemals auch für ihn verwandten – Worte wären aber Attribute vieler Gegenstände, ohne doch einen ganz zu bezeichnen. Darunter seien solche Worte gewesen, die ihren Sinn ganz verloren und nur in Redewendungen, Floskeln und dergleichen überlebt hätten. Diese seien nun erklärungsbedürftig geworden. Max Müller bietet ein schönes Beispiel: «Nehmen wir an, die genaue Bedeutung des Wortes Zwielicht wäre in Vergessenheit geraten und ein sprichwörtlicher Ausdruck, wie ‹Das Zwielicht singt die Sonne in den Schlaf› hätte sich erhalten, ... würden die Ammen lange anstehen, ihren Kindern zu erzählen, das Zwielicht sei ein altes Weib, das alle Abende käme, um die Sonne zu Bette zu bringen?»[185] Für Ammenmärchen hält Müller die Götternamen, verselbständigte Worte sind sie ihm: «Sie sind Masken ohne Schauspieler, die Schöpfungen des Menschen, nicht seine Schöpfer; sie sind nomina, nicht numina: wesenlose Namen, nicht namenlose Wesen.»[186]

Der Mythos als poetische Wahrheit

Für die Welt der deutschen Klassik waren die Mythen nicht nur allegorische Auslegung, nicht nur durch eine Sprachkrankheit verfälschte Wirklichkeit, sondern durch die Sprachgewalt erhöhte Wirklichkeit, poetische Welterfahrung. Wie wirklich diese Welt des schönen Scheines genommen wurde, sagt *Schiller* mit den Worten: «Nur durch das Morgenrot des Schönen drangst du in der Erkenntnis Land!»[187] Der einzige Weg in das Land einer höheren Erkenntnis, in das Land der idealen Wirklichkeit führt durch den schönen Schein: Dichtung ist Wahrspruch, ist Wahrsagekunst.

Damit knüpften die «klassischen» Dichter an die geweihten Dichter des Altertums an. *Hesiod* hatte seine Dichterweihe in der Theogonie geschildert: Die Musen, die des Helikon Höhe bewohnten, waren zu den Hirten, die am Hange ihre Herden weideten, herabgestiegen und hatten zu ihnen gesprochen:

«Ihr Hirten, unbehauste, traurige Gesellen,
Nichts als Bäuche,
Wir wissen trügenden Schein in Fülle zu sagen,
Dem Wirklichen ähnlich,
Wir wissen aber auch, wenn es uns beliebt,
Wahres zu künden.»

Dann gaben sie Hesiod den Stab des Sprechers,

«Des stark sprossenden Lorbeers Zweig,
Ihn mir zu brechen, den bewunderten,
Und hauchten mir Stimme ein, göttliche,
Auf daß ich rühme, was sein wird
Und was vorher gewesen ...»[188]

Trügenden Schein in Fülle *und* Wahres verkünden die Musen nach ihrem eigenen Zeugnis. So lag auch über der Wahrheit der Mythen, die dichterisch dargestellte Wirklichkeit sein sollten, ein Schleier des Geheimnisses, der nicht leicht abzuschütteln war. Goethes Mythenverständnis erhielt dadurch eine andere Nuance, daß sich für ihn in den Quellen der künstlerischen Phantasie die schöpferische Kraft der Natur selbst offenbarte.[189]

Die ritualistisch-soziologische Deutung des Mythos

Die bisher betrachteten Auffassungen stimmen darin überein, daß sie den Mythos als eine theoretische, eine interpretierende Weltbetrachtung verstehen. Daß er eine Daseinsform ist, die das gesamte praktische Leben prägt, sogar bis in die Formen des Rechtslebens, des Wirtschaftens und des privaten wie auch öffentlichen Verhaltens, war die Entdeckung, welche die ritualistisch-soziologische Schule begründete. Für sie stand neben der Frage nach dem Ursprung des Mythos vor allem diejenige nach dem ihm Dauer und Bestand gewährenden Prinzip im Vordergrund.

Warum konnten sich die auf so ungeklärte Weise entstandenen Mythen Jahrhunderte hindurch erhalten? Die Lösung glaubte man in der Ausübung der Rituale gefunden zu haben. Zunächst hielt man die Rituale für älter und die Mythen für Erklärungsgeschichten, die den Ritus verständlich machen sollten. Den Ritus selbst führte man auf totemistische Praktiken zurück. Der Glaube einfacher Menschengruppen, wie sie die völkerkundliche Feldforschung noch heute vorfindet, diente dabei als Vorbild, indem man diese Menschengruppen mit frühen Menschheitsstufen vergleichen zu können glaubte. Deren Glauben verstand man so, daß sie sich mit bestimmten Tiergattungen besonders verbunden, ja blutsverwandt fühlten, wohingegen sie andere Arten als Feinde ansahen. Die Überzeugung, mit der Substanz sich auch das Wesen einzuverleiben, habe zu Opferpraktiken geführt, bei denen das heilige Tier geschlachtet und verspeist wurde. Aufgrund des erstarkenden menschlichen Selbstbewußtseins seien diese Stammesgottheiten vermenschlicht worden, und daraus hätten sich auch die noch heute weit verbreiteten Rituale ergeben. Der «ätiologische» Mythos diene nur der Erklärung des Ritus.[190]

Später konnte Malinowski[191] Mythen nachweisen, die nicht nur den Ritus erklärten, sondern weit über den Kult hinaus das gesamte soziale Gefüge prägten. Danach wäre der Mythos das Grundlegende und der Ritus von ihm abhängig, eine Art Inszenierung des Mythos.

Der Mangel dieser Anschauung liegt in dem Vorurteil, daß die Menschheit an ihrem Anfange in primitiven Verhältnissen gelebt haben müsse, denen vergleichbar, die wir heute bei ‹Ureinwohnern› finden. Gewiß, der vorgeschichtliche Mensch kannte keine Tapeten, er lebte primitiv im Anblick der nackten Wände. Aber hat er die Wand so gesehen wie wir? Oder hat er an derselben Stelle anderes erlebt als wir? Sind nicht die Mythen gerade das Zeugnis, daß die ursprüngliche Menschheit ein ganz anderes Welterleben innehatte? Wenn der frühe Mensch die Welt nicht so kahl, sondern belebt, beseelt und durchgeistigt empfand, dann brauchte er keine Tapeten. War sein Innenleben vielleicht in demselben Maße reicher, in dem er an zivilisatorischen Eigenschaften ärmer war? Die Frage soll hier nicht gelöst werden, sie zeigt aber, daß es keineswegs selbstverständlich ist, Primitivität am Anfang der Menschheitsentwicklung zu vermuten. Hartmut Schmökel macht einmal darauf aufmerksam, daß der «hochzivilisierte und klar blickende Dichterphilosoph» des Gilgamesch-Epos bereits vor 4000 Jahren «die wohl schon damals uralte Weisheit, daß mit steigender materieller Kultur das innere Auge des Menschen mehr und mehr erblindet»[192], zum Ausdruck bringt.

W. F. Otto, den man nicht zu dieser Schule rechnen kann, versuchte den

Widerspruch der ritualistisch-soziologischen Schule zu lösen, indem er die Wesensgleichheit von Mythos und Kultus behauptet: «Sie sind darin eins, daß in beiden die göttliche Nähe sich gestalthaft offenbart: im Kultus als Haltung und Handlung, im Mythos als das wahre Wort. Darum sind sie von jeher so miteinander verbunden gewesen, daß zum echten Kultus der Mythos und zum echten Mythos der Kultus gehörte.»[193] Damit konnte Otto dem Mythos wieder eine immerwährende Wahrheit zubilligen, während für die angelsächsischen Vertreter[194] der rituell-soziologischen Deutung der Mythos für die Gegenwart keinerlei Bedeutung mehr haben konnte.

Die psychologische Deutung des Mythos

Eine psychologische Vision könnte man Friedrich Nietzsches Deutung[195] mythischen Welterlebens nennen. Er erkennt Schopenhauers metaphysischen Urwillen an, der sowohl in der Erscheinungswelt sich verberge als auch den Menschen von innen zu nie endenden Bemühungen aufstachle und damit endlosen Qualen aussetze. Indem er eine mythische Kultur, die griechische, zu verstehen versucht, identifiziert er das dionysische Element der griechischen Kultur mit Schopenhauers blindem Urwillen. Das Apollinische sei demgegenüber ein Traum, der aus der gepeinigten Seele aufsteigt, ihr «die ewig ruhenden, lichtvollen Gestalten der olympischen Götter» vorspiegelnd. Die Seele schaffe sich so in den Mythenbildern selbst die Illusion einer kosmischen Ordnung.

Die Verwandtschaft mit den Vorstellungen der Freud'schen Psychoanalyse[196] ist deutlich: in der Seele waltet einerseits chaotischer Geschlechtstrieb, andererseits sind Totem und Tabu die selbstgeschaffenen Zügel der Seele, notwendige Formen seelischer Entlastung. So wird nach *S. Freud* der Mythos zum Ergebnis der Sublimation ursprünglicher Triebe.

Auch *C.G. Jung*[197] sieht in den mythischen Bildern Grundmuster und Strukturen menschlichen Seelenlebens. Er findet gewisse Archetypen bei allen Kulturen und glaubt, sie stiegen in der menschlichen Seele aus dem Unbewußten auf; die Archetypen weisen durch ihre weite Verbreitung auf eine überpersönliche Allgemeinheit des «kollektiven» Unbewußten hin, dem die Mythenbilder entsteigen.

Hübner macht darauf aufmerksam, daß damit der Mythos aus einer interessanten Nebensache zu etwas Notwendigem, Unumgänglichem wird. [198] Diese Notwendigkeit kann aber nur an den Tatsachen abgelesen werden. Die transzendentalen Deutungen Hegels und Schellings erkennen im Mythos Bewußtseinsformen, die aus dem Begriffe heraus notwendig sein müssen, nicht bloß faktisch. Wegen der grundlegenden Bedeutung Schellings für das anthroposophische Mythenverständnis muß auf ihn ausführlicher hingeblickt werden.

Schellings Philosophie der Mythologie

Hätte man Schelling gefragt, wie die mythologischen Vorstellungen der Alten gemeint waren, so hätte er geantwortet: Sie waren überhaupt nicht *gemeint,* sie waren nämlich nicht Gegenstand eines Meinens, das heißt eines freien Fürwahrhaltens: «Die mythologischen Vorstellungen sind weder erfundene, noch freiwillig angenommene. Erzeugnisse eines vom Denken und Wollen unabhängigen Prozesses, waren sie für das ihm unterworfene Bewußtsein von unzweideutiger und unabweislicher Realität. Völker wie Individuen sind nur Werkzeuge dieses Prozesses, den sie nicht überschauen, dem sie dienen, ohne ihn zu begreifen.»[199] Dieser Prozeß, dem Menschen und Völker unterworfen sind, ist aber kein individuell-seelischer, keine Reaktion auf seelische Bedrängnisse oder ähnliches, sondern er ist das sich Hindurcharbeiten der Gottheit in das menschliche Bewußtsein, er ist der theogonische Prozeß selbst: «Es sind überhaupt nicht die Dinge, mit denen der Mensch im mythologischen Prozeß verkehrt, es sind *im Innern des Bewußtseins selbst aufstehende Mächte,* von denen es bewegt ist. Der theogonische Prozeß, durch den die Mythologie entsteht, ist ein *subjektiver,* inwiefern er im *Bewußtsein* vorgeht und sich durch Erzeugung von Vorstellungen erweist: aber die Ursachen, und also auch die Gegenstände dieser Vorstellungen sind die *wirklich* und *an sich* theogonischen Mächte, eben dieselben, durch welche das Bewußtsein ursprünglich das Gott-setzende ist. Der Inhalt des Prozesses sind nicht nur *vorgestellte* Potenzen, sondern die *Potenzen* selbst – die das Bewußtsein, und da das Bewußtsein nur das Ende der Natur ist, die die Natur erschaffen, und daher auch wirkliche Mächte sind.»[200]

Der mythologische Prozeß, also die Bildung umfangreicher Götterwelten hat für Schelling das Charakteristische, daß sich verschiedene Göttergenerationen ablösen, daß sie miteinander um die Herrschaft ringen und daß durch die Vorstellung eines höchsten Gottes der Monotheismus mitten in der Vielgötterei vorausgeahnt wird. Der äußeren Forschung entnimmt Schelling, daß, soweit wir auch zurückgehen, immer schon Vielgötterei geherrscht hat. Die Tatsache, daß es sich um einen immerwährenden Prozeß handelt, der mit der Offenbarung Christi in einen *bewußten* Monotheismus einmündet, fordert einen unbewußten Urmonotheismus am Beginne. Ihn muß Schelling in vorgeschichtliche Zeiten rücken. Denn in ihm ist noch keine Entwicklung. Er ist auch nicht in strengem Sinne Monotheismus, denn er muß der Möglichkeit nach auch den Polytheismus enthalten. Schelling begreift diesen Ursprungszustand als «absolute Indifferenz». Sie entfaltet sich notwendig in anschaubaren Ideen. Der ursprünglich naive Monotheismus wird im Durchgang durch den ringenden Polytheismus zu einem in seiner Notwendigkeit begriffenen Monotheismus. Dieser Vorgang spielt sich aber nicht bloß in einem subjektiven Bewußtsein ab, sondern er bedeutet eine reale Entwicklung des Menschen und seines Verhältnisses zu Gott, damit auch eine reale Entwicklung in der Götterwelt: er ist theogonischer Prozeß.

Der mythologische Prozeß ist also nicht bloß der Ursprung der Mythen, nicht nur das Entstehen des Polytheismus, sondern zugleich dessen Aufhebung und Überführung in einen bewußten Monotheismus: Christus ist die Erfüllung des mythologischen Prozesses, ja sogar dessen Urheber.

Schelling selbst sagt über den Ursprungszustand der Menschheit: «Das Alte Testament gerade hat uns gedient zu zeigen, in welchem Sinn die Vielgötterei so alt ist wie die Geschichte. ... in dem Sinn, daß mit dem ersten wirklichen Bewußtsein auch schon die ersten Elemente eines successiven Polytheismus gesetzt waren. ... Jenseits des ersten wirklichen Bewußtseins ist aber nichts mehr zu denken, als der Mensch, oder das Bewußtsein *in seiner reinen Substanz* vor allem wirklichen Bewußtseyn, wo der Mensch nicht Bewußtsein von *sich* ist (denn dies wäre ohne ein Bewußt*werden,* das heißt ohne einen Actus nicht denkbar), also da er doch Bewußtseyn von *etwas* sein muß, nur Bewußtseyn von Gott seyn kann, nicht mit einem Actus, also zum Beispiel mit einem Wissen oder Wollen, verbundenes, also rein substantielles Bewußtseyn von Gott. Der ursprüngliche Mensch ist nicht actu, er ist natura sua das Gott Setzende. ... Und so denn freilich ... wäre *Monotheismus die letzte Voraussetzung der Mythologie.*»[201]

Der Mensch war *«die in Gott gleichsam verzückte Natur»*[202]. Schelling will keine alten Weltzustände wiederhervorholen, er sieht im Gegenteil die skizzierte Entwicklung als eine an, die dem Menschen erst seine wahre Würde, die Freiheit, gewährt. Die Sehnsucht, in alte orientalische Bewußtseinsformen zurückzugleiten, der heute viele in einer Art weltgeschichtlichem Luxus frönen, ist ihm wohlbekannt, und er charakterisiert sie mit scharfen Worten: «Schwärmerisch allerdings wäre die Lehre, welche behauptete, daß der Mensch nur *ist,* um das Gott Setzende zu seyn; schwärmerisch wäre diese Lehre von dem unmittelbaren Gott-setzen, wenn man dieses, nachdem der Mensch den großen Schritt in die Wirklichkeit getan, zur ausschließlichen Regel seines gegenwärtigen Lebens machen wollte, wie dies von den Beschaulichen, den Yogis Indiens oder den Persischen Sofis, geschieht, die ... zu jener Versenkung in Gott praktisch zurückstreben wollen, also wie die Mystiker aller Zeiten nur den Weg rückwärts, nicht aber vorwärts in die freie Erkenntnis finden.»[203]

Die Anschauung Schellings kann das Fundament bilden, auf dem eine anthroposophisch orientierte Mythologie aufbauen kann. Den Dreischritt Schellings kann man unmittelbar wiederfinden in den bereits angeführten Worten Steiners: «Von traumhafter Bildlichkeit durch vollbewußte Abstraktion zur ebenso vollbewußten Imagination: das ist der Entwicklungsgang des menschlichen Denkens.» Es ist nicht derselbe Vorgang, aber er ist eingebettet in den von Schelling skizzierten Weltprozeß. Schelling skizziert den Weltprozeß vom Standpunkte der Gottheit aus betrachtet, Steiner umreißt, wie der Mensch an diesem Prozeß teilhat.

Die notwendige Bewußtseinsentwicklung

Die Geschichte der Menschheit ist nur zu begreifen, indem man ihr eine Bewußtseinsentwicklung zugrunde legt. Da der selbstbewußte und selbständige Mensch erst im Verlaufe dieses Prozesses entsteht, kann er nicht der Ausgangspunkt dieser Entwicklung gewesen sein. Am Anfang steht eine ihrer selbst – aber auch des Gottes als solchen – nicht bewußte, unselbständige Menschheit. Daher können die alten Zeugnisse mit unserem Bewußtsein nicht ohne weiteres begriffen werden. Sie fordern eine Erweiterung unseres Bewußtseins heraus und hängen insofern mit den entscheidenden Forderungen unserer Zeit zusammen. Hinter der Auseinandersetzung um das Wesen des Mythos verbirgt sich die dumpf gefühlte Sehnsucht nach imaginativem Erkenntnisvermögen. Die Welt der Mythen kann als eine ständige Mahnung angesehen werden, nicht stehen zu bleiben bei dem erreichten Bewußtsein. Auch Schelling sagt: «Hier fragt sich nicht, welche Ansicht muß von der Erscheinung gewonnen werden, damit sie irgend einer Philosophie gemäß sich bequem erklären lasse, sondern umgekehrt, welche Philosophie wird gefordert, um dem Gegenstand gewachsen, auf gleicher Höhe mit ihm zu sein. ... Schon die Hartnäckigkeit, mit welcher sich die Mythologie bisher allen Erklärungen verschlossen zeigte, dient zum Beweis, daß sie unter die Dinge gehörte, deren vollkommenes Verständnis von einer höhern Entwicklung des menschlichen Bewußtseyns selbst abhing; ... Diese Thatsache wird uns aber ganz erklärlich, wenn wir annehmen, daß die Mythologie unter Verhältnissen entstanden ist, die mit denen des gegenwärtigen Bewußtseyns keine Vergleichung zulassen und die man nur begreift, inwiefern man es wagt über diese hinauszugehen. ... Darum ist die Erforschung des Entstehens und der Bedeutung der Mythologie eine wichtige und der Philosophie *unsrer* Zeit würdige Aufgabe. Es war nicht Zufall, nicht die Absicht, mich in ein neues, meinen frühern Arbeiten scheinbar fremdes Fach zu werfen, was *mich* insbesondere bewogen hat, öffentlich über diesen Gegenstand zu reden. Was mich dazu bestimmte, war vielmehr die natürliche Verbindung, in welcher die Erforschung dieses Gegenstandes mit den eigentümlichsten Forderungen, ja mit den tiefsten Anliegen unsrer – sich selbst und ihre Aufgabe, wenn nicht immer deutlich erkennenden, doch recht wohl *fühlenden* Zeit steht.»[204] Schellings Worte klingen, als wären sie heute gesprochen.

Wie bereits dargestellt, fühlt sich ja auch Kurt Hübner aufgrund der Zeitentwicklung zur Erforschung des mythischen Bewußtseins gedrängt. Der französische Mythenforscher, André Green, sieht ebenfalls, daß sich mythische und wissenschaftliche Weltsicht mit den gegenwärtigen Mitteln nicht miteinander verbinden lassen. Er erlebt ihre Unvereinbarkeit als Aufforderung, sich mit ihrem Wesen auseinanderzusetzen: «Die Hybris der Vernunft ist der Vernunft des Mythos Herr geworden, aber ihr Triumpf kündet möglicherweise vom Tod dieser Zivilisation.»[205] Solcher Rufe ließen sich noch viele anschließen. Schelling war der erste, der auf den Zusammenhang der Entwicklungsnotwendigkeiten unseres Zeitalters mit einem erneuten Zugang zum Mythos hingewiesen hat. Beide fordern eine Bewußtseins-Entwicklung.

Will man Schellings Auffassung kritisch betrachten, so scheint ihr Hauptmangel für uns heute der zu sein, daß sie ein Ideen-Erleben voraussetzt, das dem Menschen des 20. Jahrhunderts entschwunden ist. Ein Begriffs-Realismus, der in den Begriffen Wesen anerkennt, ist uns heute fremd geworden. «In der Tat sind die Götter jeder Mythologie nichts anderes als die Ideen der Philosophie, nur objektiv und real angeschaut.»[206] Der Zusammenhang übersinnlicher Wesen mit den Ideen – so wie wir sie heute kennen – ist uns kein gegebener. Wir brauchen daher, um Schelling anerkennen zu können, eine Erkenntnistheorie[207], die uns nicht bloß die abstrakte Anerkenntnis der Wirklichkeit der Begriffe logisch abzwingt, sondern im Vollzug zu einer wirklichen Theorie, einer Schau des Erkenntnisvorgangs als einer übersinnlichen Realität führt. Darum ringt Hans Börnsen in jedem der vorgelegten Vorträge.

Weitere transzendentale Deutungen des Mythos

Auch *Hegel* erkennt die Wahrheit der Mythen an. Er sieht sie als eine notwendige Stufe in der Entfaltung des absoluten Geistes. Der Mythos erkennt den «inneren Gehalt der natürlichen Erscheinungen» als eine «vergeistigte Macht» und schafft sie um «zu menschlich im Innern wie Äußern gestalteten Göttern».[208] Damit rückt Hegel sehr in die Nähe Goethes poetisierender Anschauung.

Im Anschluß an *Kant* stellt *Ernst Cassirer,* bei dem Hans Börnsen in Hamburg Philosophie studierte[209], die Frage: auf welchen Anschauungsformen beruht der Erkenntnisgehalt des Mythos? [210] Und er entdeckt, daß so wie unserer Erkenntnis – nach Kant «a priori» – gewisse Anschauungsformen wie Raum und Zeit sowie Kategorien wie die der Kausalität zugrunde liegen, auch den Mythos ein System von Anschauungen und Grundbegriffen trägt, wenn es auch andere als unsere sind. Damit gewinnt der Mythos eine unausgesprochene Vernünftigkeit.

Um Kants Vorstellung, daß es sich bei den von ihm gefundenen apriorischen Anschauungsformen und Kategorien um diejenigen *aller* Erfahrung handele, nicht außer Kraft zu setzen, bemüht sich Cassirer nachzuweisen, daß sich die mythischen Erkenntnisstrukturen zu denen der Wissenschaft entwickeln. Insofern die Bedingungen der wissenschaftlichen Erkenntnis denen des mythischen Weltverstehens innewohnen, kann daher für Cassirer der Mythos Wahrheit besitzen. Daß die Bedingungen aller Erfahrung der mythischen Welterfahrung innewohnen und durch fortschreitende logische Analyse herauspräpariert werden konnten, daß also eine logische Genese den Mythos in die Wissenschaft übergeführt habe, erweist sich aber, wie Hübner zeigt, bei näherer Betrachtung als bloße Fiktion.[211]

Die Anwendung der strukturalistischen Methode auf den Mythos

Der Strukturalismus *Claude Lévi-Strauss'* mutet an wie die Anwendung des Atomismus auf den Mythos. Lévi-Strauss zerstückelt die Mythen zunächst in kleinste, nicht weiter aufspaltbare ‹Mytheme›, um dann deren logische Beziehungen untereinander zu studieren. Der Inhalt der Spaltprodukte wird dabei in großzügiger Weise zusammengefaßt: ‹Kadmus tötet den Drachen› und ‹Ödipus tötet die Sphinx› deuten auf eine «Befreiung des Menschen von seinem autochthonen Ursprung hin»[212]. Auf solche Weise kann nicht viel inhaltlich Erhellendes erkannt werden, wohl aber treten die logischen Strukturen der Mythen in das hellste Licht, so daß Lévi-Strauss und die strukturalistische Schule auf ihre Weise dazu beigetragen haben, daß der Mythos wieder ernstgenommen wird.

Die intuitiv-symbolische Deutung Herders

Die symbolistisch-romantische Deutung kann man als eine «echte geistige Revolution»[213] ohne zureichende Mittel ansehen. Johann Gottfried Herder erlebte intuitiv in der unmittelbaren Begegnung mit den ungezähmten Naturgewalten die Sprache der Erscheinungen. Natureindrücke wurden ihm Symbole und Hieroglyphen, wie es sehr schön Herders ‹Älteste Urkunde des Menschengeschlechts› (s. o. S. 224) zeigt, in der er beim Verfolgen der sich entwickelnden Morgenröte und des erwachenden Tages Schritt für Schritt und Satz für Satz den Text der biblischen Schöpfungsgeschichte aus unmittelbar gegenwärtigen Erlebnissen abliest: Naturerfahrung und mythische – in diesem Falle alttestamentliche – Erzählung verschmelzen zu *einem* Symbol göttlich-geistiger Wirklichkeit. Überall waren für ihn Symbole vorhanden, die die Wirklichkeit des Mythos gegenwärtig werden ließen. Die Natur selbst wurde ihm die mythologische Ur-Kunde. Andere folgten ihm nach. Doch sie legten mehr Wert auf die geschriebenen «ältesten Urkunden» des Menschengeschlechts: in den heiligen Schriften Indiens, in den rätselhaften Bilderschriften am Nil suchten sie tiefere Weisheit zu finden, als sie in den aufklärerischen Schriften zu finden hoffen durften.

Die numinose Deutung

Schließlich will eine Reihe von namhaften Forschern die Göttergeschichten, statt sie als andere Interpretationen der gleichen Wirklichkeit zu deuten, als Erlebnisse einer anderen Wirklichkeit verstehen. Der Altphilologe Ulrich von *Wilamowitz-Möllendorf* fordert: «Die Götter sind da. Daß wir dies als eine *gegebene Tatsache* mit den Griechen erkennen und anerkennen, ist die erste *Bedingung* für das Verständnis ihres Glaubens und ihres Kultes.»[214] Wer kann bezweifeln, daß das Dasein der Götter für uns keine gegebene Tatsache ist und daß die kecke Behauptung ihrer Existenz dem Ungläubigen nicht weiterhilft? *Vilhelm Groenbech* stellt fest, daß die Griechen – es würde aber auch für andere alte Völker gelten – «etwas sehen, was wir nicht zu sehen vermögen, deshalb bewegen sich ihre Gedanken in einer ganz anderen Dimension, so daß kein Generalnenner zu finden ist»[215]. Um doch ein Verständnis für die mythische Weltsicht zu gewinnen, komme es darauf an, nicht nur unsere *Begriffe*, sondern unsere *Erfahrungen* umzudenken! – Eine bloß *gedachte* Erfahrung ist aber doch ein Begriff, auch eine *um*gedachte Erfahrung ist nur ein Begriff. Die andersartige Erfahrung bleibt aus und damit die Erfahrungsgrundlage, die der Anerkennung des Mythos als wahr erst die Berechtigung verleiht.

Zu guter Letzt sei nochmals *W. F. Otto* angeführt, der auf die Frage, warum die olympischen Götter immer wieder aufleuchten, sphinxhaft antwortet: «Wie fern es uns auch liegen mag, im Ernste an sie zu glauben, ihr erhabener Blick trifft uns doch immer wieder, wenn wir uns über alles bloß Tatsächliche hinweg in die Höhen erheben, wo die Gestalten wohnen.»[216] Neben Karl Kerényi, Mircea Eliade, A. E. Jensen und Raffaele Pettazoni wären noch weitere Namen hier zu nennen. Auch Hübner findet, daß die Vertreter der numinosen Deutung des Mythos «dessen Wahrheit notwendig voraussetzen, ohne bisher befriedigend geklärt zu haben, wie eine solche Voraussetzung innerhalb der heutigen Vorstellungswelt befriedigend gerechtfertigt werden kann»[217].

Die Stellung des anthroposophischen Mythenverständnisses

Man könnte das anthroposophische Mythenverständnis auf den ersten Blick auch als Deutung des Mythos als numinose Erfahrung verstehen. Aber es unterscheidet sich doch ganz grundlegend, indem es zwar gewiß auch die übersinnlichen Wesenheiten ernst nimmt, nun aber nicht bloß als Arbeitshypothesen, sondern als Ziel eines ‹Erkenntnispfades›. Die Forschungsmethodik wird erweitert um die Methoden der Konzentration, Meditation und Kontemplation. Damit nimmt dieses Verständnis den Faden Schellings wieder auf, der ja eine Verwandlung des Bewußtseins als Bedingung für die Erforschung der Mythen gefordert hatte. Nicht den von Schelling bezeichneten Rückweg in die Beschaulichkeit strebt die anthroposophische Geisteswissenschaft an, sondern eine Verbindung des die menschliche Freiheit ermöglichenden Gegenstandsbewußtseins mit den Erfahrungen des tätigwerdenden Menschengeistes in der erweckten Denkkraft. In diesem Sinne versucht Hans Börnsen mit Hilfe der seelischen Beobachtung als eines ersten Prinzips der anthroposophischen Forschung, alte Mythen neu zu verstehen und die ihnen zugrunde liegenden Erfahrungen gegenwärtig zu machen. Dadurch wird der Mythos nicht nur abstraktbegrifflich gerechtfertigt, sondern in seiner bleibenden Wahrheit erkannt.

Eine philosophische Rechtfertigung des alten mythischen Bewußtseins

Eine Rechtfertigung des Mythos vor dem gegenwärtigen Bewußtsein ist nun allerdings Kurt Hübner gelungen. Er legt ein mythisches Denk- und Erfahrungssystem am Beispiel des griechischen Mythos dar, indem er dessen Ontologie herauspräpariert und ihn auf seine Rationalität hin überprüft. Es zeigt sich dabei, daß sich allgemeingültige Kriterien des Seinsverständnisses herausarbeiten lassen, die sich von unseren vor allem in der Raumes- und Zeitenauffassung sehr unterscheiden.

Das mythische Zeitverständnis

Das mythische Zeitverständnis zum Beispiel unterschied zwei Zeiten: einerseits den Zeitenstrom der fortlaufenden Ereignisse, andererseits die Zeit der herausgehobenen Momente, die hohe Zeit. Die Zeit der fortlaufenden Ereignisse war aber «kein Raum für Geschehnisse, sondern sie war diese Geschehnisse selbst»[218]. Die Zeit war kein leerer Behälter, in dem sich etwas ereignete, sondern sie war immer etwas an den Ereignissen, ja die Ereignisse selbst.

Hier wird offenbar, warum in alten Zeiten das Jahr nach dem König benannt wurde: «im 3. Jahr des Königs Jerobeam geschah es, daß ...». Die Zeit war Teil des Königs, sie war die ihm verliehene Lebens- und Regierungs-Zeit! Er gestaltete sie ja, er brachte sie gar hervor! Er lebte nicht in einer Zeit, er lebte seine Zeit. Sein Volk lebte nicht zu seiner Zeit, sondern *in seiner* Zeit. – War es nicht tatsächlich so? Waren nicht die alten Herrscher als Eingeweihte mit dem Volksgeist, ja auch mit dem Zeitgeist verbunden? Wirkten sie, erfüllten sie nicht durch ihn die Zeit?

So anders wurde der fortlaufende Strom der Zeit angesehen. Herausgehoben aus dem Zeitenlauf waren die Hoch-Zeiten. «Die Zeit wird im Kult zum Ursprung der Welt hin verlassen»[219], schreibt G. Nebel, und V. Groenbech konkretisiert das, indem er schreibt: «Die Menschen waren *Zeitgenossen* des großen Urgeschehens»[220], nämlich im Kult und bei Festen, wo das einmal geschehene heilige Geschehen *wiederholt* wurde. Es wurde aber real *wieder geholt*, es war nicht vergangen, sondern konnte jederzeit gegenwärtig werden. Solchen Urereignissen lag ein Wesenhaftes zugrunde, das Hübner mit Groenbech eine Arché nennt: «Es handelt sich um eine identische Wiederholung, weil es ja das gleiche heilige Urgeschehen ist, das sich überall von neuem ereignet; dieses Geschehen wird buchstäblich immer wieder *geholt*, und es ist nicht eine ständige Neuauflage und serielle Nachahmung eines Prototyps. Es wäre mit der Vorstellung, die man sich von einem Gott macht, unvereinbar, wollte man glauben, daß er unzählige Male dasselbe tut, und es ist gerade diese Wiederholung eines Urereignisses, seine Ewigkeit im Gegenwärtigen, das seine Heiligkeit ausmacht.»[221] Man kann diese heilige Zeit als «zyklisch» bezeichnen. «In der Sphäre der Gottheit existiert jedes Ereignis der Reihe auf ewig. Es gibt keinen Zeitfluß innerhalb der heiligen Zeit.»[222] In einem humorvollen Bild drückt Hübner das Zusammenwirken der beiden Zeiten aus: «Die profane Zeit hat Löcher, in die das Ewige der Archai hineinscheint und eindringt. Das Sterbliche geht zwar seinen irreversiblen Gang, aber es wirken in ihm unveränderliche Urereignisse.»[223]

Auf diese Eigenart des mythischen Zeitalters hat Rudolf Steiner bereits 1915 hingewiesen. Man kann danach die Mythen ansehen als Ausdruck der Sehnsucht der Menschen, Vorstellungen zu haben, die von Raum und Zeit unabhängig sind: «Je weiter man zurückgeht, desto mehr wird man entfernt von dem äußeren, rein sinnlichen Fühlen der Tatsachen, und es taucht ein die Darstellung in ein *sinnvolles* Erfassen. Wenn Sie Mythen studieren, da werden Sie ganz deutlich sehen, daß man bei der Entstehung der Mythen sich *aus Raum und Zeit herausarbeiten* will ...»[224]

Aus solchen veränderten Voraussetzungen heraus gewinnen Feste – damals wie heute – wieder einen ganz anderen Sinn. Cassirer schreibt: «Es ist kein bloßes Schaustück und Schauspiel, das der Tänzer, der in einem mythischen Drama mitwirkt, aufführt: sondern der Tänzer *ist* der Gott, *wird* zum Gott ... Was ... in den meisten Mysterienkulturen vorgeht, das ist keine bloße nachahmende *Darstellung* eines Vorgangs, sondern es ist der Vorgang selbst und sein unmittelbarer *Vollzug;* es ist ein δρώμενον als ein reales und wirkliches, weil durch und durch wirksames Geschehen.»[225] Die Spieler werden herausgehoben aus der Zeit und sind in dem realen Geschehen darin, das immerwährend geschieht, fortursacht, es wird wieder hereingeholt. «Wo wir ein Verhältnis der bloßen Repräsentation sehen, da besteht für den Mythos ... vielmehr ein Verhältnis realer Identität; das Bild stellt die ‹Sache› nicht dar – es ist die Sache ...»[226]

Es mag deutlich geworden sein, wie weit eine solche Rechtfertigung der Mythen tragen kann. Sie ist außerordentlich anregend – aber man fällt immer wieder auf seine Füße. Denn in dem Augenblicke, wo der Mensch sich gedanklich in die systematisch zugängliche Begriffs- und Vorstellungswelt der mythischen Zeiten begibt, fühlt er eine gewisse Befriedigung; doch kann er die schönen Empfindungen mit der Lebenswirklichkeit der täglichen Erfahrungen in keine Beziehung bringen. Berechtigung einer Anschauung, das heißt also innere Konsequenz, Widerspruchslosigkeit und so weiter können uns nicht über die fehlenden eigenen Erfahrungen hinwegtäuschen.

Die Deutung der alten nordischen Lieder heute

Der oben von Cassirer geschilderte realitätsgesättigte Charakter der dramatischen und Mysterien-Aufführungen wirft ein helles Licht auf die Bedeutung und den Sinn derjenigen Lieder, die Hans Börnsen als Schilderungen von Einweihungsvorgängen erwiesen hat. Das Havamal, *Odins Runenlied,* faßt auch Jan de Vries als «alte Ritualpoesie»[227] auf. «Es ist so mit den formelhaften Eigentümlichkeiten der sakralen Poesie gesättigt, daß man sich hier außerhalb der profanen Welt fühlt. Aber auch die Sprache hat den feierlichen Klang der heiligen Dichtung: den Gleichlauf der Verszeilen mit gekreuzter Alliteration, die rätselhafte Sprache, die auf ein unaussprechbares Mysterium hinzudeuten scheint. ... Einige Strophen machen den Eindruck, daß dieses Lied ... *unter besonders feierlichen Umständen und an einem sehr heiligen Ort rezitiert wurde.*»[228] – Ivar Lindquist[229] sieht darin sogar ein *Initiations-Ritual* eines Odin verehrenden Männer-Ordens. Einem solchen Verständnisse entsprechend gibt nach de Vries[230] der «Fragenkatalog» im Runenlied Auskunft über die Art der für das priesterliche Amt geforderten Kenntnisse. – Damit wird die Interpretation Hans Börnens auf das schönste bestätigt.

Die *Fjölsvinnsmál* und der *Grogaldr,* von denen wir seit Bugge (1860) wissen, daß sie zusammen gehören, werden in der Forschung als Svipdagsmál bezeichnet. De Vries datiert die beiden Lieder nach 1300. Mogk und Sijmons hatten sie ins 10. Jahrhundert datiert. De Vries begründet seine Datierung damit, daß das Lied eine Erzählung zum Inhalt hat, die «ganz zur Welt des Märchens gehört. Die böse Stiefmutter und die Prinzessin im Zauberschloß sind typische Märchenmotive; ähnlicher Art ist die Erwerbung von Vidofnir: man kann den Hahn nur mit einem Schwert töten, das in einer Truhe in der Unterwelt verschlossen liegt, aber zu dieser Truhe gibt nur eine Schwanzfeder dieses Hahnes Zutritt. Kein eddisches Lied hat soviel Berührungen mit der mittelalterlichen Volksdichtung, und es wundert uns deshalb nicht, daß es zu einer Ballade umgedichtet wurde: der schwedisch-dänischen folkevise von Sveidal oder Svendal.»[231]

Bloß märchenhaft erscheint de Vries die Fjölsvinnsmál aber auch nicht, denn er schränkt ein, «während eine Strophe uns in die heidnische Götterwelt versetzt, erzählt die folgende ein typisches Märchenmotiv»[232]. Börnsens Übersetzung zeigt, daß es nur die verfehlt interpretierende Übersetzung war, die dem Lied den Ruf eingetragen hat, «auf der Grenze zwischen Mythos und Märchen zu schwanken»[233]. De Vries deutet vorsichtig an, daß das Lied vielleicht doch anders zu verstehen sei: «Man kann also vermuten, daß in dieser märchenhaften Geschichte dennoch ein mythischer Kern steckt.»[234] Die Interpretation des Namens Svipdagr durch Otto Höfler[235] weise nämlich darauf hin, daß das Lied «einen rituellen Hintergrund habe». Als diesen Hintergrund sieht er allerdings an «die heilige Hochzeit des Sonnengottes mit der Frühlingsbraut, denn Menglada, die solbjort genannt wird, vereinigt sich mit Svipdagr, Sólbjarts Sohn»[236]. Hier wie an anderen Stellen spürt man die Unbeholfenheit gegenüber dem mißverstandenen Text deutlich.

So vergleicht Jan de Vries einmal die Skirnismál mit der Fjölsvinnsmál und fragt, sie interpretierend (!), ob sie vielleicht beide ein Urmotiv verwenden, «das den Durchbruch der heldischen Persönlichkeit durch die sich ihr widersetzenden Hemmungen symbolisiert»[237]? Dann betrachtet er die Waberlohe, die von beiden Helden durchschritten werden muß, und bemerkt in einem hilflos wirkenden Erklärungsversuch: «Man wird die Waberlohe doch wohl als ein mythisches Symbol zu betrachten haben. Am wahrscheinlichsten ist es dann wohl, daß sie Abbild eines himmlischen Feuers ist, das beim Nahen des Erlösers in sich zusammensinkt.» Es ist nicht leicht, sich dabei etwas Rechtes zu denken.

Eine eher naturalistische Auslegung des Grogaldr bietet die schon ältere Darstellung von Ake Ohlmarks. Zwar singt auch nach Ohlmarks die Groa ihrem Sohne Svipdagr rettende, «schicksal*bezwingende*» Lieder für «den gefahrvollsten Weg seines Lebens». Allein dieser Weg ist für Ohlmarks ein Weg im Diesseits: «Wir finden in Grogaldr 7–14 folgende vier Gefahrenmomente und Situationen beleuchtet: 1) Gefahren der Wegfahrenden: a) auf festem Weg, b) wenn Flüsse den Weg sperren; 2) Gefahren, die von Feinden drohen: a) wenn sie versteckt auf den Nichts-ahnenden lauern, b) wenn sie um den Gefesselten herumtoben; 3) Gefahren in Sturm und Kälte: a) auf der See, b) im Gebirge; 4) Gefahren, die von mächtigen Dämonen drohen: a) in der Nacht, b) im Sonnenschein.»[238] Die aufgefundenen

Gegensätze verdienen sicher Beachtung, wenngleich Ohlmarks Deutung der »streiterfahrenen Riesen« (Gr14) als «stechende Glut der Sonne» erneut bezeugt, daß eine naturalistische Interpretation nicht ohne Gewalt möglich ist.

Ohne solche Einzelinterpretationen überbewerten zu wollen, belegen sie doch das Unbefriedigende des Versuchs, mit dem bloßen Sinneswissen Lieder verstehen zu wollen, die Initiationserfahrungen schildern. Wenn also auch die gegenwärtige Forschung durchaus auf der richtigen Spur ist, indem sie diese Lieder solchen kultischen Vorgängen zuordnet, hat sie doch nicht die Mittel an der Hand, die Nachweise im Detail wirklich zu führen.

Einweihungslieder, Schilderungen der Einweihungs-Wege, dürfen in allen Kulturen als zum ältesten Liedgut gehörig erwartet werden. Denn erst durch die Einweihung trat der Mensch in alten Zeiten in den Kreis der selbst wirkenden Wesen, erst mit der Einweihung beginnt menschliche Geschichte. Vorher ist alles Göttergeschichte! Indem der Mensch handelnd an die Seite der Götter tritt, wird er Halbgott oder Heros.

Wir kommen zum *Baldur-Mythos.* Nach Jan de Vries steht im Mittelpunkt das «fast in der ganzen Welt auftretende Problem des Todes an sich. ... Wenn wir nun beachten, daß in den Initiationsriten der Durchgang durch den Tod ein sehr wesentliches Moment ist, ... so möchte ich annehmen, daß der Baldurmythus das germanische Gegenstück dazu bildet. Kein Text zu Fruchtbarkeitsriten, sondern zu einer *Initiationsfeier.*»[239] F. R. Schröder hat auf die enge Beziehung zwischen den Lemminkäinen-Geschichten der Kalevala und dem Baldur-Mythos aufmerksam gemacht.[240] Lemminkäinens Leichnam wurde nämlich zerstückelt und die Teile in den Tuoni-Strom geworfen. Seine Mutter fischt die Teile wieder aus dem Wasser und setzt sie zusammen. Nun kann man ein Stück des zweiten Merseburger Zauberspruches auf Baldur beziehen: Darin wird geschildert der Tod des Gottes inmitten einer Götterversammlung. Es erfolgt ein Versuch, ihn wieder zum Leben zu erwecken, der mißlingt. Dann fügt aber Odin beim Hersagen eines Spruches die Teile wieder erfolgreich zusammen. Daher fragt Schröder, ob Baldur also auch zerstückelt war?[241] Jan de Vries kommentiert, der These Schröders zustimmend: «Damit erreichen wir die älteste Stufe des Mythus: der Gott selbst tötet seinen Einzigen Sohn, den jugendlichen Wachstumsgott, aber wird ihn im neuen Jahr zu neuem Leben erwecken.»[242] Diese älteste Stufe ist nur vermutet, auch ist die Beziehung des zweiten Merseburger Zauberspruches auf Baldur unsicher. Schließlich wird durch die allzu direkte Anknüpfung der Geschehnisse an den Jahreslauf der Initiationsvorgang wieder in die Nähe der bloßen Allegorie gerückt. Dennoch tritt auch hier deutlich das Bemühen der Forscher hervor, den Baldur-Mythos als ein Stück Mysterien-Dramatik zu begreifen.

Die Bedeutung der Mistel

Einige Einzelheiten seien noch näher betrachtet. In dem dramatischen Geschehen um Baldur spielt die Mistel eine besondere Rolle. Warum gerade die Mistel, fragt de Vries, und seine Antwort entbehrt wiederum nicht des Humors: «... sie wurde gewählt, weil sie als schmächtige Schmarotzerpflanze auf die Volksphantasie wirkte.»[243] – J. G. Frazer deutet die Mistel phantasievoll als die «auswendige Seele der Eiche». Das Pflücken des Mistelzweiges wäre dann die eigentliche Ursache von Baldurs Tod. Baldur sei ein Vegetationsgott in Gestalt einer Eiche; daß die Mistel, seine «auswendige Seele», von ihm getrennt werde, weihe ihn dem Tode.[244]

Einen wichtigen Gesichtspunkt zur Rolle der Mistel gab bereits früher H. Zimmer. Er machte darauf aufmerksam, daß die Mistel bei uns zu einer Zeit *blüht,* in der die übrige Pflanzenwelt Winterschlaf hält und entblättert dasteht. Die Mistel stehe daher außerhalb der Ordnung der Pflanzenwelt, außerhalb «der Sphäre des aufsteigenden und hinsterbenden Jahresgottes Baldur, dessen Lebensfrühling und -sommer die Götter verewigen wollten, auf daß nie mehr in ständigem Reigen die todesgleiche Winternacht die Welt befiele ...»[245]. Gerade in dieser todesgleichen Winternacht *blüht* aber eben die Mistel! Man müsse daher die Mistel als den Repräsentanten einer anderen Weltordnung ansehen, der imstande und willens gewesen sei, sich gegen Baldur zu verschwören.[246]

Die Eigenheit der Mistel, im tiefsten Winter blühendes Leben entfalten zu können, kann im Verein mit einer anderen merkwürdigen Tatsache die Lösung des Mistelproblems bringen. Der Mistelzweig wird *mistilteinn* genannt. «Merkwürdigerweise begegnen wir daneben auch einem *Schwertnamen* mistilteinn ...»[247], schreibt de Vries. Dieselbe Tatsache, daß nämlich mit ein und demselben Wort der ‹lebendige Zweig›, der Lebensbaum, und das scharfe Schwert bezeichnet werden, begegnet uns auch im alten Orient. H. Genge behauptet zwar mit skandinavischem Humor, das Bemerkenswerte an dem altorientalischen Lebensbaum sei die Tatsache, daß es ihn nicht gäbe.[248] Es gebe wohl viele Abbildungen, aber nirgends ein Wort, das als ‹Lebensbaum› übersetzt werden könne. Häufig begleite die Zeichnungen des Lebensbaumes dagegen ein Wort, das man mit ‹Pfeil›, ‹Pfeilspitze›, übersetzen könne, was zu dem Bild des Baumes rätselhaft kontrastiere.

Nun gibt es einen altsyrischen Siegelabdruck, auf dem eine heroische Gestalt mit einer kurzen Lanze (einem ‹Pfeil›?) eine Schlange, die als Personifikation des Todes gilt, überwindet, indem sie ihr das scharfe Ende der Lanze in den Rachen stößt. Verwandte Darstellungen sind nicht selten, und die Lanze «wird hie und da interessanterweise selbst zum Baum ...»[249]. Auf dem Siegelabdruck sieht das so aus, daß aus der Lanze nach hinten heraus eine Pflanze wächst. Jede Einzelheit des Siegel-Bildes ist interessant: Die Gestalt stützt sich ab auf zwei Bergen, zwischen denen die Schlange von unten aus dem Abgrund hervorkommt. Diesen Ort deutet man als Schwelle zur Welt der Toten. So handelt es sich um ein Wesen, das an dieser Schwelle mit einem lebendigen Schwert den Mächten des Abgrundes siegreich begegnen kann. Damit haben wir die Lösung der Mistelfrage. Das reine Denken wird einerseits nach vorne hin scharf wie ein Schwert, wird zur heiligen Lanze; nach hinten aber entwickelt es reges Leben. Innere Lebendigkeit und scharfe Formen verbindet das Denken. *Im tiefsten Winter* blühendes Leben entfalten zu können, ist auch das auffallende Charakteristikum der Mistel. Wie das reine Denken verbindet sie das Darinnenstehen im Tode mit dem aufblühenden Leben. Die Tatsache, daß diese Kraft in die Gewalt Hödurs, des Blinden, gelangt, muß dazu führen, daß die Kräfte des schauenden Baldur dahinschwinden.

Abb. 17 Altsyrischer Siegelabdruck

Wer verhindert die Rückkehr Baldurs?

Die Götter wollten aber nicht, daß die Welt «die todesgleiche Winternacht» befiele, sie wollten, daß Baldur zurückkehre. Nur die Gestalt der Thökk wußte das zu verhindern. Wie versteht man gegenwärtig diese Gestalt? Die Trauer um Baldur vergleicht man gerne mit den Trauerklagen beim Tode orientalischer Vegetationsgötter. Man kann dann nach der Trauer die Neuerscheinung des Gottes erwarten, verbunden mit einem Freudenfest. Statt dessen verhindert Thökk die Wiederkunft Baldurs. Nicht die Trauer der Natur um Baldur, sondern die Gestalt der Thökk, durch die alle Hoffnung fehlschlägt, «bedarf also der Erklärung»[250]. De Vries hält einerseits für möglich, daß sich hinter Thökk die Todesgöttin selbst verberge, andererseits, daß die Gestalt der Thökk eine christliche Hinzufügung sei. Der Lösung des Thökk-Problems, wie sie Hans Börnsen vertritt, daß nämlich Odin selbst die Götterdämmerung will, kommt er insofern nahe, als er vermutet, Hödur könne nur Odin selber sein, Odin habe seinen Sohn bewußt geopfert. Die Gründe dafür bleiben im dunkeln. De Vries weist lediglich auf Parallelen hin.

Wie sind die Mythen entstanden?

Den anthroposophischen Standpunkt in der Mythologie kann man nicht mit wenigen Sätzen darstellen. Die Ausführungen Rudolf Steiners zu diesem Thema sind schwer zu überblicken. Es mögen daher zum Abschluß lediglich zwei besonders wichtige Gesichtspunkte zur Darstellung gelangen: die *Entstehung* der Mythen und die Frage ihrer *Vieldeutigkeit*.

Nicht zu übersehen ist die innere Verwandtschaft der mythenschaffenden Tätigkeit mit der *Phantasie*. Diese Verwandtschaft wird besonders deutlich, wenn man einen Blick auf die Entwicklung der Phantasietätigkeit wirft, indem man die Geschichte ihrer Erzeugnisse betrachtet. Man kann in groben Umrissen orientalische Kunst, griechische Kunst und zukünftige, neue Kunst unterscheiden.

Für den Orientalen hatte das Göttlich-Geistige konkrete unmittelbare Gestalt. Die Orientalen wußten, in welchen Formen und welchen Farben das Geistige erscheint. Die Fülle des Geschauten zu bewältigen, in die konkrete Einzelgestalt zu bändigen, war ihre Aufgabe. «Aber die Sache mit ihrer Kunst war so, daß alles, was sie machen konnten aus ihren Kunstmitteln ... es war alles das gering gegenüber dem, was ihnen eben im Geiste vorschwebte.»[251] So konnten die Orientalen nur durch das Symbolum, durch das Allegorische das Göttliche ausstrahlen, so daß das ausgedrückte Göttlich-Geistige «die Formen überquellte, die Formen überwucherte, daß es mehr sagte als die Formen»[252]. Der Inhalt der Form enthielt viel mehr als die Form unmittelbar ausdrückte. Das Geformte erschien plump gegenüber dem differenziert erlebten Inhalt.

Der Grieche erlebte das Göttliche insbesondere am Menschen selbst. Er vermenschlichte seine Götter, weil er den Menschen selbst noch in seiner Göttlichkeit erlebte: «Wäre nicht ein Göttliches, die Welt durchwebend und durchwallend, so könnte nicht der Mensch so vor mir stehen, wie er dasteht»,[253] sagte sich der alte Grieche. Und wenn der Orientale dasjenige gewaltige Übersinnliche, das er erlebte, nur ungeschickt zum Ausdruck brachte, trachtete der Grieche danach, es vollständig nicht bloß zu erleben, sondern auch angemessen auszudrücken: «Der Geist mußte sozusagen mit der physischen Sinnlichkeit eine Ehe auf gleich und gleich eingehen.»[254] Viel mehr Wert legte der Grieche auf die richtige, maßvolle, wohlproportionierte Darstellung. Diese Blickrichtung hat sich bis in die Gegenwart dahin weiterentwickelt, daß nunmehr eine völlige Beherrschung des Materials möglich ist, daß die Möglichkeiten des Ausdrucks bewundernswert sind, aber der Sinngehalt der Kunstwerke zu einem Nichts zusammengeschrumpft ist. Die äußerlich vollkommensten Formen sind heute hohl. Es ist kein geistiges Erlebnis mehr da, das in die Formen gegossen werden könnte.

Der Schritt in die Zukunft würde nun darin bestehen, den *im Stoff selbst* vorhandenen Geist sich seine eigenen Formen geben zu lassen. «Unsere Kunstformen müssen wirkliche Sprachformen sein, die diejenige Sprache sprechen, welche die Natur sprechen möchte, wenn sie an ihr Ziel kommen könnte.»[255]

An dieser Entwicklung wird der andersartige, symbolisch-allegorische Charakter der alten Kunst deutlich. Von derselben Art sind auch die unbeholfenen Darstellungen der ältesten Mythologeme und die damit verbundene Phantasie. Das Entstehen der Mythen hört in einem dem griechischen verwandten Bewußtsein auf. Die Mythen können in diesem

Zusammenhang als sinnbildliche Darstellungen übersinnlicher Zusammenhänge aus einer Phase der gegenüber den überwältigenden geistigen Erfahrungen *unbeholfenen* Phantasie gelten. Unbeholfen in dem Sinne, daß symbolisch-allegorische Bilder gewählt werden mußten.

Wir können die Unterschiede der alten Phantasietätigkeit zur gegenwärtigen am Beispiel der Dichter noch genauer fassen: Erstens singen die alten Dichter nicht *eigene* Lieder. Sie berufen sich statt dessen auf die Musen, wie wir gesehen haben. Zweitens werden sie nicht einmal *namentlich* genannt. Die Dichter treten ganz hinter dem Offenbarungsinhalt zurück. Schließlich gilt für die uns bekannten Dichter, daß sie bewußt *nicht* originell sein wollten. Die Lieder, die sie vorbrachten, waren oftmals schon seit langem mündlich überliefert. Die älteste uns überlieferte, schriftlich fixierte Form ist in der Regel das Ergebnis einer langen mündlichen Tradition.

Wie konnten aber solche Mythen in umfassenden Epen und Gesängen entstehen zu einer Zeit, in der die Menschen doch gegenüber dem gegenwärtigen Bewußtsein eine ganz andere, viel weniger selbsttätige Seelenverfassung besaßen? Darf man die eigenen Angaben der Dichter ernstnehmen? Oder handelte es sich um besonders weit entwickelte Persönlichkeiten? Es gilt wohl beides. Wolf-Ulrich Klüncker hat gezeigt, daß sich das Verhältnis des Menschen zu seinem Engel in der historisch verfolgbaren Zeit so gewandelt hat, daß noch eine Zeit greifbar ist, in der der Engel im Menschen dachte. Denkt der Engel im Menschen, dann denkt der Mensch noch nicht, denkt der Mensch selbst, dann denkt der Engel nicht mehr. Scotus Erigena bringt das im 9. Jahrhundert noch in die Worte: «Die Bejahung des Menschen ist nämlich die Verneinung des Engels, die Verneinung aber des Menschen ist die Bejahung des Engels.»[256] Das heißt aber auch: indem der Mensch die Aufgaben des Engels übernimmt, wächst er langsam in dessen Stufe hinein. Es war also nicht nur *menschliche* Phantasie an der Ausgestaltung der Mythen beteiligt.

Die Erlebnisse im Zusammenhang mit der geistigen Welt in eine verbindliche dichterische Form zu bringen und sie damit von der erlebenden, sie tragenden Seele loszulösen, dazu bedurfte es aber andererseits besonderer Persönlichkeiten. Solche Menschen wurden in den Mysterienstätten herangebildet.

Diese beiden Seiten betont auch Rudolf Steiner immer wieder. Bei Betrachtung des Dionysos-Mythos schreibt er: «Man sieht genau in diesem

Mythos einen Vorgang, der sich *im Innersten* der menschlichen Seele abspielt.»[257] Nachdem er dann einem ägyptischen Priester eine Deutung des Dionysos-Mythos als Seelen-Drama in den Mund gelegt hat, fügt Steiner hinzu: «Solange man in alledem nur einen *bloßen* Seelenvorgang sieht und es etwa als *Bild* eines solchen auffaßt, ist man weit entfernt von der geistigen Wirklichkeit, die sich da abspielt. In dieser geistigen Wirklichkeit erlebt die Seele nicht bloß etwas in sich; sondern sie ist ganz von sich losgekommen und erlebt einen Weltvorgang mit, der in Wahrheit gar nicht in ihr, sondern außer ihr sich abspielt.»[258]

Was übersinnliche Wesenheiten in der und durch die Phantasie des Volkes geschaffen hatten, das konnte den Mysterienschülern nicht genügen. Wo das Volk sich mit einer *Gestalt,* einer Götter*gestalt* zufriedengab, suchten sie nach den gestalt*enden* Mächten. Sie fanden sie in der menschlichen Seele, in den Kräften und Fähigkeiten der menschlichen Persönlichkeit. Auch wenn ein Mensch von den eigentlich dem Mythos zugrunde liegenden Kräften nichts weiß, wirken sie doch in ihm. «Sie erzeugen den Mythos, der dieselbe *Struktur* hat wie die mystische Wahrheit. Diese Wahrheit symbolisiert sich in dem Mythos.»[259] In der Übereinstimmung des Gepräges von Mythos und mystischer Wahrheit liegt – nebenbei gesagt – der tiefere Grund für die Möglichkeit einer strukturalistischen Deutung des Mythos.

Doch ist hier nicht von einem Hineinlegen menschlicher Seeleneigenschaften in die Mythen die Rede, noch von sonst einer symbolisch-allegorischen Interpretation. «*Die Bilder,* welche den Inhalt des Mythos ausmachen, *sind* nicht erfundene Symbole für abstrakte Wahrheiten, sondern *wirkliche seelische Erlebnisse des Eingeweihten.* Dieser erlebt die Bilder mit den geistigen Wahrnehmungsorganen, wie der normale Mensch die Vorstellungen erlebt von den sinnlichen Dingen mit Augen und Ohren.»[260] Ebenso wie die Vorstellung durch die Wahrnehmung eines äußeren Gegenstandes angeregt werden muß, muß auch das mythische Bild durch die wirklichen Tatsachen der geistigen Welt angeregt werden. Ein gravierender Unterschied besteht allerdings, der den Vorgang erst voll verständlich macht: «Nur steht in bezug auf die Sinneswelt der Mensch zunächst *außerhalb* der erregenden Dinge; während er die Mythenbilder nur erleben kann, wenn er *innerhalb* der entsprechenden geistigen Vorgänge steht ... Die geistigen Vorgänge, *in* welchen er schaut, sind durch die Mythen*bilder* dann gleichsam *illustriert.*»[261]

Die Darstellung Rudolf Steiners ist auf den ersten Blick außerordentlich widersprüchlich: einerseits handelt es sich um einen Vorgang, der sich im Innersten der menschlichen Seele abspielt, andererseits nicht um einen bloßen Seelenvorgang, sondern um einen miterlebten Weltvorgang, der sich außerhalb der Seele abspielt. Das ist *zugleich* nur möglich im reinen Denken. Der Denkende weiß sich im Denken ganz eins mit dieser seiner Tätigkeit. Gibt er sich aber seiner Tätigkeit als einer solchen, die eine Eigengesetzlichkeit, ja ein Eigenleben hat, hin, so erfährt er sie als ein Weltwesen. Dabei kommt die Seele ganz von sich los. Während der Denkende der Beobachtung äußerlich gegenüber steht, steht er ganz und gar in dem geistigen Vorgang des Denkens darin. In diesen geistigen Vorgängen schaut der Eingeweihte etwas Wesenhaftes, was uns in der Form des Begriffsinhaltes bekannt ist. Dieser geschaute Inhalt wird dann in die Form eines mythischen Vorstellungsbildes gebracht, das aber den Gehalt nur illustriert. Die Phantasietätigkeit setzt den erlebten Weltinhalt in das Bild um. Insofern ist der Mythos zugleich subjektiv und objektiv. Er ist subjektiv, insofern das Bild durch menschliche Seelentätigkeit zustande kommt. Er ist objektiv, insofern die Tätigkeit an einen erlebten Weltinhalt anknüpft.

Die Vieldeutigkeit des Mythos

Rudolf Steiner betont nochmals: «Wer nicht als solche *Illustration* der wahren geistigen Vorgänge das Mythische zu nehmen vermag, ist noch nicht zum Verständnis vorgedrungen. Denn die geistigen Vorgänge selbst sind übersinnlich; und Bilder, die in ihrem Inhalt an die Sinneswelt erinnern, sind nicht selbst geistig, sondern eben nur eine Illustration des Geistigen.»[262] Hans Börnsen hat das selbst oft in die Worte gekleidet: Bild ist immer Bild von etwas, was selbst noch nicht Bild ist. Sonst wäre es Abbild, Fotografie oder etwas dergleichen. Das Bild erhält von dem geistigen Vorgang nur die Struktur, das innere Beziehungsgeflecht.

«Es liegt hier auch der Grund, warum die Bilder der Mythen nicht eindeutig sein können», schreibt Steiner weiter. «Wegen ihres Charakters als Illustrationen können dieselben Mythen verschiedene geistige Tatsachen ausdrücken.» Daß *eine* geistige Tatsache in verschiedene Bilder gekleidet werden kann, ist nicht schwer zu verstehen, denn das ist vergleichbar der Tatsache, daß jeder Begriffsgehalt in einer Vielheit von konkreten Vorstellungen ausgedrückt werden kann. Rudolf Steiner meint aber das Gegenteil: *Verschiedene* geistige Tatsachen können in dasselbe Bild gekleidet werden. «Es ist deshalb auch kein Widerspruch, wenn Mythen-Erklärer einen Mythos einmal auf diese, ein andermal auf eine andere geistige Tatsache beziehen.»[263] Versucht man, sich das an dem Verhältnis von Begriff und Vorstellung deutlich zu machen, so würde man sagen müssen: ein und dieselbe Vorstellung kann mehrere Begriffe ausdrücken. Das ist so nur möglich, wenn die Begriffe untereinander im Verhältnis von Unter- und Oberbegriff stehen. Die konkrete Vorstellung eines bestimmten Fahrzeugs kann ein Beispiel eines bestimmten Herstellertyps sein, sie kann auch einen Personenkraftwagen vorstellen, aber auch bloß ein Automobil schlechthin. Obwohl es sich um verschiedene Begriffe handelt, prägt der Oberbegriff dem Unterbegriff seine Struktur auf.

So kann ein Mythenbild Ausdruck verschiedener geistiger Tatsachen sein, die jedoch ebenfalls innerlich zusammenhängen müssen, indem sie eine gemeinsame Grundprägung tragen. Nur wird es sich hier um die in verschiedenen Seinsbereichen durchschlagende Wirksamkeit geistiger Wesenheiten handeln, nicht um die Abhängigkeit von Begriffen.

An die Stelle der Begriffsbeziehungen treten die Tatsachen der Hierarchien. Deren Taten wirken sich auf verschiedenen Lebensbereichen aus und offenbaren jeweils das gleiche Gepräge. Da man die vergleichbaren Strukturen auf verschiedenen Lebensgebieten findet, kann man geneigt sein, das eine oder andere Gebiet für diejenige Realität zu halten, welche der Mythos symbolisiere.

Rudolf Steiner präzisiert seine Aussage in einem Vortrag über ‹Die Prometheussage›, indem er sagt, jede Sage habe *sieben* Deutungen. Man könne *drei* Stufen des Verständnisses der Sagenwelt durchmachen. Die erste Deutung nehme den Mythos äußerlich-wörtlich ernst. Der Unglaube an diese wörtliche Auffassung treibe die Gebildeten zu einer symbolischen, sinnbildlichen Auslegung. «Hinter diesen zwei Deutungen stecken aber noch fünf andere Deutungen; denn jede Sage hat sieben Deutungen. Die dritte ist diejenige, wo Sie in der Lage sind, die Sagen wiederum in einer gewissen Weise wörtlich zu nehmen.»[264] Drei Stufen des Verständnisses mit sieben Deutungen sieht Rudolf Steiner als möglich an. Am Schluß des Vortrags faßt er nochmals zusammen: «Es gibt also drei Ausdeutungen der Sagen: Erstens die exoterisch-wörtliche, zweitens die allegorische – der Kampf der menschlichen Natur –, drittens die okkulte Bedeutung, wo wieder eine wörtliche Interpretation der Mythen eintritt.»[265] Die okkulte Bedeutung ist nach der ersten Zählung die dritte von sieben Deutungen. Die vierte bis siebte Deutung sind also auch okkulte Deutungen, und zwar, wie wir gesehen haben, hinweisend auf «verschiedene geistige Tatsachen».

Bei Besprechung der *Apokalypse* kommt Rudolf Steiner auf das Buch mit den sieben Siegeln zu sprechen. Er erläutert das Bild: «Sieben Siegel hat das Buch. *Siebenfältig ist Menschenweisheit.* Daß sie als siebenfältig bezeichnet wird, hängt wieder mit der Heiligkeit der Siebenzahl zusammen.»[266] Die Heiligkeit der Siebenzahl deutet auf dieselbe Tatsache hin, auf der die Vieldeutigkeit des Mythos beruht. In seiner ‹Geheimwissenschaft im Umriß› schildert Steiner, wie sich die gesamte Weltentwicklung siebengliedrig vollzieht. Diese Siebengliedrigkeit spiegelt sich nun auf vielfältige Art wider, nämlich in alledem, was diese Evolution mitmacht oder aus ihr hervorgegangen ist. Ein Beispiel möge das noch erläutern.

Bevor der Mensch geschichtlicher Mensch wurde, war sein Leib noch in Entwicklung begriffen. Er wurde von höheren geistigen Wesen zubereitet für das Menschen-Ich. Diese Zubereitung, diese Arbeit der göttlich-geistigen Wesen am Menschenleibe nahmen die Menschen in mythischen *Illustrationen* wahr. Die äußere Beobachtung hätte nur medizinische Veränderungen konstatiert. So kann man die mythischen Darstellungen auf medizinische Vorgänge im Menschenleibe beziehen, wenn man sich des Ursprungs dieser Veränderungen bewußt ist. Ebenso kann man auf die damit verbundenen Veränderungen im Seelenleben, aber auch auf die geschichtlichen Wirkungen dieser Vorgänge hinblicken. Kennt man die tatsächliche Entwicklung eines dieser Gebiete, so wird man die damit zusammenhängenden Strukturen in den Mythen wiederfinden.

Die Deutung Hans Börnsens darf als echt mystisch bezeichnet werden. Er knüpft überall an diejenigen Erlebnisse der Seele an, in denen die Seele etwas Höheres in sich erfährt, nämlich an die Erlebnisse im reinen Denken. Diese Erlebnisse sind der seelischen Beobachtung zugänglich, sie erschließen sich nicht erst nach langer Geistesschulung. Diese Tatsache läßt hoffen, daß sein Verständnis der nordischen Mythen weite Anerkennung findet.

Die Entwicklung der Wissenschaft selbst hat die Forschung dahin gedrängt, die Frage nach der Wahrheit des Mythos neu zu stellen. Der alte Mythos kann als in sich geschlossenes Begriffs- und Erfahrungssystem gerechtfertigt werden, gewinnt aber damit für uns dennoch nur eine abstrakte Bedeutung. Die Mittel für eine wirkliche Aktualisierung des Mythos sind seelische Beobachtung und die Methoden der Meditation und Konzentration. Diesen Zusammenhang dargestellt und fruchtbar durchgeführt zu haben, macht die Aktualität Hans Börnsens aus.

Auch die einzelnen Ergebnisse und Deutungen Börnsens sind keineswegs überholt, sondern werden in vielfältiger Weise durch die Forschungsergebnisse gestützt. Der anthroposophische Standpunkt in der Mythologie ist demjenigen Schellings verwandt. Danach muß der Ursprung der Mythen in den Erlebnissen der Eingeweihten gesucht werden, die als reale geistige Erlebnisse anzusehen sind. Die Vieldeutigkeit der Mythen beruht auf dem inneren Zusammenhang der Tatsachen der geistigen Welt.

Die Prophetie der Edda besteht darin, daß sie unsere gegenwärtige Lage vorausgesehen hat, daß die Götterwelten unserem Bewußtsein entschwinden müssen, um der Freiheit des Menschen willen. Das Lied von der «Gewinnung der Feuerweisheit» zeigt in der Sprache des Mythos den Weg, als neugeborener Göttersproß wieder eine Beziehung zu den übersinnlichen Welten zu gewinnen.

Rolf Speckner

Anmerkungen

Goethes Werke werden zitiert nach der sog. Hamburger Ausgabe: ‹Goethes Werke› Hrsg. von Erich Trunz in 14 Bänden mit Kommentaren, Hamburg 1948 ff., ab 1974 München. Abgekürzt als *H. A., Band, Seite.*

Rudolf Steiners Vorträge und schriftlichen Werke werden nach der Rudolf Steiner Gesamtausgabe in ca. 320 Bänden, Dornach 1956 ff. zitiert. Abgekürzt als *G. A. Band, Seite.*

Die *Lieder der Edda* wurden von Hans Börnsen, wenn nicht anders erwähnt, in der Übersetzung *Karl Simrocks* zitiert, von der er mehrere abweichende Auflagen besaß.

1 *Rudolf Steiner,* Vortrag in Berlin am 11. Juni 1908, in *R. Steiner,* ‹Das Hereinwirken geistiger Wesenheiten in den Menschen›, G. A. 102, Dornach 1974, S. 220.

2 Den hier behaupteten Tatbestand hat anhand der überlieferten Zeugnisse der altägyptischen Kultur nachgewiesen *Frank Teichmann* in ‹Der Mensch und sein Tempel. Bd. 1: Ägypten›, Stuttgart 1978.

3 *Rudolf Steiner,* ‹Die Geheimwissenschaft im Umriß› G. A. 13, 28. Auflage, Dornach 1968, S. 408.

4 *Wolfgang Helck* erwähnt in ‹Betrachtungen zur großen Göttin und den ihr verbundenen Gottheiten›, München 1971, S. 270, Tinit und Baal Hammon. Er weiß zu berichten, daß Tinit den Namen Φανηβαλος, «Gesicht des Baal», trug. Da Baal soviel wie «Herr» bedeutet, kann ihr Name übersetzt werden als «Antlitz des Herrn». Wenn man die Realität der Hierarchien anerkennen kann, kann man das so verstehen, daß dieses Wesen zu dem Wesen Baal Hammon *in einem ähnlichen Verhältnis stehend* erlebt wurde wie in Palästina der Erzengel Michael zu Jahwe. Michael wurde als das «Antlitz Gottes» bezeichnet, das heißt er war dasjenige Wesen, das sich für die übersinnliche Schau zwischen Jahwe und den Menschen einschob: nur durch das *Gesicht* Michaels konnte der Mensch Jahwe indirekt schauen, er war sein Antlitz. – Daß es sich tatsächlich so verhält, darauf deutet eine weitere Tatsache, die *Helck* a. a. O. berichtet, nämlich daß die Tinit nicht von Anfang an, sondern später zu Baal Hammon hinzutritt und wie auf dem abgebildeten Votivstein gemeinsam mit ihm verehrt wird. Im Verlaufe des abnehmenden Hellsehens tritt notwendig an Stelle des Baal Hammon nur noch sein Antlitz in Erscheinung, nur im Verein mit ihr kann er noch verehrt werden. Schließlich weist *Helck* darauf hin, daß die lateinische Deutung der Tinit virgo caelestis (Himmelsjungfrau) gelautet habe.

5 *Rudolf Steiner,* Vortrag in Bern am 2.9.1910, in *R. Steiner,* ‹Das Matthäus-Evangelium›, G. A. 123, 6. Aufl. Dornach 1978, S. 51.

6 *Joseph Bergel,* ‹Mythologie der alten Hebräer›, Leipzig 1882, S. 65f.

7 Zitiert nach *Emil Bock,* ‹Beiträge zur Geistesgeschichte der Menschheit. Band 1: Urgeschichte.›, 7. Aufl. Stuttgart 1978, S. 105. (Sagen der Juden II, 36.)

8 *Joseph Bergel,* ‹Mythologie der alten Hebräer›, Leipzig 1882, S. 68.

9 wie Anm. 5

10 *Erich Bischoff,* ‹Die Elemente der Kabbalah. Erster Teil. Theoretische Kabballah›, 2. Aufl. Berlin 1920, S. 79/80.

11 *Belkis Philonenko-Sayar/Marc Philonenko,* ‹Die Apokalypse Abrahams›, Gütersloh 1982, S. 421ff. In: ‹Jüdische Schriften aus hellenistisch-römischer Zeit› Band V., Lieferung 5

12 *Emil Bock,* ‹Beiträge zu Geistesgeschichte der Menschheit. Band 1. Urgeschichte.›, 7. Aufl. Stuttgart 1978, S. 116.

13 ebenda. S. 120 (Sagen der Juden II, 158).

14 *Rudolf Steiner,* Vortrag in Bern am 4.9.1910, in *R. Steiner,* ‹Das Matthäus-Evangelium›, G. A. 123, 6. Aufl. Dornach 1978, S. 78.

15 ebenda S. 74.

16 ebenda S. 75

17 ebenda S. 79.

18 *Vergil,* Aeneis, VI. Buch.
19 *Rudolf Steiner,* Vortrag in Bern am 6.9.1910, in *R. Steiner,* ‹Das Matthäus-Evangelium›, G. A. 123, 6. Aufl. Dornach 1978, S. 118.
20 *Rudolf Steiner,* Vortrag in Stuttgart am 6. März 1910, ‹Das Wiedererscheinen des Christus im Ätherischen›, in: *R. Steiner,* ‹Das Ereignis der Christus-Erscheinung in der ätherischen Welt›, G. A. 118, 2. Aufl. Dornach 1977, S. 122.
21 ebenda S. 125.
22 *Rudolf Steiner,* ‹Theosophie›, Kapitel ‹Das Geisterland›, G. A. 9, 30. Aufl. Dornach 1978, S. 125.
23 *Albrecht Dürer,* aus dem Exkurs am Ende des 3. Buches der Proportionslehre, zitiert nach *Johannes Beer,* ‹Albrecht Dürer als Maler und Zeichner›, Königstein am Taunus 1960, S. 20.
24 Frei nach *Immanuel Kant,* ‹Beantwortung der Frage: Was ist Aufklärung?›. In: *Immanuel Kant,* ‹Werke in sechs Bänden›, Bd. 6, Darmstadt 1964, heißt es wörtlich: «Habe Mut, dich deines eigenen Verstandes zu bedienen!»
25 *Rudolf Steiner,* Vortrag in Helsingfors am 29. Mai 1913, in ‹Die okkulten Grundlagen der Bhagavad Gita›, G. A. 146, 3. Aufl. Dornach 1962, S. 35.
26 *Ernst Haeckel,* ‹Der Kampf um die Seele. Unsterblichkeit und Gottesbegriff›, in: *Ernst Haeckel,* ‹Der Kampf um den Entwicklungsgedanken›, Berlin 1905, S. 89 ff.
27 Leo XIII. war Papst von 1878–1903. Über sein Wirken vergleiche die aufschlußreiche Darstellung von *René Fülöp-Miller,* ‹Leo XIII. und unsere Zeit›, Zürich und Leipzig 1935.
28 *Rudolf Steiner,* Vortrag in Dornach am 31.8.1918, in *R. Steiner,* ‹Die Wissenschaft vom Werden des Menschen›, G. A. 183, Dornach 1967, S. 124–126.
29 Freie Wiedergabe nach *Cicero,* ‹Tusculanae disputationes›, V., 8–9, im Wortlaut *Troxlers.*
30 *I. P. V. Troxler,* ‹Über Prinzip, Natur und Studium der Philosophie›, Antrittsvorlesung an der Universität Basel am 1. Juni 1830, Zürich 1944, S. 12–14.
31 ebenda, S. 21.
32 ebenda, S. 19.
33 *J. W. v. Goethe,* ‹Abwege›, in ‹Goethes Werke› (Weimarer Ausgabe) W. A., Abt. 1, Bd. 3, Weimar 1890, S. 120. Auf dem handschriftlichen Entwurf trägt das Gedicht den Titel ‹Übergänge›.
34 *Erwin Schrödinger,* ‹Die Natur und die Griechen. Kosmos und Physik›, Hamburg 1956, S. 123f.
35 ebenda, S. 126.
36 *J. W. v. Goethe,* ‹Tag und Jahreshefte, 1805›, ‹Goethes Werke›, H. A. Bd. 10, 6. Auflage München 1976, S. 491.
37 *Emil Du Bois-Reymond,* ‹Über die Grenzen des Naturerkennens›, Vortrag am 14. August 1872 in Leipzig, 3. Auflage Leipzig 1873.
Der Vortrag endet mit den Worten: «In bezug auf das Rätsel aber, was Materie und Kraft seien und wie sie zu denken vermögen, muß er (der Naturforscher) ein für alle mal zu dem viel schwerer abzugebenden Wahrspruch sich entschließen: Ignorabimus!» – Ignorabimus heißt: «Wir werden es nicht erkennen».
38 *Rudolf Steiner,* Vortrag in Dornach am 27. September 1920, in *R. Steiner,* ‹Grenzen der Naturerkenntnis›, G. A. 322, 4. Auflage, Dornach 1969, S. 15.
39 ebenda, S. 17.
40 *Plotin,* ‹Enneaden› V., 8, 6. Vgl. die abweichende Übersetzung *Richard Harders* in ‹Plotins Schriften›, Band III., Philosophische Bibliothek Band 213 a, Hamburg 1964, S. 48f. – H. Börnsen zitiert die Übersetzung von *Otto Willmann,* ‹Geschichte des Idealismus›, 1. Bd., 2. Aufl., Braunschweig 1907, S. 696. Der griechische Text ist nicht eindeutig, beide Übersetzungen sind möglich.
41 *J. W. v. Goethe,* ‹Zur Farbenlehre. Didaktischer Teil› (1808), H. A., Bd. 13, S. 323.
42 *J. W. v. Goethe,* Gedicht ohne Titel, ‹Goethes Werke›, H. A., Bd. 1, 10. Auflage, München 1974, S. 366f.
43 *I. P. V. Troxler,* ‹Über Prinzip, Natur und Studium der Philosophie› (1830), Zürich 1944, S. 19.
44 ebenda, S. 13.
45 Gylfaginning 54
46 Gylfaginning 2
47 *I. P. V. Troxler,* wie Anmerkung 43
48 Gylfaginning 52
49 *Vergil,* Aeneis VI., 123

50 *Snorri Sturlason* schreibt: «Man meint, daß dies Loki, Laufeyas Sohn, gewesen ist, der den Asen soviel Leid zugefügt hatte.» (Gylfaginning 49) – Schon *Paul Herrmann* hat darin eine Interpretation Snorris gesehen, die auf der moralisierenden Auffassung des Gegensatzes von Baldur und Loki beruht. Baldur ist für Snorri der schlechthin Gute und Loki der Teufel. Daher lege Snorri wert auf die Bestrafung Lokis. Snorris Äußerung kann daher nicht als authentisch gelten. Vergleiche P. Herrmann, ‹Nordische Mythologie›, Leipzig 1903, S. 393.

51 Der Name *Thökt* konnte nicht nachgewiesen werden. *P. Herrmann* erwähnt in ‹Nordische Mythologie›, S. 326, den Namen *Thekk,* Wolfgang Menzel führt in ‹Odin›, Stuttgart 1855, S. 4, den Namen *Thekr* auf.

52 Am Ende des Vafthrudnismals gibt sich Odin, der sich unter dem Namen Gangradr mit dem Jöten Wafthrudnir in einen Rätselstreit einläßt, in derselben eigentümlichen Weise zu erkennen. Wieder stellt er eine Frage, deren Antwort nur er wissen kann: «Was sagte Odin ins Ohr dem Sohn (Baldur), eh er die Scheitern bestieg?». Wafthrudnir antwortet: «Nicht einer weiß, was in der Urzeit *du* sagtest dem Sohn ins Ohr. ... Mit *Odin* kämpft ich in klugen Reden: Du wirst immer der Weiseste sein». Das Vorhandensein einer solchen Parallele darf als ein Zeugnis für die Richtigkeit der Ansicht Börnsens gelten.

53 Der Vortrag *Rudolf Steiners* vom 2.3.1915 in Berlin mit dem Titel ‹Die drei Entscheidungen des imaginativen Erkenntnisweges› in *R. Steiner,* ‹Menschenschicksale und Völkerschicksale›, G. A. 157, 2. Aufl. Dornach 1960, S. 159–182, kann zum besseren Verständnis hilfreich sein: Der Geistesschüler kommt auf seinem Wege in eine solche tosende See. Hat sich der Mensch zu einem leibfreien und in der Folge auch lebendigen, gestaltenden Denken erzogen, dann lebt er in einer Region, in welcher der dem Denken zugängliche Geist in ununterbrochener strömender Bewegung webt. Es ist ein reißender Strom, der dem Unerfahrenen zunächst eine heillose Furcht einflößt, daß er sich selbst verlieren könne. Rudolf Steiner schildert in seinem Vortrag, in dem er den Schulungsweg mit Hilfe von imaginativen Bildern darstellt, die beiden Elemente dieses Erlebnisses: das Wogen der schwankenden Meeresströme und das gewaltige Tosen, das Brüllen, das mit der stürmischen See einhergeht. Alle Erlebnisse, die er schildert, sind im leibfreien Denken durchzumachen: «Äußerlich ist der Mensch wie schlafend während solcher Zustände. Gerade dann, wenn der Gedanke begonnen hat zu leben, wenn er anfängt sich zu regen, sich zu vergrößern, dann ist der äußere Mensch wirklich wie im Schlafe dabei. ... der Raum besteht eigentlich nicht mehr.»

«Die Gesetze des Raumes haben aufgehört. Man lebt und webt jetzt selbst in dem Gedanken darinnen. Man weiß: das Ich ist nicht erstorben, es webt im Gedankenweben darinnen, aber man kann noch nicht gleich, wenn man in den Gedanken lebt, Herr sein der Gedanken; die Gedanken machen sich selbst. Man wird gezogen. Man schwimmt nicht selbst in den Gedankenströmen, sondern die Gedanken nehmen einen gleichsam auf den Rücken und tragen einen. Der Zustand muß auch aufhören...»

«Und da zeigt sich, daß sich dasjenige, was man nun als Willenskraft braucht, wie ein eigentlich furchtbares Ungeheuer darstellt. Man hat es immer in der Mystik seit Tausenden und Tausenden von Jahren die Begegnung mit dem *Löwen* genannt. ... Sie besteht darin, in bezug auf das Fühlen, daß man vor dem Tun in der Gedankenwelt, vor diesem Lebendig-sich-verbinden mit der Gedankenwelt, ... eine heillose Furcht bekommt, ... Denn in der Imagination stellt sich einem das richtig so dar, als wenn er sein riesenhaftiges Maul aufsperrte und einen verschlingen wollte. Jene Willenskraft, die man anwenden will in der geistigen Welt, sie droht einen eigentlich zu verschlingen.» – Man kann wohl deutlich das Verlieren des Bodens wie auch das Angebrülltwerden im Bilde der tosenden See im Innern wieder erkennen.

54 An anderer Stelle – vergleiche S. 282 – macht Hans Börnsen darauf aufmerksam, daß der ganze Mensch als ein Berg angesehen werden kann, dessen Wurzeln im Willen, der in den Gliedern waltet, und dessen Gipfel oder Scheitel in dem Denken zu sehen ist, das auf dem Schauplatz des Gehirns auftritt. Auf diesem Bergesgipfel der menschlichen Seelenbetätigung lebt der denkend Tätige in einem Element *schneidender Kälte. Schneidend* wird das Denken, wenn es zu scharfen Konturen vordringt. Dies gelingt nur in vollständiger Besonnenheit – das heißt eben in *Kühle!* Um dieser Seelenhaltung des unbeteiligten Beobachtens nicht zu verfallen, gilt es, ihr standhaft zu begegnen. Dies ist nur möglich, indem der Denkende mit einer Kraft, welche Kraft der Liebe in geistiger Art ist, in diese Eiseskälte eintaucht. – Das Dahingleiten der Schlittschuhe über das Eis in *Herders* ‹Eistanz› (siehe S. 222f.) spricht von derselben *schneidenden* Kälte, von ihrem himmlischen Ursprung und ihrer Ergänzung aus dem Menschenherzen.

55 Das Zitat konnte nicht nachgewiesen werden.

56 Vergleiche S. 280.
57 Ausführliche Darstellung S. 281.
58 *Ernst Haeckel,* wie Anm. 26, S. 91/2. – *J. W. v. Goethe,* Gedicht ohne Überschrift, H. A. Band 1, S. 357.
59 *Rudolf Steiner,* ‹Die Anschauungsweise des Pflanzlichen bei Goethe›, Vortrag in Stuttgart am 1.9.1921, in: *R. Steiner,* ‹Anthroposophie, ihre Erkenntniswurzeln und Lebensfrüchte›, G. A. 78, 3. Aufl. Dornach 1968, S. 75–83.
60 *J. W. v. Goethe,* ‹Entwurf einer Farbenlehre› (1810), 6. Abtlg., Abschnitt 758 ff. in: H. A. Bd. 13, 7. Aufl. München 1975, S. 494 ff.
61 *Rudolf Steiner,* ‹Die Geheimwissenschaft im Umriß›, G. A. 13, 28. Aufl. Dornach, S. 418–421.
62 *Rudolf Steiner,* ‹Praktische Ausbildung des Denkens›, Vortrag in Karlsruhe am 18.1.1909, in: *R. Steiner,* ‹Die Beantwortung von Welt- und Lebensfragen durch Anthroposophie›, G. A. 108, 1. Aufl. Dornach 1970, S. 216–234.
63 *J. W. v. Goethe,* ‹Einfache Nachahmung der Natur, Manier, Stil› (1789), in: H. A. Bd. 12, 7. Aufl. München 1973, S. 30–34.
64 Vgl. *Rudolf Steiner,* Vortrag in Hamburg am 23.5.1908, in: *R. Steiner,* ‹Das Johannesevangelium›, G. A. 103, 10. Aufl. Dornach 1981, S. 91 f. Für die Mithrasmysterien sind diese 7 Grade dargestellt bei *Reinhold Merkelbach,* ‹Die römischen Mithrasmysterien› im Katalog ‹Spätantike und frühes Christentum›, Frankfurt 1983/84, S. 124–137 und bei *Alfred Schütze,* ‹Mithras-Mysterien und Urchristentum›, 1. Aufl. Stuttgart 1937, S. 55–66.
65 Vergleiche zu dieser sehr knappen Interpretation der beiden Raben Odins auch Börnsens Interpretation der zwei Diener Thors, Tialfi und Röckswa, die er ausführt in ‹Maß und Zahl – Der Mensch, das Maß aller Dinge›. In *H. Börnsen,* ‹Vom Lesen im Buch der Natur›, 1. Aufl. Dornach 1986, S. 55f.
Das Denken ist in zwei Richtungen tätig: Im Beobachten erfaßt es die Formen der Welt. Zu diesen Formen muß der Inhalt, die entsprechende Intuition, gefunden werden. Dies ist die eine Blickrichtung des Denkens: von der Form zur Intuition. – Geht uns andererseits innerlich ein Licht auf, haben wir eine Intuition, so muß auch diese begriffen werden, das heißt wir müssen sie in Worte bringen oder in ein Bild. Die Form-ulierung des intuitiven Gedanken-Inhaltes ist die andere Blickrichtung des Denkens: von der Intuition zur Form. Die beiden Raben Odins bringen die Nachrichten aus der übersinnlichen Welt in die Sinnliche und zurück. Sie fliegen zwischen Intuition und geformter Sinneswelt!
66 Daß für die europäische Menschheit der Gegenwart die Notwendigkeit besteht, in die geistige Welt durch das «Tor der Form» einzutreten, spricht *Rudolf Steiner* aus im Vortrag vom 27.12.1918 in Dornach, in *R. Steiner,* ‹Wie kann die Menschheit den Christus wiederfinden? Das dreifache Schattendasein unserer Zeit und das neue Christus-Licht.› G. A. 187, Dornach 1968, S. 87.
67 Hier und im folgenden zitiert nach: *Vergil,* ‹Aeneis›, verdeutscht von *Thassilo von Scheffer,* Wiesbaden 1943, S. 154 ff.
68 *Jan de Vries,* ‹Altnordische Literaturgeschichte. Bd. II›, 2. Aufl. Berlin 1967, S. 524 ff., datiert «nach 1300».
69 *Finnur Jónsson,* ‹Eddalieder. Altnordische Gedichte mythologischen und heroischen Inhalts I.›, Halle a. S., 1888, S. V., datiert «zwischen 850 und 1050». Andernorts datiert er «nach 1000».
70 Vgl. *Johann Peter Eckermann,* ‹Gespräche mit Goethe in den letzten Jahren seines Lebens›, 13.2.1829.
71 *J. W. v. Goethe,* ‹Vermächtnis› (1829), in H. A. Bd. 1, 10. Aufl. München 1974, S. 369.
72 *J. W. v. Goethe,* Brief an Knebel vom 18.8.1787, H. A., Goethes Briefe Bd. II, Hamburg 1964, S. 64.
73 *Thassilo von Scheffer* übersetzt Aeneis VI, 202 f.: «sie flogen rasch empor und glitten ... auf den Wipfel des doppelt (gemina) belaubten Baumes, ...». *Wilhelm Plankl* und *Karl Vretska* (Vergil, Aeneis, Stuttgart 1974) übersetzen: «sie hoben leicht sich empor, und ... ließen sich beide (gemina) herab auf des Baumes Sitz». Beide Übersetzungen erscheinen möglich. Damit wäre auch in diesem Vers nicht unbedingt ein Hinweis auf eine vorhandene Mistel zu sehen! – Zum Ginkgo-Baum vgl. Goethes Gedicht ‹Ginkgo-Biloba› im West-Östlichen Diwan. ‹Goethes Werke›, H. A. Bd. 2, 10. Aufl. 1976, S. 66.
74 An den Nachmittagen waren Seminare mit Gesprächen. Sie wurden leider nicht aufgezeichnet. Vgl. zu der folgenden Betrachtung S. 150.
75 *Novalis,* ‹Schriften.›, 2. Band. Das Philosophische Werk I., Hrsg. von R. Samuel in Zusam-

menarbeit mit H. J. Mähl und G. Schulz, 2. Aufl. Stuttgart 1960, S. 565, Nr. 201.
76 *Rene Descartes,* ‹Abhandlung über die Methode des richtigen Vernunftgebrauchs..› (1637), 4. Abschnitt.
77 *Rudolf Steiner,* Vortrag vom 12.10.1918 in Dornach, in *R. Steiner,* ‹Die Polarität von Dauer und Entwicklung im Menschenleben›, G. A. 184, Dornach 1. Aufl. 1968, S. 289f. – Vgl. ferner *R. Steiner* ‹Vom Menschenrätsel›, G. A. 20, Dornach 4. Aufl. 1957, S. 29f.
78 *Werner Heisenberg,* ‹Das Naturbild der heutigen Physik› (1953), in: *W. Heisenberg,* ‹Schritte über Grenzen›, München 1971, S. 109–127, hier S. 125/6.
79 *Rudolf Steiner,* ‹Philosophie und Anthroposophie›, in: *R. Steiner* ‹Philosophie und Anthroposophie. Gesammelte Aufsätze 1904–1918›, G. A. 35, 1. Auflage Dornach 1965, S. 68–70.
80 Siehe oben S. IV./18.
81 *Rudolf Steiner,* Vortrag in Karlsruhe am 18.1.1909, ‹Praktische Ausbildung des Denkens›, in *R. Steiner* ‹Die Beantwortung von Welt- und Lebensfragen durch Anthroposophie›, G. A. 108, 1. Auflage Dornach 1970, S. 219: «Der Glaube, daß die Welt durch Denken hervorgebracht worden ist und sich noch fortwährend so hervorbringt, der erst macht die eigentliche innere Denkpraxis fruchtbar.»
82 *Rudolf Steiner,* ‹Vom Menschenrätsel. Denken, Schauen, Sinnen einer Reihe deutscher und österreichischer Persönlichkeiten› (1916) G. A. 20, 4. Aufl., Dornach 1957, S. 157.
83 *G. W. Leibniz,* Brief an Arnauld vom April 1687, in: *G. W. Leibniz* ‹Hauptschriften zur Grundlegung der Philosophie›, übersetzt von A. Buchenau, herausgegeben von *E. Cassirer,* Hamburg 1966, Bd. II, S. 223.
84 *Rudolf Steiner,* Vortrag in Stuttgart am 2.5.1923, ‹Der individualisierte Logos oder die Kunst, aus dem Wort den Geist, das Wesenhafte herauszulösen›, in: *Rudolf Steiner,* ‹Die menschliche Seele in ihrem Zusammenhang mit göttlich-geistigen Individualitäten. Die Verinnerlichung der Jahresfeste›, G. A. 224, 1. Aufl. Dornach 1966, S. 49.
85 *Rudolf Steiner,* Vortrag in Berlin am 7. Oktober 1904 ‹Die Prometheussage›, in: *R. Steiner,* ‹Die Tempellegende und die Goldene Legende›, G. A. 93, 1. Aufl. Dornach 1979, S. 52.
86 Das Speermotiv betrachtet *Hans Börnsen* ausführlich in ‹Anthroposophie – der Weg zum Verständnis unserer Zeit›, Hamburg 1980, S. 8 ff.
87 Nähere Angaben bei *Dan Lindholm / Walther Roggenkamp,* ‹Das Traumlied vom Olav Asteson›, Stuttgart 1967. – Die Übertragung Steiners ist abgedruckt in: *R. Steiner,* ‹Der Zusammenhang des Menschen mit der elementarischen Welt›, G. A. Nr. 158, 1. Aufl. Dornach 1968, S. 155–164. Ebd. S. 223 ff. ein Bericht über die Entstehung dieser Übertragung.
88 *J. W. von Goethe,* ‹Epirrhema›, in ‹Goethes Werke›, H. A., Bd. 1, S. 358.
89 *Rudolf Steiner,* ‹An die Mitglieder! Die Bildnatur des Menschen›, in: *R. Steiner,* ‹Die Konstitution der Allgemeinen Anthroposophischen Gesellschaft und der Freien Hochschule für Geisteswissenschaft›, G. A. 260 a, Dornach 1. Aufl. 1966, S. 70: «Es kommt viel darauf an, daß durch die Anthroposophie begriffen werde, wie die Vorstellungen, die der Mensch im Anblicke der äußeren Natur gewinnt, vor der Menschenbetrachtung haltmachen müssen...»
90 *Rudolf Steiner,* Vortrag in Dornach am 14.11.1914, in: *R. Steiner,* ‹Der Zusammenhang des Menschen mit der elementarischen Welt...›, G. A. 158, 1. Aufl. Dornach 1968, S. 65/66.
91 *J. W. v. Goethe,* ‹Sprüche in Prosa›, in: H. A., Bd. 12, 7. Aufl. München 1973, S. 412, Nr. 351.
92 *J. W. v. Goethe* im Gespräch mit Arthur Schopenhauer etwa 1813/14, in: ‹Goethe im Gespräch›, Hrsg. Herbert Nette, Stuttgart 1947, S. 182.
93 Das Zitat konnte nicht nachgewiesen werden.
94 *Rudolf Steiner,* Vortrag in Basel am 22.12.1918, in: *Rudolf Steiner,* ‹Wie kann die Menschheit den Christus wiederfinden? Das dreifache Schattendasein unserer Zeit und das neue Christus-Licht›. G. A. 187, 2. Aufl. Dornach 1968, S. 20f.
95 Nun kommt der dunkle Drache geflogen,
Die Natter hernieder aus Nidafelsen.
Trägt auf den Flügeln das Feld überfliegend
Nidhöggurs Leichen – nun sinkt er nieder. (Simrock)
96 *Rudolf Steiner,* ‹Das Christentum als mystische Tatsache und die Mysterien des Altertums›, G. A. 8. Aufl. Dornach 1976, S. 167/170 führt zwei Belege an. Auch *Ernst Benz,* ‹Augustins Lehre von der Kirche›, Abhandlungen der Akademie der Wissenschaften und der Literatur Mainz, Geistes- und Sozialwissenschaftl. Klasse, 1954 Nr. 2, Wiesbaden 1954, S. 44 ff. weist eine Fülle weiterer Stellen nach.
97 *Rudolf Steiner,* ‹Das technische Zeitalter, die Philosophie der Freiheit und die neue Christus-

Erkenntnis›, Vortrag in Dornach am 7.5.1922, in: *R. Steiner,* ‹Menschliches Seelenleben und Geistesstreben im Zusammenhange mit Welt- und Erdentwickelung›, G. A. 212, 1. Aufl. Dornach 1978, S. 103–105.

98 *Rudolf Steiner,* wie Anm. 94

99 *Rudolf Steiner,* wie Anm. 94, S. 21f.

100 *J. W. v. Goethe,* ‹Atmosphäre›, H. A., Bd. 1, 10. Aufl. München 1974, S. 349.

101 *Max Planck,* ‹Neue Bahnen der physikalischen Erkenntnis›, Vortrag am 15.10.1913 in Berlin, in: *M. Planck,* ‹Physikalische Rundblicke. Gesammelte Reden und Aufsätze.›, 1. Aufl. Leipzig 1922, S. 79.

102 *Rudolf Steiner,* ‹Philosophie und Anthroposophie›, in: ‹Philosophie und Anthroposophie. Gesammelte Aufsätze 1904–1918›, G. A. Nr. 35, 1. Aufl. Dornach 1965, S. 96f. – Vergleiche auch *R. Steiner,* Vortrag vom 5.10.1919 in Dornach, G. A. 191, S. 59 f.

103 Zitiert nach *R. Steiner,* ‹Das Traumlied des Olaf Åsteson›, Neujahrsfeier in Hannover am 1. Januar 1912, in *R. Steiner,* ‹Der Zusammenhang des Menschen mit der elementarischen Welt›, G. A. 158, 1. Aufl. Dornach 1968, S. 176.

104 *Rudolf Steiner,* ‹Welten-Neujahr. Das Erwachen der Menschenseele aus dem Geistesschlaf der finsteren Zeit.›, Vortrag in Dornach am 31.12.1914, in: *R. Steiner,* ‹Der Zusammenhang des Menschen mit der elementarischen Welt.› G. A. 158, 1. Aufl. Dornach 1968, S. 176.

105 Ebenda, S. 177–179.

106 Zeichnung vom Herausgeber ergänzt.

107 *J. W. v. Goethe,* ‹Faust›, Zweiter Teil, Erster Akt, Erste Szene, V. 4679–4727.

108 *J. G. Herder,* ‹Auch eine Philosophie der Geschichte zur Bildung der Menschheit›, in: *J. G. Herder,* ‹Sämtliche Werke›, hrsg. von *B. Suphan,* Berlin 1877–1913, Bd. 5, S. 538ff.

109 Ebenda S. 555.

110 *J. G. Herder,* ‹Der Eistanz›, deutsches Volkslied, in: *J. G. Herder,* ‹Sämtliche Werke›, hrsg. von B. Suphan, Berlin 1877–1913, Bd. 25, S. 526–528.

111 Es handelt sich um einen frei bearbeiteten Auszug aus *J. G. Herder,* ‹Älteste Urkunde des Menschengeschlechts› (1774), 1. Band, Kapitel III, ‹Plan des Ganzen›. In: *J. G. Herder,* ‹Sämtliche Werke›, hrsg. von B. Suphan, Berlin 1883, Bd. 6, S. 258ff. Nachdruck Hildesheim 1967.

112 *Rudolf Steiner,* Vortrag vom 8.6.1923 in Dornach, in: *R. Steiner,* ‹Das Künstlerische in seiner Weltmission›, G. A. 276, 2. Aufl. Dornach 1961, S. 80.

113 Zu dieser Betrachtung des Zählvorganges vergleiche auch *Hans Börnsen,* ‹Maß und Zahl – Der Mensch, das Maß aller Dinge›, in: *H. Börnsen,* ‹Vom Lesen im Buch der Natur›, S. 35 ff, 1. Aufl. Dornach 1986.

114 Vgl. *Rudolf Steiner,* Vortrag vom 10.12.1917 in Dornach, in: *Rudolf Steiner,* ‹Geschichtliche Notwendigkeit und Freiheit. Schicksalseinwirkungen aus der Welt der Toten›, G. A. 179, 3. Aufl. Dornach 1977, S. 57f.

115 *Karl von Eckartshausen,* ‹Die Wolke vor dem Heiligtum oder Etwas, wovon sich unsere stolze Philosophie nichts träumen läßt› (1802), 3. Brief, neu unter dem Titel ‹Die Wolke über dem Heiligtum›, Lorch o. J., S. 25.

116 *Rudolf Steiner,* ‹Des Menschen Äußerung durch Ton und Wort›, Vortrag in Dornach am 2.12.1922, in: *R. Steiner,* ‹Das Wesen des Musikalischen›, G. A. 283, 3. Auflage Dornach 1981, S. 115f.

117 *Novalis,* ‹Schriften. 2. Band. Das philosophische Werk I.›, Hrsg. von R. Samuel in Zusammenarbeit mit H. J. Mähl und G. Schulz, 2. Aufl. Stuttgart 1960, S. 584.

118 Das Zitat konnte nicht nachgewiesen werden.

119 Frei nach *Rudolf Steiner,* Vortrag in Dornach am 14.12.1919, in *R. Steiner,* ‹Die Sendung Michaels›, G. A. Nr. 194, 1. Aufl. Dornach 1962, S. 194.

120 Das Zitat konnte nicht nachgewiesen werden.

121 Frei nach *Rudolf Steiner,* ‹Der Baum des Lebens und der Baum der Erkenntnis des Guten und Bösen›, Vorträge vom 24. und 25.7.1915 in Dornach, in: *Rudolf Steiner,* ‹Kunst- und Lebensfragen im Lichte der Geisteswissenschaft›, G. A. 162, 1. Aufl. Dornach 1985, S. 154–189.

122 Ebenso

123 Ebenso; vgl. ferner *Rudolf Steiner,* ‹Die Durchgeistigung der neueren Geschichte›, Vortrag am 11.1.1919 in Dornach, in: *Rudolf Steiner,* ‹Der Goetheanismus, ein Menschen-Umwandlungsimpuls und Auferstehungsgedanke›, G. A. 188, 3. Aufl. Dornach 1982.

124 Ebenso.

125 *Adam Müller,* ‹Prolegomena einer Kunst-Philosophie›, in: *Adam Müller,* ‹Kritische,

ästhetische und philosophische Schriften. Band 2›, Neuwied und Berlin 1967, S. 153–155.

126 *Philipp Otto Runge,* Brief an Baier in Bobbin vom 26.9.1806, in *Ph. O. Runge,* ‹Hinterlassene Schriften, Ester Teil›, Göttingen 1965, S. 102.

127 *Philipp Otto Runge,* Brief an unbekannten Empfänger aus der Zeit von 1807 bis 1808, in: *Ph. O. Runge,* ‹Hinterlassene Schriften. Erster Teil›, Göttingen 1965, S. 104f.

128 *Porphyrios,* ‹Vita Plotini›, Kap. I, In: ‹Plotins Schriften›, Übersetzt von *Richard Harder,* Bd. V c, Anhang, Hamburg 1958, S. 3.

129 Das Lied ist nicht erhalten bis auf eine Strophe, die Snorri Sturlason in *Gylfaginning, 49,* überliefert. Dort ist aber der Inhalt des Liedes erzählt.

130 *Rudolf Steiner,* ‹Die Siegfriedsage›, Vortrag in Berlin am 21.10.1904, in: *Rudolf Steiner,* ‹Esoterik und Weltgeschichte in der griechischen und germanischen Mythologie›, 1. Aufl. Dornach 1955. Vorgesehen für G. A. 92.

131 *Rudolf Steiner,* Vortrag in Berlin am 8.3.1906, ‹Germanische und indische Geheimlehre›, in: *R. Steiner,* ‹Die Welträtsel und die Anthroposophie›, G. A. 54, 1. Aufl. Dornach 1966, S. 375.

132 *Rudolf Steiner,* Vortrag vom 12.6.1910 (abends) in Kristiania (Oslo), in: *R. Steiner,* ‹Die Mission einzelner Volksseelen im Zusammenhang mit der germanisch-nordischen Mythologie›, G. A. 121, 4. Aufl. Dornach 1962, S. 129.

133 Ebenda.

134 *Rudolf Steiner,* ‹Die Beziehung der menschlichen Sinne zur Außenwelt›, Vortrag in Berlin am 19.10.1906, in: *R. Steiner,* ‹Ursprungsimpulse der Geisteswissenschaft›, G. A. 94, 1. Aufl. Dornach 1974, S. 137.

135 *Rudolf Steiner,* ‹Germanische und indische Geheimlehre›, Vortrag in Berlin am 8.3.1906, in: *R. Steiner,* ‹Die Welträtsel und die Anthroposophie›, G. A. 54, 1. Aufl. Dornach 1966, S. 376.

136 Ebenda, S. 378; vergleiche auch *R. Steiner,* ‹Die Mysterien der Druiden und Drotten›, Vortrag in Berlin am 30.9.1904, in: *R. Steiner,* ‹Die Tempellegende und die Goldene Legende›, G. A. 93, 1. Aufl. Dornach 1979, S. 42–46.

137 Ebenda S. 379.

138 *Rudolf Steiner,* Vortrag in Dornach am 14.8.1920, in: ‹Geisteswissenschaft als Erkenntnis der Grundimpulse sozialer Gestaltung›, G. A. 199, 1. Aufl. Dornach 1967, S. 68.

139 Ebenda.

140 Das Zitat konnte nicht nachgewiesen werden.

141 *Rudolf Steiner,* ‹Osten, Mitte und Westen und die soziale Dreigliederung›, Vortrag am 8.11.1920 in Stuttgart, in: *R. Steiner,* ‹Gegensätze in der Menschheitsentwicklung›, G. A. 197, 1. Aufl. Dornach 1967, S. 159.

142 *Rudolf Steiner,* ‹Anthroposophischer Seelenkalender› (1912), 49. Spruch, in: *R. Steiner,* ‹Wahrspruchworte›, G. A. 40, 2. Aufl. Dornach 1969, S. 35.

143 *Rudolf Steiner,* ‹Der Mensch in seiner makrokosmischen Wesenheit›, Aufsatz in der Zeitschrift *Das Goetheanum* vom 8.3.1925, in: *R. Steiner,* ‹Anthroposophische Leitsätze›, G. A. 26, 5. Aufl. Dornach 1962, S. 227–229.

144 *Rudolf Steiner,* Einleitung zum III. Band von ‹Goethes naturwissenschaftliche Schriften›, Hrsg. von *Rudolf Steiner,* Stuttgart – Berlin – Leipzig, o. J., S. XIV. im Kapitel II der Einleitung ‹Das Urphänomen›. Auf S. XII heißt es außerdem: «Die wahrgenommene Welt ist also nichts anderes als eine Summe von metamorphosierten Wahrnehmungen.»

145 Vgl. z.B. *Rudolf Steiner,* ‹Der Dornacher Bau›, Vortrag am 3.7.1918 in Berlin, in: *Rudolf Steiner,* ‹Erdensterben und Weltenleben...›, G. A. 181, 2. Aufl. Dornach 1967, S. 306.

146 Ebenso, S. 305.

147 *Emil DuBois-Reymond,* ‹Über die Grenzen des Naturerkennens›, vgl. Anm. 37.

148 Offenbarung Johannis, 1, 7.

149 Vgl. *Rudolf Steiner,* Vortrag in Dornach am 28.9.1920, in: *R. Steiner,* ‹Grenzen der Naturerkenntnis›, G. A. 322, 4. Aufl. Dornach 1969, S. 27.

150 *Dschelal ed din Rumi,* ‹Mesnevi›, 521–523. Aus dem Persischen übertragen von *Georg Rosen,* mit einer Einleitung von *Friedrich Rosen,* München 1913, S. 189. Leicht überarbeitet von *H. Börnsen.*

151 *Paul Hermann,* ‹Nordische Mythologie in gemeinverständlicher Darstellung›, Leipzig 1903, S. 212 ff.

152 *Wilhelm Jordan,* ‹Die Edda, deutsch von Wilhelm Jordan›, Frankfurt am Main 1889, S. 525.

153 ‹Die Edda, die ältere und jüngere nebst den mythischen Erzählungen der Skalda›, übersetzt und mit Erläuterungen begleitet von *Karl Simrock,* 3. Aufl. Stuttgart 1864. S. 437 ff.

154 *Rudolf Steiner,* Vortrag in Kristiania (Oslo) am 17.6.1910, in ‹Die Mission einzelner Volksseelen

im Zusammenhang mit der germanisch-nordischen Mythologie›, G. A. 121, 5. Aufl. Dornach 1982, S. 181.

155 *Hugo Gering,* ‹Die Edda. Die Lieder der sogenannten älteren Edda, nebst einem Anhang: ... der Snorra Edda›, übersetzt und erläutert von *Hugo Gering,* Leipzig und Wien 1892.
Hugo Gering, ‹Glossar zu den Liedern der Edda›, Paderborn 1896.
Hugo Gering, ‹Vollständiges Wörterbuch zu den Liedern der Edda›, Halle a. S. 1901.

156 *Rudolf Steiner,* Vortrag in Kristiania am 17.6.1910, in ‹Die Mission einzelner Volksseelen im Zusammenhang mit der germanisch-nordischen Mythologie›, G. A. 121, 5. Aufl. Dornach 1982, S. 183.

157 Der Text zur Erläuterung des 12. Spruches wurde vom Herausgeber gemäß der an dieser Stelle allein vorhandenen Zeichnung ergänzt. Vgl. zu dem angesprochenen Bilde die Verse *Giordano Brunos:*

An den eigenen Geist

«Wurzelnd ruhet der Berg, tief mit der Erde verwachsen,
Aber sein Scheitel ragt zu den Gestirnen empor.
Du bist beiden verwandt, mein Geist, dem Zeus wie dem Hades,
Und doch von beiden getrennt. Mahnend ertönt dir der Ruf:
Wahre dein Recht auf des Weltalls Höhn! Nicht haftend am Niedern
Sinke vom Staube beschwert dumpf in des Acheron Flut!
Nein, vielmehr zum Himmel empor! Dort suche die Heimat!
Denn wenn ein Gott dich berührt, wirst du zu flammender Glut.»

Zitiert nach *G. Bruno,* ‹Von der Ursache, dem Princip und dem Einen›, aus dem Italienischen übersetzt von *Adolf Lasson,* Phil. Bibl. Bd. 21, Leipzig 1902, 3. Aufl. – Vgl. ferner *Hans Börnsen,* ‹Vom Lesen im Buch der Natur›, Dornach 1986, S. 30/31.

158 *Rudolf Steiner,* ‹Die europäischen Mysterien und ihre Eingeweihten›, Vortrag in Berlin am 6. Mai 1909, in: *R. Steiner,* ‹Wo und wie findet man den Geist?›, G. A. 57, 2. Aufl. Dornach 1984, S. 409.

159 Ebenda S. 419.

160 Ebenda S. 409, frei referiert.

161 An dieser Stelle machte *Hans Börnsen* folgende Nebenbemerkung: «Es ist ja nicht umsonst, daß Rudolf Steiner mit Bezug auf das Geheimnis des Grales auch von der Mondsichel spricht und von dem, was da drinnen ist; und da sagt Rudolf Steiner, wie man meint: das da drinnen, die dunkle Scheibe in der Mondsichel, sei die geistige Sonne ... Das sagt er aber nicht, sondern er sagt: *Wenn* wir dasjenige, was darinnen ist, *sehen,* so liegt *darin* die Tätigkeit der geistigen Sonne. Sie sehen vielleicht, wie das damit zusammenhängt. Wir müssen dahin *sehen,* sonst ist von einer geistigen Sonne nicht die Rede. Die Sonne betätigt sich auch von innen her. So sagt zum Beispiel Goethe, das Wesen des Lichtes und das Wesen des Auges sind dasselbe. In diesem Zusammenhang ist es höchst aufschlußreich, wenn Rudolf Steiner ausspricht, daß die Mysterien des Grals von demselben Volksgeist inspiriert sind, der früher die germanischen Mysterien inspiriert hat.»
Vgl. hierzu *R. Steiner,* ‹Christus und die geistige Welt. Von der Suche nach dem heiligen Gral.›, G. A. 149, 3. Aufl. Dornach 1960, hier insbesondere S. 91/92 und 94f. Ferner *R. Steiner,* ‹Die Mission einzelner Volksseelen ...›, 7. Vortrag (12. Juni 1910), G. A. 121, 4. Aufl. Dornach 1962, S. 116–130, hier S. 124 und 128.

162 *J. W. von Goethe,* ‹Tag und Jahreshefte. 1805›, in: ‹Goethes Werke›, H. A. Bd. 10, 6. Aufl. München 1976, S. 491.

163 *Otto Sigfried Reuter,* ‹Das Rätsel der Edda und der arische Urglaube›, 2. Band, Bad Berka 1923, S. 213f.
Plinius, ‹Naturalis historia› 16, 44. *Vergil,* ‹Aeneis› 6, 205f. und 268f.

164 *Rudolf Steiner,* Vortrag in Bern am 6.9.1910, in ‹Das Matthäus-Evangelium›, G. A. 123, 6. Aufl. Dornach 1978, S. 108–125, hier S. 118.

165 ‹Die Religion in Geschichte und Gegenwart›, 3., völlig neu bearbeitete Aufl., Tübingen 1957 ff., Artikel ‹Mythos›, Spalte 1266.

166 Jürgen Mittelstraß (Hrsg.), ‹Enzyklopädie Philosophie und Wissenschaftstheorie›, Bd. 2, Mannheim 1984, S. 952 f.

167 *Kurt Hübner,* ‹Die Wahrheit des Mythos›, München 1985, S. 413.

168 dito

169 Siehe hierzu *Helmut Kiene,* ‹Grundlinien einer essentialen Wissenschaftstheorie›, Stuttgart 1984; *Herbert Witzenmann,* ‹Strukturphänomenologie›, Dornach 1983; *Rudolf Steiner,* ‹Die Philosophie der Freiheit› (1894), 14. Aufl. Dornach 1978.
170 *Kurt Hübner,* ‹Die Wahrheit des Mythos›, München 1985, S. 410.
171 dito S. 412.
172 dito S. 412 f.
173 dito S. 410.
174 *Rudolf Steiner,* ‹Die Flucht aus dem Denken›, in: *R. Steiner,* ‹Der Goetheanumgedanke. Gesammelte Aufsätze 1921–25.› G. A. Nr. 36, Dornach 1961, S. 89.
175 *Jan de Vries,* ‹Forschungsgeschichte der Mythologie›, Freiburg/München 1961.
176 *Geoffrey Stephen Kirk,* ‹Myth, its Meaning and Functions in Ancient and Other Cultures›, Berkeley/Cambridge 1970; *G. S. Kirk,* ‹Griechische Mythen. Ihre Bedeutung und Funktion›, Reinbek 1987. Die beiden Bücher sind keineswegs identisch!
177 *Walter Burkert,* ‹Griechische Mythologie und die Geistesgeschichte der Moderne›, in: ‹Les etudes classiques aux XIXe et XXe siècles› par *Willem den Boer, ... Walter Burkert* u.a., Genève 1980.
178 *Kurt Hübner,* ‹Die Wahrheit des Mythos›, München 1985, S. 49.
179 *Ernst Cassirer* hat auf diesem Gebiet mit seiner ‹Philosophie der symbolischen Formen›, insbesondere im zweiten Teil ‹Das mythische Denken›, noch heute unverzichtbare Pionierarbeit geleistet, wenn auch von dem Ziel einer Rechtfertigung Kants geleitet. *Kurt Hübner* knüpft in vielem daran an. – Von anthroposophischer Seite wäre hier besonders *Frank Teichmann,* ‹Der Mensch und sein Tempel›, Stuttgart 1978–83, zu nennen.
180 *Fontenelle,* ‹De l'Origine des Fables› (1752), zitiert nach *J. de Vries,* ‹Forschungsgeschichte der Mythologie›, Freiburg 1961, S. 89.
181 *Leo Frobenius,* ‹Das Zeitalter des Sonnengottes›, Berlin 1904, S. 35.
182 *P. Ehrenreich,* ‹Die allgemeine Mythologie und ihre ethnologischen Grundlagen›, 1910, S. 109.
183 *Euhemeros* von Messene schrieb einen Reiseroman, in dem die staatliche Ordnung eines Inselstaates geschildert wird. Eine goldene Stele enthielt die für alle Zeiten vorbildlichen Taten der ersten Könige: Uranos, Kronos und Zeus. – Exzerpte bei *Diodor* 5, 41–46 und 6,1.
184 Zitiert nach *Jan de Vries,* ‹Forschungsgeschichte ...›, S. 230.
185 Zitiert nach *Kurt Hübner,* ‹Die Wahrheit des Mythos›, S. 51.
186 Zitiert nach *Jan de Vries,* ‹Forschungsgeschichte ...›, S. 229.
187 *Friedrich Schiller,* ‹Die Künstler›.
188 *Hesiod,* ‹Sämtliche Werke›, übersetzt und erläutert von *Walter Marg,* Darmstadt 1984, S. 28.– Vgl. *Athanasios Kambylis,* ‹Die Dichterweihe und ihre Symbolik›, Heidelberg 1965.
189 Vergleiche Goethes Gedicht ‹Abwege›, oben S. 56.
190 Zur ritualistisch-soziologischen Schule gehören insbesondere *W. R. Smith, J. G. Frazer, J. E. Harrison, F. M. Cornford* und *G. Murray.*
191 *Bronislaw Malinowski,* ‹Myth in Primitive Psychology›, London 1926, S. 11–45. Deutsche Übersetzung in *Karl Kerényi,* ‹Die Eröffnung des Zugangs zum Mythos›, Darmstadt 1967.
192 ‹Das Gilgamesch-Epos›, eingeführt, rhythmisch übertragen und mit Anmerkungen versehen von *Hartmut Schmökel.* 6. Aufl. Stuttgart 1985, S. 42.
193 *W. F. Otto,* ‹Gesetz, Urbild, Mythos›, 1951, S. 77.
194 Es ist charakteristisch, daß diese Schule, auch Cambridge-Schule genannt, besonders in England geblüht hat, jenem Land, in dem die Ausübung uralter, z. T. vorchristlicher Rituale z. B. im Rahmen der Freimaurerei eine so lange Tradition und weite Verbreitung hat.
195 *Friedrich Nietzsche,* ‹Die Geburt der Tragödie aus dem Geiste der Musik›.
196 *Sigmund Freud,* ‹Die Traumdeutung›, Wien 1945, und *S. Freud,* ‹Totem und Tabu›, Frankfurt 1961.
197 *C. G. Jung,* ‹Die Archetypen und das kollektive Unbewußte›, in: *C. G. Jung,* ‹Gesammelte Werke›, Bd. IX, 1, 1976.
198 *Kurt Hübner,* ‹Die Wahrheit des Mythos›, München 1985, S. 60.
199 *Friedrich Wilhelm Joseph Schelling,* ‹Die Philosophie der Mythologie. Erster Band. Einleitung in die Philosophie der Mythologie.› (1856), Darmstadt 1976, S. 193.
200 dito S. 207.
201 dito S. 184 f.
202 dito S. 185.
203 dito S. 186.

204 *F. W. J. Schelling,* ‹Die Philosophie der Mythologie. Zweiter Band› (1857), Darmstadt 1976, S. 137–141.
205 *André Green,* ‹Der Mythos: Ein kollektives Übergangsobjekt› (1980), in: *Claude Lévi-Strauss, Jean-Pierre Vernant* u.a., ‹Mythos ohne Illusion›, Frankfurt 1984, S. 104.
206 *F. W. J. Schelling,* ‹Philosophie der Kunst›, zitiert nach *Kurt Hübner,* ‹Die Wahrheit des Mythos›, S. 62.
207 Man spricht heute gern von Wissenschaftstheorie, weil man das Vorurteil hat, die wissenschaftliche sei die einzig wahre Erkenntnis.
208 *Georg Wilhelm Friedrich Hegel,* ‹Sämtliche Werke›, Band I: ‹Ästhetik›, Stuttgart 1964, S. 522. Zitiert nach *Kurt Hübner,* ‹Die Wahrheit des Mythos›, S. 61.
209 Eine biographische Skizze Hans Börnsens aus der Feder des Herausgebers findet sich in: *Hans Börnsen,* ‹Leibniz' Substanzbegriff und Goethes Gedanke der Metamorphose›, Stuttgart 1985, S. 129–161.
210 *Ernst Cassirer,* ‹Philosophie der symbolischen Formen›, 2. Teil: ‹Das mythische Denken›, 5. Auflage Darmstadt 1969.
211 *Kurt Hübner,* ‹Die Wahrheit des Mythos›, S. 86 f.
212 dito S. 68.
213 dito S. 75.
214 dito S. 76.
215 dito S. 79.
216 *Walter F. Otto,* ‹Theophania. Der Geist der altgriechischen Religion›, Hamburg 1956, S. 28.
217 *Kurt Hübner,* ‹Die Wahrheit des Mythos›, S. 90.
218 *Vilhelm Groenbech,* ‹Götter und Menschen›, S. 171. Nach *Kurt Hübner,* ‹Die Wahrheit des Mythos›, S. 152.
219 *G. Nebel,* ‹Pindar und die Delphik›, Stuttgart 1961, S. 36.
220 *Vilhelm Groenbech,* ‹Götter und Menschen›, Reinbek bei Hamburg 1967, S. 171.
221 *Kurt Hübner,* ‹Die Wahrheit des Mythos›, S. 142.
222 dito S. 144.
223 dito
224 *Rudolf Steiner,* Vortrag vom 7.8.1915 in Dornach, in: *R. Steiner,* ‹Kunst und Lebensfragen im Lichte der Geisteswissenschaft›, G. A. 162, 1. Aufl. Dornach 1985, S. 251 f.
225 *Ernst Cassirer,* ‹Philosophie der symbolischen Formen›, Bd. II, Darmstadt 1969, S. 52.
226 dito S. 51.
227 *Jan de Vries,* ‹Altnordische Literaturgeschichte›, Bd. I, 2. Aufl. Berlin 1964, S. 53.
228 dito S. 53 f.
229 *Ivar Lindquist,* ‹Die Urgestalt der Havamal›, Lundastudier i Nordisk Sprakvetenskap 11, 1956. Zitiert nach *J. de Vries,* ‹Altnordische Literaturgeschichte›, Bd. I, S. 54 f.
230 dito S. 54.
231 *Jan de Vries,* ‹Altnordische Literaturgeschichte›, Bd. II, 2. Auflage Berlin 1967, S. 524.
232 dito S. 525.
233 dito
234 dito S. 526.
235 *Otto Höfler,* ‹Das Opfer im Semnonenhain und die Edda›, in: ‹Festschrift Felix Genzmer›, Heidelberg 1952, S. 33–41; zitiert nach *Jan de Vries,* dito S. 526.
236 dito S. 526.
237 *Jan de Vries,* ‹Altgermanische Religionsgeschichte›, Bd. II, 3. Auflage Berlin 1970, S. 180.
238 *Ake Ohlmarks,* ‹Heimdalls Horn und Odins Auge. Erstes Buch. Heimdallr und das Horn›, Lund 1937, S. 299 f.
239 ebenso wie Anm. 237, S. 237.
240 *F. R. Schröder,* ‹Germanentum und Hellenismus›, Heidelberg 1924, S. 91 ff., zitiert nach *Jan de Vries,* dito S. 225 f.
241 *F. R. Schröder,* ‹Balder und der zweite Merseburger Spruch›, in: Germanisch-Romanische Monatsschrift 34 (1953), S. 177–179; zitiert nach *Jan de Vries,* dito S. 226.
242 *Jan de Vries,* ‹Altgermanische Religionsgeschichte›, Band II, 3. Auflage Berlin 1970, S. 226.
243 dito S. 224.
244 ebenda
245 *H. Zimmer,* ‹Maya, der indische Mythos›, 1936, S. 158; nach *Jan de Vries,* ‹Altgermanische Religionsgeschichte› Bd. II, S. 224.

246 Die Tatsache, daß die Lebensphasen der Mistel um ein halbes Jahr verschoben sind, ist auch für die Biologie ein Problem. Man hat versucht, die Verschiebung dadurch zu erklären, daß man ihren Ursprung auf der Südhalbkugel der Erde suchen zu können glaubt. Der Rhythmus der Südhalbkugel habe sich bei den europäischen Mistelarten erhalten.

247 *Jan de Vries,* ‹Altgermanische Religionsgeschichte›, Bd. II, S. 223.

248 *H. Genge,* ‹Zum Lebensbaum in den Keilschriftkulturen›, in: Acta Orientalia (XXXIII), Havniae 1971, S. 321.

249 *Urs Winter,* ‹Der Lebensbaum in der altorientalischen Bildsymbolik›, in: Harald Schweizer (Hg.), ‹. . . Bäume braucht man doch!›, Sigmaringen 1986, S. 72, Abb. 16, sowie S. 78.

250 *Jan de Vries,* ‹Altgermanische Religionsgeschichte›, Bd. II, S. 229 f.

251 *Rudolf Steiner,* Vortrag am 22.2.1923 in Dornach, in: *R. Steiner,* ‹Anthroposophische Gemeinschaftsbildung›, G. A.-Nr. 257, 3. Aufl. Dornach 1983, S. 89.

252 ebenda S. 99.

253 dito S. 92.

254 dito S. 93.

255 dito S. 100.

256 *Wolf-Ulrich Klünker,* ‹Engel und Mensch. Zur Geist-Lehre des Johannes Scotus Eriugena›, in: ‹Lesen im anthroposophischen Buch: ein Almanach›. Stuttgart 1987, S. 138.

257 *Rudolf Steiner,* ‹Das Christentum als mystische Tatsache und die Mysterien des Altertums› (1902), G. A.-Nr. 8, 8. Aufl. Dornach 1976, S. 72.

258 dito S. 73.

259 dito S. 76.

260 dito S. 84.

261 dito

262 dito

263 dito

264 *Rudolf Steiner,* ‹Die Tempellegende und die Goldene Legende›, G. A.-Nr. 93, 1. Aufl. Dornach 1979, S. 47.

265 dito S. 57.

266 *Rudolf Steiner,* ‹Das Christentum als mystische Tatsache und die Mysterien des Altertums›, G. A.-Nr. 8, 8. Aufl. Dornach 1976, S. 137.

Verzeichnis der Abbildungen

Personenregister

Sachregister